Goro Nagano
1971-2011

INTERTEXTUALITY
Goro Nagano 1971-2011

インターテクスチュアリティ
視ることの織物
長野五郎　1971-2011

　本書は、美術から工芸までの広域を視野に据え、コンセプチャルなアプローチで作品制作をおこなうとともに、国内外でのフィールドワークにより「染」と「織」における手仕事の原初の姿のありようや、根源的な技術とそのシステムの研究を続けてきたアーティスト・長野五郎の1971年から2011年までの40年間の仕事の記録をまとめたものである。

　長野にとって美術表現も研究もある意味で等価である。そのまなざしは、作り手が主導権を握りコントロールするといった強引な働きかけではなく、時に受動的ともとれるような自然な状態から解を引き出そうとする営為により、ものごとの本質や概念、様態や印象を注意深く証言する。わずかに手をかけることによってそのメカニズムを可視化しモデル化することを、"身体"と"思考"と"イメージ"、あるいは"もの"や"こと"といったそれぞれのテクストと他のテクストとの間を行き来し関連を見いだすことによって織り上げている。長野は〈技術を紡ぐ〉、〈見極める〉ことと向き合う表現者である。

This book is a record of the 40 years of work from 1971 to 2011 by Goro Nagano, an artist who has produced artworks in a conceptual approach, conducted fieldwork research in and outside Japan on the primitive way of handcrafts, and researched the fundamental techniques and their systems, from the standpoint of the whole gamut of man's artistic activity from fine art to arts and crafts.

　To Nagano, artistic expression and research are in a way equivalent. He tries to carefully witness the essence, concepts, and the impression of things by spontaneous, sometimes rather passive, observation, quite a different approach of a craftsman folding the initiative and forcibly controlling. With a slight touch on the material, he weaves the visualization and modeling of the mechanism, going back and forth between the texts of "body," "thought," and "image", or "things" and "events" and unveiling their relationship. He is an artist who expresses himself, facing "weaving technique" and "watching".

目次
Contents

6 ── Art Work 1971-2011
9 ── 長野五郎の実践 ［木村秀樹］
17 ── 作品図版／Plates
114 ── 「視」の位相から ―長野五郎に寄せて― ［林　剛］
142 ── Fieldwork & Writings 1971-2007
145 ── クリナメンの布 ── 長野五郎による草木布研究へのブリコラージュ的オマージュ ［北澤憲昭］
150 ── ［対談］フィールドワーク、文化の基層 ［辰巳正明＋長野五郎］
171 ── 論文／Articles
172 ── 靭皮繊維：それらの物質特性に対するその取り扱いや処置との関係について
　　　　　―アジアとヨーロッパの比較において―
190 ── 結び文様
192 ── カラハスティー Kalahasti の手描き更紗
204 ── インド・中国及び他の地域における木綿や羊毛の綿打ち作業とその道具について
216 ── メキシコ南部少数民ツォツィルの上衣・下衣にほどこす織フェルト加工
224 ── Bast Fibers: Their Physical Properties Implications for Handling and Processing
240 ── Knot Motifs
242 ── Dyes and Dyeing Methods for Making Chintz as Still Produced in Kalahasti, India
250 ── Tools for Fluffing Cotton and Wool Fibers Used in India, China, and Other Eurasian Countries
260 ── Woven Felt Production for Upper and Lower Garments Worn by the Tzotziles Peoples in Southern Mexico

269 ── 長野五郎記録 1971-2011
270 ── 研究調査記録
273 ── 著書・論文・口頭発表・講演一覧
282 ── 展覧会歴

Art Work 1971-2011

長野五郎は 1971年、染織／工芸というフィールドから作家活動をスタートした。初期の作品では、素材と技術、物質、造形言語などの成り立ちに注視し、コンセプチャルな読解により、美術表現そのものの再検証をおこなった。1980年代に入り活躍の舞台を国際展や海外での個展に移し今日にいたっている。その多くは、国際ミニアチュールテキスタイルアート展での発表であるが、作品は「染」と「織」に関する素材と技術をもちいた近代的、直線的な解釈によるアプローチのものとは異なる。重層的な視線で概念性と物性を描出する方法論を、初期から現在まで一貫して継続している。木村秀樹、林剛がそれぞれ長野五郎について作家論を寄せている。

Goro Nagano started his career as an artist in 1971 in the field of textile art/ arts and crafts. Earlier works focused on materials, technique, substance and the structure of language in art, and re-examined the artistic expression by the interpretation of concepts. Since the 1980's he has actively participated in international exhibitions and held solo exhibits overseas. Many of the works he exhibited into the international miniature textile art exhibition but are different from those produced using materials and technique of dying and textiles through the approach of modern, linear interpretation. Since his early days until now, he has consistently used the method in which he renders the concepts and physicality seen from multilayered points of view. He has been critically acclaimed by such critics as Hideki Kimura and Go Hayashi.

長野五郎の実践

木村秀樹

　1971年、長野五郎は、あるグループ展において、彼の画歴上最初の発表をおこなう。京都市立芸術大学染織科３回生在籍中の事である。あるグループ展とは、京都市立芸術大学陳列館で開催された、「1948年〜1950年生まれの作品展」である。長野はここで、市販の白と黒のアセテートサテン布に、同色の顔料をシルクスクリーンでプリントした作品２点と、その展開形を２点、計４点を出品している。一見、1917年頃のモンドリアンを思わせる図柄をもったその作品は、それぞれ壁面に直接ピンナップされ、その図柄を見せると言うより、プリントされた布地の垂れ下がった状態そのものを示している。布のたわみと、布上に生じた皺が、プリントされた顔料の面の質感と、サテン布自体が持つ材質感の違いを、際立たせるよう仕組まれている。観念上、知覚不可能な、白い地の上の白い図、あるいは黒い地の上の黒い図が、それぞれの光沢ないしは材質感の差異に置き換えられ、かろうじて知覚可能となっている。一方展開形の２点は、明確な図柄の形体を観者に知覚させながらも、プリントされた図柄が、先の２点の反復／同一である事によって、ある互換性を暗示するかのようである。この互換性は、型や版の複製機能の、単純な効果といったものではなく、支持体、素材、形体、色、技術、作業性、等々、すなわち、これら一連の作品を成立せしめている各要素の、浮遊性と断片性を前提とするが故の互換性であるように、私には感じられる。

　長野自身によるコメントが間接的に示すように、自己の主体的イメージを、素材の熟知と技術の修練の積み重ねを通じて創造する事に、長野は既にこの時点で興味を持っていない。むしろ彼の心を占めているのは、そのような制作のあり方に対する懐疑であったはずである。この作品を通じて試みられているのは、長野自身によって選びとられたはずの、染織／工芸という領域ないしは場において、風景と化した諸々の構造体、すなわちそれは、既定の技術的手続きであり、造形感覚の全体であり、そして学生長野にとっては履修課程でもあっただろう、それらの一切合切を、物質という概念を梃子に、いったん括弧に入れた上で、新たなエレメントとして発見し直す事にあったのではないだろうか？

　長野が京都市立芸術大学染織科に入学した、1969年から先のグループ展開催までの時間帯を簡単に振り返れば、政治・社会状況としては、'70年日米安保条約自動継続阻止の運動の激化から終息へ。そしてそれに呼応するかのように、大学では、学園紛争の過激化から挫折へ。美術状況としては、反芸術の余韻を引きずりながらも、近代美術の、概念と物質への二極化の徹底と、その限界の自覚。つまり、1970年という象徴的な年を境目にして、上昇／高揚のベクトルと下降／閉塞のベクトルが、対称的に入れ替わって存在した、特別な時期であった。'70年代後半、政治、社会、文化を横断して、漸進的に盛り上がって行った反体制運動は、日米安保条約の自動継続の成立を象徴的転換点として、一気に終息へと向かうのである。一定の距離を保ちつつも、少なくとも心情的には改革サイドに傾いていた長野にとって、この状況の激変は、戸惑いを引き起こさせるに十分であった。しかし、この戸惑いの原因を他者に求め、被害者を決め込む事ができる者は少数だっただろう。つまり、それは当事者としての戸惑いである。領域の違いを越えて、後に'70年代作家群と呼ばれるはずの、1948年前後に生まれた者達に、等しく共有された戸惑いであり、そしてそれは、後に桎梏として沈殿して行く類いのものである。

　当事者として、この潮目の激変に立ち会った者に要請されるもの、それは、いささか古めかしい表現で恐縮だが、自己批判と総括であった。長野にとっての総括は、次の一歩をいかに踏み出すかという、その決意表明として現れた、と私には思われる。祭りの後の静けさの中で、長野がある強度を持って決意したもの、それが染織／工芸の再度の選び直しである。しかしそれは、日本という国家の近代化に翻弄されつつも、しだいにその形を成して行った、染織／工芸の正統、「美術としての工芸」[1] との幸せな邂逅を意味すべくもない。

染織／工芸を問わず、'60年代の美術一般を「反芸術」という文言で一元化する事に、軽薄のそしりは免れないだろうが、一方でこれほど公汎かつ深度をもって機能した文言もないだろう。'60年代すなわち反芸術と規定しても、それほど大きな違和感を抱かせないほどに、この言葉の影響圏は広く、強いものがある。それ故にと言うべきか、長野世代の人間にとっては、その肯定的側面より否定的側面の方に、敏感に反応せざるを得ないはずである。反芸術は芸術だったというオチは、その存在自体の矛盾と欺瞞性以上のものを、意味し得なくしてしまったのである。少なくとも'70年経過時点においては、反芸術は字義通りの意味、すなわち芸術から去る事以外に何も意味しなかったはずである。それは、作家である事、あるいはそれを目指す事の断念、すなわち廃業である。

　長野の、染織／工芸の再度の選び直しは、染織／工芸という伝統あるいは体制への直線的な回帰の禁止、そして、'60年代反芸術型の180度的対峙作法の禁止という、2項目の禁止を条件として受諾した上でしかなされ得るものではなかったと、私には思われる。1970年という事件を、当事者として通過した者に残された、まっとうな選択は、否定的に継承する事、それしか残されていなかった、と言うべきかもしれない。したがって、長野は、ふたたび選び直された、染織／工芸という場所において、内部者でも外部者でもない位置取りを自らに強いるという、一種アクロバティックなスタンスの確保を必要としたはずである。そしてその事は、それ以降の長野の実践を、独自の形式として鍛え直させる要因ともなったと考えられる。

　'70年以降、長野の実践は、染織／工芸という構造体を成立せしめる、基本構成要素への注視から始められた。それは、染織／工芸なるものを支えてきた、根幹部分の洗い直しであると同時に、再評価の試みであったようにも見える。基本構成要素とは、資料[2)]で追う限り、素材と技術に大別される。前者で言えば、染料と顔料そして繊維と布、後者で言えば、染めと織の技術である。しかし、素材であれ技術であれ、それらは構造体の一部である限り、その構造体の全体を成立せしめる制度や歴史へと、直接・間接に接続されている事は言うまでもない。その事は、百科事典編集者的な、スタティックで超越的な、立ち位置の確保が、不可能である事を意味せざるを得ないのだ。つまり、'70年以降の長野の戦略は、アクロバティックなスタンスに加えて、あるダイナミズムの元に遂行される必要があった。その要請は、やがて研究活動と制作活動の、分離同時並行的実践とも言うべき、一種の二重戦略へと導くのである。

　研究活動とは、1976年から開始される、日本とアジアにおける樹皮・草皮織物の現地調査である。国内外において執拗に繰り返された、このフィールドワークは、天然素材の不均質さによりそう事によって生み出されてきた、樹皮・草皮織物の生成過程に、直接触れ、学ぶ機会を提供した。この調査結果は、ひろいのぶことの共著『織物の原風景 ―樹皮と草皮の布と機―』[3)]として纏め上げられ、1999年に出版される事になる。

　自然とよりそうようにある、その織物のありようは、自然を人間の意のままに改変し、支配してきた文化、すなわち我々の現在に対する、根本的な批判を含むつぶやきとして、長野の耳には聞こえたはずである。原初的であるが故に滅びつつある樹皮・草皮織物が持つ、辺境性と無名性に対する強い共感は、それ以降、長野の実践を内面で支える一本の軸、行動指針として形を変え、そして強化されて行ったと想像される。

　一方、展覧会という場で展示する、所謂美術のオーソドックスな形式を前提に探られた実践も、着実にその成果を上げて行く。

　'70年代を通じて、制作、発表された一連の作品は、主題の限定と、その分析結果の資料展示という、概念芸術型の色合いを示しつつも、オブジェ作品として自立させようとする意図が絡まり合った、独特の重層性／矛盾を感じさせる。

取り上げられる主題は、染織／工芸という場における切実さを反映するが故に、観者の読み取りに際して、その領域に関する一定の知見を、前提として要請する場合さえある。しかし、他方で、作品の制作から展示に至る、その作法においては、自立したオブジェとして突き放す、あるいは物質／ものとして放置する、あるいはまた観衆を欺く等、豊かなバリエーションと大らかさを持っている。

　興味深い点は、そしてこれが長野の実践における最大の魅力とも感じられる点なのだが、各々の作法は、主題解読への無駄のない導線を提供すると言うより、むしろ回答の無さへの導き、あるいは逆説的回路の提供、いずれにしても、作品を味わう、その過程において、一定の遊びを保証するかのように、私には感じられる。そのラインナップは、一貫性の指摘や通底する本質の析出を微かに拒みながら、多様性の享受を促すかのようである。

　それは、アクロバティックなスタンス、プラス、ダイナミズムという先の二重性の元に、新たに掛け合わされた、二重性の二乗としての重層性、あるいは分裂性と呼んでも良いような、長野独自の、輝きをもった質として画定できるかもしれない。独自の輝きとは、決してきらびやかなものではない。しかし、鈍い光沢といった、怨念に繋がるような、不気味さを伴ったものでもなければ、いぶし銀に例えられるような達観、あるいは高貴さとも異質なものである。それは、既成のカテゴライズを拒む「据わりの悪さ」と、そこから来る、一種の「解り難さ」を示しながらも同時に、分をわきまえた「率直さ」と、遊びを含んだ「慎み深さ」の相貌をも併せ持った、奇妙に孤立したアンビバレンスとして、存在し続けているように感じられる。

この時期、長野の制作における、基本構成要素への注視、すなわち方法論としての、主題の限定と分析作業は、「物質」という概念が還元装置として稼働することによって、遂行可能となった事はほぼ間違いない。色や形である以前に、布の上の顔料あるいは染料という物質形状自体へと注意を集中し、それを自立させる事を、制作の中軸におくありかたである。しかし、それは、表現の物質への全面移譲へと結びつく事はなかった。「物質」は、諦観や観想へと特権化される事はなく、むしろ、それ以外との置き換え可能性、互換性を喚起する概念として、抑制的に機能させられているように思われる。長野の「物質」は、無垢なる自然、反文明性、本来性、等といった、原初の仮託を夢想させる概念というより、引用可能な他者、既製品性、レディメイドのオブジェ、等と近親性を持つ概念、すなわち一種の転換装置[4]として作動しているのではないだろうか？

　いずれにしても、樹皮・草皮織物のフィールドワークを通じて、「天然素材の不均質さ」と、それへの「よりそい」を発見し、人間以前の存在に高い評価を与えた長野とは、一線を画す長野がここには存在している。

1982年、長野は2点の作品を制作する。それぞれ、《Tie-dyeing》（図1）、《Tie-dyeing with Wax》（図2）と題された、17.0×23.0×4.5cmの小品である。タイトルが示すように、ここでは、染めの世界では、最も原初的な技術の一つである、絞り染めが、主題として取り上げられている。

　白い綿布を、まず糸で縫い絞る。次に続く工程としては、本来なら染料に浸けられ、染め分けられ、そして絞った糸を取り去ると、そこには、絞り染め独特の柄が現れるはずである。しかし長野は、染料に浸す代わりに、《Tie-dyeing》においては、銅線で絞り、火で燃やす事を、そして《Tie-dyeing with Wax》においては、麻糸で絞り、液状化したWax（蝋）に浸す事で、置き換えてしまう。

　火にかざされた綿布のほとんどは燃え尽き、絞りに使用された銅線を境目にして、かろうじて焦げ跡を残すのみとなる。

一方、蝋に浸された綿布の部分は硬化し、半透明な、蝋独特の質感で覆われる。絞り目の隙間から浸潤した蝋によって僅かにぼかされた境界線が、絞りを解かれた元のままの綿布を、材質感の対比において、繋いでいるように見える。

《Tie-dyeing》においては、染まるべき部分の焼失によって、また《Tie-dyeing with Wax》においては、「絞り」と「蝋けつ」という２種類の防染効果の加算によって、共に、染まるべき部分の無化を、すなわち、防染部分の残存を造り出している。それは、染めの技法プロセスの中で、所定の物質であるはずの染料を、火、銅線、蝋という物質に、過激に置換することで、「染めない事」を造り出す試みとも言えるだろう。

この染めない染め物は、その特徴を最も著しく示す部位を、任意のサイズに切り出され、アクリル板に挟んで直立され、絞り染め技術の顕在化、技術そのものの自立という基本コンセプトを担う、一種のオブジェとして、作品化される事になる。

この２点は、それぞれハンガリー（《Tie-dyeing》と《Tie-dyeing with Wax》の２点）とメキシコ（《Tie-dyeing with Wax》のみ１点）で開催された、ミニアチュール テキスタイルの展覧会[5]に出品するために制作された作品である。'70年代の一連の作品群と同様、明快な主題の限定と、その視覚化／オブジェ化／作品化のプロセスにおける、作法の重層性は、概念性と物体性の混在という一種の矛盾として、ここでも指摘できるように思われる。

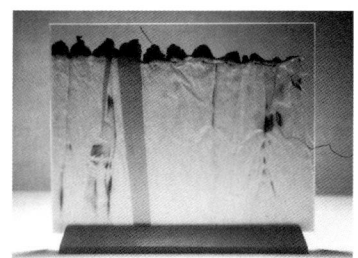

図１ 《Tie-dyeing》 1982年

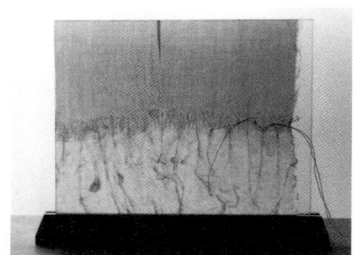

図２ 《Tie-dyeing with Wax》 1982年

17.0×23.0×4.5cmというサイズは、出品を要請した展覧会主催者の意向によって、他律的に導きだされたサイズである。それは、作品サイズの物理的縮小が引き起こす、質的矮小化の危険性を孕みながらも、そこにミニアチュールという、もう一つのフレーム／フィルターが付加される事によって、作品の存在性そのものに、質的な変換の可能性を生じさせるのである。このミニアチュールという形式との出会いは、長野自身に作品制作の方法論上、ある転換／飛躍の契機を与え、'70年以来の困難を、止揚する可能性を嗅ぎ取らせたように思える。

戦後の日本美術は、おおむね作品サイズの大型化の方向で進展したのではないだろうか？ '70年経過以降の状況においても同様、というよりむしろ加速された観さえある。近代美術の極北が言われ、絵画と彫刻の形式の絶対性が忘却されるのと入れ替わるように、利便性と汎用性の過剰評価、あるいは「『何でもあり』の受け皿」とも言うべき、インスタレーションという形式が幅を利かせる事になるのである。巨大なホワイトキューブを如何に物理的に埋めるかが、作家と企画者にとって緊急課題となり、その事は、内容劣化の拡大再生産を招来し、容認し、促進しつつ、２１世紀に入った現在においてもなお、全く事態は変わっていないように見える。事の善し悪しは別にして、そのような大型作品林立の状況下で、17.0×23.0×4.5cmというサイズは、いかに他律的に要請されたとは言え、かき消されんばかりに小さく、デメリットや無力感を想起せざるを得ない。しかし、'80年以降の長野は、逆にこの負性にメリットを見いだして行くように思われる。いやむしろ、その負性故に、と言うべきかもしれない。

先の２点の作品制作を皮切りに、主に海外のミニアチュールの展覧会から出品要請が相次ぎ、その積極的な対応の結

果、受賞をも重ねて行く事になる[6]。そのラインナップを資料で追ってみると、'80年代以降の長野の制作は、ミニアチュールという形式を、重要な1本の軸として、進められた事が理解できる。水を得た魚という比喩が、過剰ではないほどに、そこには、豊かで軽快な展開が見られる。それは、他律的な要請への現実的対応という側面を持ちつつも、長野自身、ミニアチュール形式に、自己の制作の揚棄の可能性を見いだして行った事を示しているはずである。実作品の代用という、おそらくは展覧会主催者側の経済的な事情故の、緊急避難的措置としてのミニアチュール形式を、自律した形式として評価し直す事なしには、起こりえなかった可能性である。

ミニアチュールとは、辞書によれば、「鉛丹で描く」を原義とし、小模型、細密画、彩飾文字、小型の、縮小した、等の意味を持つ単語である。美術と言う領域に限定しても、普遍的定義を抽出する事が難しい、広がりのある言葉である。所謂ファイバーアート、テキスタイルアートと言う領域においては、現実的な要請の先行という状況もあり、一定の字義了解は存在しているようにも思えるが、そこでは、彫刻のコンペでは一般的な、マケットに近い概念として流通しているようにも見える。しかし、もしそうなら、ミニアチュールは、建築模型と同じように、あくまでも、実物の代用品にすぎないと言う事になる。ミニアチュールの意義とは、その本質上、サイズの物理的縮小を伴いつつも、オリジナル/現物の質を保持ないしは凝縮する事にあるはずである。少なくとも、想像されがちな、内容の劣化とは無縁な、むしろその対極にある形式ではないのか？

長野自身による、ミニアチュールに関する言及がある。1984年に制作された作品、《Canvas Series (Table 1, 2)》(図3) に対して書かれたコメントの中に見いだされる。

　それは、「ミニアチュールの世界は物遊び、イメージ遊び、言い換えれば言葉遊びの空間と言える。その空間は物と言葉の隙間に私達を誘い込み、同時に現実と虚構の世界を綯い交ぜにする皮膜である。」と述べている。長野がミニアチュールという形式に見いだした可能性、あるいは、美術の近代という枠組みのシフトチェンジにおいて、ミニアチュール形式が果たす、一定の役割という意味においても、その積極性は、ほぼ言い尽くされているように思われる。

図3 《Canvas Series (Table1, 2)》 1984年

　ミニアチュールという存在は、常に何ものかの移し/写し/イリュージョン、つまり偽物でありながら、同時に確固とした実在、つまり本物でもあり続ける。その両義性によって、自らの存在自体を宙吊りにし、緊張状態のまま持続するのである。対立する二項目の、無限の転換運動とも言える、この事態は、各々の存在を、そうではない存在として見なす、一種の誤解を契機として開始されるが故に、作品としての存在感を、どこか常に完成以前に留まらせ、どこにも属さない、据わりの悪さを示す事になる。しかし、これこそがミニアチュールという形式の効果とも言うべき事態である。このどこにも属さなさ、据わりの悪さは、ミニアチュールという存在の本性が、それ自体として取り出す事の不可能性、つまり不在（長野は皮膜と表現しているが）である事を明かす事によって、反語的に自由を保障し、その中に、遊びの発生を可能とさせるのである。偽物という負性を永遠に持ち続ける事を本性とする、イミテーションやフェイクとの類縁性を暗示しながらも、その中に逆転の構造がデフォルト化されている事、それがミニアチュールという形式に積極性が見いだされる所以である。

単純化に過ぎた構図になるかもしれないが、長野にとって、ミニアチュール形式との出会いは、'70年代の長野の中に存在していた問題、困難、あるいは矛盾、例えて挙げるとすれば、アクロバッティックなスタンス、作品における概念性と物体性の混在、等々を、回避するのではなく、その質を保存したまま、つまり矛盾を矛盾のまま、鳥瞰できる視座を保証したのではないだろうか？　ミニアチュール形式を介しての、視座のメタレベルへの移行とも言える展開である。

　しかしそれは、特権的あるいは超越的な視座の確保といったものとは多少意を異にする。つまり長野の作家としての円熟とは、直接結びつくものでは有り得ないだろうという事である。なぜならば、どこにも属さない据わりの悪さ、つまり本性が存在論的に不在である形式を介しての視座、そしてそこで展開される制作実践は、そのものとして、両義的であり続けるからである。両義性とは、すなわち諸刃の剣である。それは片側の刃として、問題の抜本的解決というより、単なる先送りに陥りかねない、危険性を孕んでいるだろう。

　そもそも問題の抜本的解決という設問が、すでにこの時点では有効性を失っているのかもしれない。しかしそれが、仮に、既成の安定した形式による表現の展開、あるいは安定したポジションにおける表現スタイルの深化、といった事態をさすのであれば、才能に恵まれた長野の事である、簡単に、あるいは巧妙にシフトしていっただろう。しかし長野の画歴にその形跡はない。'70年代作家としてのプライドが許さなかったからである。ここでの問題とは、長野の原点とも言うべき、'70年経過時点における、あの決心に繋がる問題である。

　おそらく長野は、ある時点で、その危険性を伴った、緊張状態の持続を選択したのである。しかし、それはある野心の元に決意された、選択でもあったはずである。

　ミニアチュール形式を介しての、視座のメタレベルへの移行は、矛盾が矛盾のままに存続する事を一つの条件として、それを自由／遊びに変換する事を可能にした。

　それは、ミニアチュールという存在における両義性の効果に賭けると言う事を意味する。その賭けによって、長野が目論んだ事、それは、'70年前後に、長野の中に孕まれた困難の質を保持したまま、それを自由／遊びとして、続編を書き続ける事にあったのではないだろうか。

　染織／工芸の再度の選び直し、染織／工芸の否定的継承、という事態は、30年や40年の時空において、答えが出るほどちっぽけな問題ではなかったはずだ。長野にとっての、'70年以降の月日は、事の甚大さに怯える事はあっても、精神の弛緩に身を委ねる事を許さなかっただろう。長野はこれからも書き続けなければならないし、書き続けるに違いない。一大長編を覚悟で。

（きむらひでき／画家・版画家、京都市立芸術大学教授）

注
1）木田拓也「帝展が描き出す「工芸美術」の輪郭線」『美術史の余白に —工芸・アルス・現代美術』110頁（美学出版、2008）
2）本書発刊にあたって整理された基礎資料
3）長野五郎・ひろいのぶこ『織物の原風景 —樹皮と草皮の布と機—』（紫紅社、1999）
4）その事を強く感じさせる作品として、《Request Series（繕-repair 2）》1975年、《デントウのカサ》1977年、《Paper Series（Bookworm drawing 1-4）》1978年等をあげておきたい。この一連の作品は、作品制作の過程に、市井の職人技、伝統工芸の技、虫の捕食活動、といった純然たる他者を招じ入れ、その結果としての、技術そのもの、あるいは偶然の結果を、作品として全面に押し出すという戦略をとっている。創る事そのものを逆照射し、相対化する試みとも言えるものである。
5）1982年第1回国際ミチョアカン・ミニアチュールテキスタイル展　日本／メキシコ（ミチョアカン文化会館、メキシコ）
　1982年第4回国際ミニアチュールテキスタイルビエンナーレ（サバリア美術館、ハンガリー）
6）1984年第5回国際ミニアチュールテキスタイルビエンナーレ・グランプリ受賞（サバリア美術館、ハンガリー）

1994年第10回国際ミニアチュールテキスタイルビエンナーレ・文部省特別賞受賞（サバリア美術館、ハンガリー）
2002年国際刺繍展2002・第二席賞受賞（ルーマニア美術家協会展示館、ルーマニア）
2006年第2回国際ミニテキスタイルトリエンナーレ・テキスタイル文化財団賞受賞（ソンバトヘ・アート・ギャラリー、ハンガリー）

凡例
1. 図版は、原則として制作年代順に配列している。但し、代表作のほとんどを掲載しているが、本書はカタログレゾネではないことを明記しておく。
2. 各作品のキャプションは、原則として作品名（題名）、制作年、発表した展覧会名・年度、長野自身による作品解説を、基礎資料として和文・英文併記で記載した。作品の素材、技法等は英文表記のみとした。作品サイズは、高さ (cm)・幅 (cm)・奥行き (cm) の順で寸法を表記した。
3. 作品図版は、2009 年に制作された〈橋シリーズ〉までとした。同シリーズは 2009, 2011 年に各地で開催された国際テキスタイルビエンナーレ展等に出品されている。

Notes
1. Plates are arranged in the chronological order of the production. They cover most of the works but do not necessarily serve as a catalogue raisonné.
2. Captions to each work comprise, as basic data, its title, the year of the production, the name and the year of the exhibition where it is first shown, and the account of the work by the artist himself. They are given both in Japanese and English. The material and the technique are only given in English. The size of the work indicates its height, width, and depth (all in centimeter).
3. The works shown in plates range to the 2009 Bridge Series, which took part in exhibitions, including the International Textile Biennale held in several places in 2009 and 2011.

作品図版
Plates

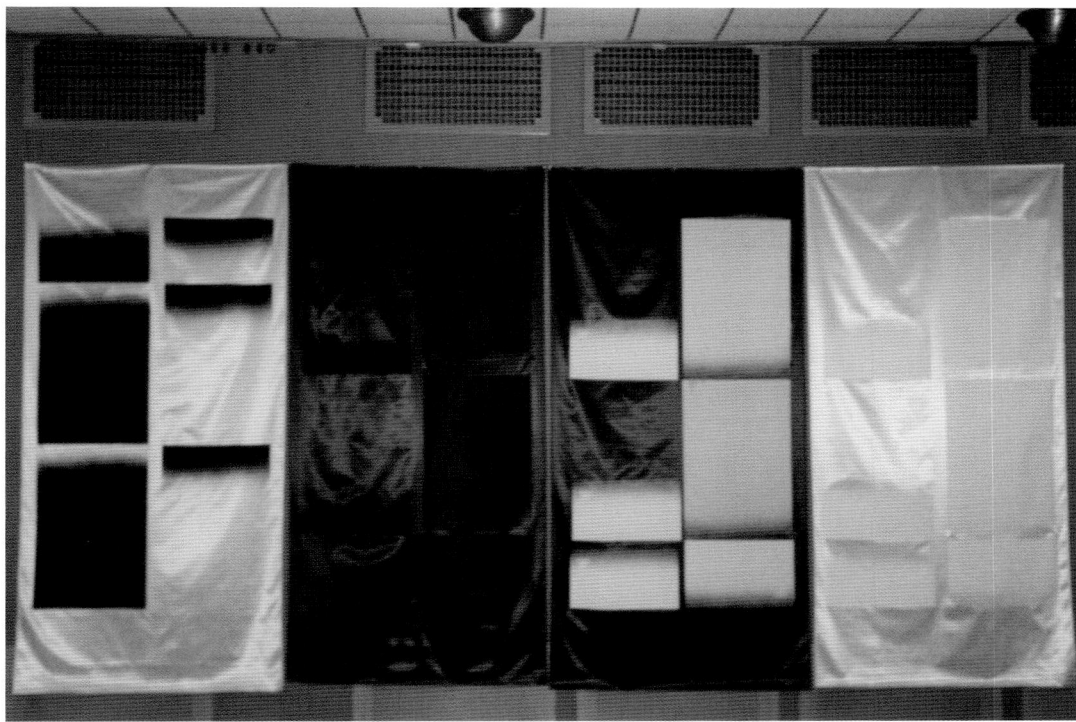

テーマ：染料・顔料：1971
［図版・上］
1971―「1948 〜 1950年生まれの作品展」（京都市立芸術大学芸術学部陳列館、京都）
染料と顔料の特性、特に光の反射の差異を作品化した。市販されている光沢のあるアセテートサテンの白布と黒に染められた布に同色の不透明な顔料でグラデーションにシルクスクリーンでプリントした。逆の色の組み合わせでも同様におこなった。染色における布に色をつけることを色材がもつ物質特性から問い直した。

theme: dyestuffs・pigments: 1971
1971—The work of the students born from 1948 to 1950 (Kyoto Municipal University of Fine Arts Department of Arts and Design gallery, Kyoto)
These works explore the properties of dyes and pigments, especially the difference in the ways they reflect light. Opaque pigments of the white and black were silk-screen printed in gradation on glossy white and on black-dyed cloth of acetate satin. This was carried out using various combinations: white on white, white on black, black on black, black on white. The works question anew the effect that the substance property of the coloring agent has when applied to dyed cloth.

テーマ：染める・染まる：1972
1972―「1948 〜 1950年生まれの作品展」（京都市立芸術大学芸術学部陳列館、京都）
白のブロード綿布に黄色の染料を用いてスプレーでグラデーションに吹きつけた後に水を吹きつけ滲ませ染め付けたもの。かたや黄色の顔料をスプレーでグラデーションに吹きつけ、双方を対比させた作品。

theme: dye・be dyed: 1972
1972—The work of the students born from 1948 to 1950 (Kyoto Municipal University of Fine Arts Department of Arts and Design gallery, Kyoto)
This work compares the effect on both sides of white broadcloth of spraying yellow dye and yellow pigment. For the yellow dye, after spraying the cloth with a yellow gradation, water was sprayed on to bleed the dye. For the yellow pigment, it was merely sprayed in a gradation.

本（社会契約）：1973
1973―個展（立体ギャラリー 射手座、京都）
1981―第4回国際テキスタイルトリエンナーレ（ウッジ市美術館、ポーランド）
本来、言語的世界の象徴である本は、作業用手袋という人間の労働を示唆する"物"たちによってその意味をずらされる。本の扉を開くと意味され続けてきた本の言語たちは、意味し続けた"物"たちによって、とって代わられる。本という形式を引用し、"物"によって記入し直す。また、"物"が歴史的に獲得してきた"場"というものを変換する。技法としては綿ニットの作業用手袋をプレスし、固めて製本したものである。

Book (SOCIAL CONTRACT): 1973
bookbinding was requested to the binder.
cotton working gloves, cloth, paper
28.0×22.5×3.5cm
1973―Solo Exhibition (Gallery Iteza, Kyoto)
1981―4th Textiles Triennial Fiber Artists and Designers Łodz '81 (Central Museum of Textiles, Poland)
collection; Mr. John W. Koldor/ Universal Textiles Ltd. Aleavso Fabrics in Sydney, Australia
The book is originally a symbol of the world of words. In this work the meaning of the book has been altered by means of objects–work gloves, which suggest human labor. When the book is opened, the words of a book which have meaning have been replaced by objects which have been given meaning. While referring to the concept of a book, the notation has been altered by using objects. Also, the "place," which has been historically acquired by the object, is transformed. The technique employed is to apply pressure to knit cotton work groves, harden them, and then bind them in a book binding.

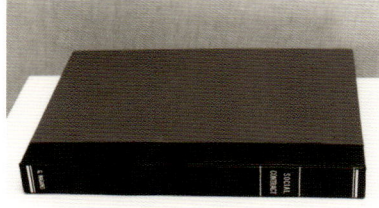

テーマ："社会契約"：1973
1973―個展（立体ギャラリー 射手座、京都）
会場風景

theme: "SOCIAL CONTRACT": 1973
1973―Solo Exhibition (Gallery Iteza, Kyoto)
installation view

回る1：1974
柄；北海道民芸に依頼
1974―木村秀樹との二人展（ギャラリー 16、京都）

broomstick: 1974
broomstick; make a request for the Hokkaido Mingei Ltd. in Hokkaido.
mixed media
felt, wood, leather
80.0×10.0×10.0cm
1974―The two persons exhibition with Hideki Kimura (Gallery 16, Kyoto)

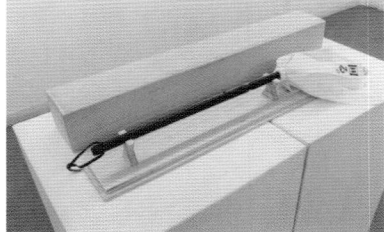

1974―木村秀樹との二人展（ギャラリー 16、京都）
会場風景

1974―The two persons exhibition with Hideki Kimura
 (Gallery 16, Kyoto)
installation view

畳オブジェ：1974
［図版・上／表面、図版・下／裏面］
1975—クラフト展（京都クラフトセンター、京都）

Tatami Object: 1974
dyeing, printed by silkscreen, stuffing cotton, cloth, ink
43.0×43.0×8.0cm
1975—Craft Exhibition (Kyoto Craft Center, Kyoto)

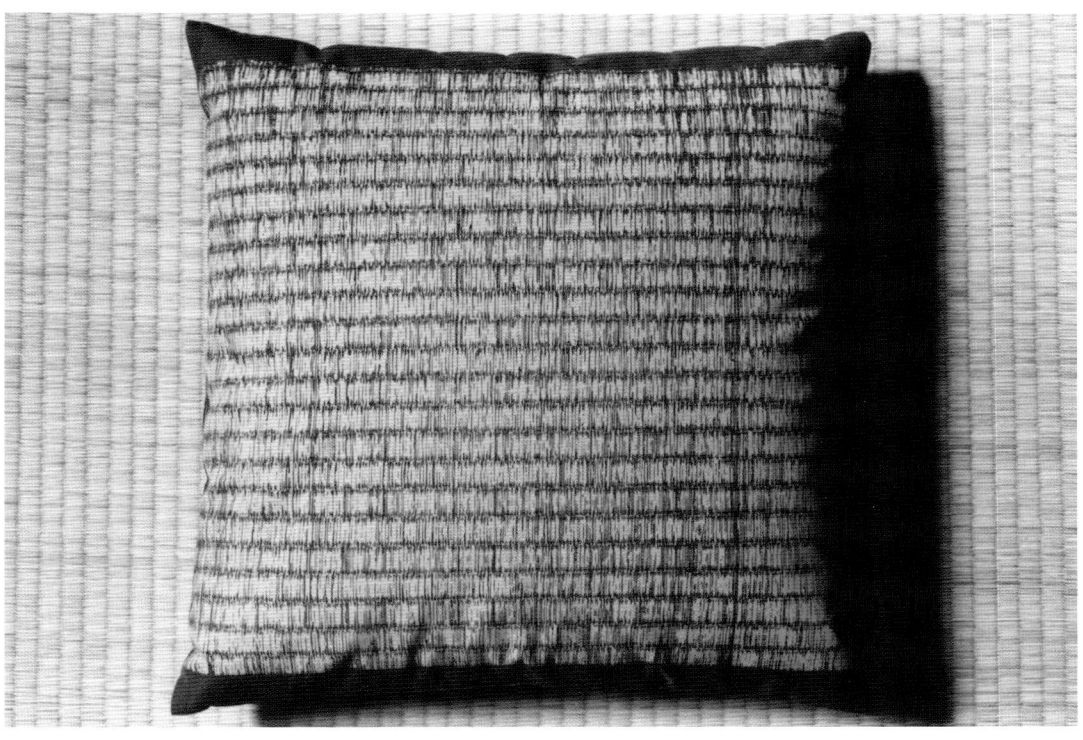

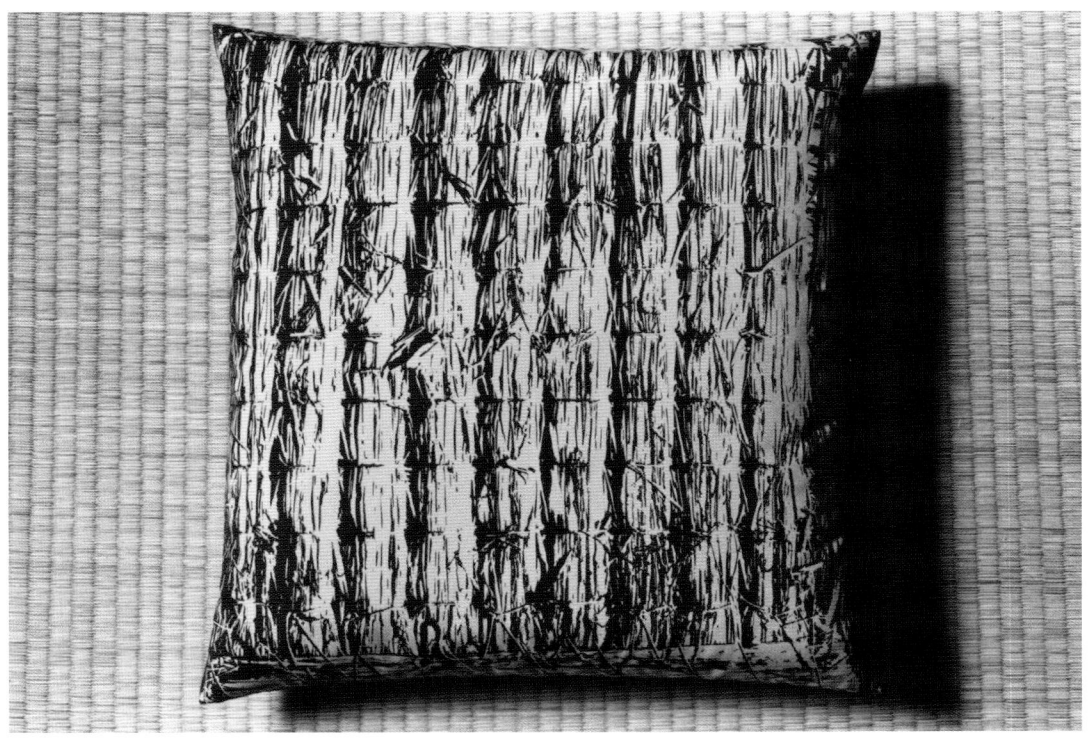

敷き石オブジェ：1974
［図版・上／表面、図版・下／裏面］
1975—クラフト展（京都クラフトセンター、京都）

A Paving Stone Object: 1974
dyeing, printed by silkscreen, stuffing cotton, cloth, ink
41.0×58.0×8.0cm
1975—Craft Exhibition (Kyoto Craft Center, Kyoto)

リクエスト シリーズ（繕う1）：1974
［図版・左／表面、図版・右／裏面］
京都在住主婦　河辺登美氏に依頼
1974—「1948〜1950年生まれの作品展」（京都府立文化芸術会館、京都）

Request Series (繕- repair 1): 1974
make a request for the homemaker Emiko Kawabe in Kyoto.
cotton cloth, cotton thread
60.0×30.0cm
1974—The work of the students born from 1948 to 1950 (Kyoto Prefectural center for Arts & Culture, Kyoto)

リクエスト シリーズ（繕う2）：1975
[図版・左／表面、図版・右／裏面]
かけつぎ師・山内哲美氏に依頼
1975―京都アンデパンダン展（京都市美術館、京都）
リクエスト シリーズ（繕う2）：技術は制作する上で重要であり、不可欠なものである。しかし、"技術の世界" そのものが、それだけで自立することはなかった。技術は人間が素材に行為することでのみ、その痕跡を残す。この技術の世界に興味をもつ私は、イメージ・造形性や素材そのものの表現を目的として制作するのではなく、それらの要素を出来うる限り消去してゆくことで技術の世界を自立させ、呈示しようと試みた。そこで、技術的世界の専門家である "職人のひとたち" に、かれらが長年にわたり経験を積み重ね習得した技術がもっとも際立つような仕事を仕組んで依頼をする。ウールの平織の布を私が破る。繕った痕が目立ちやすい白地の布をあえて選んだ。したがって高度な技術が要求される。次に "かけつぎ師" が元どおりに破れを修復する。勿論、布の表はすっかり修復されている。そして、裏は繕った糸端が "繕" という文字が浮かび上がるように依頼した。私の依頼は "織り込み式かけつぎ法" によって可能となり、ここに、技術は自立し、オブジェともなったのである。

Request Series (繕- repair 2): 1975
make a request for the mending specialist Tetsumi Yamauchi in Kyoto.
plain-weave wool fabric
30.0×30.0cm
1975―Kyoto Salon des Artistes Indépendants Exhibition (Kyoto Municipal Museum of Art, Kyoto)
Request Series (繕- repair 2): Technique is one of the important elements in the process of production. However, technique can not exist outside the process of production. It only exists through practice and through the finished piece. As a result of my strong interest in technique, I tried to establish that technique was a separate element and to define it. I did this by trying to eliminate other elements such as image, shape and materials as much as possible. In this way I concentrated on the producing an object without any other elements except the element of technique. With that in mind, I requested a skilled craftsman to do some work that would best show his cumulative years of technical experience. I ripped a piece of plain-weave wool fabric, choosing a white one so the mending would stand out and require the highest skill. Then I asked a man skilled in invisible mending to mend the tear. Of course, the fixed face of the fabric showed no sign of the repair work, but on the reverse side, the visible ends of the repair threads were woven to form the character "繕" (*tsukurou* mend), just as I had commissioned. In this way, my intention was fulfilled through the method of "invisible weaving": the technique became the object.

テーマ：" 寫 "
1977―個展（ギャラリー 16＋one、京都）
会場風景

theme: " 寫 " (*utsusu*)
1977―Solo Exhibition (Gallery 16+one, Kyoto)
installation view

三角定規 1、2：1977
名古屋 加藤ガラス加工工場に依頼
1977―個展（ギャラリー 16＋one、京都）

Triangle scale1, 2: 1977
make a request for making the triangle of the Kato manufactory in Nagoya.
mirror
45.0cm
1977―Solo Exhibition (Gallery 16+one, Kyoto)

28

デントウのカサ：1977
京都在住 やきもの師・勝野博邦氏に依頼
この仕業は白磁・青磁でなされたデントウのカサ
1977―個展（ギャラリー 16＋one、京都）

dento no kasa (Lampshade): 1977
make a request the ceramist Hirokuni Katsuno in Kyoto.
hakuji and *seiji*
23.0×23.0×6.5cm
1977―Solo Exhibition (Gallery 16+one, Kyoto)

影青定規：1977
京都在住 やきもの師・勝野博邦氏に依頼
この仕業は青白磁でなされた影青（インチン）定規
1977―個展（ギャラリー 16＋one、京都）

ruler of *inchin*: 1977
make a request the ceramist Hirokuni Katsuno in Kyoto.
seihakuji
3.5×30.0×0.5cm
1977―Solo Exhibition (Gallery 16+one, Kyoto)

テーマ："うつろい"
ペーパー シリーズ（虫喰い 1〜4）：1978
1978—個展（ギャラリー 16+one、京都）
漆喰の壁に引っ掛かれ、落書きされた形象からのイメージ、そして同時に壁の物性をも感じる。また、壁の滲みからも呼び起こされる。あるいは風の音に驚く様に、虫喰いの跡に美しさを感じる。石に落ちた光の影に心動かされる様に、錆付いた窓のフレームと嵌め込まれたガラスとの組み合わせに新たなショックを受ける。物に対してなされる人間の行為ということ、自然が物に対して作用する現象ということに興味を覚える。この作品は、虫が数ヶ月にわたって和紙を無作為に喰ったものである。

theme: "*utsuroi* "
Paper Series (Bookworm drawing 1~4): 1978
eaten by bookworm.
Japanese paper
53.5×75.0cm each
1978—Solo Exhibition (Gallery 16+one, Kyoto)
collection; The Council House/ S.C. Johnson International Conference Center in Racine, Winsconsin, USA
Graffiti scratched on a whitewashed plaster wall presents us with an invitation to the material from which the wall is made as well as with a formed image. Looking at a wall can, conversely, bring to mind all kinds of images. The beauty of the marks left by bookworms as they eat their way through the pages of a book is as astounding as the whistling wind that announces an autumn as yet unseen. The composition shocks us with its tension much like moonlight falling on a rock or clear glass enclosed in a rusted window frame. My interests at present lie in the realm of human action on things (of which technology is the historical product) and the operations of nature on things. These pieces were formed by bookworms eating at random in a piece of Japanese drawing paper over a period of several months.

Tie-dyeing：1982
1982—第1回国際ミチョアカン・ミニアチュールテキスタイル展　日本／メキシコ（ミチョアカン文化会館、メキシコ）
1982—第4回国際ミニアチュールテキスタイルビエンナーレ（サバリア美術館、ハンガリー）
Tie Dyeing：技術は制作する上で重要な要素である。しかし、技術そのものがそれだけで自立することはなかった。人間が素材に行為することでのみ痕跡を残すのである。こうした技術に興味をもつ私は素材そのものやイメージを目的化して制作するのではなく、それらの要素を出来うるかぎり消去することで、技術そのものを自立させようと試みる。いわば防染的思考ともいえようか。染めの世界において"絞る"という行為は防染方法として最も原初的技術といえる。糸を用いて絞り、染めるかわりに、銅線で縫い絞り、焼くことでむしろ"絞る"という行為を際立たせることになる。つまり、透明化されていた技術そのものが顕在化された訳である。

Tie-dyeing: 1982
sewing and tying the cloth with copper wire, but instead of dyeing, burning it.
mixed media
cotton cloth, copper wire
17.0×23.0×4.5cm
1982—The 1st Michoacan International Exhibition of Miniature Textiles Japan/ Mexico (Museum of Contemporary Art, Mexico)
1982—The 4th International Biennial of Miniature Textiles (Savaria Museum, Hungary)
Tie Dyeing: Usually technique is a very important element in the production of any work of art. However, it does not exist in itself in any concrete form other than the visible traces we can identify in the materials that make up the finished product. I am especially interested in technique in and for itself. Rather than producing a finished product which is simply a manifestation of the artist's mental image and aesthetic sense, I seek to have technique stand alone as my own personal statement. I also seek to eliminate any traces of a prior image in my mind of what I had hoped the object would become. This resembles the technique of resist-dyeing. Tie-dyeing is the most primitive, simple and well-known among various resist-dyeing techniques. My version of the tie-dyeing technique involves sewing and tying the material with copper wire, but instead of immersing it in a dyeing solution, I burn the material. Thus the technique is at once made visible and also at the same time all other traces are burned away.

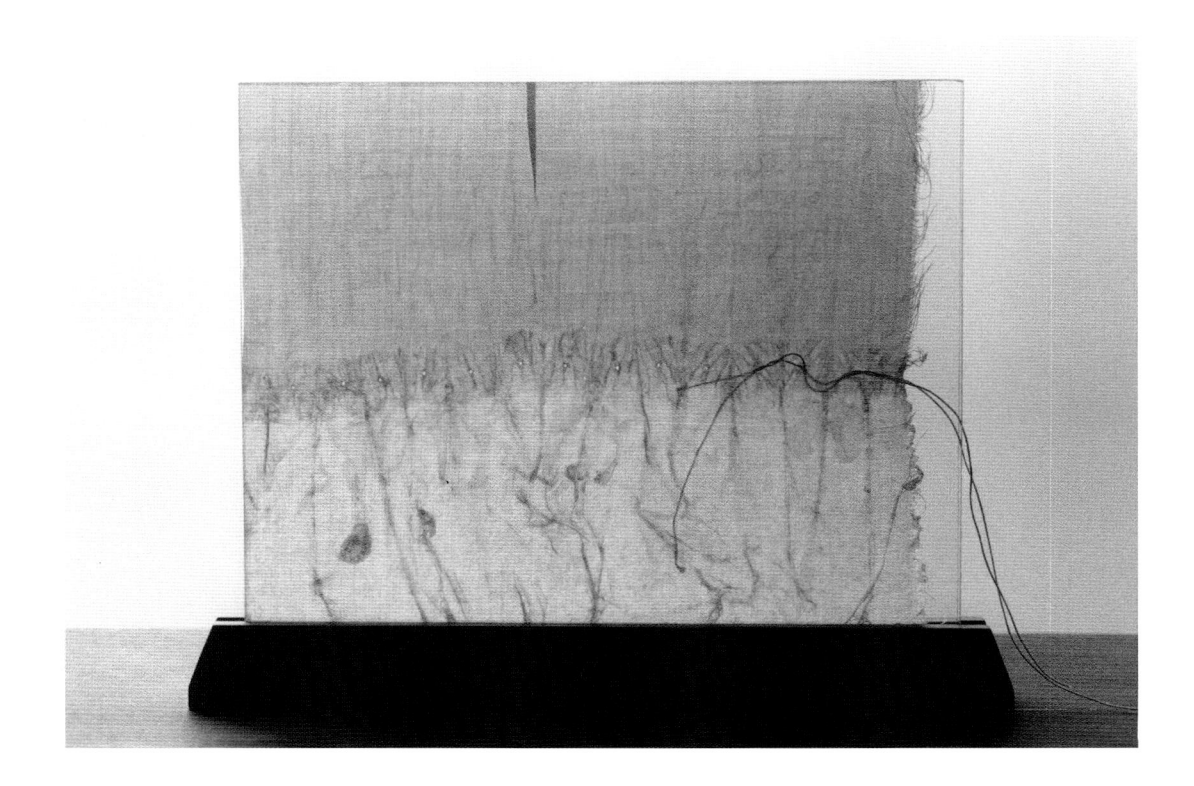

Tie-dyeing with Wax：1982
1982—第4回国際ミニアチュールテキスタイルビエンナーレ（サバリア美術館、ハンガリー）
"絞る"という行為は防染技法の中で最も原初的な方法としてよく知られている。また"wax（蝋）"は防染材料として各国の民族染色において、ごく一般的に使われている。私は糸で布を縫い絞った後、染料で染めるかわりにその布を溶けた"wax（蝋）"に浸けた。そうすることで二つの防染——圧力による防染"絞る"と物質による防染"wax（蝋）"の世界が出会うことで、防染という世界がより顕在化された訳である。

Tie-dyeing with Wax: 1982
sewing and tying the cloth with the thread, but instead of dyeing, immersing it in melted Wax.
mixed media
cotton cloth, linen thread, wax
17.0×23.0×4.5cm
1982—The 4th International Biennial of Miniature Textiles (Savaria Museun, Hungary)
Tie-dyeing is the most primitive, simple and well known among various resist-dyeing techniques. Wax is also used in ethnic communities around the world as a popular resist-dyeing material. In this work, first I have sewed and tied the cotton cloth with the linen thread and immersed it in melted wax instead of dyeing it. By doing so I have combined two of the world of resist-dyeing, namely, resist-dyeing techniques by force-tie-dyeing and resist-dyeing by material-wax.

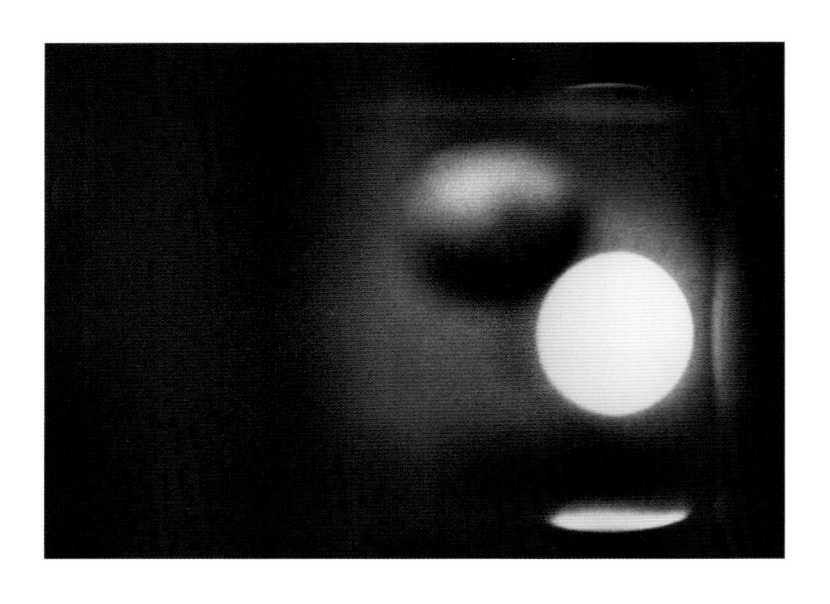

鏡の上の月と蜜柑：1982
1982―アーティストによる写真展（京都書院ホール、京都）

The moon and the mandarin orange on a mirror: 1982
photograph
20.0×27.5cm each
1982―The photo exhibition by the artist (The hall of Kyoto Shoin, Kyoto)

ランドスケープ シリーズ プロジェクト：1982
1982―現代の染織の動向展（ギャラリー 成安、京都）

Landscape Series Project: 1982
installation
sewing and tying the cloth with copper wire, but instead of dyeing, burning it.
cotton cloth, copper wire
1982—The Trends of Contemporary Textiles (Gallery Seian, Kyoto)

ランドスケープ シリーズ プロジェクト（山脈、海岸線など）：
1983
1983—"繊維がかたちづくる空間" 第11回国際タピストリービエンナーレ（ローザンヌ市美術館、スイス）
1983—ファイバーワーク展 —織から造形へ—（西武高輪美術館、軽井沢）[次頁／図版・下]
ランドスケープ シリーズ プロジェクト（山脈、海岸線など）：綿布を銅線で縫い絞り、火をつける。その結果、燃えつきた空間と、燃え残った空間——二つの世界が顕れる。燃えつきた空間はまわりの空間へと拡がり、流れ出す。それは時には、風景と呼び合い、重なる。同時に燃え残った"物"は実在としての確固とした位置をもつ。しかも"風景"へと還元される。この二つの世界を区切る一本の輪郭の上で振幅している。

Landscape Series Project (Mountains, Water's Edge, etc.):
1983
Installation
sewing and tying the cloth with copper wire, then burning it.
cotton cloth, copper wire
1983—"Fiber Art creates its own environment" The 11th International Biennial of Tapestry (Lausanne City Museum, Switzerland)
1983—Fiber Work Exhibition (The Museum of Modern Art, Seibu Takanawa, Karuizawa, Nagano)
Landscape Series Project (Mountains, Water's Edge, etc.): I have here copper wire to sew and tie up lengths of cotton cloth, which I have then set alight. This process leads to the emergence of two worlds, the space burnt away and the space left after the burning. The space burnt away spreads and flows out to the surrounding space. Sometimes the result takes on the appearance of a scenic view, while the space left behind after the burning preserves a fixed and static existence, and itself becomes an element in the scene presented. I find myself constantly crossing and re-crossing this single line that divides the two worlds.

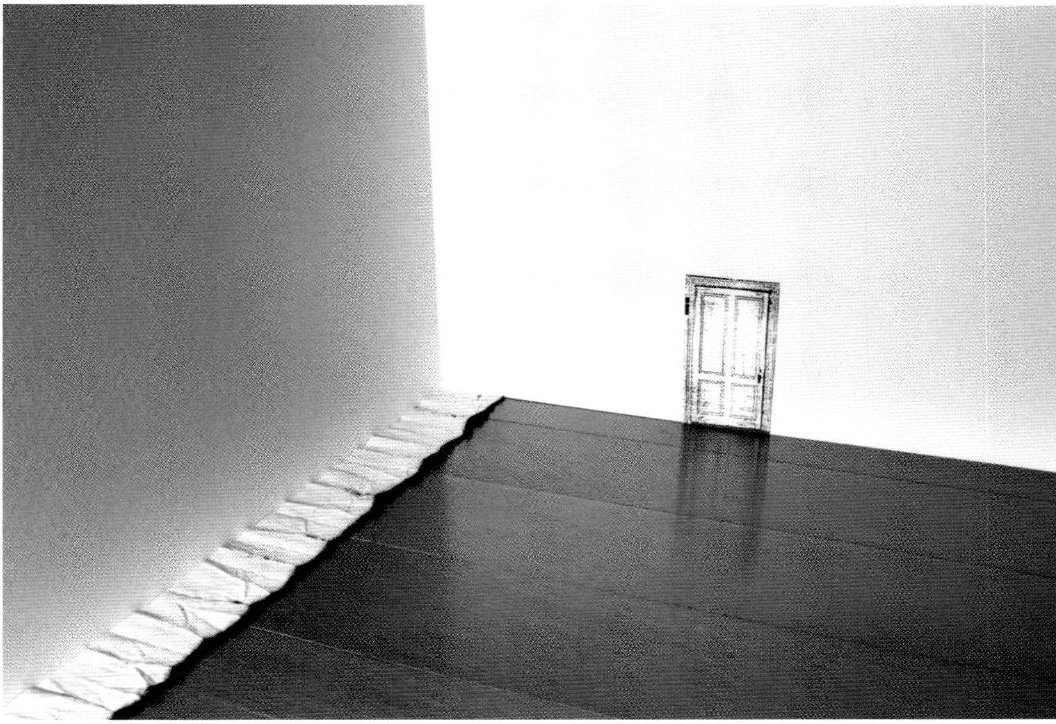

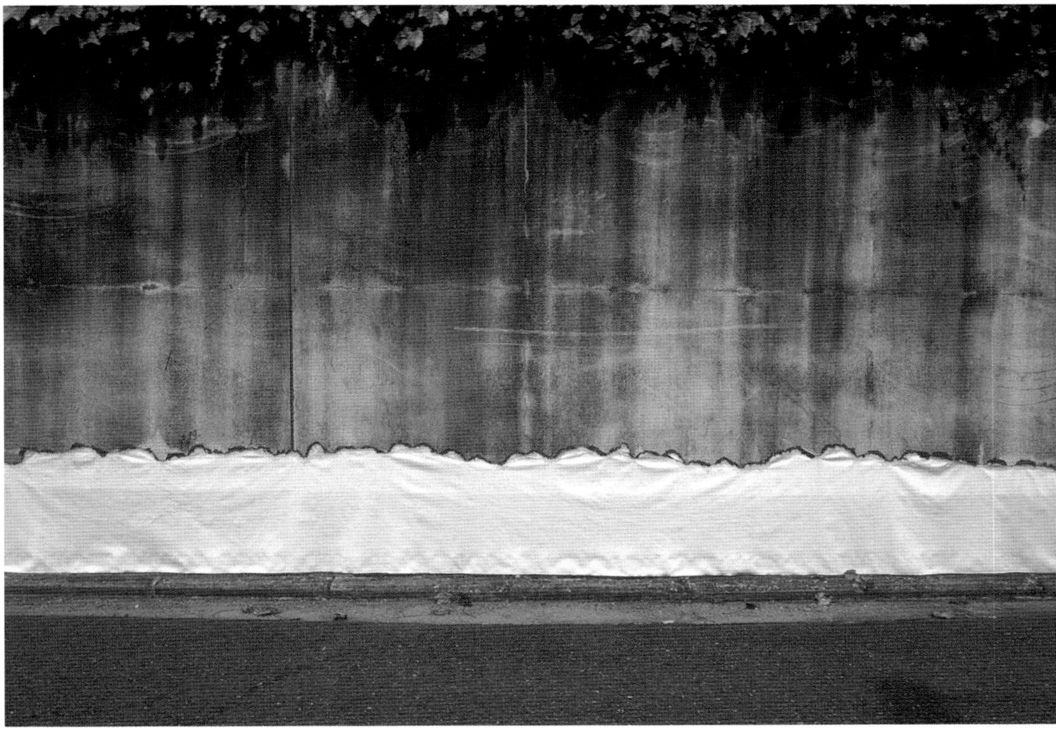

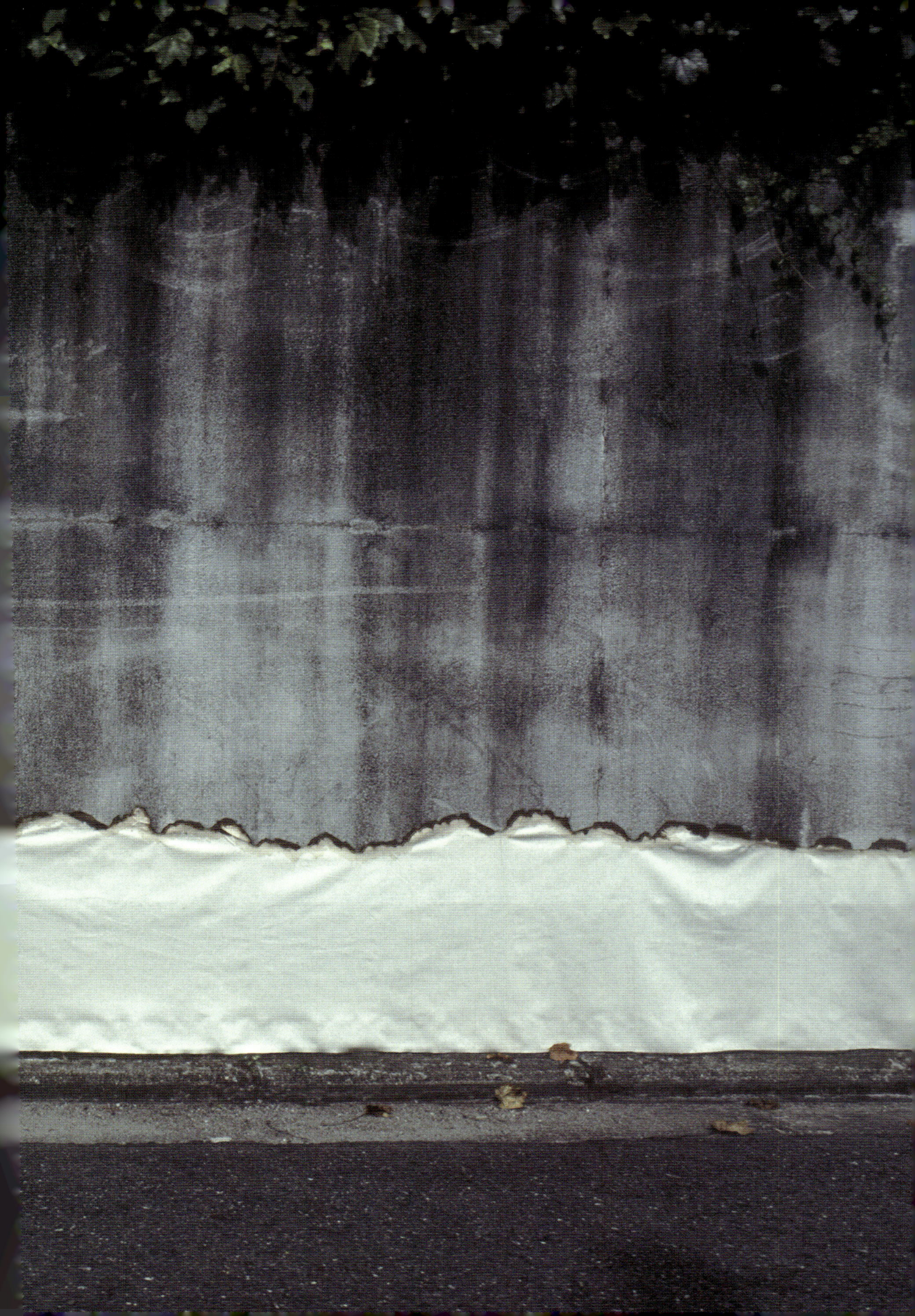

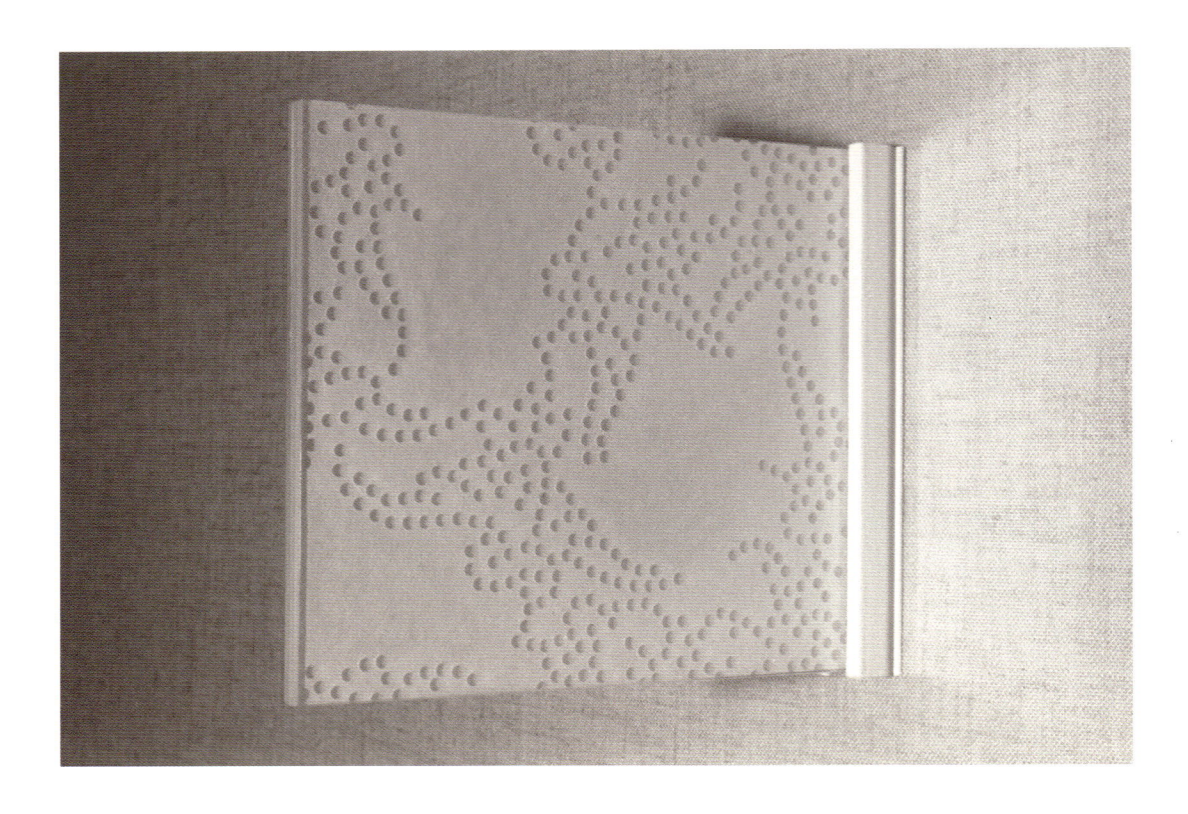

ペーパー シリーズ（星座 1）：1983
1983―国際ミニアチュール展（サンフランシスコ近代美術館、アメリカ）

Paper Series (Stars 1): 1983
making holes in the paper.
Japanese paper
14.0×14.0×1.5cm
1983―The International Miniature Exhibition (San Francisco Modern Art Museum, San Francisco, USA)

ペーパー シリーズ（星座 2）：1983　［図版・下］
1983―小さな小さな大展覧会（青画廊、東京／ギャラリー 安里、名古屋）

Paper Series (Stars 2): 1983
making holes in the paper.
Japanese paper
7.0×10.0×1.0cm
1983―The Small Small Big Exhibition (Ao Gallery, Tokyo/ Gallery Anri, Nagoya)

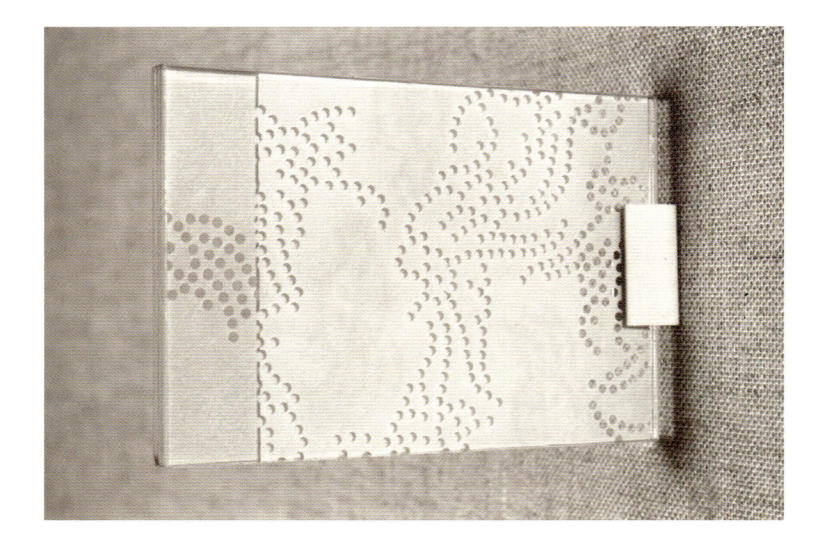

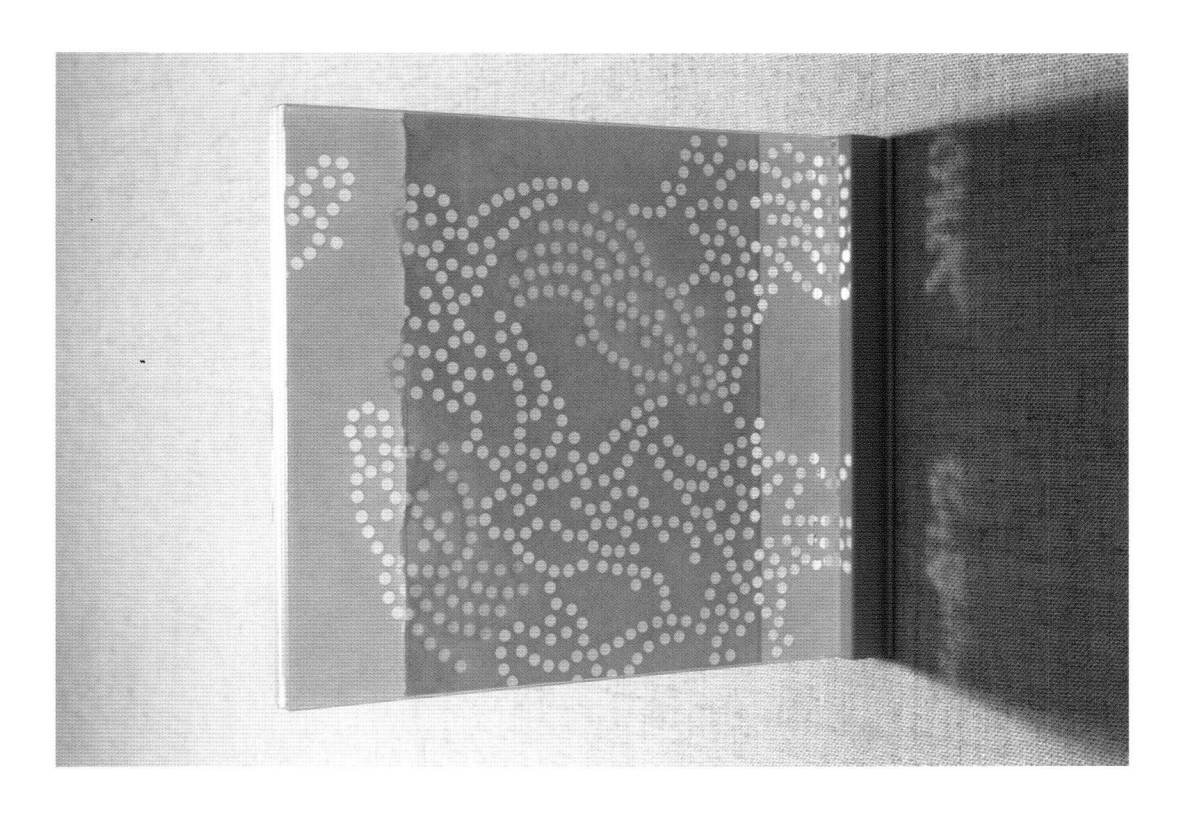

ペーパー シリーズ（星座 3）：1983
1983—国際ペーパーワーク展（マヤ・ベンギャラリー、チューリッヒ）

Paper Series (Stars 3): 1983
making holes in the paper.
Japanese paper
14.0×14.0×1.5cm
1983—The International Paper Work Exhibition (Maya Behn Gallery, Zurich, Switzerland)

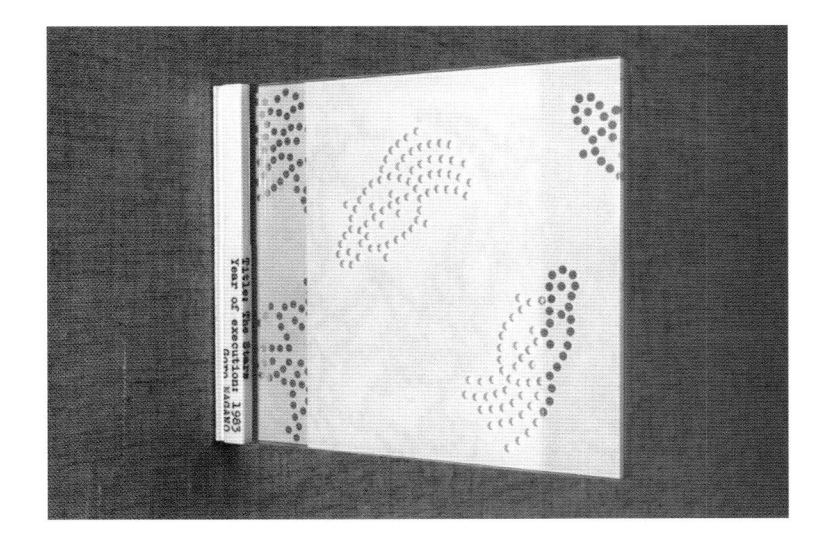

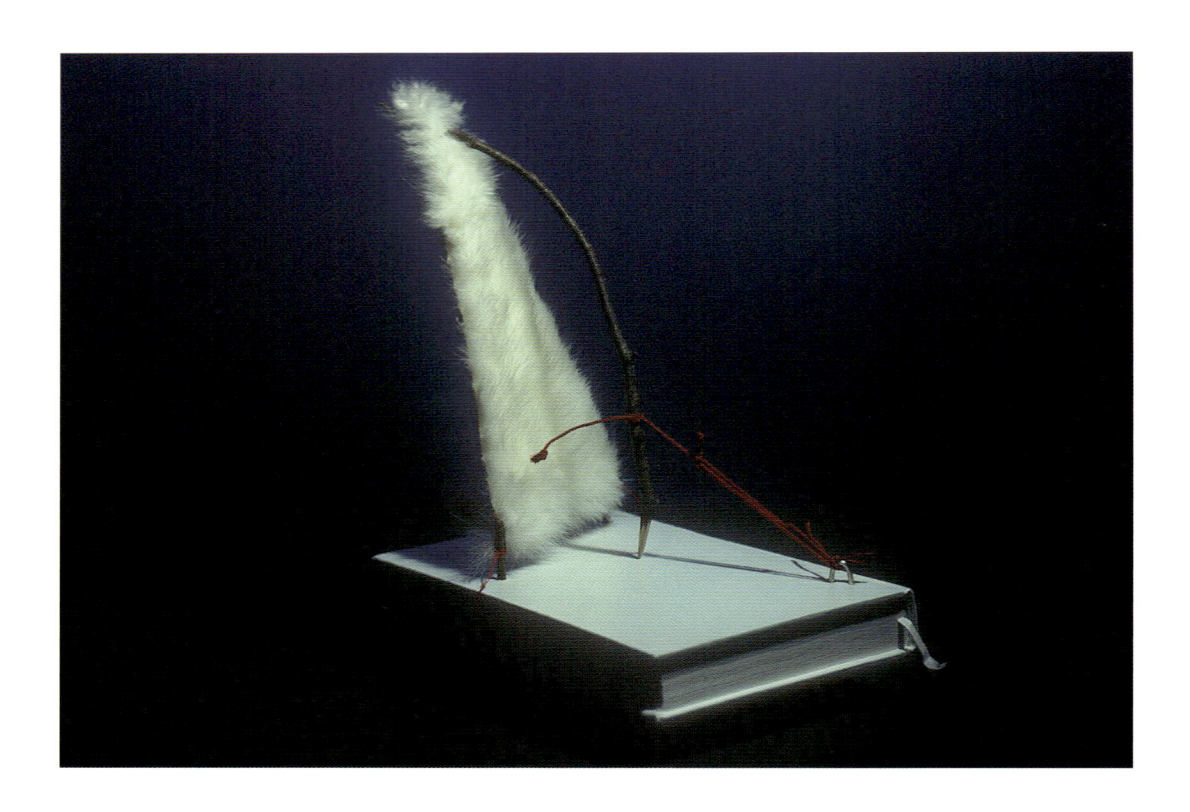

本 シリーズ（ヨット）：1983
1983—ファイバーワークミニアチュール展 '83（ギャラリー マロニエ、京都、他 2 カ所）
1986—国際ミニアチュールテキスタイル展（カプチンシアター、ルクセンブルグ）

Book Series (yacht): 1983
mixed media
book, fur, wood, white medium, thread
25.0×20.0×14.0cm
1983—Fiber Work Miniature Exhibition '83 (Gallery Maronie, Kyoto, two others)
1986—International Exhibition of Miniature Textiles (Theatre des Capucins, Luxembourg)

キャンバス シリーズ（テーブル 1，2）：1984
1984—第 5 回国際ミニアチュールテキスタイルビエンナーレ（サバリア美術館、ハンガリー）＊グランプリ受賞
三角形のテーブルにかけられた布の上に、ドアーのある空間が入れ込まれた作品。テーブルの布にドアーがある部屋のイメージをシルクスクリーンでプリントした。ミニアチュールの世界は物遊び、イメージ遊び、言い換えれば言葉遊びの空間といえる。その空間は物と言葉の隙間に私達を誘い込み、同時に現実と虚構の世界を綯い交ぜにする皮膜でもある。

Canvas Series (Table1, 2): 1984
mixed media
linen, wood, painting ground, clay
14.0×20.0×15.0cm
1984—The 5th International Biennial of Miniature Textiles (Savaria Museun, Hungary) *The Grand Prize
Canvas Series (Table 1, 2): I constructed triangular tables and covered them with tablecloths that I silk-screened with triangular images matching the tabletops and showing a room with a door. The miniature world plays with our concepts of things and of images, or in other words, it could be called a space; for visual word play. That space draws us into the gap between things and words; at the same time it is a membrane through which the worlds of reality and imagination blend. Miniatures evoke words in the mind.

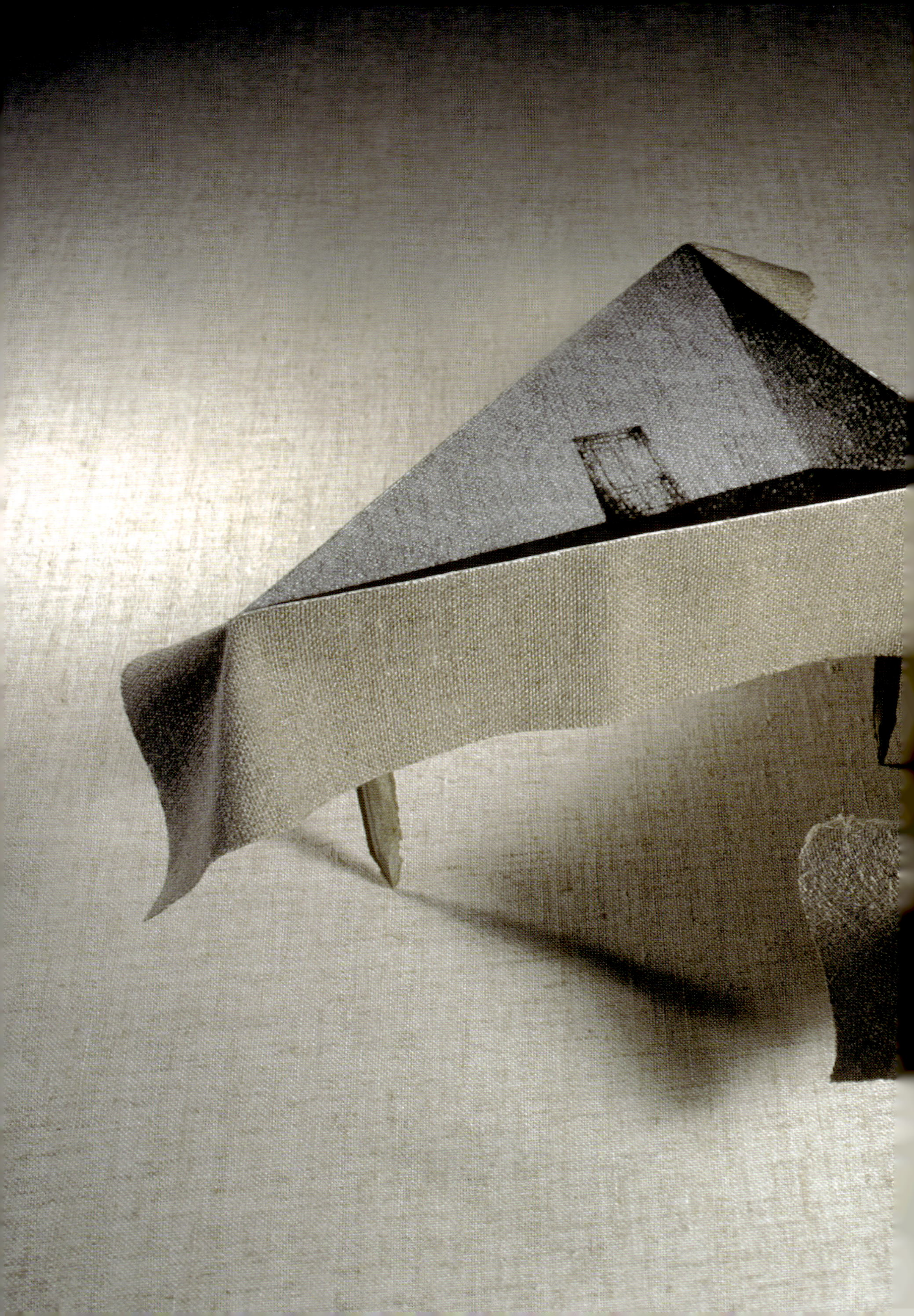

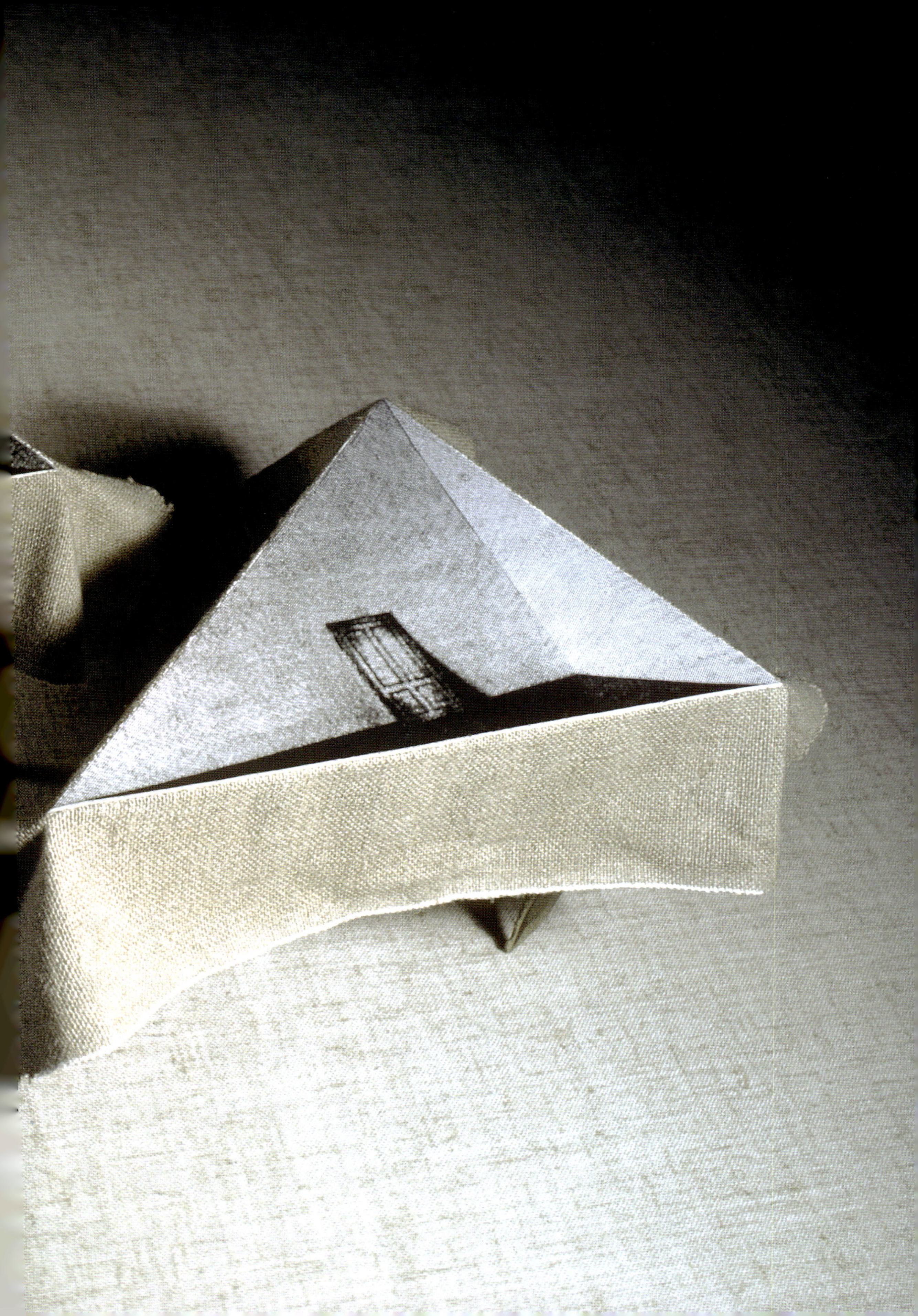

扉 シリーズ（影は光る —シャミッソーをぬけて—）：1984
1984—光りの表情展（ギャラリー BOX ITTEN、京都）

Door Series (Lighted Shadow:passing through Chamisso): 1984
mixed media
paper, lead, brass, acrylic, light
26.0×36.5×15.0cm
1984—The expression of light (Gallery BOX ITTEN, Kyoto)

本 シリーズ（影は光る —シャミッソーをぬけて—）：1984
［次頁／図版・上］
1984—光りの表情展（ギャラリー BOX ITTEN、京都）

Book Series (Lighted Shadow: passing through Chamisso): 1984
mixed media
book, copper, brass, acrylic color, light
20.5×19.5×13.0cm
1984—The expression of light (Gallery BOX ITTEN, Kyoto)

扉 シリーズ（白い影 —シャミッソーをぬけて—）：1985
［次頁／図版・下］
1985—光りの表情展（ギャラリー BOX ITTEN、京都）

Door Series (White Shadow: passing through Chamisso): 1985
mixed media
paper, brass, acrylic, light
21.0×36.5×4.0cm
1985—The expression of light (Gallery BOX ITTEN, Kyoto)

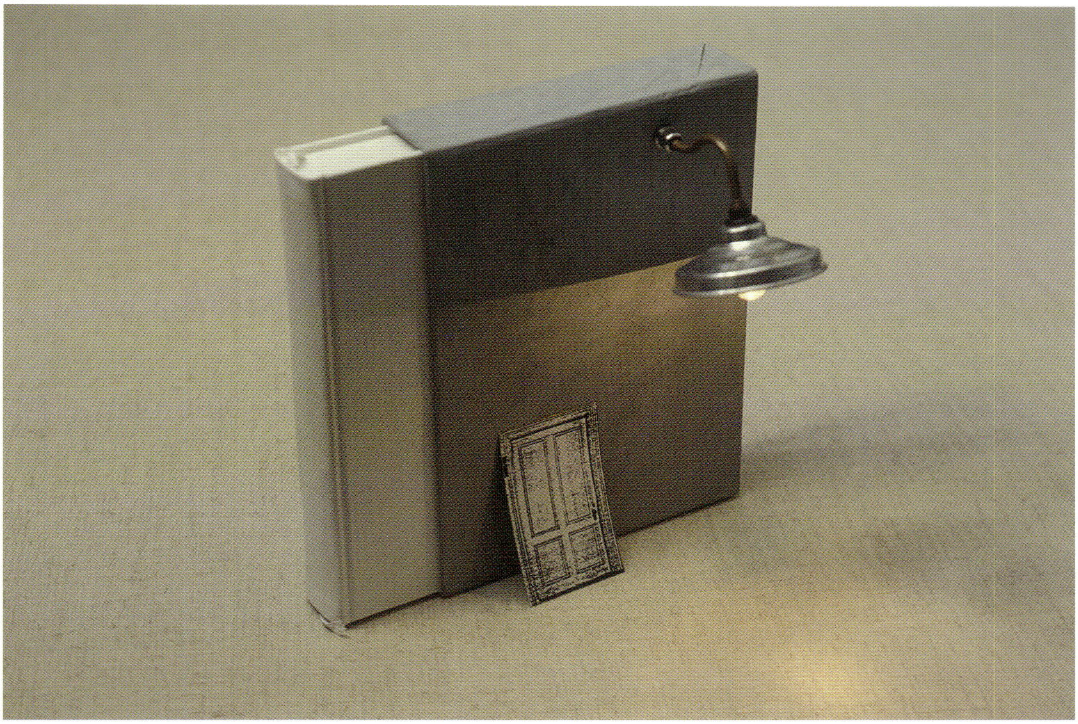

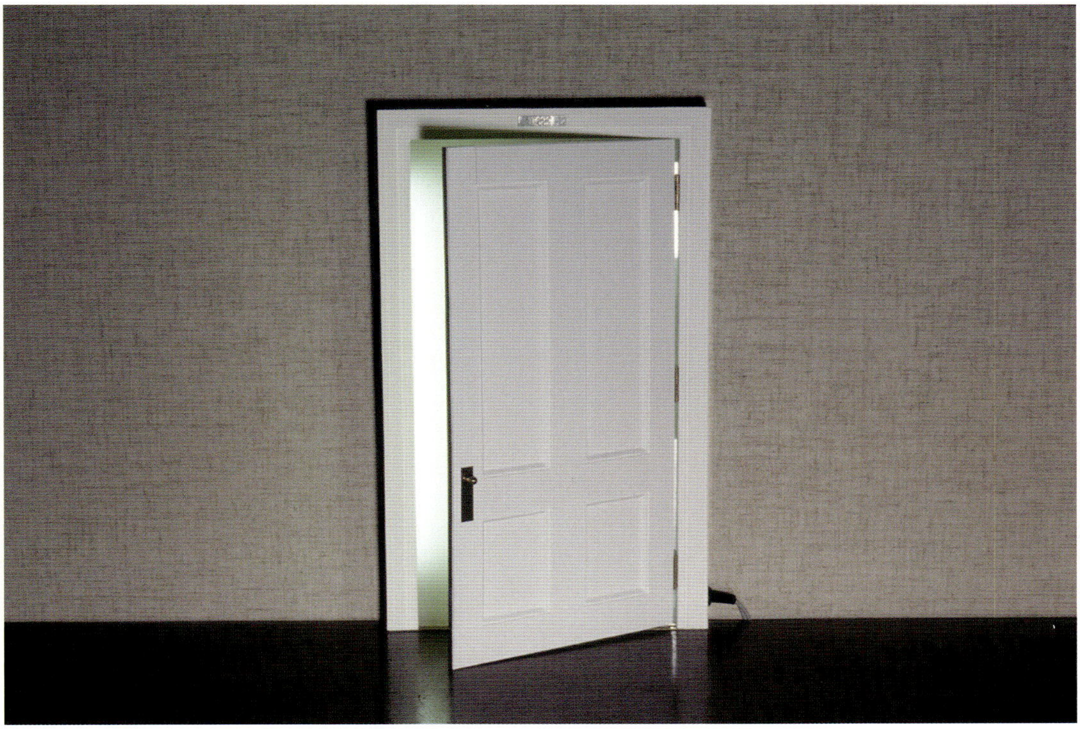

本 シリーズ：1984
本シリーズは、1983年「ファイバーワークミニアチュール展'83」（ギャラリー マロニエ・京都）に発表した《本シリーズ（ヨット）》以後、現在まで継続し制作されている。ここに掲載した11作品は1984年に制作されたが、未発表でありタイトルはつけられていない。記録資料という観点から各作品に通し番号を付すが作品タイトルではない。

Books Serie: 1984
Book Series has been successively produced since Book Series, Yacht released in the Fiber Work Miniature Exhibition '83, held at the Gallery Maronie in Kyoto and others. The 11 works shown here were produced in 1984, but have never been published and have no titles. The serial number given to the works are for reference as basic data and not their titles.

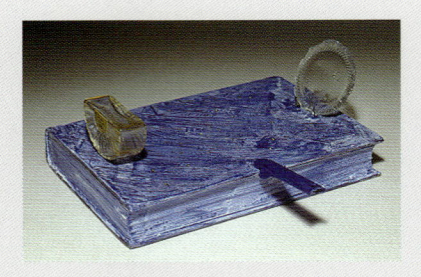

Book Series: 1984-03
mixed media
book, glass, perfum bottle, can opener, acrylic, gesso, medium and colors
9.0×19.5×19.0cm

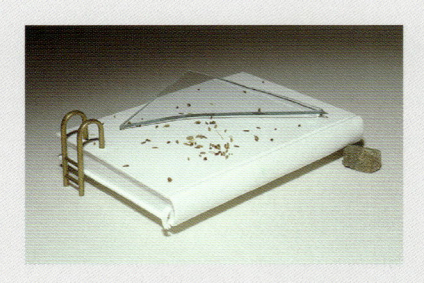

Book Series: 1984-01
mixed media
book, glass, brass, seeds, acrylic, gesso and medium
6.0×20.0×17.0cm

Book Series: 1984-04
mixed media
book, brush, glasses frams, acrylic, gesso, medium and colors
14.0×20.0×14.0cm

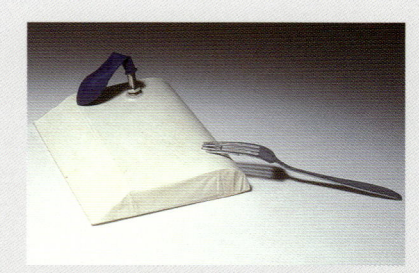

Book Series: 1984-02
mixed media
book, Japanese paper, lead, balloon, iron, acrylic, gesso and medium
7.0×24.0×18.0cm

Book Series: 1984-05
mixed media
book, bottle opener, beehive, paper, acrylic, gesso, medium and colors
24.0×20.0×14.0cm

Book Series: 1984-06
mixed media
book, penholder, paintbruch, can opener, iron, acrylic, gesso, medium and colors
30.0×16.0×7.0cm

Book Series: 1984-09
mixed media
book, plastic ruler, bottle stopper, acrylic, gesso, medium and colors
20.0×32.0×3.5cm

Book Series: 1984-07
mixed media
book, glass, tooth brush, acrylic, gesso, medium and colors
26.0×26.0×5.5cm

Book Series: 1984-10
mixed media
book, such of baby bottle, handles, cord, acrylic, gesso, medium and colors
6.0×20.0×14.5cm

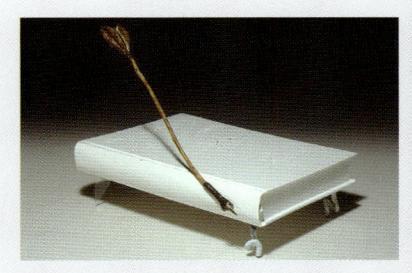

Book Series: 1984-08
mixed media
book, nib, lily stalk, iron, acrylic, gesso, medium and colors
16.0×20.0×14.0cm

Book Series: 1984-11
mixed media
book, glass, scissors, acrylic, gesso, medium and colors
20.0×14.0×14.0cm

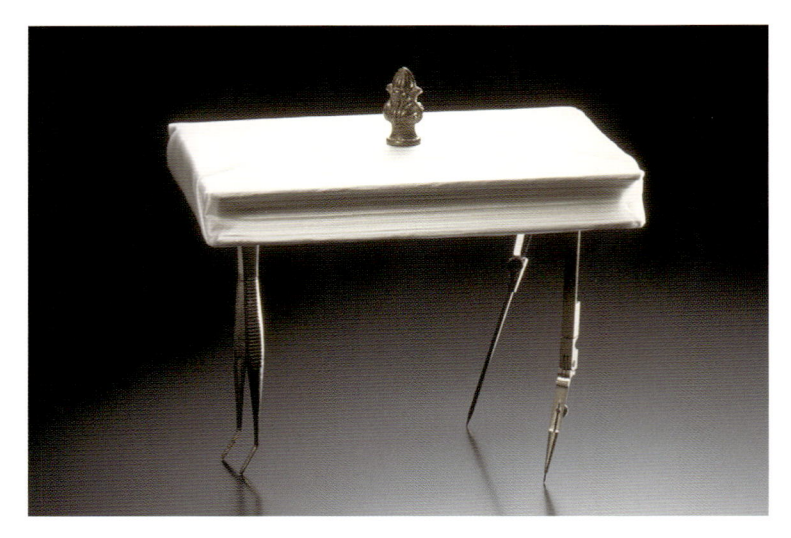

本 シリーズ（シュライン）：1984
1984―ファイバーワークミニアチュール展 '84（ギャラリー マロニエ、京都、他２カ所）

Book Series (Shrine): 1984
mixed media
book, silk cloth, mending tape, brass
20.0×20.0×13.5cm
1984―Fiber Work Miniature Exhibition '84 (Gallery Maronie, Kyoto, two others)

無題：1985
1985―7人展（ギャラリー 成安、京都）

No title : 1985
installation
branch, stainless steel
1985―The seven persons exhibition (Gallery Seian, Kyoto)

無題：1985
1985—アーティストによる写真展（京都書院ホール、京都）

No title : 1985
photograph
20.0×27.5cm each
1985—The photo exhibition by the artist (The hall of Kyoto Shoin, Kyoto)

扉 シリーズ（光景）：1985
1985—クリスマス展（ギャラリー CoCo、京都）

Door Series (Scene): 1985
printed by silkscreen.
mixed media
glass, ink
13.0×20.0×20.0cm
1985—Xmas exhibition (Gallery CoCo, Kyoto)

扉 シリーズ（月光 1、2）：1986
1986—第 6 回国際ミニアチュールテキスタイルビエンナーレ（サバリア美術館、ハンガリー）
［次頁］

Door Series (Moonlight 1, 2): 1986
mixed media
Xerox, silk cloth, felt, brass wire
13.0×20.0×20.0cm
1986—The 6th International Biennial of Miniature Textiles (Szmbathely Gallery, Hungary)

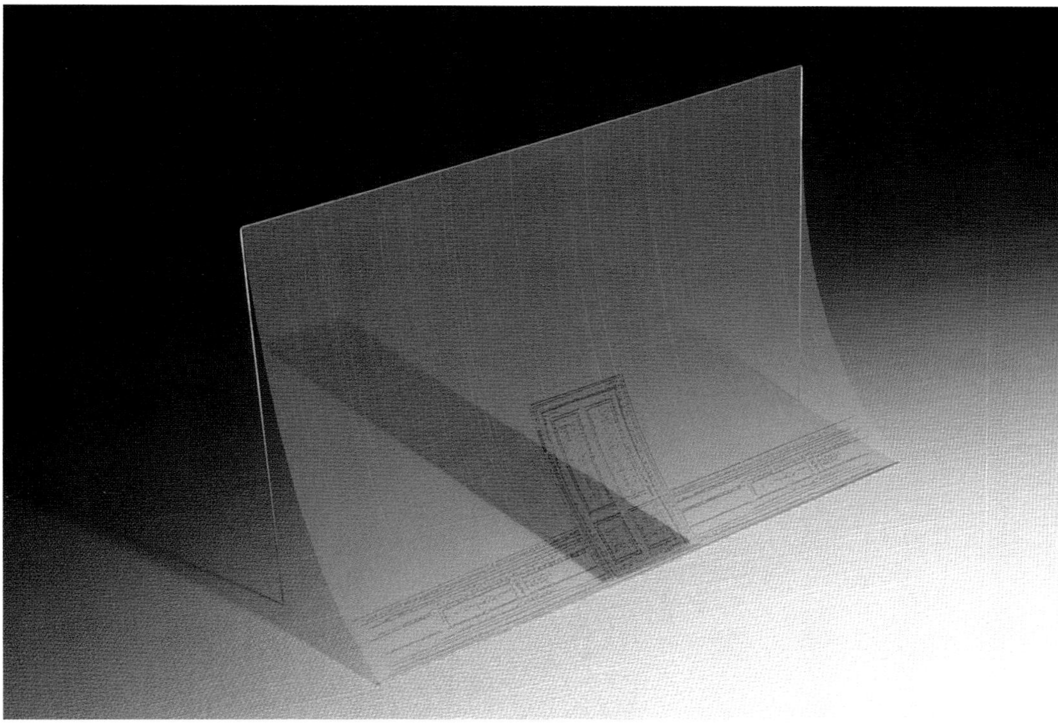

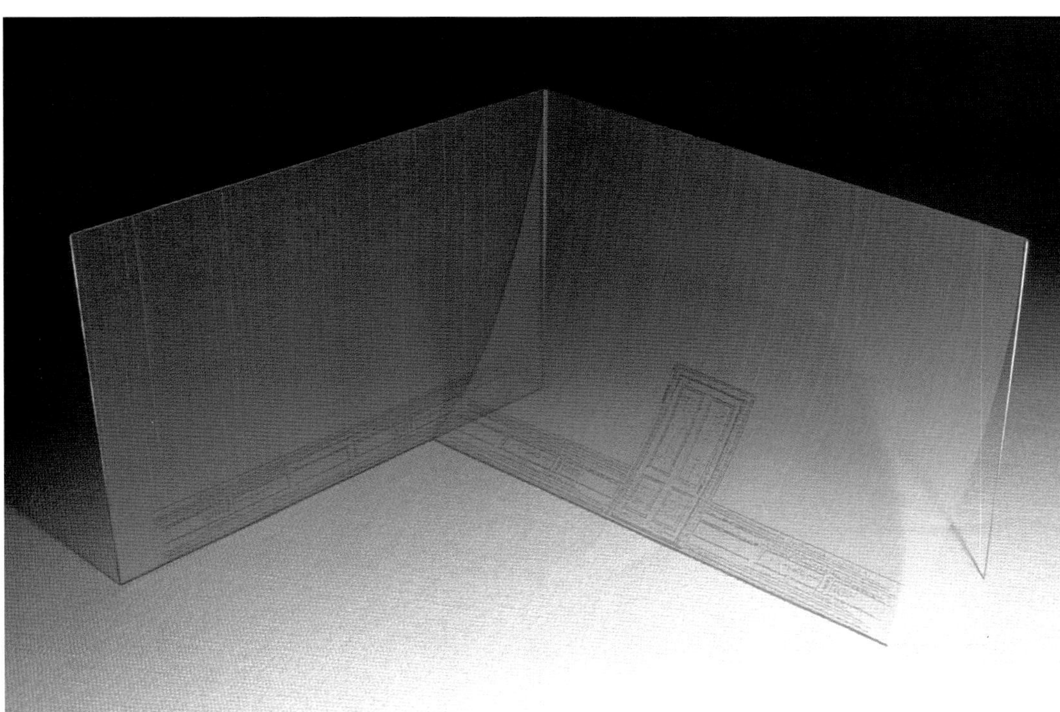

扉 シリーズ プロジェクト：1987
1987―個展（ABC ギャラリー、大阪）
会場風景

Door Series Project : 1987
installation view
wood, copy-paper, silk cloth, glass, canvas
1987―Solo Exhibition (ABC Gallery, Osaka)

扉 シリーズ プロジェクト：1987
1987―個展（ギャラリー 16、京都）

Door Series Project: 1987
installation
wood, silk cloth, brass wire
1987―Solo Exhibition (Gallery 16, Kyoto)

扉 シリーズ（スクリーン 1）：1988
1988―第 7 回国際ミニアチュールテキスタイルビエンナーレ（サバリア美術館、ハンガリー）

Door Series (Screen 1): 1988
mixed media
wool, thread, brass wire
13.0×20.0×20.0cm
1988―The 7th International Biennial of Miniature Textiles (Savaria Museum, Hungary)

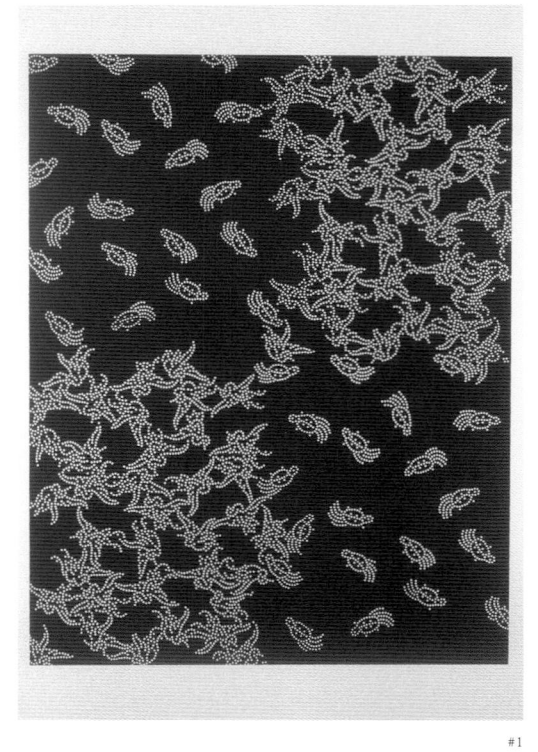

#1

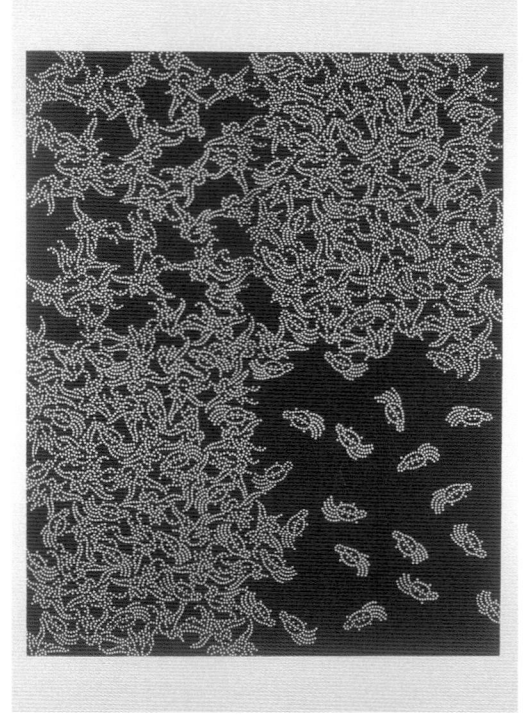

#2

STARS #1〜5：1989
このシリーズは上下、左右の方向へパターンを連続させる方法をテーマにした作品。この鶴と亀の形をモチーフにしたパターンは伝統的な小紋の型紙から選んだ。
1989—第1回国際パターントリエンナーレ（国立アーンスト美術館、ハンガリー）

STARS #1~5: 1989
printed by silkscreen ink, cotton paper
60.0×50.5cm each
1989—The 1st International Triennial of Patterns (Palace of Exhibitions Ernst Museum, Hungary)
This series comprises works derived from, the theme the way stencil paper patterns are made and used. A stencil paper pattern, in this case with a design of crane and tortoise, has registration marks at the corners, but rather than being totally square, follows the contours of the image. It is constructed so that the stencil paper can interlock with itself to form a repeat pattern that continues up and down, right and left, and for this purpose, every protrusion on one edge is balanced with a similarly shaped indented area on the opposite side.

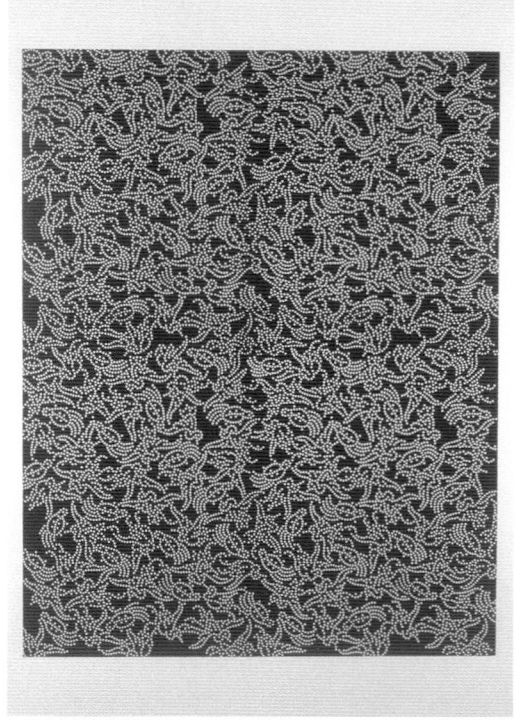

#3

56

#4

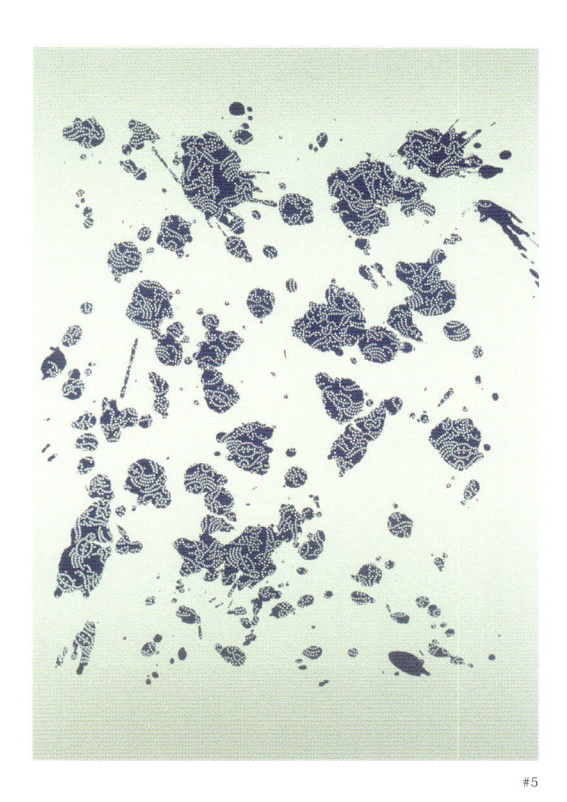

#5

STARS #1〜3

元来、オリジナルの型紙は四方へ連続することを考えながら、隙間なく鶴と亀のかたちで画面を埋め尽くしたものである。私はこれを基に、鶴と亀のかたちを別々に分けて2枚の型紙を作り、その2枚を組み合わせて画面を埋め尽くす方法と連続させる方法（隙間なく、重ならず連続させる）の成り立ちとその考え方を作品にした。

STARS #4

パターンをデザインをする前に、画面には直接あらわれてこないが、四方に連続させるためにあらかじめ設定した隠れた四角い枠をあきらかにし、四方へ連続させることによって枠内へ吸収されるはみだしたかたちをもあきらかにした。この連続させる方法と考え方を作品にしたものである。

STARS #5

絵の具や墨汁が落ちて偶然にできるかたちは基本的に四方に連続させることを考える必要はない。たとえ重なり合っても何ら問題はない。これは、偶然にできたかたちと必然のかたち（鶴と亀）を出合わせた作品である。偶然と必然との出合いは、日本の美の世界を成立させてきた心のかたちの一つだと思う。

STARS # 1~3

The original pattern totally covered the stencil paper with a crane and tortoise, leaving no empty spaces. It had neither protrusions nor crevices along the side edges, yet formed a repeat when joined to itself in any of the four directions. I took this and separated the form of the tortoise from that of the crane, making two sheets of the the stencil paper. Then I combined the two sheets in a new way making sure that the result would still form a pattern repeat without creating empty areas or overlaps.

STARS # 4

Here I highlight the four registration pinpoints made at the corners of the stencil paper. Although these are not a part of the design, they are necessary for creating a repeated pattern. By making clear the rectangular frame of the pattern-sheet, I also expose the areas that protrude along with the corresponding indentations on the opposite side of the rectangle. and for this purpose, every protrusion on one edge is balanced with a similarly shaped indented area on the opposite side.

STARS # 5

When using a stencil, one can splatter paint or ink on the cloth and let it fall arbitrarily without fear that the spots will destroy the design. It is no problem if two blobs of paint overlap, the design will remain. This work combines the arbitrary chance markings with the predetermined stenciled form. I believe that such a fusion of accidental and the predetermined lies at the heart of the Japanese esthetic.

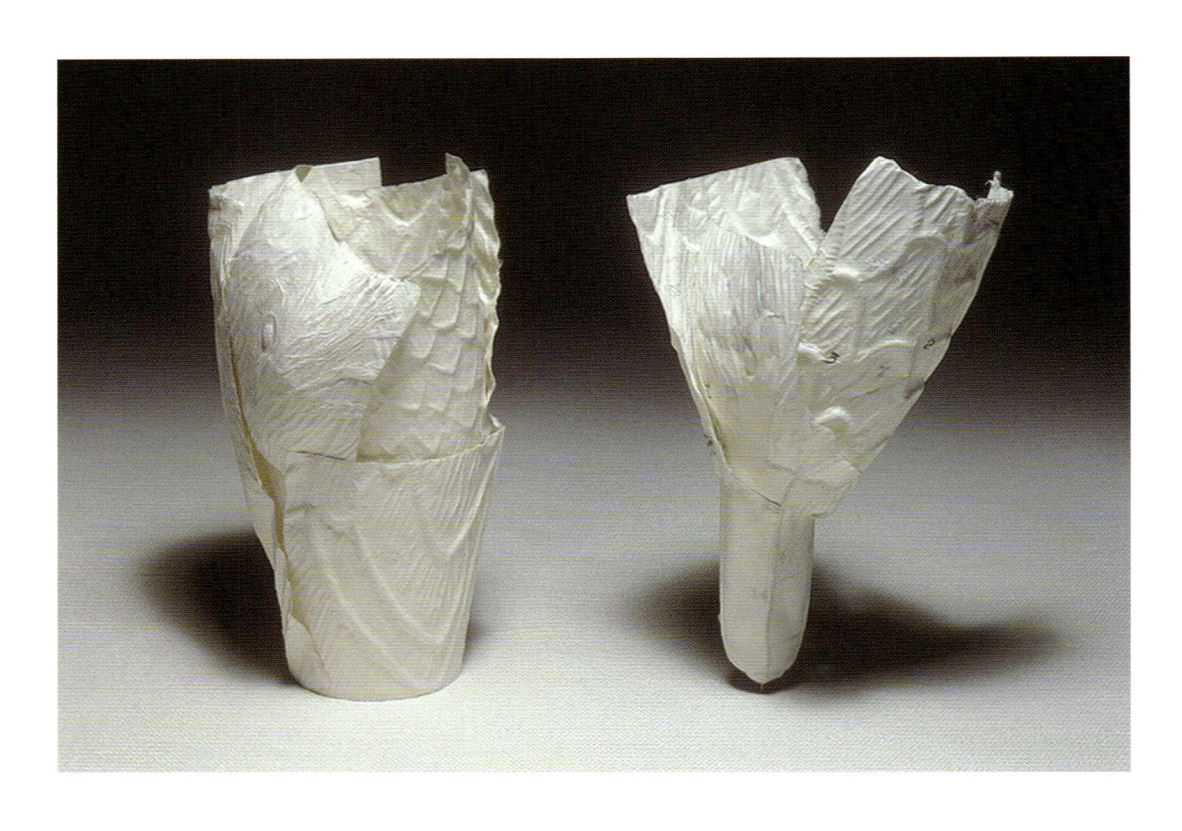

机上の：1990
1990―国際ミニアチュールテキスタイル展（パレス・デラ・リパブリック、ストラスブルグ、フランス）

On the table1: 1990
mixed media
Japanese paper, silk cloth, brass wire
15.0×20.0×20.0cm
1990―International Exhibition of Miniature Textiles (Place de la Republique, Strasbourg, France)

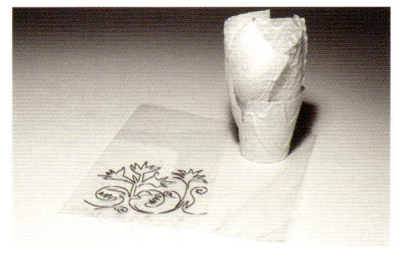

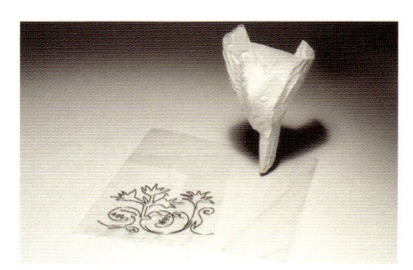

本 シリーズ（シェル）：1991
1991—"扉"（ルルド美術館、フランス／装飾美術館、ベルリン、他 4 カ所）

Book Series (Shell) : 1991
mixed media
book, white medium, glass
14.0×18.0×13.0cm
1991—"La Porte" (Lourdes Museum, France/ Decorative Arts Museum, Berlin, some other 4 places)

#1

#2

STARS（key-hole #1〜10）：1991
1991—第 2 回国際パターントリエンナーレ（国立アーンスト美術館、ハンガリー）
STARS (key-hole #1〜10)：このシリーズは STARS／鶴と亀のシリーズに続けて、上下、左右の方向へパターンを連続させる方法をテーマにした作品。この鍵の形をモチーフにしたパターンは伝統的な小紋の型紙から選んだ。
1）パターンを連続させる方法（隙間なく、重ならず連続させる）の成り立ちとその考え方を作品にしたもの。
2）パターンをデザインする前に、画面には直接あらわれてこないが、四方に連続させるためにあらかじめ設定した隠れた四角い枠をあきらかにし、四方へ連続させることによって枠内へ吸収されるはみ出したかたちをもあきらかにした。
3）グラデーション、つまりかたちでないかたちは、日本の季節や時間の"うつろい"という偶然を意味する。これに対して、必然のかたちつまり key-hole と出合わせたもの。
　こうした三つの要素をこのシリーズの各々の作品にこめて作品化した。私は降りしきる雪が夕闇に消えゆく時空に日本の美の世界を強く感じる。

STARS (key-hole #1〜10): 1991
printed by silkscreen.
ink, paper
34.0×28.0cm each
1991—The 2nd International Triennial of Patterns (Palace of Exhibitions Ernst Museum, Hungary)
STARS (keyhole #1〜10): This series was made as a continuation of the STARS series that was based on the image of crane and tortoise. Here I have based it on a traditional pattern motif of a keyhole. The basic concepts developed in the previous series can be found also here:
1) The repeat pattern is made so that there are no empty spaces and no overlaps when it is continued in any direction.
2) The frame of the rectangular pattern sheet is demarcated, and the forms that protrude or indent are shown clearly through creating a vertical and horizontal repeat.
3) The pattern is reproduced using a gradation, which can be thought of as a formless form. Here it symbolizes the gradual shift in seasons with the progress of time.
For me the Japanese esthetic can be expressed by falling snow that vanishes into the darkness of dusk.

STARS : KEY HOLE/G.NAGANO

#3

STARS : KEY HOLE/G.NAGANO

#5

STARS : KEY HOLE/G.NAGANO

#4

STARS : KEY HOLE/G.NAGANO

#6

扉 シリーズ（シアター 1）：1992
1992—第 9 回国際ミニアチュールテキスタイルビエンナーレ（サバリア美術館、ハンガリー）

Door Series (The theater 1): 1992
mixed media
fur, Japanese paper, brass wire
15.0×18.0×8.0cm
1992—The 9th International Biennial of Miniature Textiles (Szmbathely Gallery, Hungary)

断片の森の中で
ものの表面をことばはすべり落ち、ずれ、ひび割れ、ゆれ動く。私は鏡に写った言葉の影をみる。このような言葉の半透明な網の目の森の中で私は今日もまた対角線を引く。

In the Fragmentary Forest
Words inevitably slide off, diverge from, crack and shake the surface of material objects. I see the shadow of words reflected in a mirror. I exist and am drawing the diagonal line again today in the middle of this translucent, interlacing forest of words.

断片の森の中で #1：1994 ［次頁／図版・上］
1994—第 1 回国際ミニアチュールテキスタイル展（ベラクルス州立大学芸術学部芸術研究所、メキシコ）
断片の森の中で #2：1994 ［次頁／図版・下］
1994—第 1 回国際ミニアチュールテキスタイル展（ベラクルス州立大学芸術学部芸術研究所、メキシコ）

In the Fragmentary Forest #1: 1994
mixed media
paper, cloth
15.0×15.0×6.0cm
1994—The 1st International Encounter of Miniature Textile Art (Instituto de Plasticas Universidad Veracruzana, Mexico)
In the Fragmentary Forest #2: 1994
mixed media
paper, silk cloth, brass wire
20.0×20.0×14.0cm
1994—The 1st International Encounter of Miniature Textile Art (Instituto de Plasticas Universidad Veracruzana, Mexico)

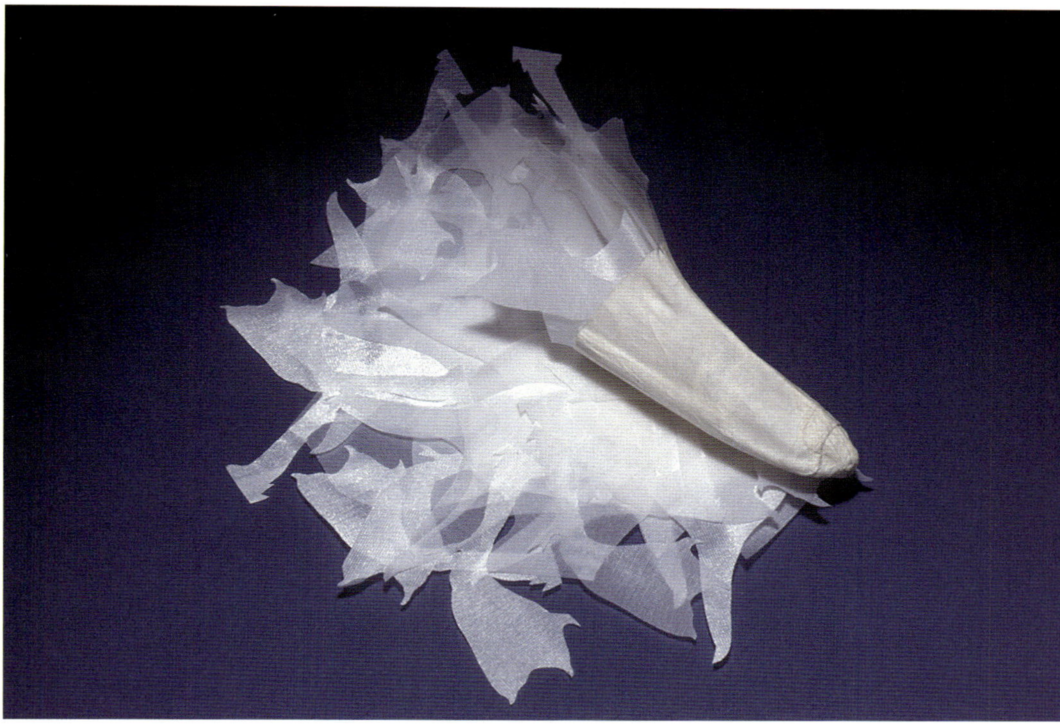

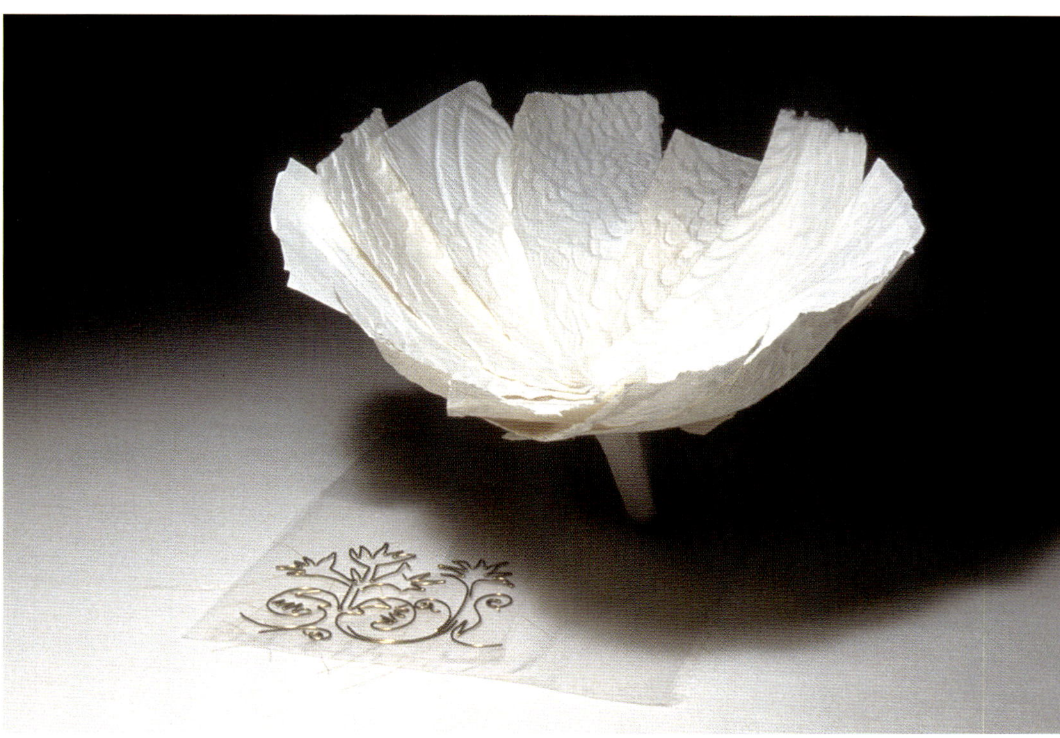

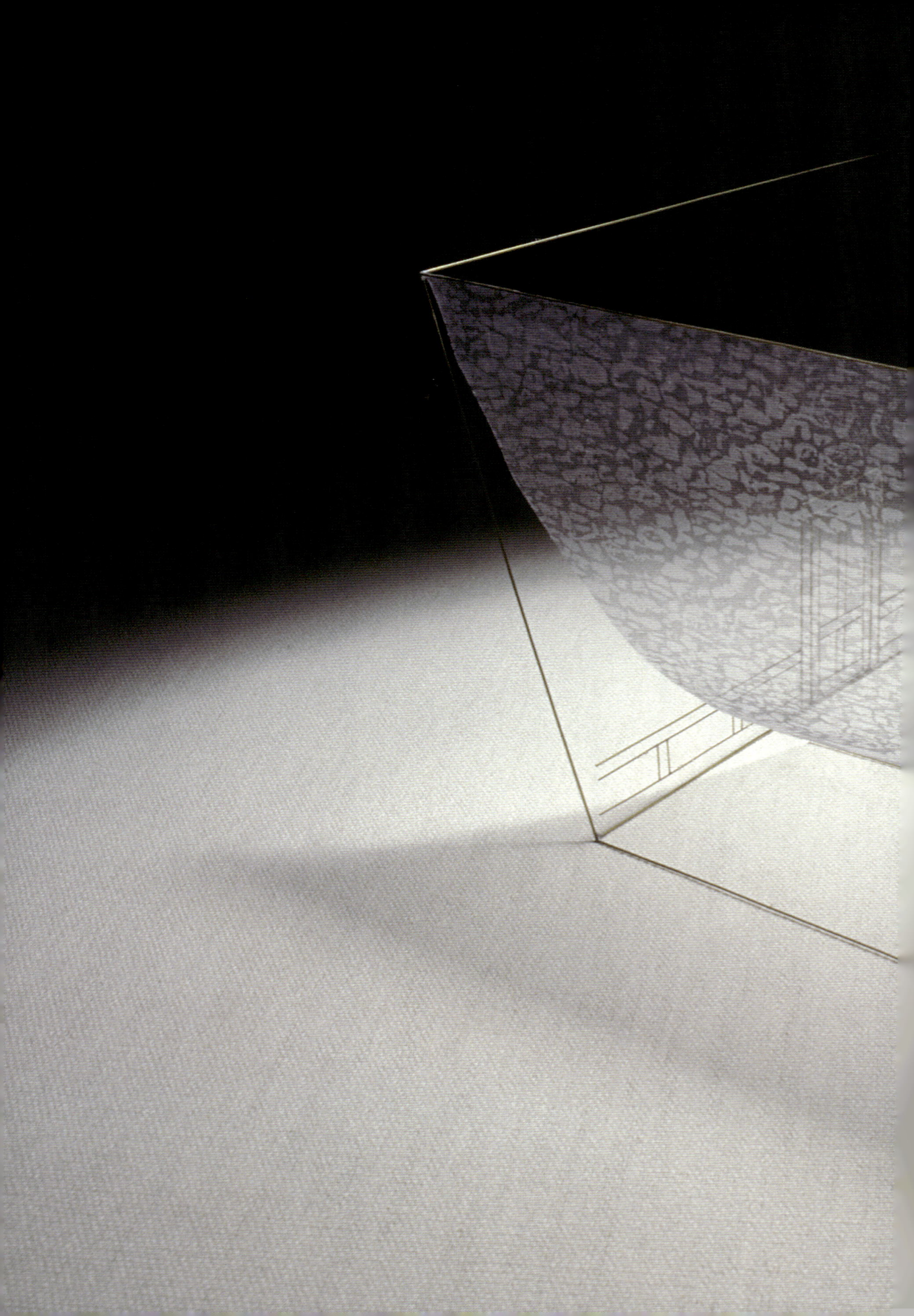

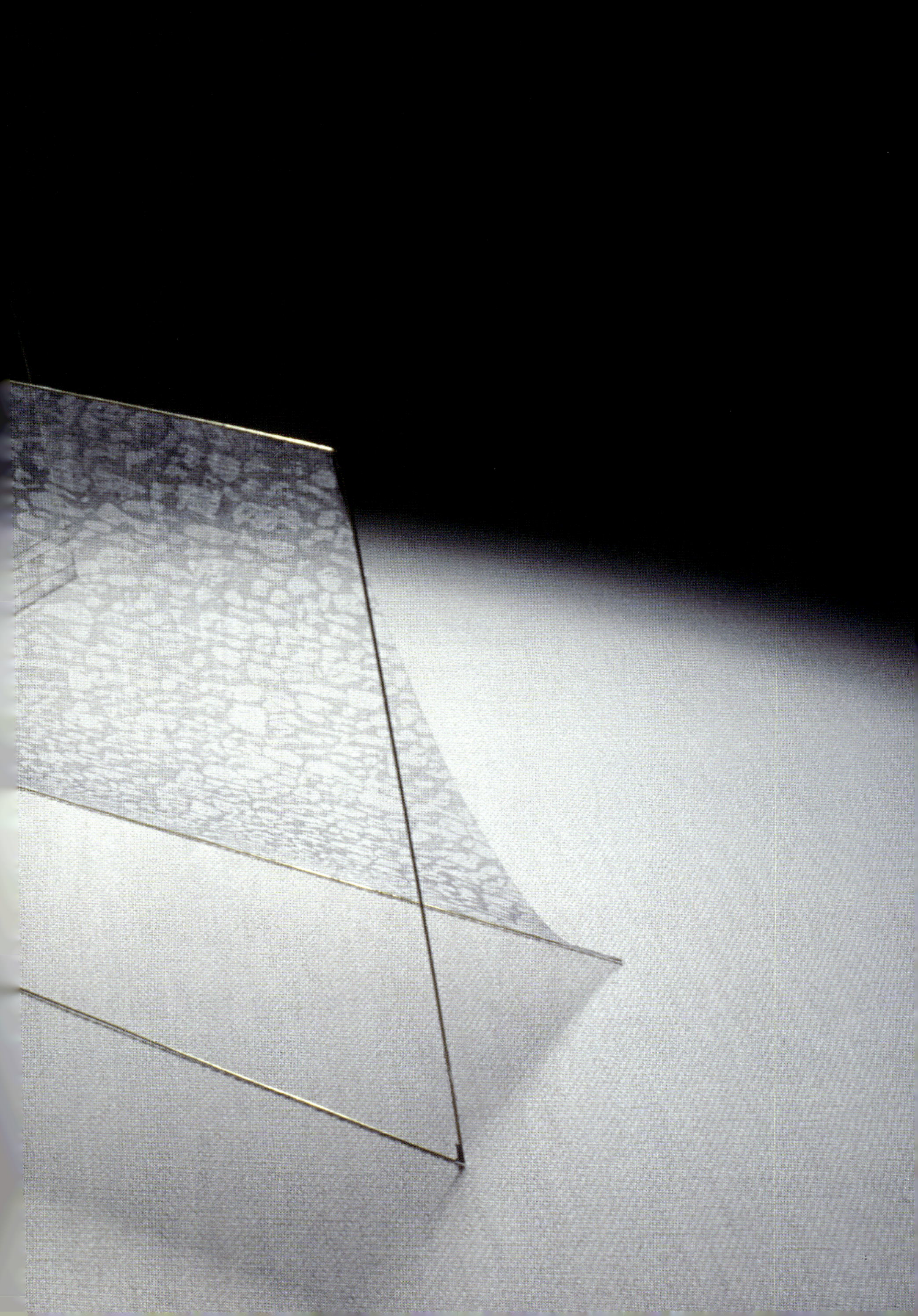

扉 シリーズ（シアター 2）：1994
1994―第 10 回国際ミニアチュールテキスタイルビエンナーレ（サバリア美術館、ハンガリー）＊文部省特別賞受賞
内なる、外なる時空間へ現在進行形の螺旋の言葉が対角線に回転し、弾む。今、蜘蛛がみずからの影を引きずり、踏まないように歩いていく。見つめ、見つめられつつ、互いに見放される眼差し。そして、わたしがそこにいることだけはわかる平行線が交わる至福の世界。

Door Series (Theater 2): 1994
mixed media
Xerox, silk cloth, brass wire
14.0×20.0×20.0cm
1994—The 10th International Biennial of Miniature Textiles (Szmbathely Gallery, Hungary) *The Special Prize of Ministry of Education
Rotating and moving a diagonal line, progressing spiral words bounced into an internal, external time and space. Now, dragging his own shadow, a spider is walking carefully trying not to step on it. Staring and being stared, the two exchange a look each other. And a world of supreme bliss lies on where parallel lines cross, there all I know is I exist.

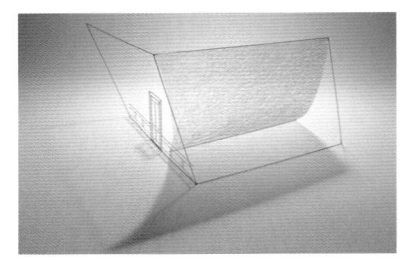

輪投げ：1995
第1回国際フェルトトーイ展（ケチケメート民俗博物館、ハンガリー）1995
「子供は大人に成りたくて大人の靴をつっかける。大人は果てのない小さな記憶を辿る。あなたに託したあの子に投げ掛ける輪。互いに見つめた言葉の輪郭。白く欠けた月が、そっと教えるよ。あなたが図を、私が言葉の地を。ああ、忘れていた。あの子が笑いながら輪に乗っかっていたことを。」

Play Quoits : 1995
Felting wool   20.0×25.0×30.0cm   1995—The 1st International Felt Toy Exhibition (Kecskemét Jatek Museum, Hungary)
Children slip on adult's shoes, dreaming of becoming adults soon. Adults give their thoughts to their endless childhood memories. A ring is thrown to the child you are taking care of. We both gaze at the outline of words spoken between us. White, waning, the moon gently whispers them. You were looking at their inside while I was looking at their outside. Oh, we forgot : The child was sitting on the ring, laughing.

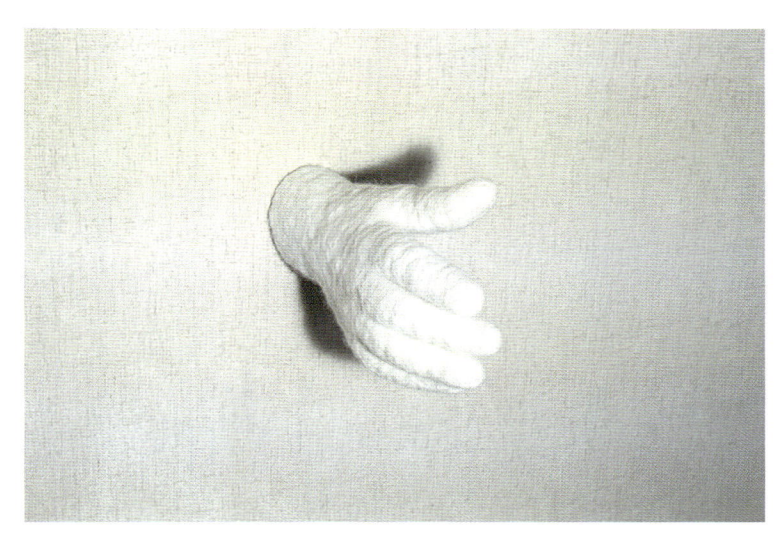

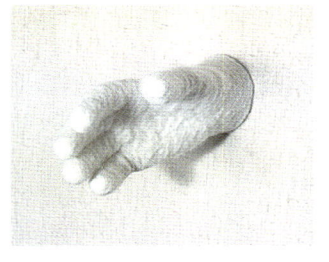

握手：1996
第2回国際フェルトトーイ展（ケチケメート民俗博物館、ハンガリー）1996
「仲直りの握手だったよね。と何度も聞きなおしたよね。君の波打った不連続の言葉と握り合っていたのだよ。そう、だれかが言っていたっけ！目で聞くと、散文になり、耳で見ると、韻文（詩）になるって！」

A hand-shake: 1996
Felting wool   15.0×8.0×25.0cm   1996—The 2nd International Felt Toy Exhibition (Kecskemét Jatek Museum, Hungary)
You have confirmed with me so many times that our handshaking meant a reconciliation, haven't you? But in fact you were facing your own wavering, discontinuous words and shaking hands with them. Well, someone said: Words heard with the eyes become prose. While words seen with the ears become poetry.

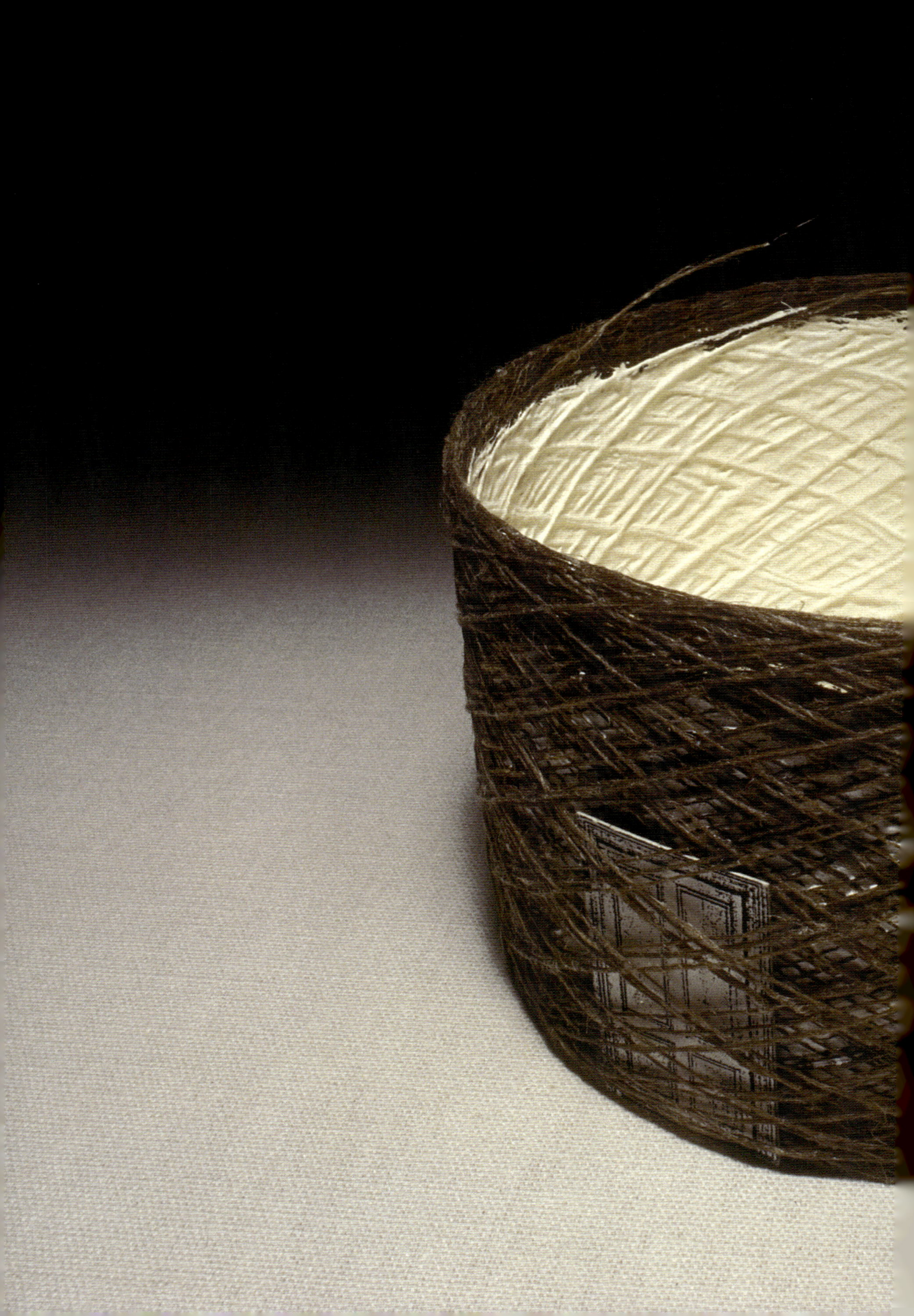

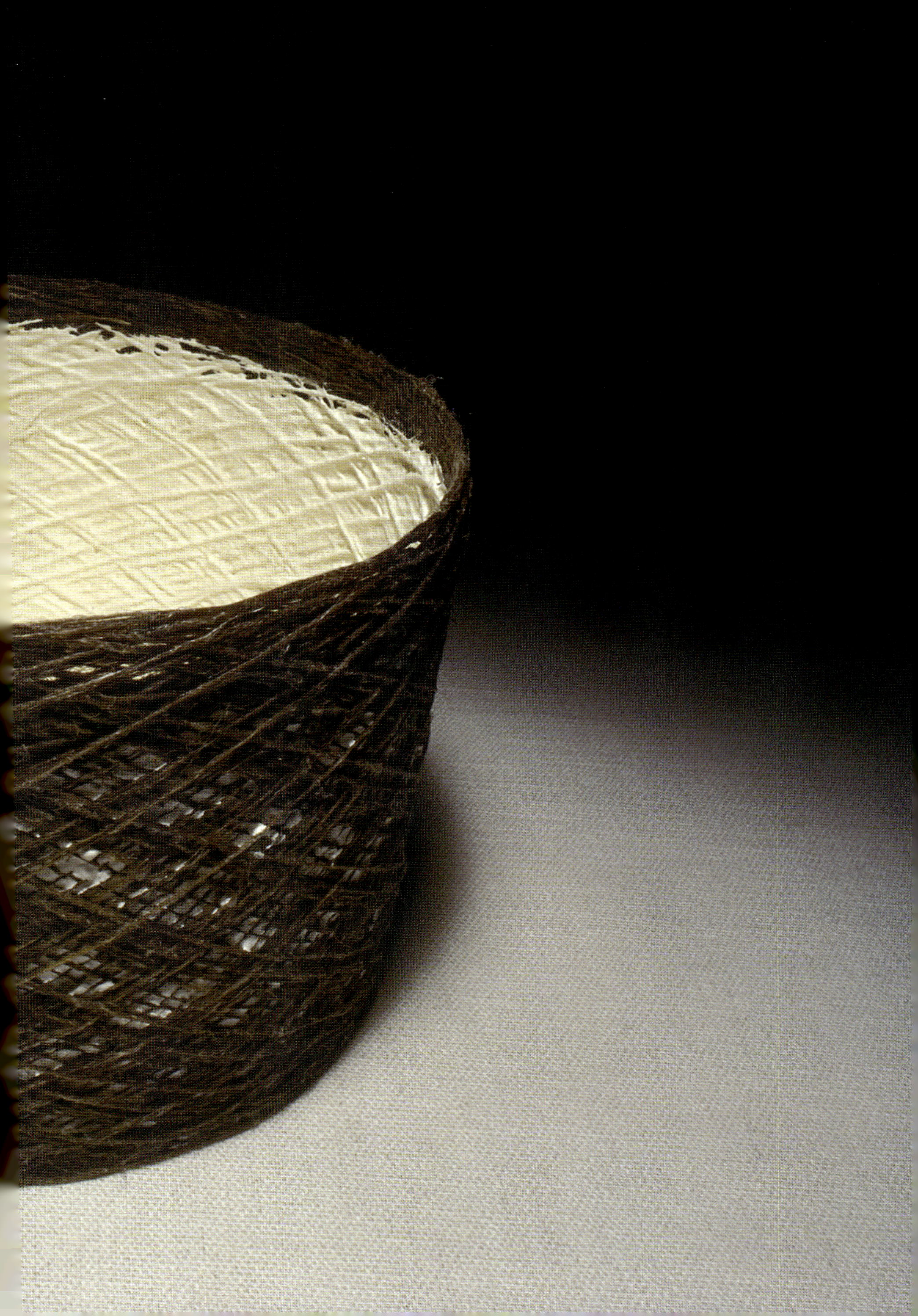

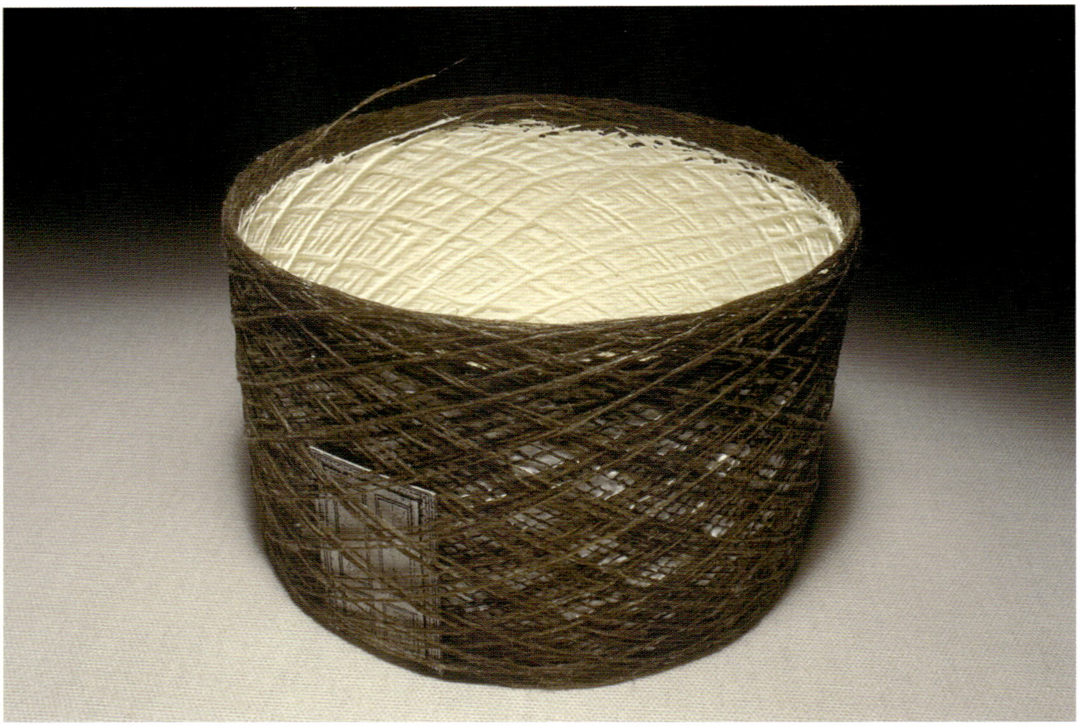

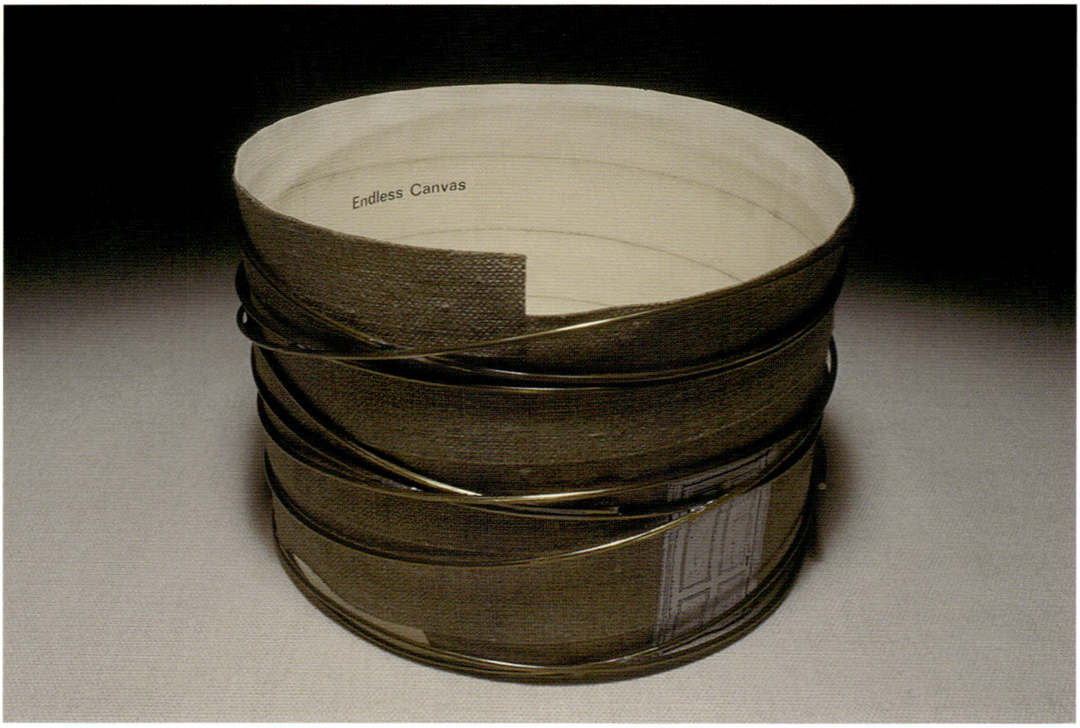
Endless Canvas

扉 シリーズ（エンドレス キャンバス 1、2）：1996
［前頁］
1996—第1回北ノルマンディー国際亜麻ビエンナーレ（ノートルダム・ドゥ・ベク・ヘロウィン・アビィ、フランス）
エンドレス キャンバス 1：ぐるぐる、ぐるぐる、ぐるぐる回る。螺旋にかけられた言葉の網目。決して交差することのない、今にも滑り落ちそうな互いの関係。空洞で、連ねた輪郭でしか現わさない言葉の姿。
エンドレス キャンバス 2：綿々と続いてきた、Canvas を取り巻く表現形式および制度そのものをテーマにした作品。Door という記号はこのようなテーマに対して切り口となる装置。

Door Series (Endless Canvas 1, 2): 1996
mixed media
linen, white medium, copy paper, brass wire
18.0×20.0×20.0cm
1996—The 1st International Linen Biennial in Haute Normandy (The Notre Dame du Bec Hellouin Abbey, France)
Endless Canvas 1: Spin round and round. You spin, I spin. A spiraling mesh of words. Surely never crossing, even now. Our relationship seems to be slipping off Becoming hollow, Words appear only as linked outlines.
Endless Canvas 2: This work takes up the theme of an unending, continual encircling, its essence and its form. In this type of theme, the symbol of a door functions as a new opening.

扉 シリーズ（エンドレス シアター 1）：1996
［図版・上］
1996—第11回国際ミニアチュールテキスタイルビエンナーレ（サバリア美術館、ハンガリー）

Door Series (Endless Theater 1): 1996
mixed media
artificial fur, brass wire
7.5×20.0×20.0cm
1996—The 11th International Biennial of Miniature Textiles (Szmbathely Gallery, Hungary)

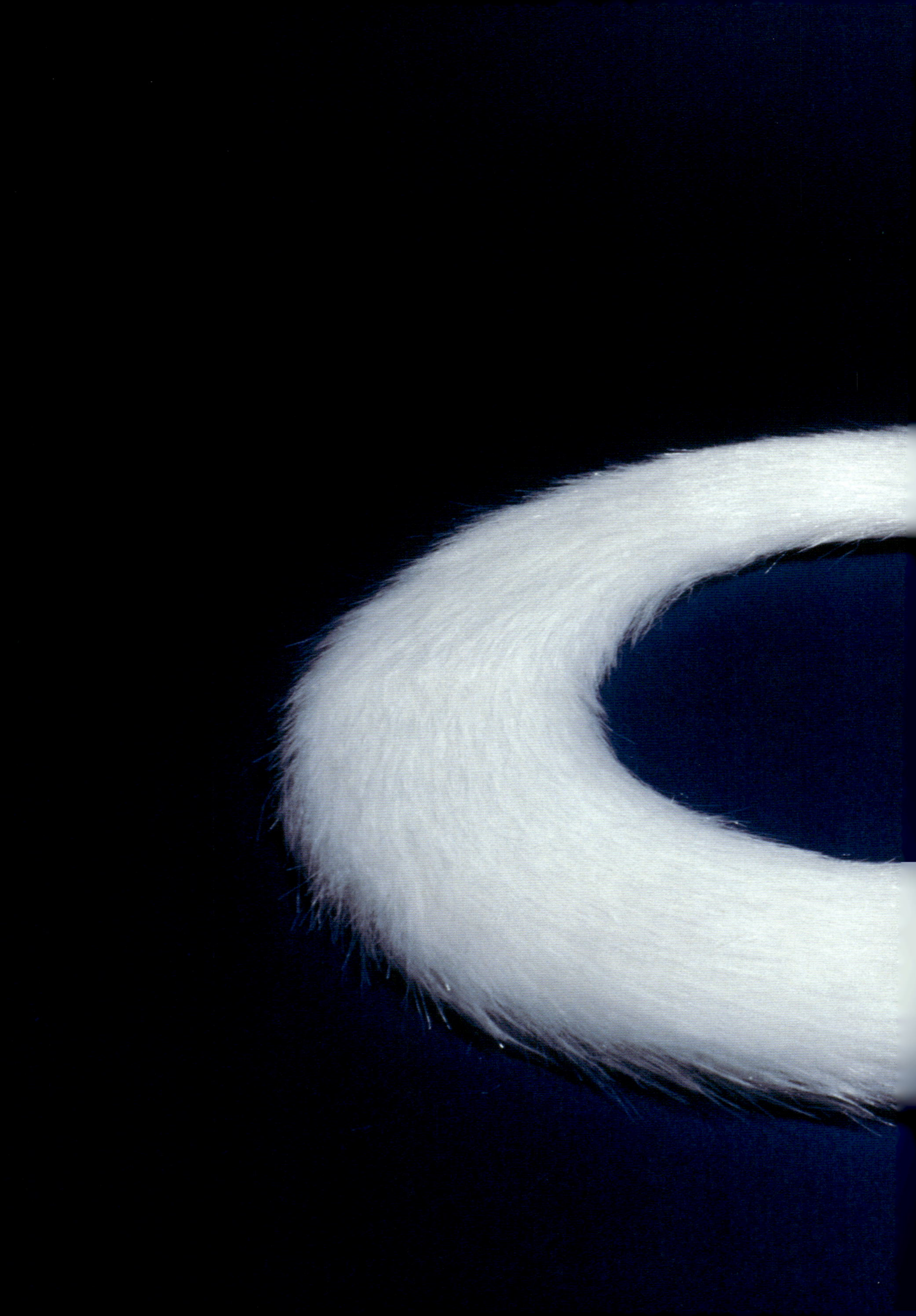

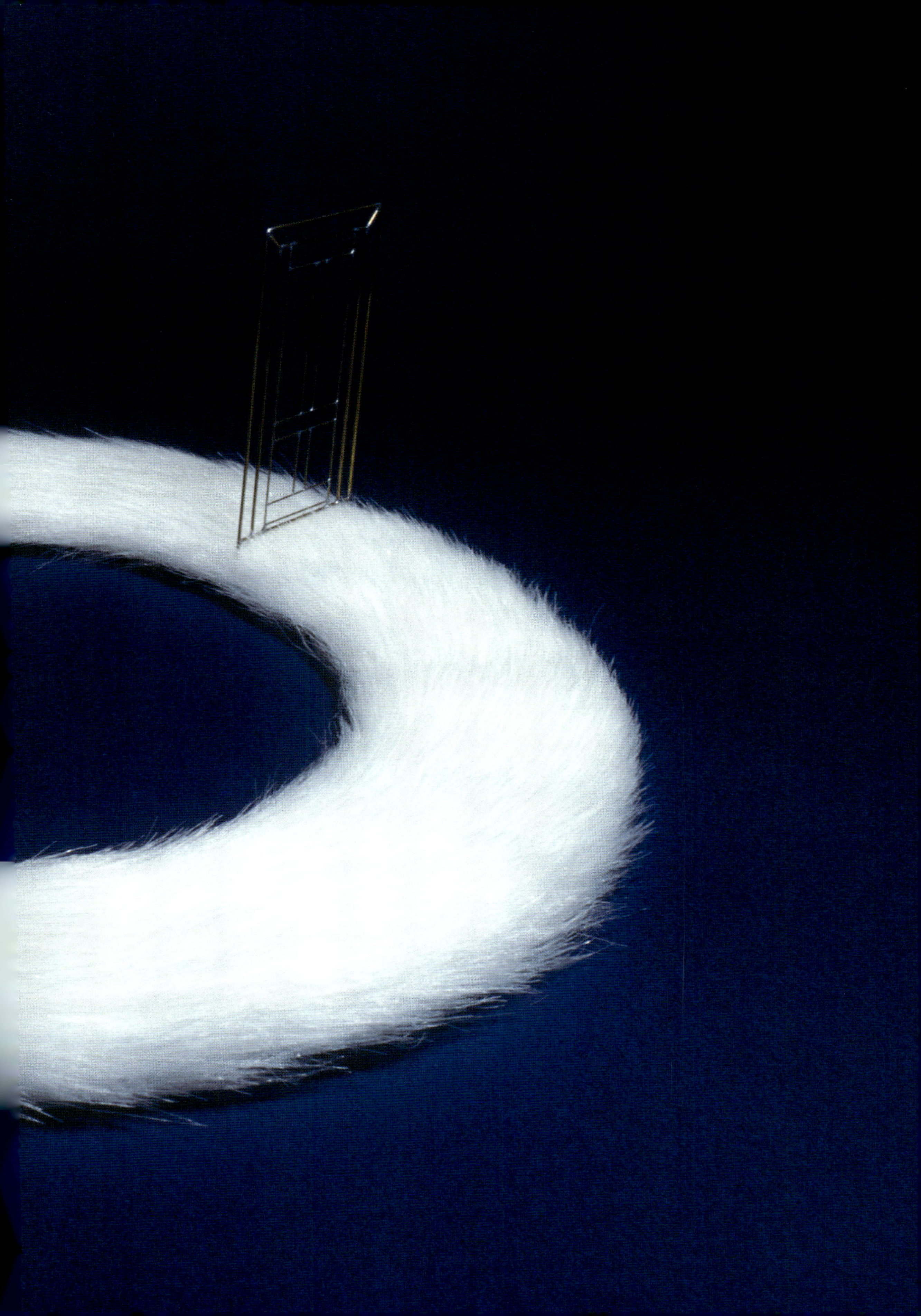

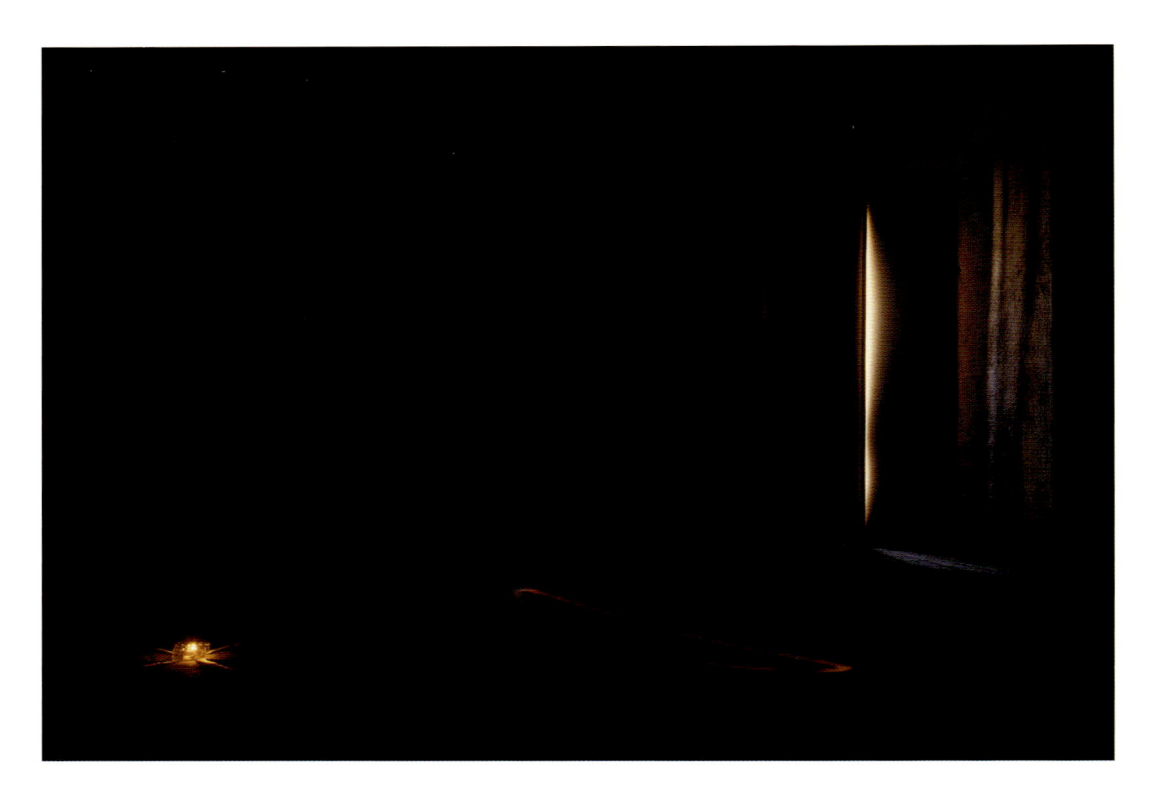

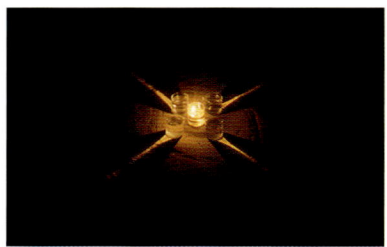

闇の造形：1997
1997—チアパス州立大学国際彫刻シンポジュウム（サント・ドミニコ教会修道院跡、チャパ・デ・コルソ、チアパス、メキシコ）
インスタレーション
闇の造形：「揺らめく灯火の炎があるがゆえに闇を感じ、また闇の存在を支えていることに気付く。灯火の中で闇は心に染み入り、わたしたちに闇を取り戻し、ふたたび深く闇に包まれる。私たちを心落ちつかせ、清浄させる、安らかにする炎であり、闇を際出させる炎でもある。偶然と必然を同居させつつも明快に結界させる美意識のありかと通底する闇の存在に、また自然を取り戻すためにも思いをはせよう。」——揺らめく闇の時空間「現代に生きる私たちにとって、こころよい闇にみずからが"すまう"、うす墨の闇なのです。この闇を心にひだでうけとめ味わうのです。この静かな心の手続きが、各自の自然なものへと出向かせる契機となるのです。」

Creating Darkness (Creandro La Obscuridad): 1997
installation
1997—SIMPOSIO INTERNACIONAL DE ESCULTURA MEXICO-JAPON (Saint Domingo, Chapa de Corso, Chiapas, MEXICO)
Creating Darkness: "The flame of lamp flickers out and I sense the darkness; I also realize that it is the flame which sustains the existence of the darkness. In the midst of the light, darkness seeps into our souls; it returns the darkness to us, and we are again deeply enfolded within. The flame calms the mind, purifies us and brings us tranquility; it punctuates the darkness as well. Let us ponder the place from where this sense of beauty emanates, and the existence of underlying darkness, which together force coincidence and inevitability to coexist, and to become clearly united, "A space of flickering darkness." For we who live in the modern age, it is a comfortable, thin-black darkness that "Lives" within us. We fold it into our hearts and savor it there. This calming procedure that our hearts follow offers the chance for each of us to rise to a natural state."

扉 シリーズ（スパイラル　シアター）：1998
1999—第1回国際現代美術ミニアチュール展（M. X. スペース、バルセロナ、スペイン）

Door Series (Spiral theater): 1998
mixed media
copy-paper, thread, silver powder
8.0×12.0×12.0cm
1999—The 1st MINI International Contemporary Art Exhibition (M. X. ESPAI, Barcelona, Spain)

ランドスケープ シリーズ（扉1）：1998
1998—第1回フラッグビエンナーレ（ソンバトヘ・アート・ギャラリー、ハンガリー）

Landscape Series (Door 1): 1998
cloth woven of polyester and cotton
210.0×100.0cm
1998—The 1st International Flag Biennial (Szmbathely Art Gallery, Hungary)

LANDSCAPE SERI

NAGANO

青色の"うつろい"1（布から紙へ）：1998
1998—第2回北ノルマンディー国際亜麻ビエンナーレ（ノートルダム・ドゥ・ベク・ヘロウィン・アビィ、フランス）
静⇔動、"Blue"という色のイメージ——無限の時間と空間、永遠性。Flaxという天然素材は私たちの生活、特にヨーロッパにおいて、様々に変化し人々の生活に役立ち、最終的には自然に帰り、ふたたび生命を取り戻す。この物質の変化の状態は、同時に自然の移り変わりの現象の一つでもあり、日本人の私にとって"うつろい"という言葉に集約される。このグラデーションに移り変わる"うつろい"の変化は深みと広がりをもち、私にとって、"Blue"という多様な色が持つイメージはその"うつろい"の現象のコンセプトと重ね合わせることができる。

"*utsuroi* (transformation)" of The Bule 1 (From Cloth to Paper): 1998
mixed media
Linen
15.0×15.0×7.0cm
1998—The 2nd International Linen Biennial in Haute Normandy (The Notre Dame du Bec Hellouin Abbey, France)
Blue : "Flax" in the process of its life from seed to blue flower and back to earth transforms and is transformed in cycles. Within nature and manipulated into cloth, paper, and building material, the transformations are gradual, shading one into the other in a continuum, like the deep blue of the sky lightening to white at the horizon. At times active, at times peaceful, the gradation has an ebb flow, which I try in my works that imperceptible change from textile into paper.

青色の"うつろい"2（布と紙の間に）：1998
1998—第2回北ノルマンディー国際亜麻ビエンナーレ（ノートルダム・ドゥ・ベク・ヘロウィン・アビィ、フランス）
2000—第2回国際美術展（SEMA, France）

"*utsuroi* (transformation)" of The Bule 2 (Between Cloth and Paper): 1998
mixed media
Linen
15.0×15.0×7.0cm
1998—The 2nd International Linen Biennial in Haute Normandy (The Notre Dame du Bec Hellouin Abbey, France)
2000—2nd International Art Exhibition (SEMA, France)

扉 シリーズ（三日月の影）：1998
1998—第 12 回国際ミニアチュールテキスタイルビエンナーレ（ソンバトヘ・アート・ギャラリー、ハンガリー）
「挑発的な静寂に戸惑い、半透明な言葉のかけらに手をのばし続ける。そして、時間と共謀していた三日月の陰を知る。」

Door Series (The shadow of a crescent moon): 1998
printed by silkscreen and dyeing cloth woven of polyester and cotton, glue of remove cotton, brass wire
12.0×18.0×9.0cm
1998—The 12th International Biennial of Miniature Textiles (Szmbathely Art Gallery, Hungary)
[Light of the Crescent Moon] Perplexed by provocative silence, I keep stretching my hands toward fragments of a semitransparent word. And I step on the light of a new moon conspiring against time.

扉 シリーズ（渦巻くシアター３）：1999
1999―11人の日本人アーチスト展（M. X. スペース、バルセロナ、スペイン）
「半透明の言葉の影が、扉と重なる。青色の寝息が夜明けの月に寄り添い、私を包む。」

Door Series (The theater of a whirlpool 3): 1999
mixed media
cloth woven of polyester and cotton, glue of remove cotton, brass wire; printed by silkscreen and dyeing
16.0×40.0×16.0cm
1999—The 11 Japanese Artists (M. X. ESPAI, Barcelona, Spain)
The shadow of translucent words falls across the door. Blue breath of sleep draws close the early morning moon to envelope me.

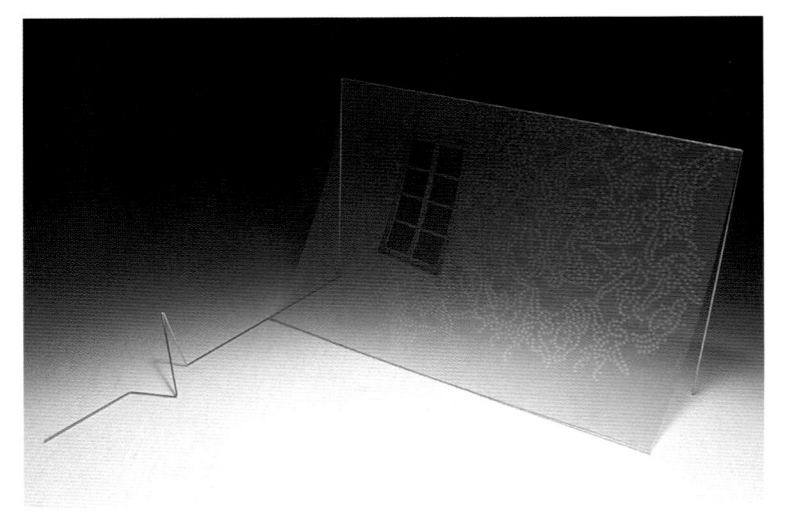

窓 シリーズ（星明りの影 5）：1999
1999—第 6 回国際ミニテキスタイルトリエンナーレ（アンジェ美術館、フランス）

Window Series (The shadow of starry night 5): 1999
mixed media
silk, wire; printed out by color copy machine
8.0×12.0×12.0cm
1999—The 6th International Triennial of Mini-Textiles (Angers Museum, Angers, France)

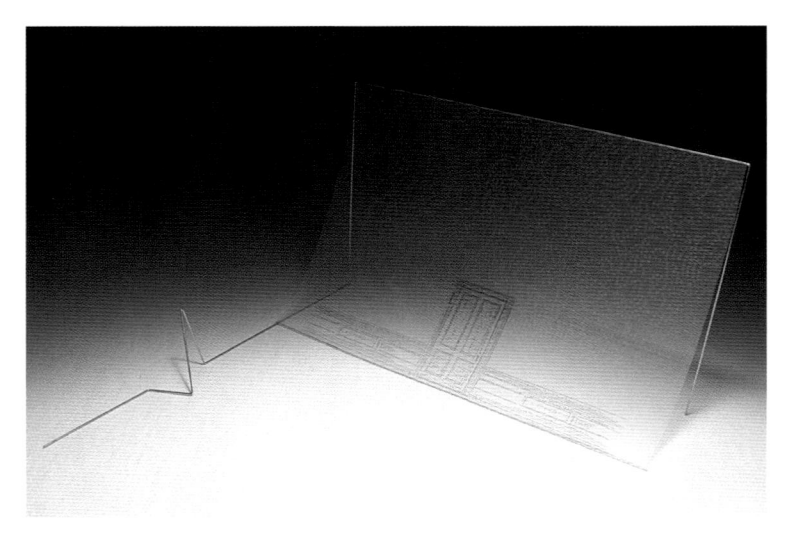

扉 シリーズ（星明りの影 5）：2000
2000—第 2 回現代美術ミニアチュール展（M. X. スペース、バルセロナ、スペイン）

Door Series (The shadow of starry night 5): 2000
mixed media
silk, wire; printed out by color copy machine
8.0×12.0×12.0cm
2000—The 2nd MINI International Contemporary Art Exhibition (M. X. ESPAI, Barcelona, Spain)

扉 シリーズ（渦巻くシアター 1）：2000
[図版・上]
2000―第 13 回国際ミニアチュールテキスタイルビエンナーレ（ソンバトヘ・アート・ギャラリー、ハンガリー）

Door Series (The theater of a whirlpool 1): 2000
mixed media
cloth woven of polyester and cotton, glue of remove cotton, brass wire; printed by silkscreen and dyeing
20.0×20.0×16.0cm
2000―The 13th International Biennial of Miniature Textiles (Szmbathely Art Gallery, Hungary)

ランドスケープ シリーズ（扉 2―雨だれの音）：1998
[図版・右]
2000―第 2 回フラッグビエンナーレ（ソンバトヘ・アート・ギャラリー、ハンガリー）

Landscape Series (Door 2- pattering of raindrops): 2000
mixed media
cloth woven of polyester and cotton, glue of remove cotton
210.0×100.0cm
2000―The 2nd International Flag Biennial (Szmbathely Art Gallery, Hungary)

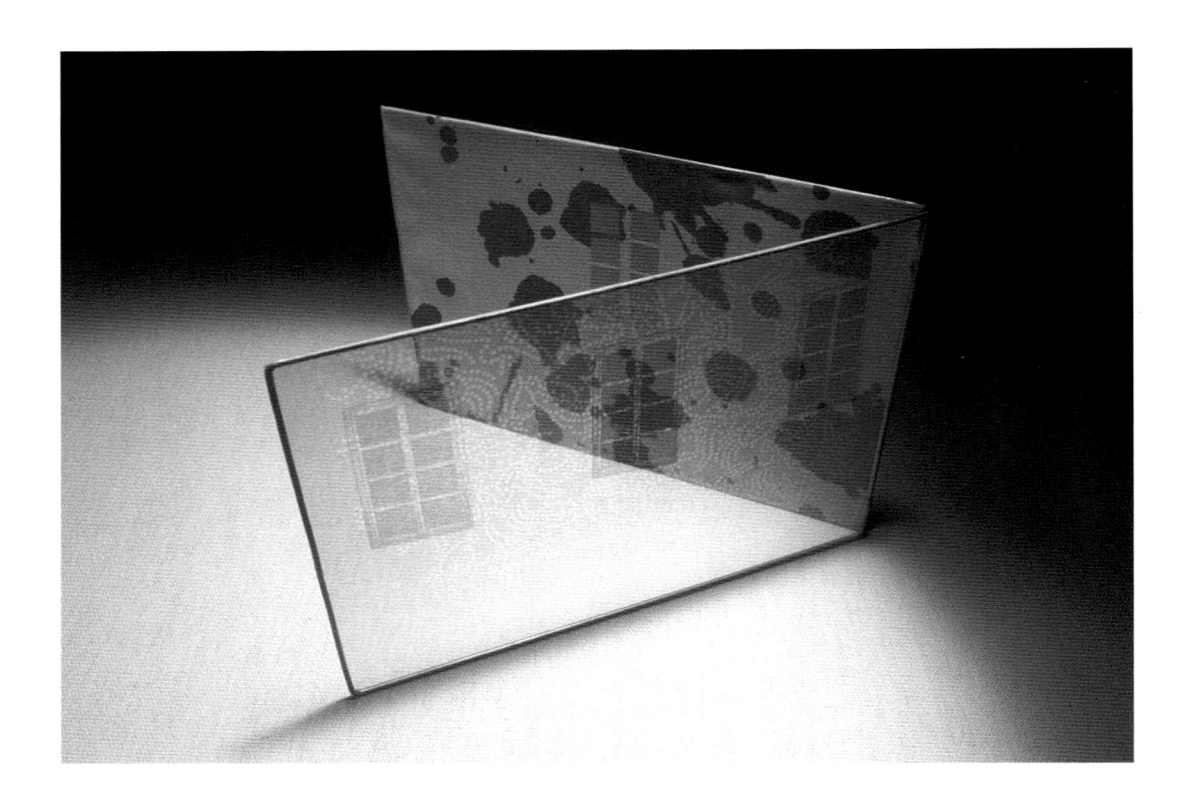

窓 シリーズ（月明りの影 1）：2000
2000—第 1 回国際ミニアチュールテキスタイル展（アルターミッション・ギャラリー、ドイツ）
布から模様を抜き取る専用の糊をシルクスクリーンでプリントして窓のイメージを透かして浮かび上がらせた布とカラーコピー機で夜空のイメージをプリントした紗を針金の枠に各々貼り付け、この二つの布を組み合わせた作品。

Window Series (The shadow of starry night 1): 2000
mixed media
cloth woven of polyester and cotton, glue of remove cotton, silk, brass wire; printed out by color copy machine, printed by silkscreen and dyeing
14.0×20.0×15.0cm
2000—The 1st International Exhibition of Miniature Textiles (Artemis-galeie, Gorlitz, Germany)
The work combines two cloths. One is cloth, which is supported by a wire frame, is printed with the image of a window using a silkscreen and special paste that extracts the design from the cloth, making it rise up. The other cloth is a gauze printed with the image of a night sky using a color copy machine.

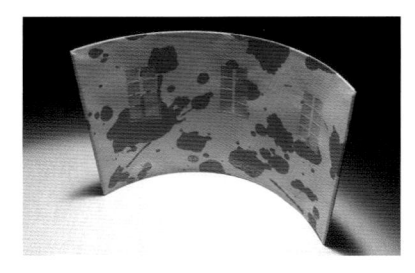

窓 シリーズ（月明りの影 3）：2000
2000—第 1 回国際ミニアチュールテキスタイル展（アルターミッション・ギャラリー、ドイツ）

Window Series (The shadow of starry night 3): 2000
mixed media
cloth woven of polyester and cotton, glue of remove cotton, brass wire
15.0×20.0×7.0cm
2000—The 1st International Exhibition of Miniature Textiles (Artemis-galeie, Gorlitz, Germany)

2001—個展（扉・窓シリーズ プロジェクト）
会場風景
2001—個展（M. X. スペース 1010、バルセロナ、スペイン）
平面空間がもつ構造そのものをテーマに制作。内と外を仕切りつつ、行き来できる扉や窓の記号を装置に、左右、上下、前後の奥行きという三つの方向性をもつ平面の構造を表した。コピー機やコンピュータ画像ソフトを用いて扉や窓のイメージの方向性を変換して平面空間を作りだした。

Door and Window Series: 2001
installation view
2001—Solo Exhibition (M. X. ESPAI 1010, Barcelona, Spain)
The theme of this series is the structure of the space contained in a plane. Using doors and windows as symbols of the division between inside and out, coming and going, these works express the three possible directions contained in a plane: horizontal, vertical, and front-back depth. The special aspects of a plane were explored using rotated images of doors and windows reproduced on a copy machine and by computer graphics.

扉 シリーズ（渦巻くシアター 2）：1999
2001—個展（M. X. スペース 1010、バルセロナ、スペイン）

Door Series (The theater of a whirlpool 2): 1999
mixed media
cloth woven of polyester and cotton, glue of remove cotton, brass wire
16.0×38.0×19.0cm
2001—Solo Exhibition (M. X. ESPAI 1010, Barcelona, Spain)

扉 シリーズ（渦巻くシアター 4）：2000
2001—個展（M. X. スペース 1010、バルセロナ、スペイン）

Door Series (The theater of a whirlpool 4): 2000
mixed media
silk, brass wire; printed out by color copy machine
16.0×29.0×19.0cm
2001—Solo Exhibition (M. X. ESPAI 1010, Barcelona, Spain)

窓 シリーズ（月明りの影 2）：2000
2001—個展（M. X. スペース 1010、バルセロナ、スペイン）

Window Series (The shadow of starry night 2): 2000
mixed media
cloth woven of polyester and cotton, glue of remove cotton, silk, brass wire; printed out by color copy machine, printed by silkscreen and dyeing
15.0×20.0×14.0cm
2001—Solo Exhibition (M. X. ESPAI 1010, Barcelona, Spain)

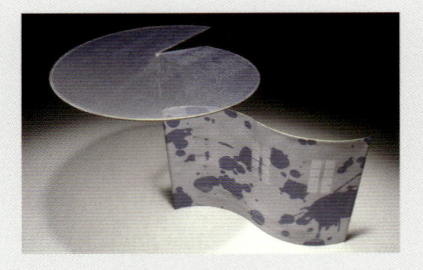

窓 シリーズ（月明りの影 4）：2000
2001—個展（M. X. スペース 1010、バルセロナ、スペイン）

Window Series (The shadow of starry night 4) : 2000
mixed media
cloth woven of polyester and cotton, glue of remove cotton, silk, brass wire; printed out by color copy machine, printed by silkscreen and dyeing
20.0×30.0×20.0cm
2001—Solo Exhibition (M. X. ESPAI 1010, Barcelona, Spain)

扉シリーズ（カーテン 1）：2000
2001—個展（M. X. スペース 1010、バルセロナ、スペイン）
扉の記号は内と外を限定することなく、2つの世界を仕切る。

Door Series (curtain 1-gold): 2000
mixed media
Japanese paper, acrylic colors, brass
25.0×35.0×5.0cm
2001—Solo Exhibition (M. X. ESPAI 1010, Barcelona, Spain)
Door; a symbol that stands between two undefined worlds.

扉 シリーズ（スクロール ハンギング 1）：2000
［図版・左］
2001―個展（M. X. スペース 1010、バルセロナ、スペイン）

扉 シリーズ（スクロール ハンギング 2）：2000
［図版・中］
2001―個展（M. X. スペース 1010、バルセロナ、スペイン）

扉 シリーズ（スクロール ハンギング 3）：2000
［図版・右］
2001―個展（M. X. スペース 1010、バルセロナ、スペイン）

Door Series (The scroll of hanging 1): 2000
mixed media
cloth woven of polyester and cotton, glue of remove cotton; printed by silkscreen and dyeing
82.0×20.0cm
2001―Solo Exhibition (M. X. ESPAI 1010, Barcelona, Spain)

Door Series (The scroll of hanging 2): 2000
mixed media
cloth woven of polyester and cotton, glue of remove cotton; printed by silkscreen and dyeing
82.0×20.0cm
2001―Solo Exhibition (M. X. ESPAI 1010, Barcelona, Spain)

Door Series (The scroll of hanging 3): 2000
mixed media
cloth woven of polyester and cotton, glue of remove cotton; printed by silkscreen and dyeing
82.0×20.0cm
2001―Solo Exhibition (M. X. ESPAI 1010, Barcelona, Spain)

扉 シリーズ（#1〜15）：1986
窓 シリーズ（#1〜66）：2000
2001—個展（M. X. スペース1010、バルセロナ、スペイン）
WindowとDoorのsymbolを装置に平面がもつイメージのひろがりの空間をテーマに表現した。平面空間がもつ構造そのものをテーマに制作。内と外を仕切りつつ、行き来できる扉や窓の記号を装置に、左右、上下、前後の奥行きという三つの方向性をもつ平面の構造を表した。コピー機やコンピュータ画像ソフトを用いて扉や窓のイメージの方向性を変換して平面空間を作りだした。

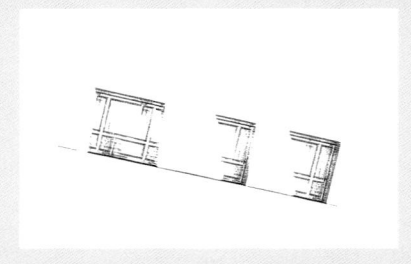

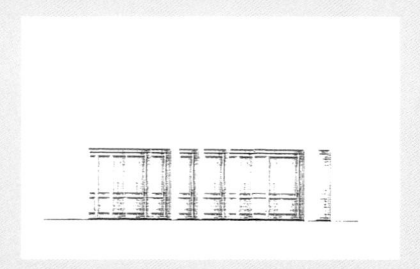

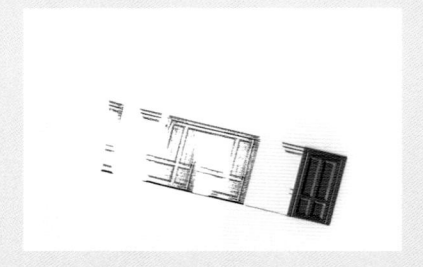

Door Series (#1~15): 1986 and Window Series (#1~66): 2000
mixed media
paper, lead; Xerox (drawing by copy machine)
29.0×38.0cm, 38.0×29.0cm each
2001—Solo Exhibition (M. X. ESPAI 1010, Barcelona, Spain)
Doors and windows function symbolically to express the theme of how an image on a flat plane expands through space. The theme of this series is the structure of the space contained in a plane. Using doors and windows as symbols of the division between inside and out, coming and going, these works express the three possible directions contained in a plane: horizontal, vertical, and front-back depth. The special aspects of a plane were explored using rotated images of doors and windows reproduced on a copy machine and by computer graphics.

Door Series #2

Door Series #12

Door Series #1

Door Series #14

Door Series #11

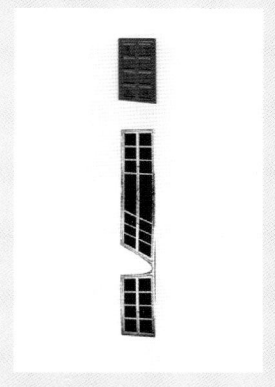

Window Series #31

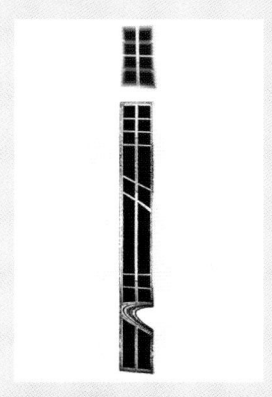

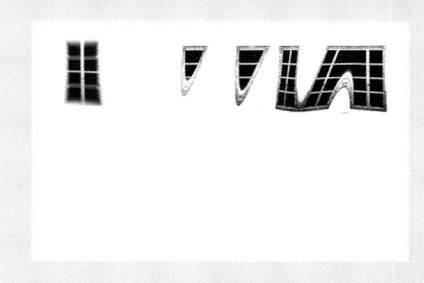

Window Series #21

Window Series #33

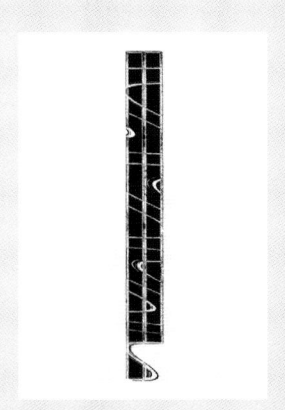

Window Series #8

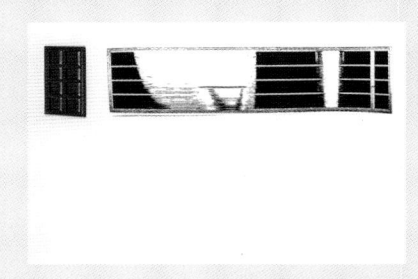

Window Series #66

Window Series #1

シャツ #1、#2：2001
2001―シャツ展（アートライフ みつはし、京都／ワコール銀座 アートスペース、東京）
西洋文化が育んだ装いの文化。そのかたちが変化する中で制度が染み込み、制度を着込んだ衣服の一アイテム。衣服は制度を象る皮膜と化す。各パーツは名付けられ、日々の生活の中で意識する、しないに関係なく、その言葉は時の制度に組み込まれ、時には豊かに育まれ、時には消えゆく運命を辿る。いや、その言葉の存在自体が制度そのものであり、制度をかたちづくり、常に再構築を企てる。衣服に纏わるこの制度を着込んだ言葉たち。見えかくれしながら、時には滲みずれながらも人々を転写する。その運動は版にも似た存在。

シャツの各部位（各パーツ）のパターンと、例えば襟や袖などの名称、それにまつわる諺や慣用句や用例を各部位内（各パーツ）に記入して原稿とし、感光乳剤によるシルクスクリーン製版する。次に白い木綿の生地に各部位のパターンをプリントする。案内のようにその各パーツ内にはその名称とそのパーツにまつわる諺などもプリントされている。例えば、襟 collar なら wear a person's collar 人の命令にしたがう。袖 sleeve なら roll up one's sleeve（まじめに）仕事にとりかかる。プリントするメディアであったスクリーンの版膜もその枠から外し、プリントした布とともに、各パーツに切り抜き、ミシンで縫ってシャツに仕立て上げる。この布のシャツにスクリーン版膜のシャツを重ねて着ると、シャツのパーツの名称と諺などが、同じ位置に重なる。さも版膜のシャツという版が下の布にプリントしたかのように。

Shart #1, #2: 2001
silkscreen printing, mixed media
silkscreen film, cloth of cotton, pigment colors ink
75.0×150.0×2.0cm
2001―Exhibition of The Shirts (Art Life Mitsuhashi, Kyoto/ Wacoal Ginza Art Space, Tokyo)
A fashion world nurtured in Western culture Shirts are an item of clothing worn by the system, and in their changes, they affect the system. Clothing transforms into a skin that imitates the system. Each part has a name. Consciously or unconsciously in our daily life, these words build the system of time. On occasion the words rise richly, on occasion they vanish along the path of fate. No, the very existence of these words is the system itself; they form the system, and always rebuild it. Words worn by the system are printed onto the clothing Hidden, occasionally transcribe, they transcibe humans This movement resembles a printing plate.

Here a silk screen plate has been prepared with words describing parts of a shirt. The words are placed so that they will appear at the appropriate spot when the printed cloth is sewn up as a shirt. "sleeve" appears on the sleeve, "pocket" on the pocket, etc. Then the silk screen itself was also sewn up into the shape of a shirt.

91

カーテン シリーズ（スチール フレーム）：2002
2002―国際テキスタイルフェスティバル（ニコライ教会ギャラリー、ドイツ）
カーテンは常に背後の存在を暗示する記号であり、被膜でもあるが、背後の存在は常に不確かなものとして残る。

Curtain Series 2 (steel frame): 2002
mixed media
Japanese paper, acrylic colors, cotton thread
23.0×26.0×2.5cm
2002―The International Textiles Festival (St. Nicolai Gallery, Gorlitz, Germany)
A curtain always functions as a sign suggesting the existence of something behind it, a veil teasing us to know the uncertain world behind it.

Embroidery シリーズ＃1、＃2、＃3：2002
2002—国際刺繍展 2002（ルーマニア美術家協会展示館、ルーマニア）
＊第二席賞受賞
作品 #1 では Embroidery の文字を白の木綿布に赤色の糸で刺繍し、針と共に透明フィルムで両面圧着し、作品 #2 では、水で溶ける布に同様に刺繍した後、布を溶かし、残った文字と糸と針を同様に圧着し、作品 #3 では、作品 #1 の刺繍した糸を取り去り、針目の痕跡が残った布を同様に圧着したもの。刺繍という糸と針を用いて布に行為する世界をより顕在化させると共に、刺繍という技術がオブジュとなり、記号ともなった。

Embroidery Series #1, #2, #3：2002
cloth dissolved with water, cloth of cotton, embroidery thread, embroidery needle
20.0×60.0×26.0cm
2002—The International Exhibition "Embroidery 2002 (Exhibition Complex of Romanian Fine Arts Union, Cluj-Napoca, Rumania)
*The Second Place (Encouragement Prize Premium Prizes)
In the first work of this series, a letter has been embroidered onto a white cotton cloth and then a transparent film pressed onto both sides, with the needle still inserted in the cloth. In the second work, after similarly embroidering a cloth that dissolves in water, the cloth was dissolved so that only the needle and embroidery remained. The result was again covered with a transparent film pressed over it. For the third work, the same process was used as for the first, but then the embroidery taken out, so only the stitch holes remained, and the result was given a transparent film covering. In this series, at the same time as the process by which needle and thread work on cloth to produce embroidery is made apparent, the embroidery technique itself becomes an art object.

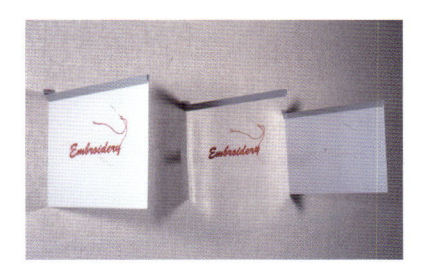

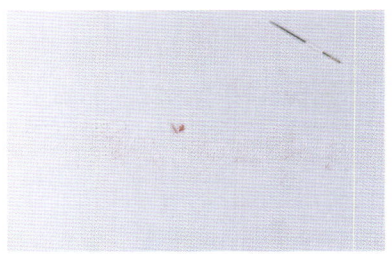

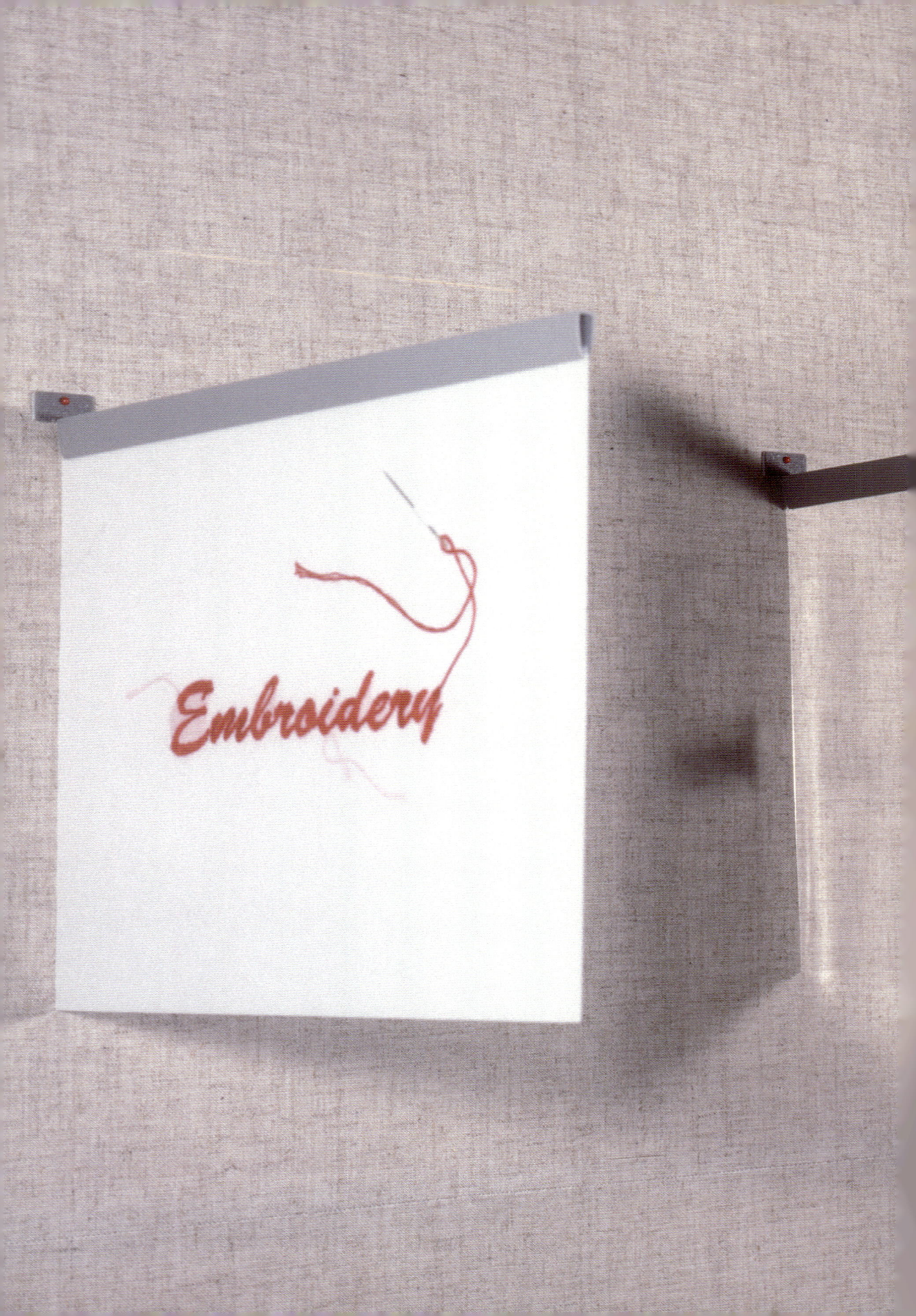

Embroidery

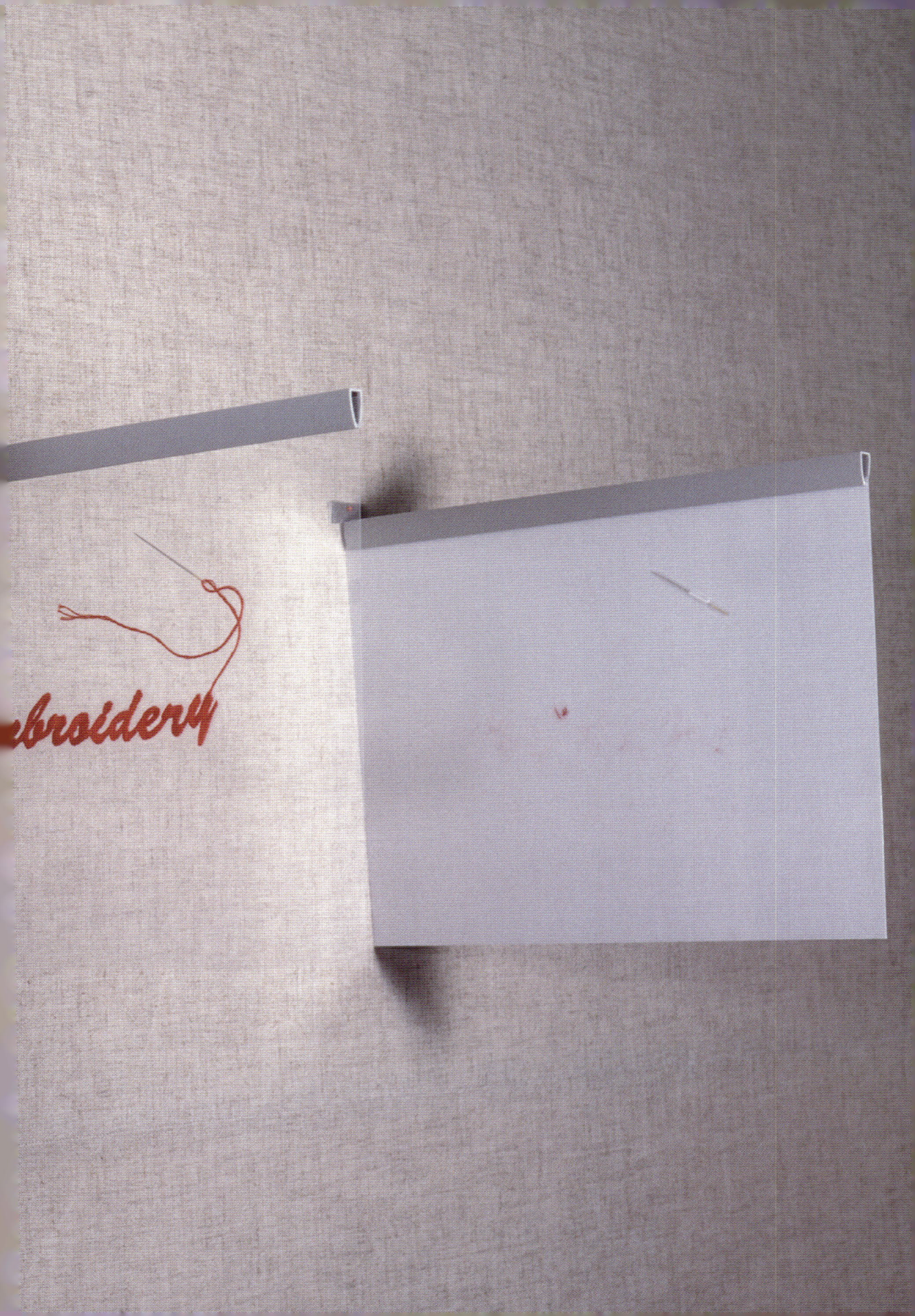

broidery

窓 シリーズ（インターメッシュド ボーダーズ）：2002
2002—第7回国際ミニテキスタイルトリエンナーレ（アンジェ美術館、フランス）
混沌は秩序を含み、秩序は混沌を含む。

Window Series (intermeshed borders)
mixed media
cotton thread, film
9.0×12.0×12.0cm
2002—The 7th International Triennial of Mini-Textiles (Angers Museum, Angers, France)
Chaos in Order; Order in Chaos.

原稿用紙と鉛筆 #1、#2：2002
［次頁／図版・上 #2、下 #1］
2002—アーティストによるステーショナリー（アート・ライフ みつはし、京都）

Manuscript paper & Pencil 1#, #2 : 2002
mixed media
sheet of lead, paper, lead
30.5×43.0×5.0cm
2002—Exhibition of The Stationery by Artists (Art Life Mitsuhasi, Kyoto)

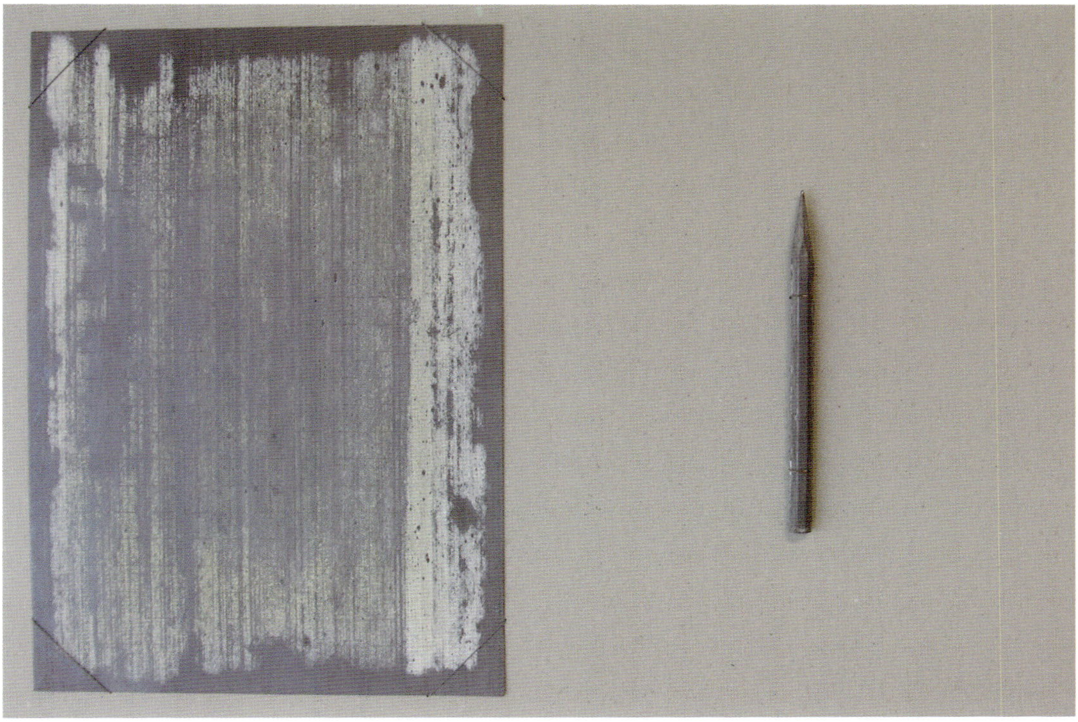

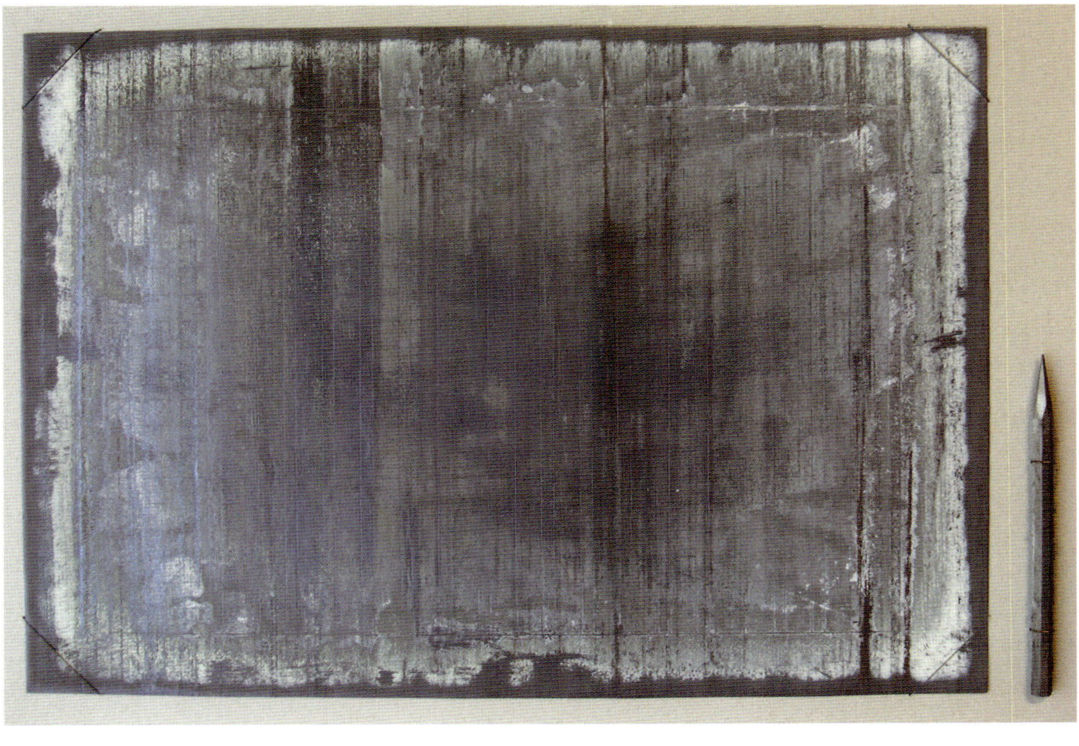

きもの断章：2004
きものの各部位（各パーツ）の、例えば襟 eri や袖 sode 、褄 tuma などの名称、それにまつわる諺や慣用句や用例を各部位内（各パーツ）に記入して原稿とし、感光乳剤によるシルクスクリーン製版する。次に白い木綿の生地に各部位のパターンをプリントする。案内のようにその各パーツ内にはその名称とそのパーツにまつわる慣用句などもプリントされている。例えば、袖 sode なら、袖にする―無視する。褄 tsuma なら、褄をとる―芸者になる。袂 tamoto なら、袂を分かつ―交際を断つなど。プリントするメディアであったスクリーンの版膜もその枠から外し、プリントした布とともに、各パーツに切り抜き、縫ってきものに仕立て上げる。このきものにスクリーン版膜のきものを重ねて着ると、きもののパーツの名称と慣用句などが、同じ位置に重なる。一方、かって私たちはきものに染め付けられた、例えば干潟の葦と鶴の模様を目にすると歌の枕言葉（詞）「和歌の浦」を思い浮かべると同時に、万葉の歌人山部赤人が詠んだ「若（和歌）の浦に潮満ち来れば潟をなみ葦辺をさして鶴（たづ）鳴き渡る」の情景に心を誘導される（現在の和歌山市南部の浜辺の景勝地、和歌の浦）。また「和歌の浦」と聞けば満ちくる潮に追われるように鶴が干潟の岸の方へ鳴きながら渡る情景を思い浮かべ、葦と鶴が描かれた模様を見ればその情景を詠った和歌を思い起こす。私たち日本人はこのことばの再生遊び、イメージの再生遊びを目にみえる、みえないかたちのなかでその手続きを楽しみ、味わい、素養として嗜み、自らの教養を鍛えてきた。言い換えればこの内なる時空間に過去と現在をつなぐイメージとことばを誘導する遊びは様々な工芸世界にも入り込み長らく支えてきた。

A fragment which surrounding a Kimono: 2004
Here a silk screen plate has been prepared with words describing parts of a Kimono. The words are placed so that they will appear at the appropriate spot when the printed cloth is sewn up as a Kimono. "袖 sode; sleeve (sode ni suru-ignore)" appears on the sleeve, "褄 tsuma; both of corner of bottom (tsuma wo toru- became a geisha girl) "on the front, 袂 tamoto; pouch of sleeve (tamoto wo wakatsu-break off relations), etc. Then the silk screen itself was also sewn up into the shape of a Kimono. On the other hand, we visualize the makura-kotoba "waka-no-ura" (a syllable of traditional Japanese poem of thirty-one), when we see the reed of a tideland and crane's design on a Kimono, and we simultaneously picture the scene of " waka-no-ura-ni / shio-michi kureba / kata-wo nami / ashibe (shore of a tideland)-wo sashite / tazu (crane) naki-wataru" from the poem composed by Yamabe-no-Akahito from Nara period. Moreover, when we hear wakanoura, we visualize the scenes that chirming cranes flies off to the shore of tideland, as if they are haste to leave from the rising tide. As you can infer from the example, when we see reed and crane drawn on a Kimono, we immediately recall Japanese poems that depict scenes relate to the symbols. We have been relishing the process of replaying words and images and sublime to the part of culture and knowledge, with or without evident manner. In other words, the process induces words and images, which connect the past and the present, into our inner space-time also gave large influences to the world of various arts and crafts, and has long supported such culture long.

参考資料：『雛形　吉野山』　百八十番　和歌の浦、江戸時代
Reference data; Hinagata (design sample of Kimono) Yosinoyama, No.180 "Waka-no-ura", Edo period.

袖 sode
- sode ni suru
- sode no sita

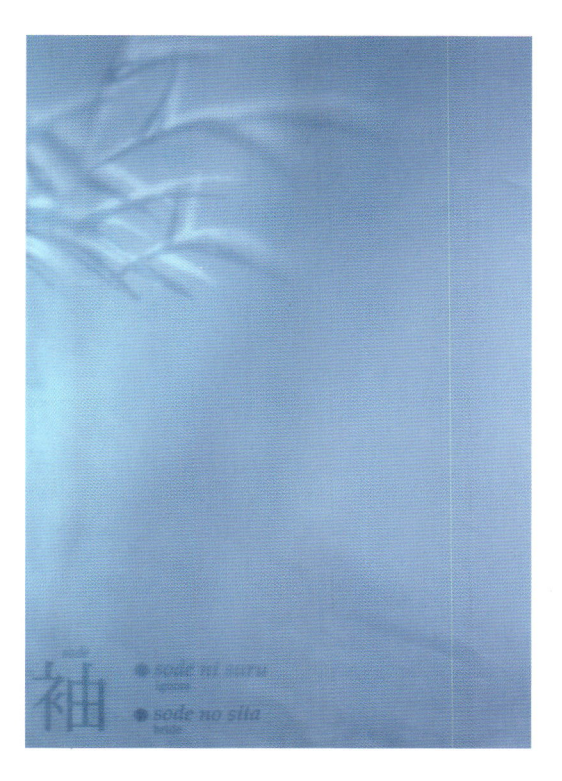

袖 sode
- sode ni suru
- sode no sita

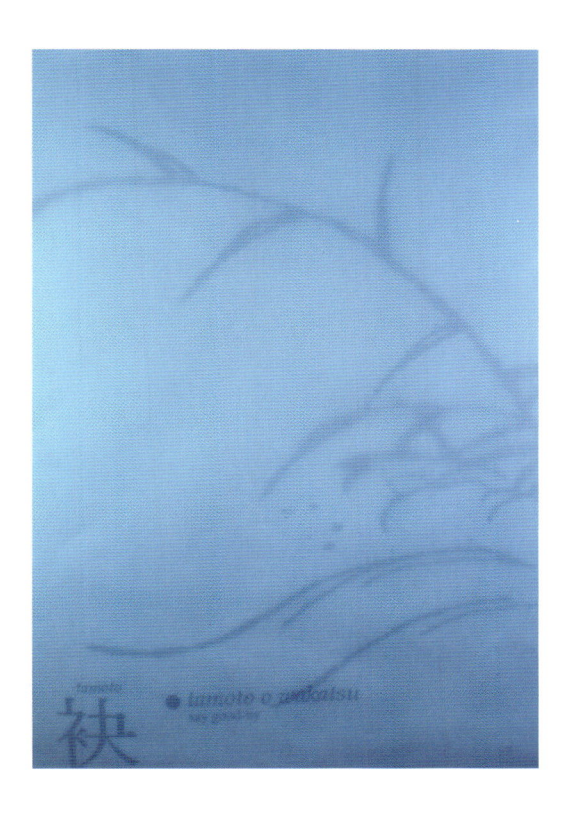

袂 tamoto
- tamoto o wakatsu

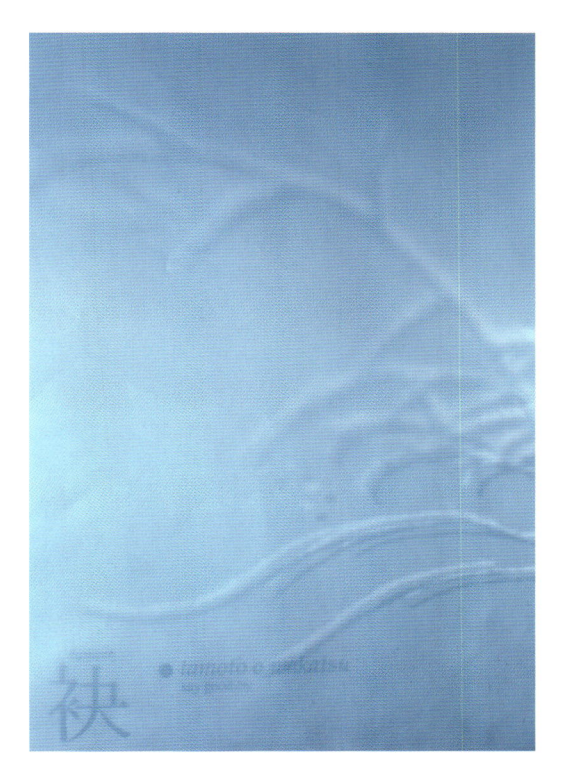

袂 tamoto
- tamoto o wakatsu

四角い螺旋のステージ：2003
2003—第 1 回国際ミニテキスタイルトリエンナーレ（ソンバトヘ・アート・ギャラリー、ハンガリー）

Spiral Stage of Square: 2003
mixed media
cotton thread, acrylic acryl medium
11.0×12.0×12.0cm
2003—The 1st International Mini-Textiles Triennial (Szmbathely Art Gallery, Hungary)

扉 シリーズ（時空間の移り）：2003
[次頁／図版・上]
2003—第 1 回フラッグトリエンナーレ（ソンバトヘ・アート・ギャラリー、ハンガリー）

Window Series (Transition between Time & Space): 2003
mixed media
printed the glue of removing cotton by silkscreen. cloth woven of polyester and cotton
100.0×300.0cm
2003—The 1st International Flag Triennial (Szmbathely Art Gallery, Hungary)

アーバン ウエフト：2003
[次頁／図版・下]
2003—第 4 回国際現代美術ミニアチュール展（M. X. スペース 1010、バルセロナ、スペイン）

Urban Weft: 2003
mixed media
plastic sheet and ink, paper, brass wire
10.0×12.0×10.0cm
2003—The 4th MINI International Contemporary Art Exhibition (M. X. ESPAI 1010, Barcelona, Spain)

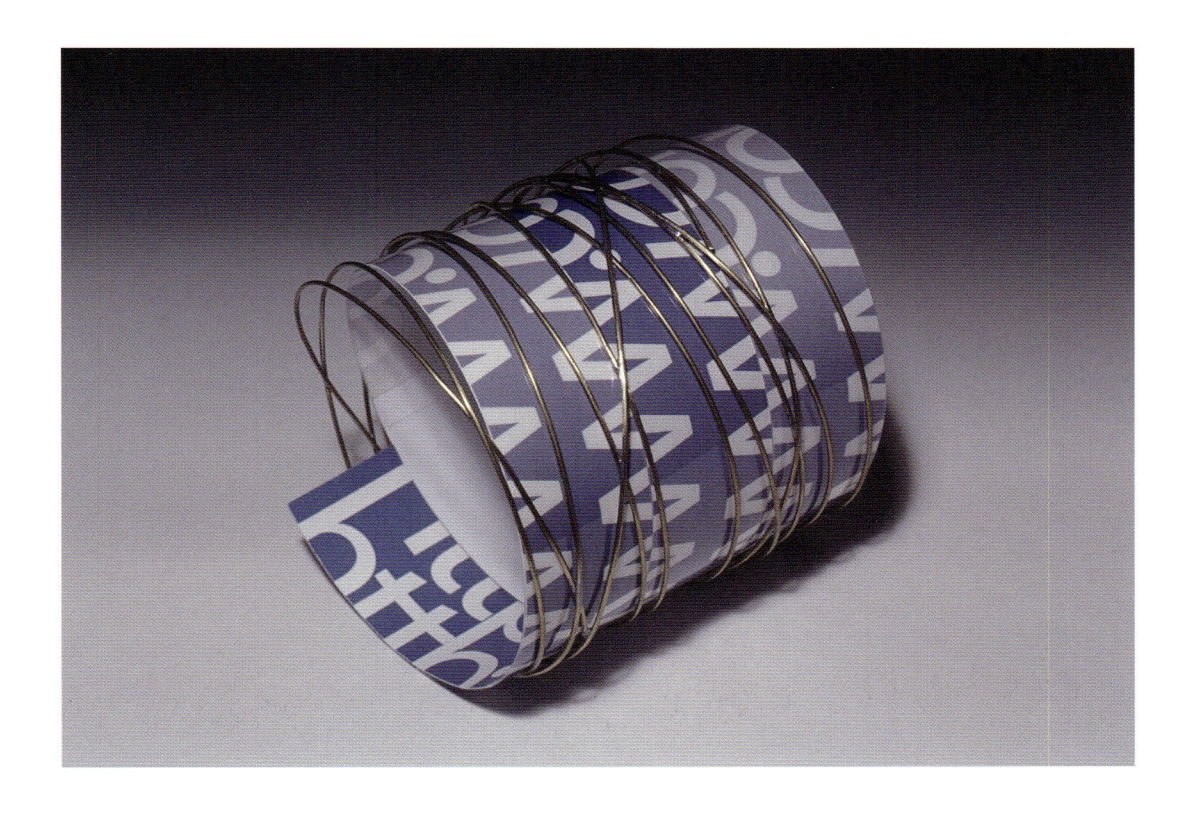

Window Series(Transition between Time & Space) 2003/Nagano Goro

Window Series(Transition between Time & Space) 2003/Nagano Goro

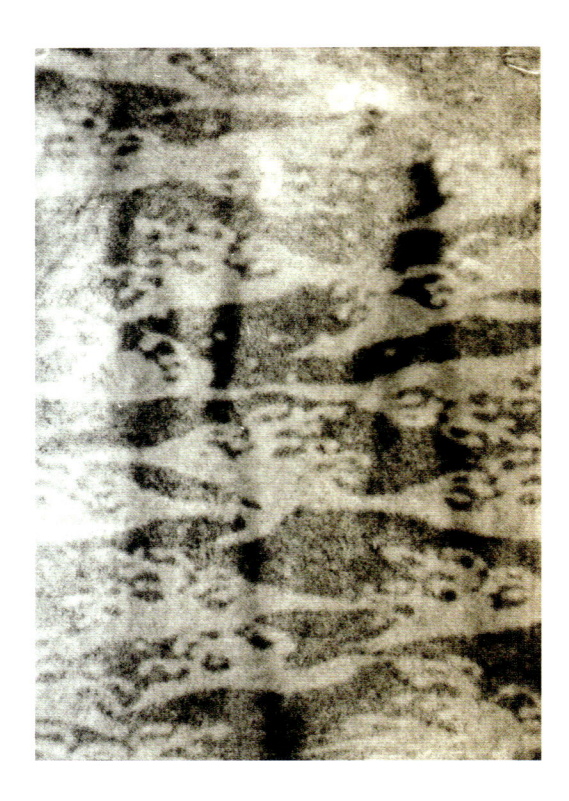

「波」・「なみ」シリーズ
2004―個展（メキシコベラクルス州立大学芸術学部芸術研究所）
このシリーズは「偶然のかたち」と「必然のかたち」をテーマにしている。雨が降り始め降り終わる時や、霧が立ち込め晴れていく時の風景にかかるグラデーションや霞み、絵の具や墨汁が飛び散り、落ちて滲んでできるはね、しぶきやにじみ、ぼけ、ぶれ、かすれなど「偶然のかたち」をとりあげている。一方、刻々と絶えまなく動き、変化する存在を、観察やこの自然の変化の中に身を委ねることなど身体の関わりをもって、その有り様の本質あるいはイデアあるいはアルケーをかたちとして定着させた「必然のかたち」をとりあげた。たとえば、静止することのない変化し続ける存在をかたちにしたもの、それは自然現象の模様や文字などがある。つまり、それらは積み重ねられた「偶然のかたち」から導き出された「必然のかたち」である。今回、私は過去の工芸品を飾った自然現象の「波」模様と象形文字をともなう形声文字「波」と漢字から変化したひらがなの「なみ」を選んだ。この偶然にできたかたちと、絶えまなく動く存在から導き出し作り出した必然のかたち、この二つのかたちの存在のありさまを出会わせ、組み合わせた。この二つの世界は両極に固定されたものではなく、たがいにスパイラルに循環し、変化することを内在した「うつろい」という関わりの中にあるといえる。この偶然と必然との「出会い」は、日本の美の世界を成立させてきた心のかたちの一つだと思う。

"wave" series: 2004
digital print
42.0×29.7cm each
2004―Solo Exhibition (Vera Cruz state university science of art institute, Jalapa, Mexico)
This series has took up "accidental forms"–the gradation with the dim concerning scenery the time of it beginning to rain and finishing raining, and in case fog is hung over and dispelled, and the splash, blot, blur, etc. which are falling and scattered paints and China ink and spread. On the other hand, I have taken up that "natural forms" to which exists and essence, an idea, or *arkhe* was fixed as a form that it had relation of the body, such as moving continually every moment, and leaving the body for the changing existence into observation or this natural change. For example, there are a pattern, a character, etc. of a natural phenomenon in the thing and it which made the form the moving existence which continues changing. That is, they is "the nature forms" getting from the accumulated various "the accidental forms." In this exhibition, I chose the "な (na) み (mi)" of a hiragana which changed from the kanji(phonogram) and the *keisei moji* (the character made combining the ideographic character and the phonogram) "波 (nami)" accompanied by the hieroglyphic character and the wave's pattern (design) of a natural phenomenon with which the past handicraft was decorated. I put together and combine the two forms, the state of the existence of this form made by the accident and the natural form which got from the existence which moves continually. It can say that the two worlds were not fixed to two poles, and circulated spirally mutually and in the relation being inherent in changing each other "*utsuroi* (fade nature)". I think that this "encounter" by being accident and nature is one of the forms of the heart which has formed the world of Japanese Aesthetics.

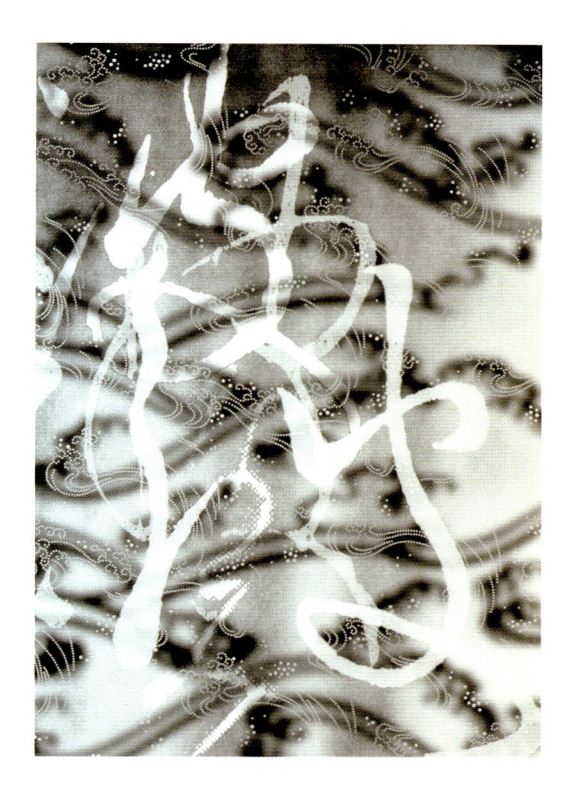

会場風景（第一室・第二室）
installation view (first room & the second room)

"N" の変革：2004
2004—第 5 回国際現代美術ミニアチュール展（M. X. スペース 1010、バルセロナ、スペイン）
皮膜を通り抜けるきらめく言葉たち

Revolution of "N": 2004
mixed media
silkscreen film, inkjet film, brass wire and tube
12.0×15.0×10.0cm
2004—The 5th MINI International Contemporary Art Exhibition (M. X. ESPAI 1010, Barcelona, Spain)
Glittering words that pass through a translucent film

緑と青の劇場：2005
[次頁／図版・上]
2005—第 8 回ミニテキスタイルトリエンナーレ（アンジェ美術館、フランス）＊コレクション；アンジェ美術館
逆円錐の上に同心円の円柱を縦に真半分に切ったものを乗せた形の表面を芝生状に加工し、その上からブルーの絹糸で巻きつけた作品。テーマ「庭・公園」をもとに幾何学的な緑の形と偶然的なブルーの線で構成したもの。円錐から突き出た針で逆立ちさせ、緊張感も表現した。

A Theatre of Green & Bleu: 2005
mixed media
wood of geometric form, silk thread, diorama mat
10.0×5.0×5.0cm
2005—The 8th International Triennial of Mini-Textiles (Angers Museum, Angers, France) *collection; Angers Museum
The outer surface of a form consisting of a semi-circular pillar placed on an inverted cone has been made into a grassy lawn. Blue silk thread was then wrapped around this. The theme of "garden and park" has thus been constructed out of geometric circular shapes and accidental blue lines. A needle stuck upside down in the cone creates internal tension.

点対称の二つの円錐：2006
[次頁／図版・下]
2006—第 7 回国際現代スモールフォーマットアート展（M. X. スペース 1010、バルセロナ、スペイン）
ユートピアは近寄りがたく孤立した存在ある。それは点で向かいあうシンメトリーの構造をもつ。それは整然とした秩序と互いに相反する要素をもつ。そしてそれらは横断する関係ではない。それらは未だ横断する関係を互いに見出せない。

Two Cones of Point Symmetry: 2006
mixed media
wood of geometric form, silk thread, diorama mat, stone
5.0×5.0×10.0cm
2006—"Utopia" The 7th Small Format International Contemporary Art Exhibition (M. X. ESPAI 1010, Barcelona, Spain)
Utopia is an independent state that is hard to approach. It has the construction of the symmetry of facing points. It has the aspect of mutually opposing orders of regulation. They have no cross connections. For ever and ever they cannot find a mutual cross connection.

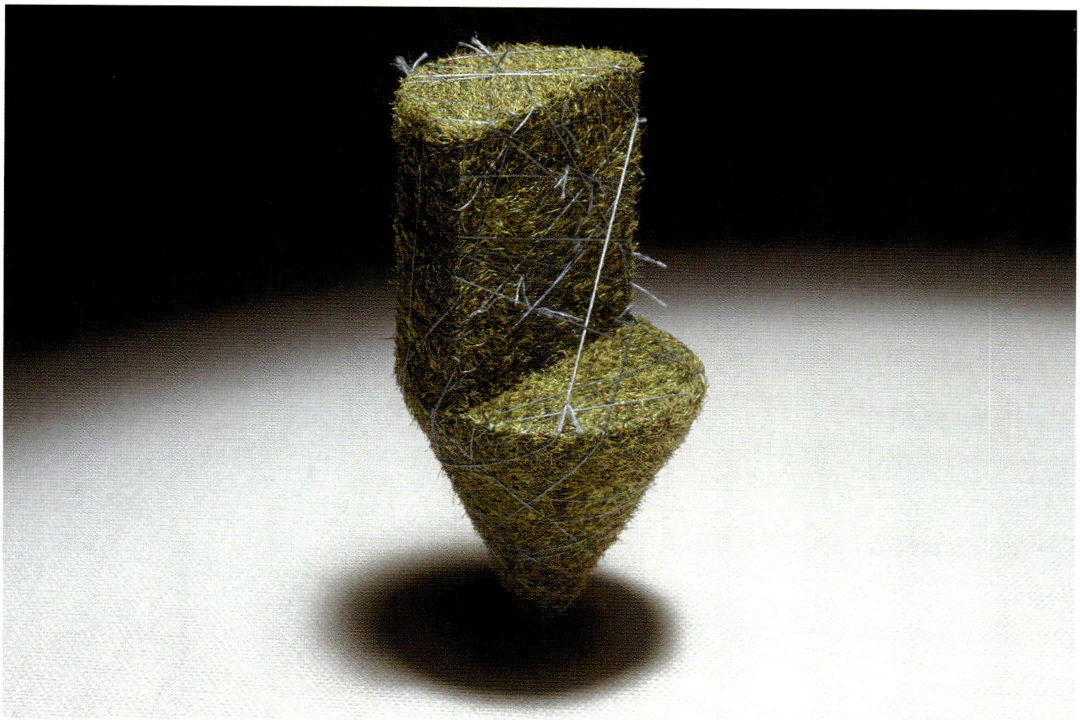

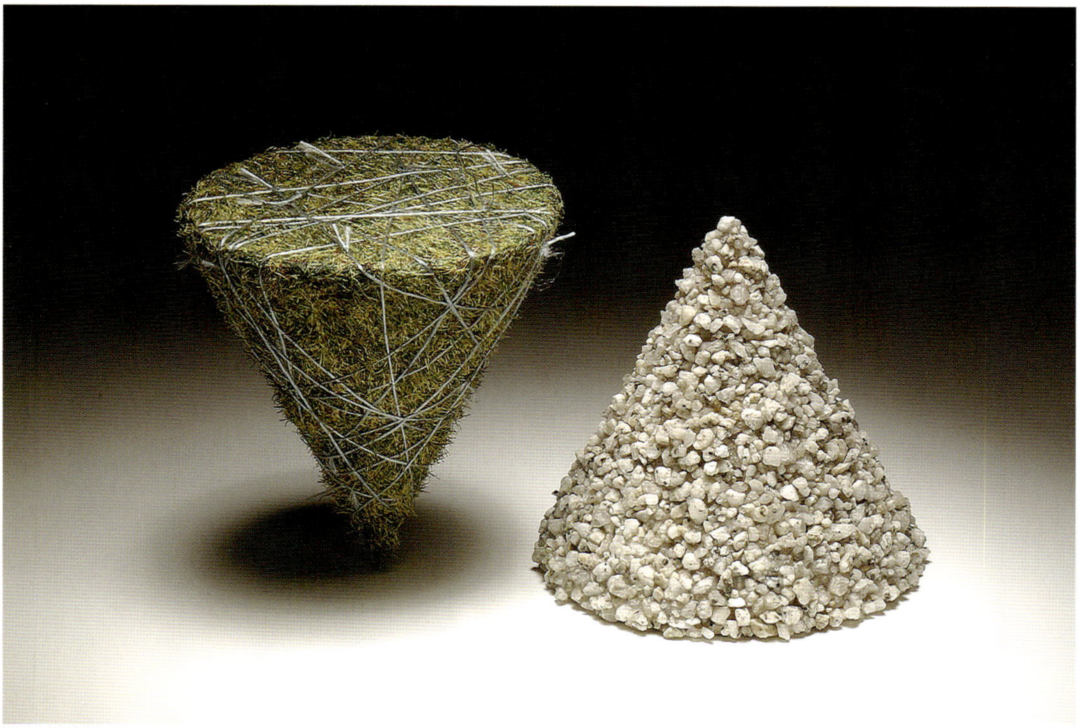

Nagano Goro 2005 / Window Series

Nagano Goro 2005 / Window Series

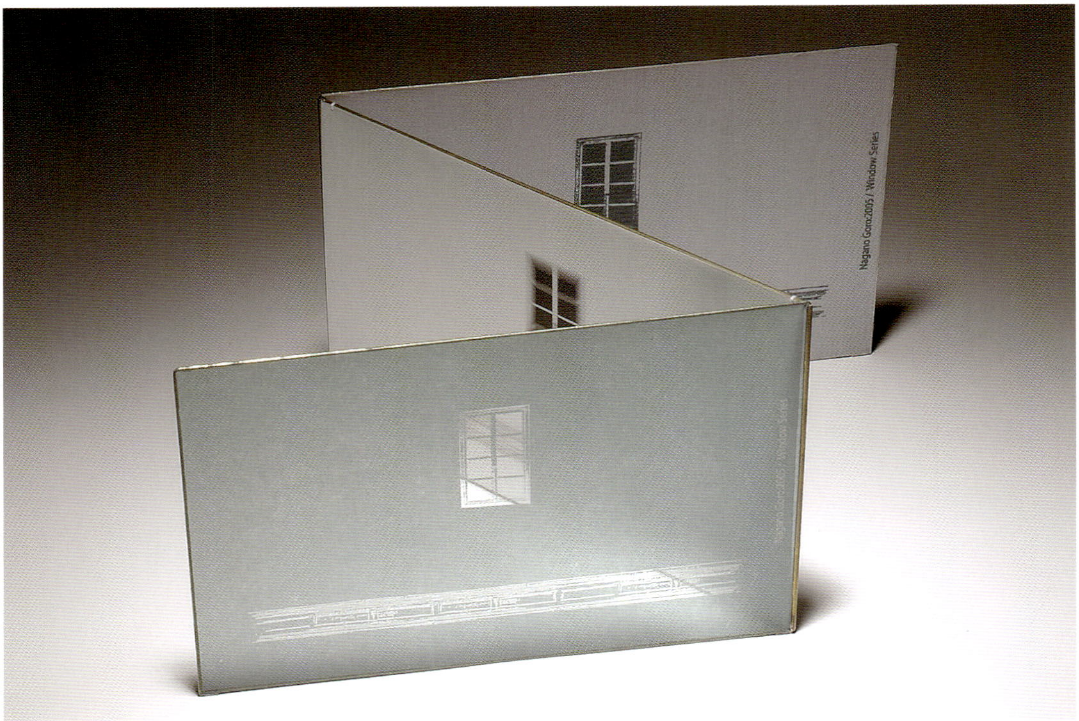
Nagano Goro2005 / Window Series

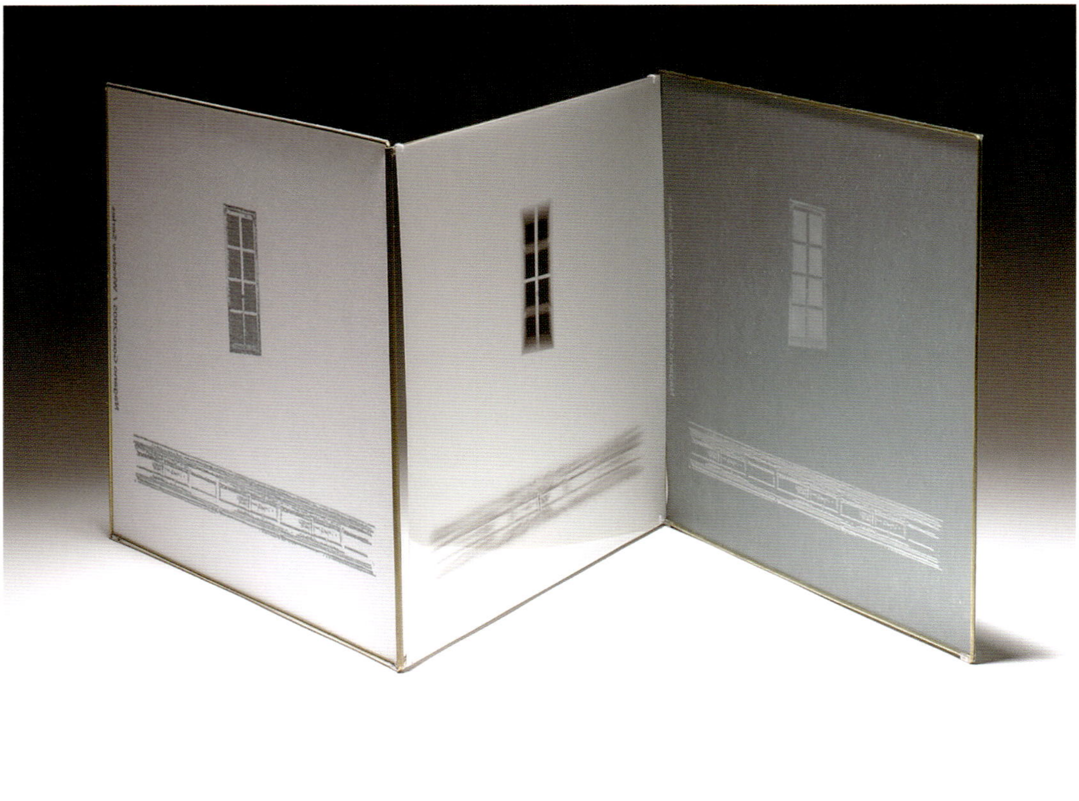

窓 シリーズ（"N の軌跡"）：2006
［前頁］
2006―第 2 回国際ミニテキスタイルトリエンナーレ（ソンバトヘ・アート・ギャラリー、ハンガリー）
＊テキスタイル文化財団賞受賞
屏風様の N 状に三つ折れの作品。三つのフレームの支持体を細い真鍮のパイプで作り、窓のイメージを製版したシルクスクリーンの版膜そのものと、それでプリントした綿布、その中間に同じ窓のイメージをグラフィックソフトのフォトショップで加工したフィルムを各フレームに貼り付けたもの。窓のイメージを装置に版そのものがもつ空間性と意味性を作品にした。

Window Series "The Trace of N": 2006
mixed media
cotton cloth, pigment with binder, silkscreen film, inkjet film, brass wire and tube
14.5×20.0×20.0cm, 20.0×20.0×14.5cm
2006―The 2nd International Mini-Textiles Triennial (Szmbathely Art Gallery, Hungary)
* Cultural Foundation of Art of Textile prize
This work forms an "N"-shaped three-part folding screen. The frame is shaped with thin brass pipes, and its section are pasted with the window images, first on the silkscreen plate itself, second on cotton printed with the same silkscreen, and between them (third), the same window image produced on film using Photoshop, a graphic software. Here the implications and the spatial aspects inherent in the printing plate, that is the equipment used to create the window image, have been made into a work of art.

螺旋の魅惑：2007
［図版上］
2007―"The Aleph" 第 8 回国際現代スモールフォーマットアート展（M. X. スペース 1010、バルセロナ、スペイン）
「永遠に閉じることの無い螺旋の言葉。見えない螺旋の文脈は時には姿を顕し、渦巻き、拡散し、収斂を繰り返す。」

A Spiral Bewitchment: 2007
mixed media
stainless wire, lead
10.0×10.0×10.0cm
2007―"The Aleph" The 8th Small Format International Contemporary Art Exhibition (M. X. ESPAI 1010, Barcelona, Spain)
The language of the spiral is forever unclosed. The context of this invisible spiral at times shows its form, as a swirl, a diffusion, and a convergence in repeated recurrance.

橋シリーズ #3（17°の不安）：2009
2009—第9回国際現代スモールフォーマットアート展（M. X. スペース 1010、バロセロナ、スペイン）
2011—第6回国際現代テキスタイルアートビエンナーレ（メキシコシティー、ベラクルス、オアハカなど、メキシコ）
橋は窓や扉と同様に、二つの世界を限定することなく仕切り、また逆に二つの世界を結び付ける存在。それは時には帰ることのできない一方通行への道程を暗示するが、同時に二つの世界をそのフレームをとおして二つの世界を自由に行き来する記号でもある。

Bridge Series #3 (The Instability at 17°)
mixed media
carving by laser beam sheet of styrene, sheet of acetate
10.0×10.0×10.0cm
2009—"Non-Place" The 9th Small Format International Contemporary Art Exhibition (M. X. ESPAI 1010, Barcelona, Spain)
2011—"Aire" VI International Biennial of Contemporary Textile Art (Museum Diego Rivera Anahuacalli, some other places, Mexico)
Like windows and doors, bridges separate two worlds without limiting them and conversely also tie them together. The way across sometimes indicates a one way passage, yet at the same time it spans the frames of the two worlds as a sign of free coming and going between the two worlds.

橋 シリーズ #1（未来からの照射）: 2009
2009—第3回国際ミニテキスタイルトリエンナーレ（ソンバトヘ、アートギャラリー、ハンガリー）

Bridge Series #1 (irradiation from the future)
mixed media
carving by laser beam sheet of styrene, thread
16.0×16.0×7.0cm
2009—"Presence-Being present 2009" The 3rd International Mini-Textiles Triennial (Szmbathely Art Gallery, Hungary)

橋 シリーズ #2：2009
2011—第 6 回国際現代テキスタイルアートビエンナーレ（ディエゴ・リベラ美術館、オアハカ、他メキシコシティー、ベラクルーズなど、メキシコ）

Bridge Series #2
mixed media
carving by laser beam, screen printing sheet of acetate, sheet of styrene, gauzy of polyester, thread of silk, foaming ink
12.0×12.0×12.0cm
2011—"Aire" VI International Biennial of Contemporary Textile Art (Museum Diego Rivera Anahuacalli, some other places, Mexico)

「視」の位相から ──長野五郎に寄せて──

林　剛

はじめに

長野五郎について文を寄せようとするとき、そこに誠意を示そうとすると、世に言う「作家論」というような範疇からはみ出してしまう。この年下の旧友に寄せる関心は、通常の美術作家として観るというよりも、「自由な意識的生活者」として見るというところにあるからで、それを些かこなれない言葉遣いで表現するなら「美術人／都市型自由人」として、この人物を対象化してきたから、ということになる。わたしは「美術」を「自由」を渇望する「人間的振る舞い」として考えてきた。そういう意味で長野五郎は珍しく際立ってわたしの興味を引きつづけて来た人格の一人なのである。「作家論」などという事大主義の言説が「美術史」という教科書的共通概念に組み込まれてきたのはいつ頃か、やれやれ、という想いを拭いながら、わが長野五郎を語りたい、というのがわたしの姿勢なのである。

しかしそうは言いつつも、焦点を長野に絞るわたしの態度が1970年前後の一視点を振り返ることにもなることを考えれば、その時点からはやくも40年を経た今日、わたし自身の当時を思い返すことにもなるので、素直に筆を執ることにした。様々な言説が泳ぐ今日の美術状況に、この「京都／都市」の染織工芸界から出現した注目すべき美術的人格について一つの文章資料を提供することになるのなら、これを幸いと感じるべきだと想うに至った。

序

* 用語

本題に入るまえに、わたしの言葉遣いや用語についてとりあえずのチェックをしておく必要を感じる。まずは「自由人」とあるからにはその「自由」を人間のどのような位置での振る舞いにおいて遣っているのか、さらに「都市型」というのにはそうでない型を想定しているのか、「自由」と言うときそのような型の区別はすでに自由を制限してしまう矛盾した用語法に陥っているのではないか、などなどの質疑を招くだろう。その懸念を自ら抱えながら作業を進めるのも焦点を長野五郎に絞っているからこそなのである。ここで長野を主題にするかぎり、専門的な美学／美術の用語野に踏み込むことを可能な限り避けたいと考えている。それらとは別のフィールドを踏まえた言葉遣いをする必要を感じており、そのようなアプローチで接近してこそ長野の位置がみえるのではないか、またそこに現代の美術の一つの事情が潜んでいるのではないかとも感じている。わたしの長野五郎体験と重ねてこの現代の状況を検証することをも背後に抱えながら筆を進めよう、というのがこの度の筆者としての態度／立場である。「都市型自由人」はそのような態度から導きだされたこの論における筆者の概念用語で、「美術人」とともにいくつかの造語を立ち上げ、美術行為という身体現場に人間的様相を見つけようとする意欲にしたがって、一つのコンテクストを引き出し、その持続を願って行なう言葉遣いの手立てである。40年を遡って当時の若い感性との出会いでわたしが注目させられたのが、この「都市／京都」において「自由」を志向する若い長野五郎であった。

* 自由（1）

早速ながら「自由」という言葉自体に少しこだわっておくと、当時注目されていたN. チョムスキーの「絶対的自由」がある。これほど「自由」を「概念から解放した言葉」はなかった。バクーニンに依拠しつつ人間的当為として全面に打ち出したこの社会論的議論は、その議論の底に潜む根源的課題に答えた言葉で、きわめて人間的現場に立ち、いわゆる哲学的態度とは異質な臨場感があった。このN. チョムスキーに依拠しつつ、哲学（あらゆる事象を知の現場に据えようとする欲動の体系）と区別して美術（心身投機を現場とする行為欲動の体系）の枠内で出現する「自由」を考えよう、究極にはこの二つの区別は取り払われるところに到るべきなのかも知れないが、ここではあまり欲張った議論をしない。しかしながら、この大雑把な区別にしたがって長野に焦点を絞る態度を一貫しようと思えば、少なからず遠回りで不経済な表現法に傾かざるを得ない、すなわちその都度の言葉を限定し糾し続けざるを得ない。長野に接近し、対象化するには、そのような困難な道程を踏まなくてはならない。これがたとえば彼の友人の木村秀樹[1]（図1）の場合をみれば、すでに幾人かの論者が執筆しているのをみてもわかるように「版画家／思索家／運動家／木村秀樹」として、美術の一つの枠組みのなかに彼を据えて「美術史」的文章作業が試みられている。木村秀樹に論者たちは共通の言語位相にいるという認識でことの有り様を云々する態度があるからだ。木村を、いわば美術史的議論が成り立つ美

学／美術用語の位相での用語野を共有している「作家」だとみているからともいえる。木村秀樹がそれで満足しているとはわたしには思えないのだが、それはともかくとしてわたしは長野に別のフィールドをみようとしている、その態度でこの長野五郎の土俵を表立たせるのには、アカデミックな共通概念をもっての言説のフィールドから脇に身をずらして記述を進める必要を感じている。長野の仕事がその史的文脈に置かれることがもしあるとすれば、「自由人列伝」においてであろう。筆者の長野への関心の有り様は、いささか旧聞に属するとはいえ、「本朝画人伝」の村松梢風のそれに近いのかもしれない、勿論「本朝」はわたしにとっても死語となっているから、「当代美術人伝」と言い換えてもいい（若い作家たちの現場に脚を運び、その実態を見続けていた、わたしと同年齢の美術評論家故中村敬治[2]が著書『パラダイム・ロスト』で見せた態度と通じる）。大袈裟なと人は言うかもしれないが、長野五郎には「都市人」の〈自発性〉が見られるのだ。そこのところを充分とは言えないにしても体験的考証を軸にして語ってみようというわけである。

図1 木村秀樹《Pencil 2-3》シルクスクリーン・方眼紙、70.0×100.0cm、1974年、「第九回東京国際版画ビエンナーレ」展 京都国立近代美術館賞受賞

　ここでは長野を語るのに彼の友人である木村秀樹を背景に意識しながら、話題を起こしエピソードを綴る手法で、ある世代の美術の事情を見つつ記述を進めることにしたい。彼らは同世代人として共通する素地を持っている。「都市型自由人」として生きようという態度が見られるからだ、というのがその理由なのだが、「都市型自由人」については後述にまわし、ここではとりあえず〈京都的〉と言っておこう。ポップアートという〈ロンドン的、ニューヨーク的〉現象や、モノ派〈東京的〉、「具体美術」〈大阪的〉現象などを、それぞれ一応区分けして踏まえ、それらに対位させてこの同世代の二人の〈都市的／京都的〉態度に特徴があるという認識がわたしの心底にある。それらの傾向の違いを云々することは、この京都において二人のそれぞれが踏み込んだ実践上のフィールドに違いがあるから、彼らを区別しながら、一方で共有する態度があるとみるわたしの意識を背後に持続させつつ木村については保留し、主題を長野に絞りそこに出現する「美術人」の様相を、ディテールを追いながら記述に移してみたいと考える。単に比較論に止まるのではなく、言語的に位相の違う用語や概念を交叉させあるいは対位させて、その位相の響き合いが功を奏して対位法と呼べるところまで到達してくれれば、長野五郎論は「美術人」たる「都市型自由人」の実態を描き出すことに成功するかもしれない。

＊1970年前後　京都芸大美術学科
1971年、わたしは京都市立芸大に非常勤の実技教員（工芸科共通基礎デッサン担当員）として学生たちの前に立った。1961年にこの学校が美大と呼ばれていた頃の西洋画科を出て以来、丁度10年の間隙をおいてそこに客員として戻ったことになる。再び目にした校舎はさほど変わっていなかった。変わったのはそこにいる人間たちが追い込まれた状況であった。具体的に言い換えれば「学生」と「教授」との関係であった。さらに踏み込んで言えば「現代を生きようとする若者」と「近代を生きてきた先生」との違和が極点に達した状況であったと単純化できるだろう。その実態は、教授たちが組み上げた学校の制度に向けた学生たちの質疑が顕在化した事件だった。学生にとっては、彼らの「いま」が問題であった、この「いま」とはグローバルなコンテンポラリーアートの状況を前にして、いかに対応するかを模索する自分たちの位置であった。そこに時と場所を共有する教員スタッフを求めた。しかし京都芸大ゼミの姿がそのような彼らの要請には応えていなかった。

　これは絵画専門学校として創始し、戦後に美術大学へ（後に芸術大学美術学科と拡張した組織に組み込まれる）変革したにもかかわらず、旧来の教育体制が固定化していて、美術の大学としての自在性を失っていると学生たちが受け取っていたからである。そこで彼らが着目し糾弾したのが、実技実習を中軸に据えた専門技術習得の場として、専科別に並列された教育体制だった。専門学校以来の専門意識がそれぞれの領域を保持する〈集団〉のもつ排他性を察知し、これを嫌い解放的でフレキシブルな学習現場を望んだのである。これは必ずしも専門技術習得を拒否したわけではない、しかし専門技術は伝承的体系的なイデオロギーを伴う、そこに集団的な権力構造を隠し持つということを察知したのだ。芸術教育の現場は専門技術修得を前提とする。そこでの身体技能教育は専門用語を駆使して素材や技法をつたえる現場を抜きにしては成立しない。

　教授たちはテクニシャンとして技術伝達に徹するというよりも、領域を守る作家として彼らの前に立ちはだかった。しかし時代は領域横断の姿勢を要請していた若者の直感がここにフォーカスを絞っていたことを見逃しては、芸大紛争は単なる空騒ぎとしてしか認識されないだろう。こういう推移のうちに意識的な学生の中にはこの専門家集団の教育課程にひとまずは身を置きながら自己を「自由」に解放する道を選ぼうとする姿がみえた。長野五郎や木村秀樹は旧体制に仮託しながら、〈そこから自由になる〉方途を何処か〈自由に振る舞えるところへ〉へと眼差しを向けていた。これはなにもこの二人に限った様相ではなく、一般に4年間あるいは6年間に限られる学生生活のなかで、どの学年に居るかという個人的な条件で態度が違ってくる、この二人も

卒業が近い存在であった。わたしの関心は彼らが紛争のなかでどう動いたかというよりも、この二人がそれぞれの制作の基盤をどこに据えようとしているかというところに絞られてきていた。そこに察知されたのが「京都／都市」人間の「視」の態度であった。後年二人はそれぞれの資質によってこの自らの「視」を展開する場を創っていくことになるが、それぞれのパーソナリティーは既に決定的なものであった。

　話を京都芸大の当時へ話題をもどして整理すると、学生たちが彼らの願う姿の実現を期して吹き荒れたのが1969年の京都芸大大学紛争の現場の様相だった。教授たちは受けて立たざるをえなかった。やがて双方の応対の決着として改革プログラムが用意されたのである。一般に、広域にわたる大学紛争とは、人間の知識がいかなる体制をとって社会化されてきたかを、その知の殿堂たる大学内で問い返される事件であった、深く思想史的意味を根底に据えていたとしてよく議論されてきたことである。しかし、多くの大学生たちが目前に据えたのはそれぞれの領域での教育制度であった。京都芸大においても各領域における教授たちの「技量／才能」のキャリアにひとまず「待った」をかけ、それを保留しつつ学生たちは「現在」に対応し得る体制が学校側に用意されているかを問題にした。この学生たちの態度は当時の美術教育制度下の現場では、多くの教員たちが浸かっていた近代美術が、たとえば画家を例にとればゴッホやゴーギャンなどが初動の動機としていたアナーキーな「否定的アイデンティティの危機」を背負っていた実態を忘れ、その形式や様式を「肯定的集団アイデンティティ」として近代美術のイデオロギーに集約させているとした、つまり近代美術の惰性態として教育制度に組み上げ、権威化しようとしているとし、これに対する異和感の表明であった。

　このレベルの意識と認識に立つ幾人かの学生たちのリーダーシップに誘引された動向が、美術という領域におけるこの運動の本筋だった。大学紛争という一般的な〈知のレベル〉では美術はローカルな場であったが、この現象は、じつはこの時を境にして学生たちは、既に20世紀の美術動向が多元的で多層的なそれぞれの表現形式を抱き込み混在させて展開している状況を知り、そこにいる自分たちの位置を自覚した。

＊「都市／京都」の自由　表象する若者
1974年にわたしはこの改革で新設された別の教室に移るが、以後そこで1990年までこの時代動向に混迷の眼差しを隠さない学生たちを目の当たりにしていた。既に戦後期を経て復興の兆しが見えだした'50年代から、美術が若者の前に繰り広げていたのはジャンルを超えた表現形式の模索状況で、この状況下の表現者の多様な仕事を巷間に目にする羽目になったのが多くの〈遅れてきた〉学生たちだった。そこには圧倒的にマスメディア機構の力が発揮されるという世界的社会的環境があった。学生たちは、この渦中にある学外の動向に視線を伸ばしていた。ウオホールをアンディと親しげに呼ぶ者があり、〈モノ派〉の関根伸夫を仲間で京都へ招待するグループもあった。わたしはそういう学生たちと多く同席する時間をもつことになる。

　わたしがこの学校で場所を得ていたのはその動向の初期の段階で、学生も教授たちも改革案の実践を試みている最中だった。学内ではその現れとして各セクションを横断する主体的な学生たちの要請として立ち上げた「テーマ研究」が場を占め、そこに各科の枠組みを越えて出入りするという彼らの動きが生まれていた。わたしはこれらの学生たちに親近感を抱くようになる。彼らもまた〈異物〉としてわたしを迎え、連日連夜様々な学生たちとの付き合いが続いた。そのような大勢の若者と付き合う一方で、そういうグループとは一線を引いた学生のなかにひと際興味をもたされる若者がいた。それが長野五郎と木村秀樹だった。この二人に、わたしは自分が19の歳に京都へ入って以来10余年間ほとんど意識に上らなかった「都市／京都」のある意識の相を認識したのである。なかでも、わたしの工芸美術認識にある変容をもたらしたのが工芸科染織専攻学生であった長野五郎の存在だった。そこで出会った長野の個性を通して、その背後に「都市／京都」を照射してみるという姿勢がわたしに生まれた。視野を〈近世〉〈近代〉〈現代〉へ広げ、様相を変えてきた都市のなかにあって、そこでの若者の「視」がどのように展開されていくのか、わたし自身の関心をこの工芸領域に向けていく動機となったのである。

　こうして染織専攻の学生長野と版画専攻の学生木村との付き合いは、当時の多くの学生たちとは少し違う傾向のうちに始まったというのがわたしの記憶にあるわけだが、3人で飲むことが多かった。長野と木村の二人はいつも一緒で、わたしのぼろアトリエに居座ることもあった。彼らが卒業して以来40年を経た現在、この二人は「都市／京都」にアイデンティティを保証された上で、なおそこから〈自由へ〉の飛翔を希求する「都市型自由人」であり、この人格はそれを生む「都市／京都」の表象的性格を帯びている、というのが筆者の認識となった。これについては本論で長野に焦点を絞りつつ詳しく述べることになるだろう。

＊表象
ところで、かく言うわたしの「個人／生命動態」を〈表象〉という概念に置き換えようとする考え方は、「都市／京都」という概念をも同時にある位相を変えて概念変更をすることになった。つまり一人の人格を個人を超えた何らかの文化的存在様態の顕

われとして認識しているということはその認識が翻って、同時にこの〈表象〉を通して「都市／京都」が立ち現れてくるという事情をみる、その相互関係が「文化」としての都市のある位相をみせる。〈表象〉とはそのような相互関係を示す。

　〈表象〉という言葉は厄介な用語として長く議論されてきているが、似たような語彙で〈象徴〉がある。しかし個人長野五郎を主題にするここでは〈表象〉をつかうほうが相応しいと思われる。〈表象〉はもともと人間が「世界存在」に立ち向かったとき、その人間の心のうちに表れる、〈媒介的なスガタ、カタチ〉をいう言葉だと説明され、古来西洋近代まで保持された存在論上の哲学用語である。念のためいくつかの哲学事典を覗いてみると、下記のような文章に行き逢った。

　そこには「人間は表象する存在である。単に静態論的に表象するのではなく、絶えず創造的に世界を表象し、そうすることで世界を再創造している存在である。表象は媒介的であり……」（『事典「哲学の木」』820頁（講談社、2002））とある。

　哲学辞書的記述とはこういうものか、とわたしは思う。このフレーズのなかで納得させられるのは、人間は〈静態論的に表象するのではなく、絶えず創造的に世界を表象し〉とあり〈そうすることで〉と翻って〈世界を再創造している……〉という捉え方である。数ある解説のなかでこの〈動態として〉表象を解説しようとする態度が共感できるものの一つだ。それはいい、問題はここで引用した文の冒頭の言い回しだ。「人間は、」と主語設定する、そこにすでに定義を目論む態度が表明されている。そして「世界を」と「である」という終始を打つ。わたしは「人間が……表象するとき……」という記述法を選びたい。辞書は用語解説であるから「定義」を試みる。この文章の筆者はアリストテレスから説き起こし累々と西洋哲学の経緯を紹介しながら今日の脳科学まで視野に納めてこの結語を表記していて、その博学は到底わたしの及ぶところではないのだが、「しかし」という反応をわたしに呼び起こす、それは「だから」という論理的態度をあいてに要請する言説のスタイルに乗っかっているからである。思考術に長けた知性はその間におのが言説の限界を意識しつつ言葉を綴っていく。その臨界に立つのが哲学の哲学たる営為の所以である。しかし、そこには人々はおしなべてこの言葉の世界からのがれ得ないという認識を前提にした「定言」への欲望がある。京都には「かみ（神）さんかまう（構う）な、ほとけ（仏）ほっとけ」という合い言葉がある。市井人のエネルギーを直截に示すこの言葉に倣って、この哲学を突き放すなら、てつ（哲）をてっかい（撤回）し、げん（言）をげん（幻惑）しろということになる。いささか下手な冗談に墜した感があるとはいえ、わたしがこの議論に拘るのは、実のところ美術もまた同様に「視」の限界域で振る舞う〈動態〉だからである。哲〈学〉を嫌ってはおれない事情が美「術」にもある。我々も「美術は」「工芸は」という定言的態度で自分の現場を主語化する態度を警戒しよう、という日頃の諫めがあるからなのだが、工芸領域に身を置きながらも長野もまたそこの限界域に立つ体験を〈動機〉としてきている。

　さて〈表象〉に戻り、ここでの文脈ではこの言葉を、普段の感覚では掴みがたいある様態「都市／京都」の有り様を、我々の前に開いてみせてくれる存在、人格〈長野五郎〉にみる、という観点に立場を限って機能用語として遣い、そのうえで掴みがたいある様態というときのそれは、ひとまずは20世紀後半の京都での美術のある動向を指すのだが、これを踏まえてさらに「都市／京都」へと視座を置き換えて構える姿勢で臨みたい。

＊アイデンティティ
先に触れた1970年前後の京都芸大美術学生は、戦後'50～60年代の、既存の権威や権力に対する反逆の物語に生きた世代の英雄伝を耳にしながら、そのあとに遅れて登場した。それらの物語に〈しらけ〉た表情をみせた新人間と呼ばれたこの世代は、実のところ心底に深刻な危機感を沈める姿を示していく。大方の、体制的なあるいは伝統的な美術体系に早々と準拠しようとする受動的な一群の学生はこの文面では論外において、能動的に美術に踏み込んだ学生の心的状況は、すこし気負った表現をするなら、若い生命体の内なる不気味な無意識の噴出として「いま／ここ」に立ちすくみ「不安／手探り」あるいは「無意味／表層」の表情のもとに身体的レベルで顕在化する。第一次世界大戦を機に近代美術と断絶した20世紀美術は、その様相が出現する典型的なフィールドとなるが、ここは一気に美術自体の存在論的危機に立ち会わされる場となった。この世紀の後期に投げ出されることになった'70年初期の美術青年たちは、圧倒的な情報量をもって押し寄せる世界の同時代美術のアナーキーな動向に目を凝らしつつ、自らの足元を何処に定めるかについても迷妄を極めた。わたしには前世代人であるにもかかわらず、そのようなリスクを背負った人間としてのある自覚があり、進んでこの乱脈に踊り込んでいったのである。

　当時そういう心的状況を解説する言葉が心理学はもとより、社会学などの人文科学へ強い影響力を発揮して広がっていた。それがE. H. エリクソン[3]の「アイデンティティ」という概念で、わたしもすぐさまこの考えに捕まった。『アイデンティティ・青年と危機』が翻訳出版されたのが1973年、当時の真剣な美術学生の心理はこの言葉が抱える範疇にあった。エリクソンの言葉「アイデンティティの危機」は、一般的な視野のもとに人間が大人になる過程で青年期に立ち会う危機を扱ったものだが、この本の訳者岩瀬庸理が翌年の再版のあとがきに述べているのを見ると、それは「やがては人格的成長の過程で肯定的に克服されてゆくもの」であり、「そうであるからこそ」それには「心理的、社会的、歴史的にだけでは規定しきれない側面が含意されている」、そ

して「その側面の発見こそが」また「その側面の充足こそが、青年が成人になるための条件」と解説している。わたしはこの「側面」という言葉にとりあえず注目しておくことを読者に要請しておいて、いまいちど訳者のその先のフレーズを見ると、その「側面の発見とその充足」こそが「実は、悪しき〈実証主義的精神と科学技術主義〉に麻痺しつつある我々一人ひとりの課題なのである」と結んでいる。

さて、長野五郎を語るに先立って、当時のわたしの想いを回復するためにこの書物を引っぱりだしたわけだが、これを手にした頃のわたしはわたし自身の問題としてこのアイデンティティという概念に強く関心を引き寄せられていた。周到な論述のエリクソンの本文はかなりわたし自身の人生境遇に迫ってくるところがあって、エリクソンの途方も無く広い臨床的体験に圧倒されながらわたし自身のケースを認知しようとしていたと思われる。30過ぎの年齢に達していながら〈大人〉になりきれぬ自分が、まさにこの書物の主題である青年期の学生たちとの時間を日夜を通じてともにしているという実感に追い込まれていたのであった。エリクソンの文体（訳文）は説得的調子が強く、これについていくと東洋的な表現を借りれば人の世を知り抜いた一老賢の説諭を耳にしているような気分になった。読書を中止したか意地を張って最終章までたどりついたか、そのあたりは定かな記憶は無いのだが、ただあるフレーズに行き当たったことは覚えている。いまこれを手元においてで確認すると、まず「否定的アイデンティティ」という概念が規定されている（第一章序言）。これは「〈団結強い多数者〉によって少数者に押しつけられた否定的イメージ」を担った若者の孤立の様子を、多数者集団に「肯定的アイデンティティ」という概念を対置して使われた言葉で、これに続いて「創造的な個人は否定的アイデンティティを自己蘇生の最も基本的な出発点として受け入れなければならない」（E. H. エリクソン著、岩瀬庸理訳『アイデンティティ・青年と危機』金沢文庫、1973、19頁）とある。そして本論に入って「新興国について一言ふれておきたい」という但し書きではじまる論述に「否定的な集団アイデンティティ」（第4章4項 個人的混乱から社会的秩序へ）という概念が創出される。個人における否定的アイデンティティが集団化するという現象をいうのだが、これは新興国ならずとも先進国に出現したヒッピー族を概念化した言葉として受け取ることもできた。エリクソンは大都市におけるギャング集団などを視野に入れて、若者が犯罪集団にアイデンティティを獲得するケースを示して議論を進めているが、現代美術に踏み込んだ若者たちの心的様相は、わたしの若者体験からいうとギャング集団ほど生なましく過激ではないにしても、巷間に彷徨う若い美術家のなかには彼らの「否定的アイデンティティ」を集団化することが積極的な美術活動だと考えた多様な動向の内に抱えられていた。先に挙げた翻訳者の言葉「側面」はエリクソンが文中に取り上げる文学と並んで音楽、美術などの芸術を含めてイメージしていることがすぐに読み取れる。

'60年代前後の美術状況は規模や地域の違いはあっても、この「否定的集団アイデンティティ」を獲得しようとする若者たちの運動だった、このエネルギーを収斂した「読売アンデパンダン展」が一つの功績として記憶され、各地域に与えた影響は大きかった。今日この動向は分散して多様な企画展の乱立へと変容したかにみえる。当時にあっては、これらの動きのなかでも良質なヒッピー族と真剣な現代美術家は隣り合わせにあるとわたしには感じられた。この「否定的な集団アイデンティティ」は広く統合されて「自由」の思想とともに「政治権力」を向こうにまわした「ピース」を掲げるアメリカの反戦運動に共振することにもなった。ジョン・レノンとオノ・ヨーコの振る舞いはドイツでのボイスと並んでアーティストという「否定的な集団アイデンティティ」が権力を向こうにまわした時「肯定的な集団アイデンティティ」に転位しうる可能性をみせたかにみえた、そのポジティヴな態度は美術家が同時に革命家であった1922年のメキシコのシケイロスを彷彿させた（わたしは1972年夏メキシコを一人回想旅行している）。芸術を「個人」の「否定的アイデンティティ」の危機を担う存在として自覚した〈芸術人間〉には、20世紀美術は「個人／若者」たちが「否定的な集団アイデンティティ」を獲得しようとして展開した権威や権力に対峙するエネルギーの噴出と、それらを結集しようとしたそれぞれの世代を特徴付けた文化的な〈運動〉だった、ともいえるだろう。1910年前後は一般世界史上でもメルクマールとなる出来事が並んだというのはいまや歴史的常識だが、美術家がこの〈個人／モナド的存在〉として出発する態度は、本邦においても深く底流する思想となってそれ以後広く自覚されて来た。

* 長野五郎　木村秀樹

主題にもどらねばならない。1970年初頭、長野五郎と木村秀樹は、上記のような世紀的美術状況がピークを過ぎようとした頃に登場した学生であった。この二人はその前世代の余韻を背負っていたわたしの前に、先に述べた紛争に夢中になっていた一群の若者たちとは少し角度を違えて現れたというべき存在だった。'70年代に入って「否定的集団アイデンティティ」への意欲が幾多の局所に分散しつつあったこの頃、京都では既にひと世代前に地盤をかためたgallery16などの街画廊や、これも'50年代後半にスタートしていた「京都アンデパンダン展」に改めて集まる傾向が見られた。長野もまずは此処をステージとして選択することから出発している。しかしわたしは美術学生である前に、全面的に青年期の危機に直面している幾多の素顔の若者たちとも〈コイツアシタハ自殺シテイルカモシレナイ〉などと想いつつ日夜付き合うケースもいくつか持った。美術学生だけではなく木

屋町、寺町など巷間にうごめく自称美術家や、セクトを分けたいくつかのゲバ棒学生たちともよく酒席を共にした。そのなかでやはり〈現代美術にアイデンティファイ〉しようする若者の居場所を見つけられぬ〈孤独〉をわたしは見過ごせず、彼らと気持ちを分け合っていたことを今思い返している（美術評論家の故中村敬治は、わたしを'50年世代が'70年世代に感染してしまった男だと皮肉った。そういう同年齢のこの人物も西に東に若い世代に紛れ込んでいて、あちこちでよく鉢合わせしたものだ）。

　長野五郎、木村秀樹の二人は、そういう若者群生の中の幾人かとも友情を抱き付き合いつつも、一方で美術の世界的潮流を強く意識しつつ、〈我を忘れる〉ことはなかった、彼らの佇まいにはある安定感があった。現代美術に身を投じようとする多くの若者が漂わせるノマド的不安定を感じさせなかったのである。彼ら二人はあるバックボーンに支えられていると感じたのだが、その彼らを安定させているのは、実はわたしが関心をもつ文化の位相に概念化して捉えた〈都市／京都〉であった。それはよく一般にいわれるような文化都市京都という意味のレベルではない。ここで表記を変えて「文化〈都市／京都〉」としたうえでの認識だ。彼らの存在実態から、その背後へと視線を延長し投射した先に表立つ「文化」の位相を見、その「文化〈都市／京都〉」の実態を体質化した人格を見る、その人格を通して保たれる「視」の態度と位置がこの二人にあると感じられた。この時、この「視」の態度をそなえた人間を〈表象〉として観るというわたし自身の態度を〈発見〉したと言ってもいいだろう。彼ら〈表象〉の向こうに「文化〈都市／京都〉」の「視」の位相が創られていく。

＊都市
一般に都市と言うとき、それは実際的社会論的に空間論や機構、構造論として語られる。ここでのわたしの概念「文化〈都市／京都〉」はそういう生活実体を踏まえた社会論と相をかえて、人間一固体の文化的心理的様態からいわば逆照射された姿として捉えられた様態である。こういうとそれは仮想（シミュラクル）にすぎないと言われそうだが、そういう意見のまえで簡単に引き下がれない認識にわたしを至らしめたのが〈都市／京都〉の「視」である。わたしはいまや「視」の「文化」が〈都市／京都〉を創る様相をあからさまにしている、とみるところにある。千年都市の「視」は、一旦その「文化」が庶民にあまねく根付くと、これが都市的人格を造形する。生活や社会構成を下部構造とする経済論などの原理的な態度で語ろうとすると、どこか壁にぶつかるような様相に立ち会う。一個体の体内に引き継がれる類的生命様態の実体として都市人特有の生態がある。人間個体が可能性（自由）とともに不可能性（限界）をも抱え込んだ矛盾を生きようとするとき、「文化」はそのことから逃れ得ないと〈意識〉した人類的様態が立ち上げるエネルギーの実体様相なのだ、ということになる。〈都市〉をそのような累積した文化エネルギーがそこにいる個体を発露として局所々々に吹き出る動勢の総合体だと考える。〈局所〉での若い生命体はこのエネルギーをある「核／文化的体質」をもってそれを方向付けつつ人格形成をする。この人格化された局所エネルギーの一様態が「視」である。芸大卒業後、長野五郎や木村秀樹の人格はこのような都市人としての「視」の態度を〈核／文化的体質〉として一貫し持続しようとしていく生態そのものの姿である、とわたしは認識した。

　さて、そろそろこれまで漫然と二人を組にしていたフレームを変換し、木村秀樹を視界から外して、長野五郎とその最も身近な背景との関係を掘り起こす作業に入らなければならない。

1　出発　《本》

＊〈本〉
長野は当時工芸科の染織専攻に席をおいていた、在学中に京都三条「ギャラリー射手座」で個展（図2）を開いた、記録を見ると1973年とある。わたしは会場に駆けつけたはずだが記憶にはっきり残っているわけではない。ただその折の出品作の一つ《社会契約》と題された〈本〉仕立ての作品（以後、この長野作品《社会契約》（図3）は《本》と記す）に関心をもたされた。これをしばらく貸してくれと自宅に持ち帰って手元に置いていたのを覚えている。手にとって厚手の表紙を開くと、そこには〈軍手〉と呼ばれる布製の作業用手袋が固められて綴じられてある。これを手にした時の体験をその後記憶に残すうちに、一つの美術上のパラダイムが開くのを自覚せざるを得なかった。〈本〉に関しては当時東京在住の美術家のなかでも、わたしがもっとも注目していた作家に柏原えつとむ[4]がいて、

図2　長野五郎　個展会場風景
1973年（ギャラリー射手座、京都）

この人に「コレハ本デアル」（図4）という〈本〉仕立ての仕事がある。のちに知己を得て贈られたが、それがまず想起される。その〈自己言及〉の様態が同時に〈高松次郎〉の《この七つの文字》を呼び起こす、重ねて《これはパイプではない》のマグリットの仕事を想起する事態に到る。こうしてここに挙げたなかで、高松の仕事が可視化された言語の文字記号の版画であり、マグ

リットはイメージと文字の絵画作品であり、共に平面形式に場を借りて鑑賞品としての性格をかさねもっている。これに比べると、柏原の仕事は言語表象記号がダイレクトに物象〈本〉の形態そのものに逆投射され、手に取ることのできる身体現場に出現させている。ここでは「視」がいわば等身大の生（なま）の空間に注がれて、〈鑑賞〉を期待する美術制度〔形式〕に頼る態度を払底している。つまり日常の「視」の平野に降りて、そこで言語表象の位相を暴こうとする態度がある。それはこれまでの表現形式を突き抜けて、過激に〈出来事にかかわる〉姿を示した〈動態表出〉であった。

　これらの「視の制度」を問うメタレヴェルに視座を据えた仕事への連鎖反応を自覚しつつ、改めて長野五郎の《本》に目をやると、そこにはかなり違う事情が表立ってくる。もう少しこの仕事を中心において、その近傍に目を配る必要があるのではないかと、一時保留して抱える時間を持つ羽目になった。それにしても視の制度（文化）という難問に早々に係わろうとする若者の客気が何処からくるのか、見定めたい気持ちにさせられたのを覚えている。いまにして思えば、若者長野五郎はこのとき既にエリクソンのいう「否定的アイデンティティを自己蘇生の出発点とする」起点〈核〉をある別様の環境に投錨していた。

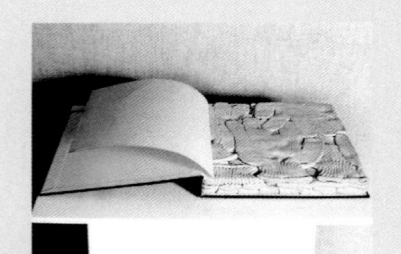

図3　長野五郎《社会契約》
本・軍手、28×22.5×3.5cm、1973年

図4　柏原えつとむ《コレハ本デアル》(THIS IS A BOOK) 1970年（林剛所蔵）

図5　八木一夫《頁2》
黒陶、15.7×19.0×4.5cm、1972年、個人蔵

＊八木一夫　教授

　当時の長野の身辺に視界を戻すと、彼がいた染織専攻は工芸科に括られた陶芸専攻と並んで開講していたのだが、そこに実は陶芸界に新しい地平を開いた八木一夫[5]教授の〈本〉をモチーフとした一連の作品がある（図5）。当時すでに「オブジェ焼き」で斯界の革命者として大家の位置を占めていた八木はおおいに健在で、学生たちの前に些か皮肉な素顔を見せる教授・センセイとして専攻、科別を越えて学生たちに恐れられつつ、あるいはそれ故にというべきかたいへん親しまれた破格の存在だった。長野もまたこの陶芸革命家を身近に感じていた学生の一人であり、一方わたしの方もまた、独自の関心から〈八木さん〉の素顔へ接近しようとしていた。

　長野の《本》が、先にふれたグローバルな現代美術家たちの諸傾向に目を配りながらのものか、この八木一夫の〈本〉をも視野にいれていたものか、それは定かではない。その間の事情を本人に確かめてはいない。わたしがこのエッセイで八木の陶作〈本〉と長野の仕事《本》を対置して考えることを軸にして柏原の〈本〉への関心も持続しながら考えていく態度が適切だと思うに至ったのは、彼がそれぞれの仕事を知っていたか否かを問うことに必要を見ず、わたし自身の選択による対置を設けたものだからである。

　さて一般に陶芸は、抽象的な表現に傾くのを恐れずに言うと、「視」〈視覚／認知〉の様態と「触」〈触覚／黙知〉の様態とが同化する境界域に「行為」〈臨場／作業〉が重なって一体化する、あるいはさせられる美術の一形式である、ということになる。しかしこの八木一夫のオブジェ焼き〈本〉はそれを踏まえつつも、さらにもう一層を重ねてある別位の意識様相を顕わにしている、いわば〈臨場そのものの姿〉を顕現するレベルにまで達している。陶作姿勢に立った時、つまり意味〈ことば〉と非意味〈もの〉との、加えて、意識〈つくること〉と無意識〈つくらされること〉との、位相を変えつつも、それぞれのレベルに立ち現われる拮抗状態の境界に立たされる。この臨場態勢での「視」を自覚しつつ作業に入ろうとすると、そこでの振る舞いは身体的出来事として「境界に身を挺した姿そのもの」として作業実態を顕在化する。したがって、この「オブジェ〈本〉焼き」は、このオブジェ〈本〉焼きという性格の陶作に挑む〈作業それ自体へ〉目を向けさせるメタレベルを誘発しつつ私たちの前に置かれることになった。つまり〈もの〉と〈ことば〉の攻めぎ合う領域に、いわば身を投じたときの出来事〈こと〉を「表象」している。

　実はその〈こと〉が露わになった姿が「自由」への欲動を発露させてしまう事件現場を開示した様相に他ならない。「オブジェ〈本〉焼き」は観る者をこの事件現場に導き、そこを開いてみせる媒介体、すなわち陶芸作業現場を意識下においた〈動作〉を含む「視」の「表象」となった。というのがわたしの議論の骨子なのだが、ここで「自由」の問題が八木一夫の陶作姿勢に浮上してくる。かくして八木一夫における自由とはいかなるものであったかという問いに改めて視座を据え直すことになる。

＊八木一夫　作家　職能的集団　知的意識人
　1918年（大正7年）、陶芸家のもとに生まれ修行を積んだ八木一夫は、終戦後しばらくして古来の陶磁器造りから近代陶芸制作まで、延々とその制作の中軸におかれていた轆轤技術を対象化した。轆轤習得にまつわりつくフェティシズムを看破したのである。轆轤は機械に過ぎない、と30歳にして言い放ち、作業に潜む呪詛性を断ち切ろうとして八木が出現させたのが《ザムザ氏の散歩》（1954年）であった。これをきっかけとして次々と造られる陶作品は、結果として実用から離れたそれ自体の存在形態を顕在化させる〈オブジェ焼き〉なる呼称を生み、陶芸界に新しい造形美の価値を認めさせることとなったのであった。すでに周知のこれらの出来事を想起しているのは、八木のこれらの動勢に、先に言った「自由へ」という欲動の姿を見ようとしているからなのだが、作業に潜む呪詛性を断ち切ると書いた表現は、オブジェ制作にあたって作業行為に覚醒したと思われる八木の心境を想像した情緒的なもので、これを改めて思考表現とするために、ここで轆轤作業の呪詛性から自由になろうとした、と言い換えて話を進めたい。これは「長野五郎の自由」を「八木一夫の自由」と対置させるための必要な視点変換である。
　長野や木村が20代でわたしと出会った1973年頃、このときすでに50歳代前期に入っていた八木一夫は〈本〉シリーズを含めた他の諸仕事においても、初動期の《ザムザ氏の散歩》からはるかに意識位が上昇していて、陶芸を武器としつつステージを広め現代美術の状況の中に踏み込むかのごとき気配を感じさせていた。というのも実用から離れた彼のオブジェ焼きは、そこで自立自足し得る領域を開いた後、充足に向かうかに見えた（これの展開は走泥社の仲間や後進の世代に引き継がれる）にもかかわらず、ある別の動向を見せていた。八木が自らの態度を〈言語〉を抱え込む姿勢へと変容させていたのである。八木の〈本〉シリーズはそのことを示す代表的な作品となった。のちに長野五郎が自作《本》を解説したフレーズに「本来、言語的世界の象徴である本は、」というのがある、このような本への眼差しにおいては基本的に長野五郎も八木一夫と変わらない（この二人と柏原えつとむとの違いがここにある、柏原は本を象徴として概念化することから始めていない）。だが長野の仕事がその一般的な認識での本の形象をそのまま一つの関係要素に据え、他の要素と組み合わせているのに比べて、八木は本を焼き物に取り込んでしまっている。あくまでもオブジェ焼きの範疇に止まって言語表象体系が物象表象体系に〈食い込む〉有り様を示していた。さきにわたしが「オブジェ〈本〉焼き」と括弧を組替えて表記したのはこの認識によるのだが、しかしこの物体を目の前にしてそのように表記工夫しただけで済ませるような事態ではなかった。反復することになるが、八木のこの仕事は自らの陶芸領域を超えた「自由」への意欲を示し、その態度を〈表象〉することになっていたのである。
　先にわたしは独自の関心から'70年代の八木先生（わたしが学生でいた'50年代半頃にすでに講師として顔を出されていたのだが、その頃わたしは油絵具にまみれてこの先生とは無縁でいた）に接近したと書いたが、かなりしつこく近辺につきまとっていた。当初、この人の諧謔に満ちた口調を他所から京都に入ったわたしは〈京都的エスプリ〉の発露だと認識して、先生の皮肉に耐えつつ方々の酒場まで追っかける日々が続いていた。そしてこの京都東山中南部の職人世界が近代陶芸作家へと覚醒を遂げていく作家たちの物語を、重ねる酒席のうちに耳にして認識が変わっていった。〈京都的〉から〈中南部東山的〉と絞り込んだときにこの人格にリアリティを得ることができたわけだが、このとき清水焼の窯元として陶芸史上で区分される一般的な地域認識に陥いって終わるまいと用心していた。八木のように東山五条から七条に及ぶ着実な陶工職人の社会から突出した、近代意識人の一様態（作家）という系譜にある人々は、無名の職人と区別されて、職人の技量を前提としながらも別の文脈で語られる存在であった。近代陶工の典型を富本憲吉などの陶工作家におく認識を八木もまた抱えていたのである。そしてその上で八木一夫を知的意識人としてその言動が影響力を発揮して、美術フィールドに及ぼした人格だとわたしは捉えた。かくてこの先生の諧謔や皮肉を〈東山中南部の職人的知的意識人のエスプリ〉として確定的に認識するようになったのである。加えて、この区分にはもう一つの要因があった、この地域に囲まれるようにして今熊野と呼ばれる場所に京都市立の美大があったからだ。八木はここで教鞭をとっていたが、ここが終戦直後の美術におけるムーヴメントの一起点となった。なかでも辻晋堂[6]と堀内正和[7]の二人の彫刻科教授を加えての三つ巴の競作が多くの卒業生や美術家たちの語り種となった。そこにはそれぞれが三様に「自由」の問題を抱えるエスプリの競演がみられた。のちにわたしはこの三先生を〈今熊野三怪〉と呼んで一人悦に入るようになった、中国清朝期の〈揚州八怪〉をもじったわけだ。このような彼ら〈今熊野三怪〉はそれぞれの領域限界のボーダーラインに立たされた体系内革命者が、その位置からあらたに位相を転位して、そこにアイデンティファイしようとする〈もの造り人間〉の実体的様相を見せたと言うべきか、つまりは20世紀現代の美術界のメタレベル位相へと踏み込みこもうとする姿勢を示していた（辻晋堂と堀内正和のそれぞれの態度についてはここでは言及しない）。

＊八木一夫　「オブジェ〈本〉焼き」
　この八木のエスプリが露骨に作品に漂うかにみえたのが黒陶作品〈本〉の仕事である。再び長野の表現を借りれば「言語世界を象徴する本」の形象を八木はオブジェ焼きに持ち込んだ、ここでは本の形象はまさに言語世界を意味する。しかし、オブジェ焼

きはこのような形体の意味作用を排除して対象化する眼差しのはずであった。多くの評者たちはこの仕事を八木のエスプリがもたらす傾斜と見たのか、それをウイットと呼び諧謔とも呼んで深入りを避けている。一旦踏み込んだオブジェ焼き、つまりは即自的様態の物象界、それへの認識を得て、そこで陶工として鍛え上げられた職能的技術にアイデンティティを矜持しようとすれば、このような対立する二様の体系に跨がり、陶芸という具体的な身体の延長作業体系に、記号表記の意味体系を引き込んでしまう態度は不純である。それは走泥社で八木と歩みを共にした鈴木治[8]がオブジェ焼きの造形純度を保とうとする一貫した態度をみればわかる。鈴木は可能な限り意味作用を伴う形態を避けた。〈オブジェ焼き〉の本質は鈴木治の充足にみられる。鈴木治は〈匠〉という言葉や〈名人〉という言葉を「陶芸オブジェ焼き」の領域に復活させる存在となった。

　その一方での、八木一夫のこのような純粋からの離脱は晩年〈今熊野三怪〉に共通してみられた傾向であった。純粋造形を限界まで追求したとき、この純粋維持に倦怠するからだとか、再度未知の領域を目指すからだ、また作品を見せる態度と作品を観る態度と関係場そのものを告発したものだ、などと解釈は多岐に及ぶが、わたしにはこれらのなかでも八木のこの仕事はある心的動態の〈表象〉だと見られるべくメタレベルを世人に要請しているとの考えが浮上していた。諧謔やウイット、あるいはユーモアは、閉塞や限界域で発揮される心理解放であると言われるが、そのような解放感はこの「オブジェ〈本〉焼き」からは得られない。重く挑発的な仕事なのだ。

　わたしはこの「オブジェ〈本〉焼き」の形状生成が、その過程でなにかの問題が露呈した事件として出現し、その現場に立ち会わさせられていると感じた。八木一夫に抱えられている問題は個人的な情念に絞られぬ、なにかある傾向を持った人間に起きた人間的事件（出来事）を表象していると捉えた。先にみたように「表象」とはメタフィジカルな〈視〉を通して〈なにか〉を仮像（シミュラクル）とした「スガタ、カタチ」である。この「オブジェ〈本〉焼き」は八木一夫の心理や情緒を託した造形作品として終わってはいない。多くの評者たちのそこで終わらせてしまう〈視〉の態度が、諧謔やウイットという言葉を引き出すに過ぎない。そういうレベルを超えて、この仕事は〈なにか〉が「オブジェ〈本〉焼き」のカタチをとって八木にその作業を通して表象させている。という〈視〉の態度をわたしにとらせる。そしてそこに仮像を介して表象されている〈なにか〉が「危機に臨んだときの心的動態、出来事」である。

＊ 自由（2）
「自由」とは危機に臨んだ時に呼び起こされる言葉で、その自由という言葉自体に実体はない。まずは、〈そこから〉あるいは〈それから〉、〈自由でありたい〉という〈願望／欲動〉表現の生成過程でのイメージにすぎない。文法に依拠するならそれは形容動詞として〈自由に〉〈自由な〉などの活用を含む動態の呼称である。「自由」は概念以前にイメージされてこそ価値を発揮するというのが本質的な有り様で、名詞化されてシンボルとして静態化されてしまったのが日常の記号的位置である。「オブジェ〈本〉焼き」は八木が〈自由へ〉のイメージに心身を預けつつ作業に臨んだ時、そこに出現させてしまった〈出来事〉の表象形態である。という認識に至った。そう認識したときに初めてわたしは八木の仕事が八木一夫を超えて〈自由〉を課題として抱えている人間たちの、危機に直面した有り様つまり〈出来事〉を表象していると見たのである。

＊ 八木一夫　自由へ
この時期の八木は〈本〉シリーズを含めた他の記号性の強い諸仕事においても、もはや陶芸の範疇内に身をおいてその作業技術を物象化する態度を超えようとしていた。〈視／触〉と〈言葉／意識〉の渾然とした創造現場へ全身で臨もうとしていたと思われる。それは「自由」へ飛翔しようとする〈臨場／創造〉の姿勢だと言えるだろう。

　しかしながら八木一夫にはそうは軽やかに振る舞えぬ宿命的事情があった。自由を求めながら一方で伝統的陶作技術は彼に基本的なアイデンティティを保証していて、彼の存在基盤となる身体能力として体質化されていた、五条坂の陶芸一家に育ち、その地域文化を心髄まで背負っていた八木には、美の系譜である陶作術から離脱しようとすることは、極限的位置に身を置く〈危機〉に立つことであったのである。その挙にでるためには一度素人の眼差しに回帰することが出来なければならない、轆轤などの技法を離れて粘土に直接触れることを願った八木の天才と呼ばれる技量が一度はそれを達成した。想うにイサム・ノグチに触発され、辻晋堂の開き直った陶術（テラコッタ）に目覚めたと言われる八木が、既にその〈素〉の位置に立ち得ていた時がそもそもオブジェ焼きの誕生の時ではなかったか。そしてその誕生を自ら背負っているからこそ、わたしが呼ぶ「都市的意識人」として備わった視野の広さがその後にふたたび出会う羽目になった、あるいは自ら招いた〈危機〉であった。それが「視」における言語表象体系と物象表象体系が拮抗する位相に〈臨場〉した人間のアンビバレンスであった。八木は八木一夫ならではのこの事態に直面した。視野が広く教養の高い人格、創造的人間が迎える普遍的一般的人間としての「視」の危機、これに対峙する姿が現れていなければ、わたしのような陶芸界に不案内な人間を引きつけることはなかっただろう。

* 八木一夫　否定的アイデンティティ

こうしてここに「危機」をみるとき、序文でみた〈アイデンティティの危機〉が単に一般的な青年期の〈否定的アイデンティティ〉を語る言葉に止まらず、様々な時点や領域で出現する危機の様相を示し得る、状況概念でもあり得ることに気付く。八木一夫のような場合は職能集団に既にアイデンティティを確保している、その集団内での〈先鋭の技能者〉が立ち会う危機は、エリクソンの対象とした一般的な若者とは異なる様相にある。その意欲はまずその集団からの逃走の姿勢をとる〈オフ・アイデンティティ〉、ついで何処かへ着床しようとする〈オン・アイデンティティ〉へ向かう。この〈何処か〉はじつは「創造的な場／未知の位相」を言うのだが、それの実態は当事者以外の余人に計りしれないとしても、このオフ／オンの心的動態の律動に乗って実は「自由」なる言葉が頭を伸し上げてくる。八木の危機はこの「自由」という近世から近代を支配してきた「ことば」の相に足を踏み入れたことに起因する。広い教養が沈黙の造形作業に八木を留まらせておかなかった。〈美〉に入れあげて非言語域での作法を云々しているテリトリー・マニアの桎梏から自由になろうとすることは、斯界の革新者としての評価が確定している大家の場合、いやそれ故にと言うべきであろうが、そこから飛翔し、より普遍的な人間様態のフィールドを求めて「自由」へ踏み出そうとする姿は苦渋に満ちたものとなる。これは八木自身を評価する母体である陶芸界「肯定的集団のアイデンティティ」総体の価値体系を〈袖にする〉ことにもなる。

* 八木一夫　コンセプチュアルな位相へ

このように八木一夫の振る舞いは既存のカテゴリーを純粋に持続しようとする作業様態が自らの内に倦怠を招き〈アイデンティティの危機〉を迎えたことを暗示している。そして自らを陶芸界内のパーソナリティーであることから「自由」に飛翔させていて、無名の一個体を核とした普遍的人間の「視」の位相へアイデンティファイしようとする「自由人」の意欲を見せつつあった、その〈意欲過程そのものを形象化した〉のが八木一夫の「オブジェ《本》焼き」であった。わたしはここに陶芸術の「視」がコンセプチュアル・アートへ手鉤をのばした事件をみるのである。この八木の作業様態は家伝の職能人が負わされる伝統的集団的体質が、個人を自覚する近代思想に与した「自由人」を志向する心的動態様相を顕現する。つまり〈共同表象体系／物象体系／陶芸界〉と〈共同表象体系／言語体系／一般界〉の双方を抱え込んだ陶作における臨場の姿、アンビバレンスを示すことになったのである。八木の本質は「自由人」へ飛翔しようとする人間が伝統体質（文化的通時態）から逃走し、その走行姿勢での「視」の動的位相にあるのであって、一般存在へのアイデンティファイを、現在（文化的共時態）に身を挺しようとする「イマ／アナーキズム」へ踏み込もうとする姿勢であったと言うべきであるが、一般と言っても職人への回帰ではない、専門家以前の〈なま〉の「視」へという意味である。自分は一介の器造りに過ぎないと折々に口にし、その仕事をこなしてみせたのもそのような従来の陶意識からの密かな離脱を隠す天才的な韜晦術であった。その様態を「文化〈都市／京都〉」の出来事とし、その「文化〈都市／京都〉」を「表象する人格」として八木一夫を認識し、ここに「近代的都市型自由人」の韜晦術をみるのである。

* 学生　長野五郎

当時の長野五郎が染織専攻という陶芸専攻に隣接する場所にいて、学内身辺の出来事として直感したのが大家のこのような姿勢であったと思われる。長野は染織専攻で一通りの伝承技術を実習していた。だが八木一夫が作業技術を身体化しているのとは違った位置にいて、その作業技術の意味を別様の眼差しをもって自らの「視」の態度を育ててきた学生であった。染織作業も陶芸作業と近似する領域であるから、染織専攻学生が陶芸専攻教授と自分を対比する態度は自然な成り行きであろう。その対位認識に、歴史へ未だ参加していない若者の自我の孤立〈否定的アイデンティティ〉をみるのだが、しかしそうは言っても長野もまた京都下京界隈で染織業界の機構の一局を担う環境のなかで育ったという事実がある。それは「悉皆業」と呼ばれる特種な技能をもった家業を環境としていたことであった。ここで八木とは別な「都市／京都」体質を遺産として受け継いでいた。そこで京都下京の繊維商業界での側面にあった家業「悉皆業」の中で育った若者の「視」の位相を、京都東山中南部の職能集団で育まれた八木一夫の「視」の位相と対置してみる必要がある。現代のノマド的な人間集団社会となった「都会／大都市」にではなく、職人的職能を繋ぐ集団社会「都市」に育った若者の〈自発の動機〉が、同じ京都にありながら八木と対蹠的な背景のもとに形成されていく姿が長野にみられる。

* 長野五郎　個展

1973年、京都三条、地下一階に構える「ギャラリー射手座」の会場での長野五郎個展（図2）での体験を振り返ってみる。

　そこで書見台上に表紙を開いた姿の《本》（図3）を目前にする。そこには通常のページを重ねた紙束の本ではなく、表紙を開いた有り様に〈ものものしい〉姿の〈もの〉がある。その〈もの〉は太めの糸で編み上げられた作業用の手袋である。それが本

のページを重ねた紙束があるべき場所に、厚みを持った方形に固められて場を占めている。意表をつかれる有り様である。その様態に興味をもたされてその台のまえにしばらく立ち止まる。［初見］

この初見での興味はそのままでは終わらせない、ある質的なインパクトがあった。どこか謎をかけられ心理がうごめき、意表をつく出品者のアイデアにしてやられたという気持ちになりながら、その感情の要因となっているらしい手袋の有り様に眼差しが向かう。

顔を近付けてその細部に目をやる。そこで圧倒的に迫ってくるのは、初見の手袋であるという認知を突き抜けた別のものが表立つ様相である。もう少し丁寧に体験をたどると、軍手と呼ばれる実物の作業用の手袋が固められ表紙で挟まれた構成になっていると認知した、その初見での解釈の構えを忘れさせ表立ってくるものがある。それは手袋という意味の奥にあって、あからさまにまるで傷口を晒すがごとく露出されている〈もの〉の〈様相〉である。

つまり木綿の繊維で束ねられた太めの糸を編む作業人が晒され、その〈作業が反復され形象されている状態そのもの〉に焦点が合わさる。そしてそこにすぐさま認知出来るのはその作業が手袋という〈意味〉をもった形態へ向かっている状態である。一般に作業が〈意味〉へ収斂するとき、その作業は「技術」という概念を獲得するわけだが、ここに〈作業〉という意味以前の身体動作が「意味」へと移る動的様相があり、その動的な〈うごめき〉が露呈されている。

ところでそこにあるのは手作業ではなく機械技術によるものである、この展示の手作りではない。〈機械〉という自動装置が編み出した現象である。〈道具〉を手にした技術者のものではない、しかしそうはいっても元々は人が手で編むことから始まったものである、そしてそれが匿名化された装置の自動の姿としてある。出品者の手法は目の粗い紐を編んだ作業用手袋が、テキスタイル造形の構造を拡大していることに注目し、手「作業、技術、道具」と装置「工程、自動、機械」の対置をひとまずの出発点としているらしい、［初見］でわたしはそう思った。

しかしよく考えてみると、ここで目にしているのは、そこに観点を絞っていると言うよりも、その双方の違いを含み込んで、〈作業／技術〉に観賞者の眼差しを集めようとしているらしい。そして一旦そこに意識がいくとその視点から逃れられなくなる。以後わたしのこの《本》体験はそこに定着した。

それにしても出品者の仕事はこれらの手袋を固めることと、それを表紙で覆うという（この仕事も自作かどうか判断がつかないが）ことで尽きている。自分が身につけた技法や技術を見せようとしているのではなく、一つの手法によってこの《本》の初見から以後の知覚に素直に対応させ、観る者の眼差しをこの〈作業／技術〉に誘導しようとしている。我々はまさに本を読み込む態度へと誘導されることになる。

ところで先に「本来、言語世界の象徴である本は、」という長野の自作解説をみると、その認識自体は問題ないとしても、本の具体的な機能性については当然のこととして認識されているのか言及されてはいない。八木の「オブジェ〈本〉焼き」の場合は象徴としての認識で充足していても、長野の場合はその認識だけでは収まらぬ要素がある。八木と違って現物の本の形体をとっているところにその差異が際立つ。つまり実際に手に取ることが出来、表紙を開く動作に入ることが出来る。そのとき本は読もうとするときの機能装置となる、この表紙を開く動作に入ると、以後の対応は身体的な対応を要請してくる。

これをシミュレートしてみると次のようになる。作品《本》を手にとる、一見するとある持ちごたえのうちに感じ取れるのは、日常目にするハードカヴァーの本である。表紙の手触りを感じながら開く、物体がある、軍手が固めてある。一瞬の違和感、この心理につけ込むようにして、この物体は〈至近距離〉まで観る者を引き寄せる。手で触れることも出来る。造語を許してもらうなら〈接近触視〉とでも表記しなければならなくなるような位置関係に立ち会わされる。このレベルでの「視」を手で直接にふれなくても〈目で触る〉という意味を込めて〈接触視〉としてもいい、八木一夫の〈本〉には陶磁器を〈愛でる〉眼差しとした美的様態感受の伝統的態度が何処かに保持されているので、その言葉によって実態を充たすことになる。これに反して、長野の《本》では生（なま）な日常品の形体として提示され、そのような美的感受の態度は「追放」されている（この点に限って言えば、柏原と共通点がある。）それはひとえに組み上げられた糸の状態を、顔を近付けて見るようにテキスタイル技術の実体認識へと方向付けられている。［接近触視］

ここまで誘導された我々の眼差しは、ここで広く一般染織業界における作業現場での職人たちが〈もの〉を眼前に据えたときの「視」の態度を持たされることになり、このことに気付くことが重要である。そこに観るのは、ただ〈もの〉があるという状態ではない、糸を編み上げるという〈作業／技術〉と同化した〈もの〉としてある。それに加えて、この様相はただむやみに編み進まれた形状ではない手袋、しかも作業に供される手袋を目的にして編まれた〈作業／技術〉を通して、意味を獲得しながら形状化された〈もの〉である。私たちは職人が作業しながら集中していくときの〈もの〉の見方、つまり身体的実践行為として収斂した「視」の態度、その〈動態様相〉に乗せられる羽目になる。それは「視」が「接近し、触視し、手を使い、方途を発見し、作業し、反復し、目的に向けて形状化し、」などというさまざまな要素が渾然として実践される〈技術〉とその技術に〈場〉を

保証する〈もの〉の交叉とが、〈時間〉に乗りながら醸し出す世界」が開いている。と説明することが出来るだろう。
　会場でわたしがこのような分析をしたわけではない。その後の反省を重ねて、長野五郎の制作動機は、このような「視」の態度を原点に据えたところにあると思えてきた。わたしはそこに原点を置こうとする長野五郎の「視」の態度を探ることになり、思索を重ねることになった。その場合、つねにこの《本》体験を呼び起こしてきた。その体験を呼び起こす一方でのわたし自身の、対象へ近づき身を乗り出し〈覗きこむ〉動作を自覚する羽目になった。この我々〈見る側〉の有り様を先の造語に重ねて性格付け、これを記憶して〈接近覗視〉と呼び、〈覗く〉という態度が重要なキーワードになることに気付いた。

＊長野五郎〈本〉
長野五郎の〈本〉の位置は先の八木一夫の〈本〉の位置との反転関係にある。局部的に対位させて考えてみる。この手立てが長野の背景へ視野を広げることになるはずである。
　まず次のことに注目したい。長野の作品における〈本〉の形態は日常人の視線の延長上に場を占めていて、そこでの惰性態として示される。手に取って観ることが出来る実際のブックとして、日常生活のアイテムそのものの姿を装い、長野自身の言葉を遣うと〈言語世界の象徴〉としての意味作用を発揮させようとする。これを観る一般的な人間との共有記号コードに乗って等身大の日常空間を延長しながら私たちの目前に置かれるのである。そこにはこれからみるように長野の方法的態度と手段がある。その点で翻ってみると八木一夫の〈本〉の形態は方法手段ではなく、いまそこで立ち会う「視」の直接性を願う芸術作品、陶作態度の表象形状となって出現している。たしかに本は言語世界を象徴するという認識では長野と変わらないが、長野のように本の平常の生（なま）の姿を持ち出しているわけではない、八木の本が出現するのは日常を超えた芸術空間での手法としてであって、いわば芸術／聖域での現象である。八木の態度は「視」の直接性を願うと言ったが、〈直接〉とは〈一瞬〉の謂いであって、この一瞥において「視」の充足を得ようとする態度は心理学ではゲシュタルトという用語を使って説明されるが、この態度が共有されるのが八木の立脚する近代美術というフィールドでの体験様態である。さらにこれは〈超時間〉の場でもあって時を超える装置でもある。わたしが言う〈共同表象体系／物象体系／陶芸〉とはこの「視」が一般に共有され制度化されて文化の常態となった姿の一つを言うのだが、八木の〈本〉への関心はあくまでもこの〈範疇／聖域〉を突き破るものではなかった。実はこのカテゴリーを解体すべきか否かの境界域で苦闘したのが八木一夫の「オブジェ〈本〉焼き」であって、これが逆説的でアイロニカルな表層を醸し出す。自分の仕事の真意を隠して、情緒発動装置となってしまうオブジェ事情を知りつつ、その陰に隠れて密かにメタフィジカルな「視」の位相を実現しようとする、創造的近代精神の危機的〈動勢〉としてわたしは八木の仕事を認知していた、その見解はすでに述べた。
　だが実のところこれで八木の晩年作を論じ切ったとは言えない、この危機状態を持続する羽目になった晩年（と言っても先生は61年の生涯であった）のこの人には何処か悪魔的な所作があらわれ、〈本〉でなく〈手〉をモチーフにした仕事（図6）が出現するが、これなどは観ると身の毛がよだつほどの戦慄が走る。〈韜晦の韜晦〉とでも言うべき、どこかヨーロッパ中世にありそうな〈絶対／神託〉の抑圧に抗い密かに〈自由／創造〉を杯毒した姿、「都市人」の限界臨場の姿をイメージさせられる仕事なのだ。そう想うとこの分厚い本は「ザ・ブック・オブ・ブックス〈the book of books〉／聖書」を思わせるではないか。
　翻って長野五郎の《本》に目をやると、これがおよそそのような暗示的／黙示録的ともいえる美の秘技や制度と無縁であるところに出現していることにまずは注目しておく必要がある。そこにはどこかオープンで軽快な態度が遠慮なく「美術」の場を占めている。たまたま〈本〉をモチーフとしたことによって、美の殿堂に施錠されていない裏口を見つけた、そこからずかずかと土足で踏み込む異教徒の振る舞いを長野にみる、というような比喩がこの場合聖域を守ろうとする作家や愛好家の心境を示し得るかもしれない。まあ大げさな表現はおくとして、もうすこし冷静に言葉を選ぶと「現在視」の一般的解放的態度（長野）と「体系視」の範疇的専門的態度（八木）との双方が、それぞれ〈本〉をモチーフにしたことによって、メタフィジカル（コンセプチュアル）な位相に踏み込んだ姿がそこに現れた。八木は至り着いた位相として、長野はそこから始める位相として。
　こういう出会いを発見出来るのは「美術」がすでにそれまでの枠組みを外して、広く「視」の態度を問題にしようとする現代美術の動勢があるからである。'70年代、すでにわたし自身がこの動勢に乗って長野の〈本〉体験をし、八木の〈本〉を認識している。
　このように対置をすると、あたかも長野が八木のオブジェ焼きに対抗して自作をもってこれに挑んだというような経緯があったと思われそうだが、そのような通俗な話ではない。この二作は時も場所も違う場面で発表されているのである。

図6　八木一夫《出発》
黒陶、28.3×28.0×23.5cm、1972年、兵庫県立美術館蔵

＊もの
ここでチェックしておきたいのは、〈もの〉という言葉をここでは長野の態度に寄り添って遣っているわけだが、この場合その〈もの〉とは〈作業／技術を呼び起こす機能体として意味付けられた物体〉を指す概念だということである。よく生産現場で、もの造りの心意気、などと表現されている場合の〈もの〉認識と同位にある。これは、名付けられる以前の存在態を指す〈もの、そのもの〉という哲学的な位相に持ち上げた用語ではない、長野の仕事を語る際に使う〈もの〉という用語は、プラクティカルな現実的態度に支えられた文脈にある。

　一般にグローバルな20世紀美術のフィールドには「視」に賭けて「もの／物質」との関係を再創造しようとする人間の芸術的態度がある。この傾向は、言い換えれば「視」の態度を〈生命〉のラディカルなレベルまで徹底して、「視」をもってこれまでの人間の世界を問い直そうとする。この態度に新しい美術の領域を開き創造しようとする意欲があり、その方向にベクトルが強化されてきている。よく使われる比喩を借りるなら、眼鏡（意味）を外して裸眼（意味以前）で見る態度に「創造」への冒険を試みようとする本質的にアナーキーな生命の運動様態を言う。〈もの〉という言葉は、そのような〈にんげん／いきもの〉の「視」で美術を語り直そうとするときの文脈で使われる用語で、意味をもつ以前のカオスにおける〈もの／物質〉のことである。

　これに比して、長野の〈本〉では生活野でのプラクティカルなスタンスで、〈美〉の体系を脇に突き放したところに顔を出してくる〈もの〉に向けられている。長野の《本》の仕事のインパクトは「視」をむしろその〈生活視／意味視〉に徹した態度に起因する。日常生活における言語体系と物質様態が背中合わせに、紙の表裏のような関係に照合されて物象化され意味化された姿を指して〈もの〉という言葉を遣っている。この区別を踏まえておく必要がある。

＊関係の様態
長野はこういう〈もの〉認識を古今東西に渉る闊達な生活者／人間を貫く「視」の態度として、この人々の「視」の共通態度を先取りすることからはじめる。作品構成の要素としてこの「〈もの〉認識」を利用し、それを具体的に〈手袋／ことば〉という姿で配置してみせるのである。プラグマティックな生活実践を当為とする人間の「視」にとって〈ことば〉はこの〈もの〉と一体化し安定した関係構造にある、生活野での「視」はしたがってこの関係様態に眼差しをむける身体機能である。長野はこの前提を疑わせ、この「視」の身体性をステップボードとして出現する動的な人間的パフォーマンスが、実は原始的意味での〈技術〉である、というところに向けさせるのである。

　〈本／ことば〉の意味と〈もの・手袋／ことば〉の意味を関係付けたうえで、その意味関係の構造に組み込まれないまま、はみ出すレベルへ「視」を立ち会わせる。作品《本》の場合はその「視」を〈技術〉に対峙させる出来事〈こと〉となった。かくて長野の本領はもの事をある関係様態に置き、そこで「視」の位相を転位させるという手法にあると言える。

　処女作ともいえる〈本〉の仕事以後、今日までの制作（ミニアチュール形式での多くの作品）は、〈生活視／現場視〉を延長させる手法をとりながら、実はメタフィジカルなレベルの「関係様態」に「視」を据える創造的営為として発展持続されてきた。これは翻って自分自身の生活の様態を〈こと／関係様態〉として意識する思想的営為となっていく。自らの現実生活をも〈こと的〉様態としてスタイリングされる。

＊こと
生活視を強化しつつ獲得されるのが「関係様態」への意識的な「視」の態度だが、わたしが長野五郎に「自由人」の振る舞いをみたのは、この関係様態を自身の生活実践に展開しようとする創造的意識人の思想的営為をみたからである。学術的レベルや生活環境などにいくつかの堡塁を設け、そこを往き来することで、我が身をいわば「関係様態に置かれた出来事〈こと〉」的人間として認識する。その翻った意識が同時に「動的様態」となり、長野五郎をして一方で自己の人生を意識的に時空間を往来させる態度へ、技術の原始を調査し学術的な領域に踏み込む態度を採らせ、文化人類学的眼差しで染織技術を原始まで視野を伸ばし衣、食、住、という普遍的、具体的人間生活のなかに見直すこと、などのプラクティカルな態度を強化していく。卒業後40年に亘る彼の学術的業績や、生活スタイルにそれがみえるのだが、そういう長野の実践スタイルへの意識は、他方にテキスタイル・アートの独自な位置を創造持続しながら、ファイバー・アートや伝統工芸界の〈美〉の体系内に身を留めさせない、自由な今日の長野五郎を形成していく。わたしはそれを予感させる仕事が早くも学生時代の作品《本》に顔を出していた、と今更ながらの認識を抱いている。

　しかしこの関係様態認識とその持続は、なにか強い矜持に支えられてるはずだ、という想いがわたしに付きまとっていた。時代の潮流に身を置いていたとはいえ、染織工芸界にありながら、スタートから迷わず一気にコンセプチュアルな位相へ踏み込んだのには、そこに独自の〈要因／側面〉が隠されているからではないか、わたしはその背景を「京都」にあるとする漠然とした

感覚的認識である時期まで保留していた。しかし肯定的で軽快なフットワークをみせながら具体的な生活野においても行動的な思想営為においても、長野の立ち振る舞いには解放的であることと孤独であることが同居していると感じていた。

　後年この長野五郎事件〈こと〉を「自由」という言葉が孕む人間的出来事〈こと〉の問題として捉えたとき、〈近代〉の桎梏を抱えた八木一夫事件〈こと〉と比較している自分を自覚するに至ったのである。

　ここに長野における「自由」の問題が八木のそれと対蹠的な位置から出現する様子を〈こと〉、つまり「都市における出来事」として読み取るわたしの態度を自覚することになる。彼自身が幼年期から繊維制作における「視」の態度に固有の意識を持ち続けてきたのではないか。成人してのち京都に入ったわたしは繊維産業界をも含めた工芸美術界へ視野を欠いていた。半世紀この「都市」に留まって、少し語弊があるのを覚悟で言うと、飽きるほど工芸作家や巨匠たちの仕事をみるはめになった。しかしその土壌たる繊維産業機構内で「視」がどのような様態で位置をしめてきたか。それを問題にする態度はごく表層的な教養でとどまっていた。京都芸大の工芸科で出会った学生長野は正にこの繊維産業機構で、それも特異な技術集団のなかに生をうけ自らの「視」を体質化しつつ成した人格であった。次にこの人格形成の背後を探りたい。

＊長野五郎　出自
近世・江戸時代から京都下京に〈悉皆業〉という特殊な性格の仕事を生業とする家々が集っていた。

　悉皆とは、〈みな、のこらず、ことごとく〉という意味だと広辞苑にあるが、同じ項目に〈悉皆屋〉という言葉が解説されている。「江戸時代、大阪で衣服、布帛の染色・染返しなどを請け負い、これを京都におくって調製させることを業とした者。転じて、染め物や洗い張りをする店」とある。京都に長年いながらわたしはこの実態を知らなかったのだが、長野自身の説明では育った当時の悉皆屋は染めに関わる悉く全ての仕事を把握し、さまざまな職人工房や工場に指示し、注文にしたがって仕上がりまでを調整する仕事。それら工房には、しみ抜き屋、かけつぎ屋など衣類におけるあらゆる補修をする職人仕事を含む。繊維関係なら悉皆、つまりなんでも制作、修理、再生しますという意味でもあり、それぞれ専門の技術を分けもった職人たちの住む界隈であった。

　長野の生い立ちはそこを環境としている。長野の日常は、繊維製品の構造を技術の実態として目撃する位置にあった。それも西陣などの、工程を踏んで製品が形成されるような制作者集団の営為を観るのではなく、今日の表現でいえば「修理技師」たちの専門技術を目の当たりにして成長した。そこでの職人の「視」は今日的な一般例をひくなら時計修理人の眼差しを思わせる。既製品を分解し、あるいは素材に還元し、それらの構造を察知し、その構造にしたがって再生させる。そこでは意識をそれぞれの技術の様態に集中して仕事にあたるべく「視」の態度が強化されて、眼差しの先で相手にするのは、製品を成り立たせている素材や形状を関係付ける技術そのものである。その「視」を理解するために別の例を挙げれば、外科医が手術するときの眼差しを想起すればいい。外科医は人間（人体）を創（造）っているわけではない、治療（修理／復元）に渾身をかたむける、そこでの〈技術／手技〉は言うなれば緊急事態に臨場したときの対応／技能として集中的に先鋭化が進む。長野はこの医師たちの高度の熟練のもとに体得される「視」の態度と共通する事態を、現場での職人の〈技術〉に見た。そこでは〈技術〉とは〈現場視／臨場視〉の謂いとなる。

　そこで彼らと共有する「視」が体質化された。芸大に入って周囲に多くのテキスタイルアートを目にしたとき、反射的に長野に自覚されたのは、この抗いがたく体質化された自分の「視」の実態ではなかったか。そこでは糸を紡ぎ、染め、織機に掛けて織りすすめ、実用であれオブジェであれ、完成あるいは完了をもって終焉する。技術はこの工程（オン・システム）にあって価値をもつ、いわばコンテキストに支えられてこその存在様態として価値認識される。

　これに異和を感じたのが長野の「視」の本質である、長野の「視」は〈オフ・システム〉の位置で強化されたというのがわたしの認識なのである。長野はこの自覚とともに染織工芸界での自分にロスト・システムの位置、あるいは〈スタンド・バイ・ゼム〉にいる自分を発見、確定した。

　彼は教室実習で染織工程における技術修得を一定の体験とするに留めている。夢中になって修練する途を選ばなかった。むしろ断章的位置に置かれた無名の悉皆業の職人たちの〈技術〉に「視」の態度をアイデンティファイしようとする心的動態を保持しようとした。とはいえ、そこでもまた長野自身がそれらの技術を身につけるところまで踏み込まなかった。ここに職人の技術の脇にスタンバイし、それらの味方になって来た自分の「視」の態度と位置を発見した。このことは、彼が技能者としての「否定的アイデンティティの危機」を自覚したとみることが出来る。しかし、長野のテキスタイルへの関心は本質的に「視」によって、それも技術に焦点を絞って〈視る〉姿勢として強化されてきていた。この「視」に長野五郎固有の「側面／核」がある。実技作業のロストではなく積極的自覚的にオフ・アイデンティティと転換する知的意識が働いたとみれば、そこにとりもなおさず「自由」の意欲を抱える意識的人格として自己の「否定的アイデンティティの危機」をこの孤立した「視」の位置に賭けて創造的な場をつくろうとする姿が出現する。わたしはまだ高校生の頃、上級生に勧誘されて哲学者ヤスパースを読もうとして苦しんだ経験が

ある。その思想を理解できるようなレベルには到らなかったが、〈決断の自由〉という一つだけ記憶に残る言葉があった。長野にこの決断の自由事件をみたような気がした。

* 作品 《繕》

わたしのこのような認識は1973年のこの作品《本》体験だけから得られたわけではない。2年後の1975年、京都アンデパンダン展に出品された注目すべき仕事（図7）がある、これを観た時わたしは先述のような長野の「視」への認識を深めた。ここでの体験をも思い起こして述べておきたいところだが、これの作品体験の実態を文面にするのはほとんど不可能に近い。精緻な職人技術を借りながら布面の小さな切り傷を「繕う」仕事を「繕」うという文字で繕ってみせたものだが、その自己言及の〈ことば遊び〉に託して極度に接近視を要求してくる30cm四方の薄布の表裏を誉める様にして観る羽目になる。

図7　長野五郎《リクエスト シリーズ〈繕う 2〉》かけつぎ師　山内哲美氏に依頼、1975 年、京都アンデパンダン展（京都市美術館）

会場の京都市立美術館は天井も高く、展示室が回廊形式で並ぶ昭和初期の造りだが、その一室からつぎの室内へ移動するための大きい開口部がある、そこを通る入場者の目の高さにその布をガラスに挟んだフレームとして吊るしてある。いささか反則的な展示法を余儀なくされる仕事とはいえ、やはり仕事の内容と提示形式に無理がある。その後ミニアチュールの形式に位を定めてからはこのような場違いに持ち込む失敗とは無縁になるが、仕事の内容は注目すべきものであった。

それにしても、もの（糸などの素材）と、もの（布などの製品）との〈関係〉や、その関係構成に〈手〉を下して介入していく〈技術〉を見てしまう態度が拭いがたいものとして身についている人間を感じさせる、この物状に直接接近して〈ことば〉ともどもに事件性〈こと〉を見てしまう長野の「視」の態度を強く印象付けられた。それをプラクティカルな市井の染織技術者集団の、それも断章的な位置に居る職人たちの近傍で身につけた固有の「否定的アイデンティティ」として、大袈裟に言えば都市における局所性を宿命的に受け継がされ、それが彼の身体性として出現した〈こと〉的実態であると、わたしが認識するに至る契機となった。そういう意味で重要な体験だった。長野五郎を〈表象〉としてみるというこのような体験をその後も重ねて、この人格の柔軟な人生様態を通してその背後に「京都／都市」を〈こと／文化〉として観る視座をわたしが獲得したことを意味する。

当時、周辺ではファイバーワークと呼ばれる多くの仕事が繊維造形の先端だとされる兆候があった。しかしこの方向が示していたのは、あたかも八木の「オブジェ焼き」を引き継いだ系譜が陶芸界に新しい領域を獲得していく姿と同態であった。そこには八木がその自ら開いた〈オブジェ焼き〉からをも再度身を引き離そうとした、あの「自由」への意志を見失いマンネリズムに陥る危険性がある。その危険性に気付かずテキスタイル美術も「視」のダイナミズムを失って、またもや凡庸なマンネリズムに帰着するか、あるいは「視」の難題に挑む冒険者の現場を開示するかとの岐路に立つ。言い換えれば「近代の視」が袋小路に行き詰まった状況で淀むか、そこからの飛躍を試みるか、という危機的場面をしめす。

* 長野五郎　現代の美術状況へ

長野五郎の《本》はその岐路を前にした危機的状況を突き抜けようとする佇まいをみせた事件であった。「視」の態度を、先に見た長野の環境内で身体化したレベルへ引き戻した上でそこをステップボードとして、ファイバーワークが到達出来なかった「視」のメタレベルへ飛翔しようする。このときファイバーワークが展開する近代工芸を一気に飛び越え、冒険的に現代美術の状況へ自らの「視」をもって介入する態度に踏み込まざるを得ない。

そこで一つの問題が浮かび上がる。長野の〈本〉を最終的に振り返ると、個展会場で〈接近触視〉体験の位置から少し身を引いて、再び今度は台の上に置かれている全体の姿を視野に入れる位置に立った時に感じとれる様相が、もう一つの別な事件として浮かび上がる。そこにはある〈難題〉を抱えた作者の姿がある。八木一夫の〈本〉は手に取らぬことを約束事として〈オブジェ〉が通常の台上に対象化される陶芸作品であるのは歴然としている。長野の《本》も一見それと同じように置かれてはいる、しかしそうではあっても長野の場合はわざわざ〈本〉仕様の物体が書見台の上に置かれている有り様が全体として醸し出す様相（アスペクト）を立ち上げ対象化されているかのように提示されている。つまり会場の台上に置かれる有り様の総体を見られるべく権利主張をしている。しかしその一方で手に取ることがこの《本》に対応する本来の有り様なのだが、展示空間であるという単なる場所認識に立ち、会場の意味をフラットに中性化し、聖性を剥ぎ取った上で、設置展示されているというような感じが強い。そうなるとここでは〈美術展〉のこれまでの概念を変更しようという態度があることになる。これは、すでに〈現代美術〉が近代美術の制度を解体しようとして試みていた〈美術展〉を〈視の態度を問う場〉へと概念変更してきた態度と共通する態度が展

示者にある。かくて長野五郎はここにおいて現代美術の状況へデビューしようとして、思わぬ意味作用の発生に立ち会うことになった。

このようにこの物体〈本〉の設置の意味を確定すると、少し身を引いて距離を保ちこの作品が置かれている状況そのものに対応する態度が、もう一つの側面として自覚されてくる。これまでの接近視の位から離れて〈遠隔視〉、つまり全体の佇まいに関心を集中してみる態度に転換してこの仕事を検討するという態度を無視することは出来ないことに気付かされる。

* 手法

そのもう一つの「視」の自覚によってまず察知させられるのが、「手法」なのである。少し丁寧に言うと、本の形態と軍手という形態をそれぞれ日常の姿のまま取り上げ、それぞれに部分的に手を加えつつ組み合わせていること、本や軍手は作者自身の手による仕事ではなく、既製品を選び配置し関係付けられていること。つまり「選択」「配置」「関係」に絞られた手法そのものが大きく際立つ。そこには作者の熟練した技術によって立ち上げられた造形対象物を見ようとしても、そのような期待はかなえられない。むしろ作者は観る者のそのような態度を拒絶している、そこには日常のありふれたアイテムの組み合わせがあり、それは開けっ広げで秘技のない展開である。そこでは言語〈本〉に物体（オブジェ／編み物〈軍手〉）が取り込まれている。八木の仕事がオブジェに〈本〉を取り込んでいるのと比べて丁度逆の関係である。そこには作者の「技術」は見えず「手法」そのものが顕現する。これもまた八木とは逆の態度である。八木の仕事がそれらの要素を、最終的には技法に賭けた才能者の陶作品としてまとめた〈ゲシュタルト／造形体〉であるのに比して、長野の仕事はそこでの各要素をあからさまに開いた解体形であるということが言える。ここで一つの比喩をたてるなら、これは、〈本〉を開く動作によって出現した言語体系が物象体系を覆っている有り様を〈腑分け〉してみせたものである。私たちはいわば「解体新書」を覗き見て皮膚（本／言語）に隠されている内蔵（編み上げられた物体／身体作業）を見るような立場に立たされる。腑分けで出現するのはそれぞれの位置に配置された臓腑、つまりパートを受け持つ物状〈もの／状態〉である、それはたとえば胃であり肺腑である。この事情を染織作業に置き換えるなら、紡がれた繊維であり撚りあわされた糸の配置情景である、ということになるのだ。人体の場合は神の仕業（自然の）だが、ここでは人の手による技である。重要なのはこの解剖学的な眼差しによって人間の手技に〈こと〉を見ることになる、というところにある。

しかも長野の《本》がそこに重ねて呼び起こしてくるのは、彼の仕事に付き合おうとする者に具体的な身体動作をとらせながら「〈読み・体験〉を統合する」態度であると言える。置いてみたり、手にとって表紙を開け閉めしたりする動作を、作品《本》が日常空間にある（等身大の空間の延長上にある）形態を採っている以上禁じることは出来ない。

* 転位へ　再出現の兆候

こうした体験を経ると、私たちはこのいくつかの体験を終局的に全体化する作業を要請されていることに気付く。それは異るいくつかの「視」の態度を統合することである。

(1)〈初見〉のインパクトに引き寄せられ、〈誘導〉されて
　　　テクスチャーに「作業／技術」を見る。─────────────［接近触視］
(2)「配置」に目を遣り〈読み〉、「関係」で抽出する〈出来事〉が立ち上がる
　　　全体のありさまを体験する。──────────────［接近全体視／ゲシュタルト］
(3)(1)(2)から離れて、台上に据え返して距離を取り〈遠隔〉の位置に定位
　　　して、この〈本〉に目をやったとき〈展示された姿／佇まい〉の全体姿に
　　　対峙する体験。──────────────────［隔離視による動態／アスペクト］

ここにあるのは〈接近視〉と〈隔離視〉の「視」体験における二律背反の状況だと言える。これは俗に言う近寄らなければ細部は見えない、離れなければ全体の佇まいは見えない、という肉眼視のジレンマを抱えることになる。作者はそのような厄介な事態を予想していなかった。

そこにこれを統合する「視」の位相を獲得しろ、という人体的根源的要請が生まれているのを知った。そこで課題化されて出現してくるのは、「視」の態度をある〈別の〉位相に据えろという「視」の態度への「視」の内側からの、身体動勢に根ざした〈視の現場〉での解決を求めよという要請に他ならない。その可能性は如何、と言うとき長野五郎の仕事が方向付けているのは、(2)の〈ゲシュタルト／様相〉が(1)の要素統合を含み込んだ(3)の「視」の位置を獲得することである。そこの位置を発見できればこの(1)、(2)、(3)は統合されて、その「視」の前に一気に破綻無く再出現している形象をみせるはずである。

＊「視」の術　時代の動向
　長野五郎の背景には戦後世代の美術の動向があった。それはジャンルを分けつつ住み分けてきたこれまでの美術的文化構造を壊しながら、新しい芸術領域を模索してきた文化的変動の様相がグローバルに広がったという時代性である。時代の子、創造的な若者として長野五郎にもこの同時代へアイデンティファイする機運が読み取れるのだが、その手段として「技法／技術」に「美／官能」の術を求めず「手法／選択、配置、関係」に「視」の術を創ろうとする態度がみえる。「美の技」が一刻一刻を刻む「時」へ執着を潜在させて可能な限り小刻みに一刻千金の想いで「時」を所有しようとする「イマ、ココ」の眼差しがあるのに比べて、長野の個展会場で書見台上に表紙を開いて置かれた〈本／状態〉に付き合うと、この仕事はそのような態度による出来事として人々の前に提示されているのではない。〈これを見ることを見る〉という「視」の出来事の現場に立ち会え、という要請の姿である。これはもうメタ・ゲシュタルトとでも表記しなくてはならない。その実態を〈隔離視による動態／アスペクト〉であると先に認識した。現場視の用語としてこの〈アスペクト〉を採用しなくてはならない。
　'60年後半から'70年にかけて学生時代を過ごした世代は、戦後のアナーキーな模索期を抜け出て反省の眼差しを持つ季節に至っており、前世代の〈ネオダダ／破壊〉や〈ハイレッドセンター／解体〉などを出発とする態度をパイロットとしながらも、その動乱の「都会的」事件の渦中にいあわせなかった京都の若者の幾人かはその余波をうけつつ、一方で批判的眼差しを芽生えさせていた。そのなかでも長野五郎は「都市的」様態の京都洛中で育った人間の眼差しを据えていた、しかも下京区の繊維産業機構のなかに生業を持った市井人の家庭に育ち、そこで「視」の原体験をもった存在であった。その存在位置からの眼差しが保持されている。それは〈もの派〉が東京で注目され始めた頃、長野は同じ〈もの〉なる用語を身体的な生活動態に、すなわちテキスタイルワークでの「手」とその延長の作業／技術を据えたうえでの物体様相を指して遣っているのをみてもよくわかる。その〈もの〉なる用語を「都市生活人」として「核／側面」を堅持した態度で限定して強化したとでも言うべきか、長野の「視」は一般に言う純粋美術での〈迷える〉動向とは違う態度で確定されていた。それは一方で出現した多くのファイバーワークの「繊維オブジェ・物象」が〈もの〉なる〈無意味〉に足元を掬われ、オブジェ認識の惰性態として集団的価値体系を形成して行く動向とも馴染まない位置にあった。「都市人」の「視」は「都会人」の〈破壊〉や〈解体〉から出発する姿勢を対岸に置いていた。長野五郎は「視」の位置を転位〈変容〉において現代の「視」の課題を独自に引き受けることになったのである。それがミニアチュール界に「視」を据えることだった。

＊関係　思想化
　極度に集中され鍛え上げられた技術への関心も、関係性のフェノメノン（出来事）とする眼差しに覚醒され長野の「視」がやがて独自に思想化されて「関係概念」へと到り、この人物の人生スタイルが形成されていく。思想化とはそのような位相に身を転位させる場所を創造することである。長野自身の言葉で「技術のオブジェ化」という意味は、彼の思想営為が実現される「視」の態度の形式化へ、という動機に支えられているということを意味する。ここではこの言葉を理解するためには長野五郎が人生における具体的な日常視／生活視を「都市人」として自然に受け入れている、つまり都市文化に条件付けられている人間のグループの一員であるという強い意識が前提としてある。そういう側面も堅持している人間だということも認識しておきたい。
　「言葉世界」と「もの世界」を彼が区別するとき、そこにすでに文化都市人の生活者としての眼差しをもってものごとに関わる、成り行きを嫌わず「出来事としての世界」が意識されていて、そこに身を置くことから始めようとする態度がある。ものごとに実践的な目を向ける市井人の具体的な「視」の態度が、恭順を前提に修行修練を基底に置く工芸美術文化の美の体系を向こうにまわして、それと対峙することになった姿をみせることに注目させられる。八木一夫にみられる陶工集団からではなく、市井の産業機構にアイデンティティを獲得した職能者／機能者群からオフ・アイデンティティを自覚して跳び出した人間のプラクティカルな眼差しを感じさせる。
　当節現代美術と呼ばれ多様な形式が混在するのは美術（アート）がこの長野五郎のような地平に平常生活人の「視」をも抱え込んで裾野を広げた状況にあるからだが、それが'70年当時の京都芸大染織専攻内部から芽生えていたのは注目すべきことであった。〈長野五郎現象〉はその一つの典型的な事件であると言っていいと思われる。そこに突出したのは、繊維工芸美術界以前の一般的な生活の場における繊維体験に強く根ざした〈こと的／関係的〉態度がアートへの権利主張をする出来事であったとみなければならない。

＊都市／京都　近世の「視」
　この長野のパーソナリティーの後年の佇まいに見るのは、かってわたし自身がメキシコで放浪した時に出会った少年、山路に迷ったわたしを山小屋集落に泊めてくれたその家族、羊乳を絞ってくれたときにみせたリズミカルな手技、手造りの住まい、そ

の他にみられる〈道具〉の具体性、身体性。まるでスタインベックが描きそうな人間集団の自然存在、文明機構にどこか懐疑の眼差しを投げるマイノリティーの姿を呼び起こしてしまう。こういう自然存在の感覚を長野が〈手〉を媒介にした「触視」に関心を絞り込んだとみても間違いないと思われる。この自然集落での作業技術と道具に関する調査を我が身に課しながら、そこに持続されてきたのは、原初的な「視／触視」である。想うに長野五郎こそは近世都市の産業機構内で醒めた自我形成をとげる「都市人／市井人」成長過程で、この眼差しを保持することができた希有な存在である、とわたしは考えている。わたしが敢えて「都市／京都」と枠組みをするのは「都会（大都市）／東京（ニューヨークなど）」が〈近代から現代へ〉と展開する場合と区別して、そこに〈近代〉を素通りして悉皆業界経験者が〈近世から現代へ〉と〈近代〉を飛び越えて飛躍する様相を「都市／京都」に見るからだが、加えて「非都市／集落」をもマージナルに抱える空間的条件をも京都が充たしているからである（長野が仕事場を構えた氷室は京都市内から車で30分ほどの位置にありながら、「秘境」といえる環境である。都市から一挙に山奥へ到る）。一般に京都は〈近代〉の啓蒙思想がいち早く行き渡った地域としても認識されている。明治以来京都の大学はさまざまな分野にそれを波及させる殿堂となったことはいまさら言うまでもない。〈近代から現代へ〉というリニアな推移を示すエピソードは学校教育の場を中核にして広く語り継がれ浸透してきた。

　しかしその啓蒙の一方で洛中に多くの生業集団が棲み分け〈近世〉を生きていた。その近世は古都と言われる多様な伝承態を含んでいるわけだが、学校教育が人格形成の基盤としたのはこの〈近世〉を過去形で語る態度であった。勢いついた東京や大阪の「都会／大都市」がその規模を拡大するなかで〈近世〉を局所化していくのに比べて、「都市／京都」は〈近世〉が〈現代〉と拮抗する力学的な場を構成している。長野はこの位相にある自己の位置を自覚した。この自分の「都市人」としての事情を覚醒していくにつれて、それを時間軸にそって遡行したり空間拡張する手立てとして、グローバルな原始体験へと具体的に足を運ぶことを自らに課したかにみえる。文明のもとにソフィスティケートされた自分と原始の体験の両面を抱き込むことが出来得る環境に位置を占めようとしていく、具体的な生活様態として洛北氷室に仕事場を構え畑作業に精を出す一方、野生の現場をもとめて海外の各地へ足を運び視界を広げたフィールドに立とうとする調査学術に打ち込むようになる。

　その時々の態度だけを一見すると、山村生活にあこがれる余人や学究の徒を思わせる佇まいを見せるとはいえ、彼の願望は現代社会機構に組み込まれ疲労したあるいはそれを嫌悪した人間がたどるような態度ではない。また学術界にアイデンティファイすることで制作現場から離脱しようというような狭いキャパシティーに条件付けられたものではない。また一方でよくある染織作家が手法や文様の源流を求めて僻地を周り、自らの仕事のルーツを確認してこれをもって〈美〉に殉じようというようなレベルにいるわけではない。自分の周辺に展開する繊維産業機構と芸大などを中核とする染織工芸文化の存在様態とを、つまり職人世界と工芸作家の様態を睨み、その双方に半身を置きつつ、それらとの背理を意識しながらテキスタイルワークのメカニズムへと眼差しを向ける。そこにみずからの「視」を先鋭化し「視」の原点維持の動勢を見せることになる。これを一種の戦略的態度によって創造野を創ろうとする姿をみせる長野五郎の「核」であると言ってもいいだろう。理念的にはその両義性を抱える態度を〈関係〉に目を据えることで遣り過ごし持続しようとすること、手法的には〈手〉を介在させるモノと人との関係様態に拠点を据えること。そして自分自身の生活スタイルもこの関係様態に投げ込むこと、その〈こと〉性に創造的人格を達成すること、これが卒業後の長野五郎の人生様態となった。それはいまここでの文脈に乗せれば、実のところは「自由」を問題にし課題として担う思想の要請に応えようとするアンビバレンスを抱えて人生を一貫することである。「都市型自由人」とは余裕の遊人という意味ではない、人知れず矛盾を抱えながら方法的、戦略的姿勢を我が生業に課した自覚者で、その姿勢を持続しようとするスタイリストである。長野は卒業後しばらくして美術の大学に染織領域での職場に立つことになるが、そこでもやはり専門技術を修得した上で職人の位置から突出して「作家」の位置に立とうとする人間たちとは一線を引こうとする。むしろ「無名」の職人的専門家集団に意識を注いできた感がある。また領域を別けた美の範疇を保持しようとして、系譜延命の振る舞いに終始する〈工芸作家たち〉の共同表象体系物語とも無縁なところに位置を占めようとしていた。長野に限らず既存の領域に身をおきつつ、そこで概念変更や範疇組替えを実践する現場を立ち上げる。このようなスタンスの出現は〈異和〉を生みつつそれを抱え込もうとする「出来事」としての千年都市の現象のひとつであった。その現象が実は長野五郎を〈表象〉とした背後に立ち上がる「文化〈都市／京都〉」の位相であった、というのがわたしの論旨の一つなのである。

　　　2　創造的獲得　ミニアチュール世界

＊異界を開いた視の世界
卒業後の長野が世に言うミニアチュールへ推移したのは自然な成り行きであった、と言うより必然の展開であった。とまずはこのような書き出しでこの章を始めるが、ミニアチュールの世界は長野五郎のために準備されていた、とさえ言いたくなるほど長野の「視」とミニアチュール界との邂逅は運命的なものであった、と言い換えたい気もする。しかし実のところそれでもまだ言

い足りない気持ちが残るのだが、この先の進み行きを踏まえた時点でもうすこし的確な表現を試みることになるだろう。
　そこでまず一般的な「視」に「小さなもの」という形状認知がある、ということから始めたい。つぎにこの形状認知は、それが「何か」という問いに先立って「接近」を要請するということに注目したい。これはその形状の意味などを察知する以前の身体的動作を起こさせる自然発生的な「視」への誘惑であって、「視」が対象の形状（ゲシュタルト）にフォーカスを絞るこの事態は限られた文化集団での共同表象体系として形式化された、例えば壁に掛けられるタブロー／絵画形式など、その他諸々のジャンルでの表現と鑑賞の形式に接近し眼差しを向けるのとは事情が違う、いわば本能的なものである。「小さなもの」は小さいというそれだけですでに「視」に対して〈招く力〉を発揮する。人はもっと良く見ようとして寄っていくのだ。これは我々が人間身体として条件付けられている限り文化以前の「視」の欲動様態である。これをあらためて意識化し「視」に生きる人間の〈もうひとつ〉のフィールドとして形式化し、自立させたのがミニアチュールである。
　この言葉は語源（minium）をたどってヨーロッパ中世の細密画を起源とし、以後の小さな形式を想起させてきた美術用語や、一方での一般的な意味で遣われるミニ（mini）なる言葉でミニカーなどで遣われるときの用語が混成して、その実質が今ひとつクリアに理解されない嫌いがある。ここで、改めて「ミニアチュール」はもはやこれまでの美術の系譜とはその成り立ちが違う「視の術」として、新しく身体的必然として産声を上げた「視」の文化様態だと考えるべきである。その実態は「小さな世界」を自立させる「視」の事件としてそれが立ち上がって来、そこにコスモス（宇宙）が出現することを発見した人間的創造的事件として認識される必要がある。テキスタイル体験を身体的アイデンティティとするグループにこの形式が興隆しているのは、彼らの〈作業／技術〉が、前章で長野の《本》体験で指摘した〈接近触視〉に支えられているからだが、しかし細部に見入るということが必ずしもミニアチュールの「視」の有り様ではない。

＊ミニアチュール一歩前　接近視と遠隔視の乖離
第一章でみた《本》や《繕》などの学生時代の長野の仕事に戻ると、そこで見られた展示形式には、解決を待つある難題が残されていた。それは離れて全体の姿を見る態度と接近して細部を見る態度に乖離があったという体験のことだが、長野はミニアチュール世界にこれが一瞥のうちに解決されている〈場〉を見つけた。そこは離れて見る「視」と接近してみる「視」が同時体験できる空間が成立しているのだ。
　すでにみたように画廊空間や無規定な空間に作品を置く場合、その都度鑑賞者を〈誘動〉する手法を考えなければならなかった。長野の「視」によって抽出される世界はそこに立ち会ってもらうための手立てが必要であった。個展はまだしもアンデパンダン展のような「視」の自由広場では新しい領域や手法を創案した場合、それらの出品者が油断していると、そこを訪れる雑多な集団的「視」の態度によって裁断される場となる。長野の「視」は細部の緻密な様相に集中することが必須の世界である。見る人間の〈接近〉という事態がおこらなければ裁断は〈無視〉、つまり存在しなかったことになる。人が大勢集まる自由市場に紛れ込んだ大道芸人の立場を連想しながら俗な表現を借りると、長野の「視」の世界に人目を集める工夫がいる、ということになるわけである。
　作品《本》は意味作用を、《繕》は空間配置をそれぞれ〈初見〉のインパクトにしながら〈接近〉へと招く〈接近触視〉へ〈誘導〉したうえで「〈ことば〉と〈もの〉の関係様態」を抽出する「視」の世界を開く、ここで長野の仕事の核心に触れる。ところがそれで終わらない。尾を引くようにして次に身を引いた〈隔離視〉で全体の姿、動態〈アスペクト〉を記憶に残してしまう。この〈アスペクト〉はじつは別の価値体系と衝突してしまう。一定の形式を保持する八木一夫の「オブジェ《本》焼き」などを向こうにまわした対抗的な姿勢を読み取ってしまうような認識の相を呼び覚ます。前章でこの事情がわたしにも起こったことを暗示しておいた。そこではどこか分離した体験として抱えさせられることになる、統一感で充足した形式体験として安定しないのである。
　作品《本》は街ギャラリーという小空間の占有会場で、そのゲシュタルトが終局において一般共通概念の〈本〉に帰結するからある程度成功したが、《繕》は展示形式に統一感を欠き、前章で分析した3相が融合していない嫌いが残る仕事となった。これはところを変えて形式化すべしという宿題を残すことになった。この事は初期の長野の形式が少なからずリスキーなものであったことを示している。ことにアンデパンダン展の場ではそれが露呈する。そこを訪れるアナーキーな大衆の「視」つまり好奇の目は、多くの場合その〈工夫／芸〉に留まり、それを評価の対象に据え喝采を送ることが多い。この表層のレベルに対応して芸人（エンターティナー）が生まれる。長野五郎が創造しようとしている「視」の世界はエンターティンメントの世界ではない。「視」でこの世に係わって〈自由に〉生きようとする（それは危機に臨むことだ）人間的営みを開示することである。

＊長野五郎　自発の形式　ミニアチュール
長野五郎は自分の〈核〉となっている〈接近視／臨場視〉が自然に生きる場を開拓する必要に迫られた。《本》や《繕》以外に

も幾つかの試作を重ねた仕事を残しているが、何処か宿題を抱えて学生時代を終えている。わたしは彼らの卒業とそれと期を合わせるような成り行きで、新設された別科のゼミに身を置くことになった。そこではわたしの本来の興味をそこでの学生と共有することになる。〈ことば〉への関心は言語表象体系へ、〈もの〉への関心は物象表象へと移り、全般的な表象事象に関心が移った。そのような位相で'70年後半から'90年直前まで'80年を跨いでその都度の学生たちと時間を共有する次第となった。そういう経緯にありながら、長野五郎と木村秀樹への関心は続いて保たれていた。木村が「版」に「視」の新位相を開こうとしていること、と相まって長野がミニアチュールに活路を開こうとしていることに何処か納得できる気持ちでいた。それは第1章で見たように後に創造的な「都市型自由人」として「文化〈都市／京都〉」の創造様態を重ねて彼らを認識する視座にわたしを導くことでもあった。

　わたしは長野の「視」を念頭におきつつ、彼のミニアチュール界への介入を知ったとき〈ついに見つけたか〉という心境になった。長野の「視」は無自覚ながら既に自らの力でミニアチュールの世界を切り開いていた、それを自覚したときこそ長野の新世界として、改めてこれまでのミニアチュール形式の世界を再構築することになる、という認識を持たされたからである。冒頭で運命的な出会いと言ったとき、どこか言い足りないと言ったのは、そこでの客観描写が長野の「視」の自動展開を追跡する眼差しを捨象してしまい、既存のミニアチュール形式との幸運な出会いがあったという物語に終わる危険性があるからである。長野のケースにわたしは改めてミニアチュール世界を再創造しつつ、そこを「美術人／視術人」「都市型自由人」のフィールドとして自己実現しようとする姿勢をみるのである。これは木村秀樹の「視」が「版」行為によって既存の「版画」界で再創造のフィールドを開こうとする態度と軌を一にする姿だと言える。

　とはいっても〈接近触視〉に条件付けられたこの「視」の態度がそこでどのような〈こと〉的事態を引き起こすのか、そこはやはり客観的にここで見ておく必要があるだろう。少しマニアックになるのを恐れつつもミニアチュールに関する原理的な有り様を検討しておく。

* 自立した空間世界の〈発見・創出〉　境界の存在　「視」の身体性

近づいて小さなものを見ようとする、我々の生態的欲動「接近視」をその動向にしたがって追跡してみよう。近づいて小さな対象物の全体像を認知し得た位置で「接近視」は一応の達成をみる。いわばその位置で「視」の接近は〈一旦停止〉し、対象に据えた〈もの〉の全体的な形態（ゲシュタルト）に眼差しを定め、それを確認して充足する。

　ということは、そこでは対象物がそのサイズによって、そのサイズが「接近視」を充たさせる距離をもったエリアを構成していることを知らされる。小さければ小さいほど、接近距離はせばまるのだが、我々の「視」は近付きながら先ずはその小さなものを認知確定する位置に到る、そこはそのエリアの境界である、ということになる。多くの場合その事態は意識化されずに事態はすすむ。しかしこれは無意識であれ意識化されたものであれ、原理的には「接近視」の行程の一般的様態としてエリア境界に行き当たっていると考えられる。

　そう考えると小さなものは、ひとまず〈小さなもの〉としてあるという、そのことだけで我々の「視」に対象認識の意欲を引き起こしたうえに、そこに構成されるエリアに招きいれると見なければならない。これが小さなものへ向かうときに出現する一般的な「接近視」の出来事である。日常の生活空間ではこの招きにしたがった対象認知で充足されて完了する。

* 覗き視る

しかしながら、いまここでは長野五郎にみるように一般を超えてより強い「視」の欲動に動かされた場合を問題にしている。そこで注意が必要なのは、その〈一旦停止〉ラインが対象に向かうこの強化された進行的動状況下で〈忘れられて〉しまう、そのためその時点では即時的には意識されない、ということについてである。より強い「視」にはこの〈小さなもの〉に〈世界様態〉の一端を見ようとして前方へ突き進む勢いがある。つまり「接近視」はアクセルを踏み込んで、そのエリアの関門を通過してしまった後に、それまでの道程のうちに〈一旦停止〉ラインを越えていたことを初めて察知する。ある時点で透明なバリアの内側に突入する事態が起っていた、という過去認識として捕らえられる。振り返って具体的な場面を思い起こせば、身を乗り出して覗き見たり、手元に引き寄せて見る身体動作を起こしたときがそのラインを越えた一瞬なのだ。してみるとこの〈覗き視る〉あるいは〈手元に引き寄せて視る〉動作は、まさに「視」における越境点での仕草である。これは強化された「視」において小さなものの世界と日常世界との間に境界が存在していることを我々は自身の振る舞いをもって証明させられてしまっていると言える。

　ここに「視」の〈小さな世界〉への侵入「覗き見」が等身大の〈日常世界〉の「視」を後陣に置いて「境界」を越えた事件となる。長野はこの事件に立ち会っている、と言うより悉皆業の職人に混じって無意識のうちに身についた認知力として鍛えられている「視」の力がその「出来事」へ導いたと言った方がいいかもしれない。ここに私たちは〈境界発見〉という出来事が長野に起こっ

たことを知らされる。そしてその境界内のエリアに踏み込んだ「接近視」がミニアチュールの世界を発見・創出したということを言いたいのである。「視」の一つの態度が形式化されるわけである。

＊ 境界を踏みにじる「視」
〈小さなもの〉への接近視において一般に私たちは次のような態度を採ることが多いと思われる。一つは「惰性視」とわたしが呼ぶ態度で、いわば日常視の延長上にある「視」で、日常生活の場で手にする様々な小物アイテムから、足元の虫や砂粒を見たりする態度まで範囲は広いわけだが、そこでの態度をそのまま延長し持続して接近する。これが極小の技へ挑むような作業を賞賛する曲芸を生む。そこに出現しているのは技芸極限をめざすという自己目的が支配している。例えばミニカーなどの小型化（ミニチュア）などに始まって、果ては長野自身が揶揄する様な米粒に可能な限り多くの文字を書く技などがあるが、これらは小さくする技が遊戯の場となってミニアチュールのエリアを占領してしまう。もう一つは「探求視」つまり科学（物理）の態度、我々の文明が肉眼視を越えてレンズ／顕微鏡を持ち出し、やがては電子顕微鏡による万分の一までふみこんで物質探求するにいたる、その途上の初歩の場と化している眼差し。この二つの態度は〈一旦停止〉のエリア境界を体験しないし、〈覗き視る〉ミニアチュール世界を素通りしてしまう。

　この生活的日常的な「惰性視」と方法的に普遍をめざす科学的な「探求視」とを共に別位に抱えつつも、現場的身体的肉眼での「直視」を〈鍛える〉のがこの境界発見の「視」なのである。

＊ 圧縮の「視」　距離の消失
このエリアに入り込んでこそ長野の「視」が余計な手段を労せずに直裁に生きることが出来る。
　これまでの分析を簡条書きしてみよう。

　　1) 接近触視　＞　細部　──────────────────────［テクスチュア］
　　2) 全体視　＞　全体形状　──────────────────────［ゲシュタルト］
　　3) 隔離／位置意識　＞　メタレベルに揺らめき立ち上がる動態　────［アスペクト］

　この三態が同定する「視」の体験こそがミニアチュール世界体験であり、これは日常視にあっては半ば独立しつつ混在していた三様態が一気に〈圧縮〉された「視」の獲得である。
　そこで創出されたミニュアチュール界では、かっての《本》や《繕》の提示で体験した〈接近触視〉と〈ゲシュタルト視〉の乖離は消失する。ミニアチュール界での「視」はこの二様の態度の差異を限りなく無に近付け、ほとんど〈同定〉されるのにいたる。言い換えれば日常視における遠近法を〈圧縮〉する。全体の形状と細部のディテールが同時に見て取れるのである。長野がミニアチュールに活路を開いたと先にわたしが言ったのは、この宿題を解決する具体的なエリアに飛び込んだからであり、そこで意識化される「視」の位置で初めて3)のメタレベルは立ち上がるのを知ったからである。

＊ 長野五郎　切断と接続　実践の様態
前章でみたように〈アウト・システム〉の位置から出発した、すなわち断片的事象にこだわることで強化されてきた長野の「視」の態度は、既に〈小さな世界〉に我が「視」が侵入していた、という〈越境意識〉として認識される。そしてそれが〈身体動作／手〉と〈接近視≒遠隔視〉の〈同時体験〉となって自覚されるのは自然な成り行きである。〈境界発見〉が〈過去現在化〉として自覚された時、自分がミニアチュール世界に飛び込んでしまっていることを自覚した。その上で一方の自分の日常現実界視を区別対象化する態度が自覚された。こういう亀裂を自身の内部に抱え込む人間的事態は、都市の外からやってきたわたしのような人間にとって瞠目すべき〈都市的出来事〉であった。わたしが若い頃と言っても40歳を越えた頃だが、長野に限らず〈断片〉にこだわる「視」の態度がいわゆる〈対世界／純粋美術〉の位相で顕在化していた。長野は〈対都市文化／工芸界〉にいながら既にその工芸界を凌駕した「視」の位置にいて、この美術の動向にシンクロナイズしていたのだ。わたしはこの一連の姿を「視の下克上」と呼んで密かに喜んでいた。
　《社会契約》と自作の《本》に名打った時、長野はもう現実界の契約社会制度における「視」の位相を対象化する自らの「視」の位置、ミニアチュール界にいた。そこは朝夕の営みを反復する日常視は〈切断〉されている。一方日常生活で闊達な姿を見せる長野は（魚釣りが好きな奴だ）この亀裂を埋める〈接続〉の〈仕事〉が緊急事態となる。造形作業がこうして長野の必要不可欠の仕事の場として出現する。そこではミニアチュール作品はミニアチュール視の世界と日常界の「視」を両極としてうごめく

動態臨場において出現する。そしてミニアチュール作品はそれ自体を〈表象〉するものとして、観る人間との関係において〈働く〉。

　境界をもつ二様の世界をスイッチイングし続ける動的な振幅に預ける意志の出現として、新たな作業を要請し続ける、それが長野の持続する作品制作の現場である。これを自由論の視座にすれば、異界を往復する「視」の運動が「切断／〜からの自由」と「接続／〜への自由」という動勢の実態を長野五郎に表象した、それは同時に都市文化が自発自動的に働くメカニズム／システムに異和を覚えつつ一方で〈健康な／畑の美味いもの好き、アユ釣り大好き〉人間のアンビバレンスを生きる〈人間〉を表だせさせた。ここに都市的宿命を担った〈核〉が自らを〈出来事／こと〉に預けている長野五郎の態度がみえる。

＊作品　両界を踏まえるモチーフ　実像を虚像へ虚像を実像へ　変容の〈遊戯〉
かくて大学卒業後、およそ40年に至ろうとする期間での長野の制作は、テキスタイルへの関心を持続しつつも、より広い物象体や情景に視野を広げてモチーフを選び多様な工夫で作品化してきた。その仕事を総覧して一つ指摘しておきたいことは、初動の関心事として取り上げられるモチーフが、現代の日常視の世界ですでに幾多の眼差しに晒され研ぎすまされた隠喩形象（メタファー）であること。なかでもドアー（door）は窓や橋などを随伴しつつも飽くことなく繰りかえされる現代のメタフォリカルな位相に君臨している、長野はそれを映像化しその上シルクスクリーンで転写する、いわばメタファー（言語）へと濾過してミニアチュール界へ持ち込む。その作業結果を要素として具体的な造形を実体化する。それを日常界へ送り返して位置を占める。小さなもののエリアに引き寄せられた私たちの「視」は、この造形を目にして長野の「視」を体験しつつ同時にそこにミニアチュール界がその都度開かれる事件に出合う。そこには「覗きみる」という動作に注目する必要があるが、その話は長野の次の世代を引き合いにしなければ話が通りにくい。

＊1980年世代　杉山雅之　高橋悟
長野五郎がミニアチュール世界に業績をかさねつつ迎えた80年前後、わたしは彼とはひと世代若い学生たちと実習ゼミで付き合っていた。この世代に様々な才能が京都芸大に萌芽した様相をみせるのだが、そのなかに不思議に長野五郎と木村秀樹のコンビを対蹠的に彷彿させる存在があった。杉山雅之[9]と高橋悟[10]の二人がある背景を背負って「視」の課題に挑んでいたのである。京都芸大紛争後の改革された制度に身を置くことから出発し、次第に「構想家」の佇まいをみせていく経過をたどるのだが、この二人にもある共通する気運がみられた。一つは〈全身的〉な作業に〈知性〉を宿らせていること。具体的に言うと鉄材などを扱う肉体的〈重作業〉に身を挺しながらそこに随件するフェティシズムとナルシシズムに縁を切っていること、常に「視」を関係論的な現場を構想しつつ世界に向けようとする〈戦略的位置〉への覚醒がそういう絶縁を自覚させている。さらに比較するなら、長野の「視」が〈手〉を身体的アイデンティティとする〈技〉におくのに比して、彼らは〈腕〉と〈脚〉につまり〈四肢〉に「視」の位相を預けて出発している。またその資質にアカデミックな緻密な議論にも物怖じしない、それまでの学生にあまり見られなかった野生的な構えの知的キャパシティーを具えていること、などだがこういう傾向はこの二人に限らず、'80年代の京都芸大の多士済々に共通するところであった。しかしわたしがなかでもこの二人がある背景を背負って、と言うにはもう一つの文脈を彼らに長野五郎を〈文化／都市〉論と重ねて来たこれまでの視座を被せた場合の見解で、彼らを位置付けしその出自に注目するからである。わたしはそれを〈文化／都市〉が内包する〈野生／都市〉が顕現する領域であると捉える。彼らは「都市」にありながら、八木一夫や長野五郎の出自である職能集団と一方の啓蒙的学校教育機構で強化する知（思想）の領域を〈両睨み〉できる〈境界域〉から自発した存在だった。この二人にはその両機構にも掬い上げられない野生（身体性／全身性）が生地として保持されている。杉山は北区、高橋は七条でそれぞれ生を受けたとはいえ、ともに洛中育ちの人間にはみられない資質を感じさせた。都市は野生を排除あるいは洗練する。「文化〈都市／京都〉」はその典型だが、そこに寄生するおおくの知的スノップを生み抱え込む。その一方でこの環境から自由に「野生〈都市境界域／京都〉」をも発生させる。そこでヴィヴィッドな知的活力を身体化しつつ育った学生が現れていた。

　高橋悟は卒業早々にニューヨークの大学に留学、卒業後その地で教授の立場を得た。その後の動向は身近に追えなかったものの時折送られてくる写真などで察知することが出来た。観客参加式の大掛かりな装置を構想設置し、地上的な水平／垂直視に定位するその交叉原点からの座標を原点もろとも移動させ、傾斜流動視へと転位する「視」のトポロジーへ人々を招くのだが、高橋を話題にするのはここまでとし、ここでは長野五郎のミニアチュールを追うために一方の杉山雅之の仕事に視線を向けなければならない。しかし長野の視を念頭から消さぬために、ある年の長野の仕事をまずみたうえで、同年に出会った杉山の仕事に目を移すことにする。

＊1984年　長野五郎の仕事
1984年といえば長野が〈本〉の仕事から10年を経て、ミニアチュールの仕事に油が乗ってきた頃だ。その年、京都の画廊で企画された「光の表情展」に出品している（図8、9）。資料を開いてみると、先に話題にした〈実物を幾度かの手順を重ねて映像化することによって言語へと濾過〉した〈メタファー／ドアー〉と、逆に〈物質性〉を際立たせる真鍮やアクリル板を組み合わせるという自らの基本的な態度を微塵も崩さずに企画者のテーマだと思われる〈光〉を〈指向性〉を持たせて侵入させている。その直行光線が日常界では暗部をかもしだす〈影〉を出現させるのだが、長野はこの影を光らせて〈光と影〉の関係にハレーションをおこさせた。タイトルは《影は光るシャミッソーを抜けて》とある（シャミッソーは『影を売った男』の著者[11]）。英文の方が直截な表現になっていて《(Lighted Shadow) passing through Chamisso》である。いまわたしは写真資料に頼っているので踏み込んだ話はできないが、光には光線の指向性を曖昧にした薄明もあることを考えると、長野が敢えて直行光線を選んだのにはわけがありそうに思える。というのもミニアチュール界は本質的に〈光と影〉の世界ではないと思われるからである、そこでの「視」の働きはむしろ日の出前や日没直後にみられるような薄明界にあってこそ強化されるのではないか、それを作者は知っていて敢えてこの直行光線をおのが牙城たる〈ドアー〉シリーズや〈本〉シリーズに介入させた。そこでネガフィルムのような(Lighted Shadow)を日常界に送り返した。そこに30歳代半ばにありながら長野五郎に早くもおとなびた遊戯をみてとるなら〈贈り返した〉と言うべきかもしれない。それは自分がミニアチュール界から舞い戻り、一見世人と違わぬ姿をみせていてもそこに密かに変容した「視」の本性を晒

図8　長野五郎《扉シリーズ（影は光る シャミッソーをぬけて）》mixed media 36.5×26.0×15.0cm 1984年「光りの表情」展（ギャラリー BOX ITTEN、京都）

図9　長野五郎《扉シリーズ（影は光る シャミッソーをぬけて）》mixed media 20.5×19.5×13.0cm 1984年「光りの表情」展（ギャラリー BOX ITTEN、京都）

していくことでもある。外部からのテーマを受けるというような出来事に素知らぬ振りで対応しつつ、自らの「視」に覚醒していく態度には余裕さえ感じさせる。この長野五郎の矜持の強さを示すがごとく続ける本シリーズやドアーシリーズにこの仕事を配列させていることをみてもそれがわかる。

わたしが「都市型自由人」と呼ぶのはこういう佇まいなのである。

＊1984年　杉山雅之　個展
この1984年に話題を絞ったのには理由がある。この年わたしは先に言ったように長野や木村とは一世代おいた学生たちとの付き合いの最中にあった。1980年を跨いで新校舎に移転在学していた意欲的な学生たちには教科を越えて付き合う風潮が広がっていた、学内に限らず東京や名古屋の美大生との交流もごく自然に始まっていた、改革案が少しずつ功を奏し始めた感があり、わたしはこの世代との付き合いに'70年代初期の学生たちにもまさる充実感を持つことが出来た。そういう環境にあった1984年3月、杉山雅之の個展に足を運んだ。

京都堺町三条付近にある「堺町画廊」。三条通りで東にあった「ギャラリー射手座」での長野の初個展からおよそ10年経過していた。長野が〈光〉の仕事をみせた同じ年。この杉山の作品をその後幾度も反復して考えることになった。ミニアチュールが杉山によってまた別の側面をみせて〈出現〉していたのである。杉山はその後もこの小さなものをつくる反面、大きなものをも手がける人物で、長野とはお互いに面識がない（今や方も60歳、一方50歳である）。

図10　杉山雅之 個展 1984年（堺町画廊、京都）

会場は当時の街画廊にしては広いスペースで、ここを二室に区切って、と言っても完全にではなく両室を一望できるように仕切りをしたという体の有り様で、そこに二様の仕事が提示されている。一つは部屋のほぼ中央に土管を立てたような形状のものが置かれている（図10）。直径80cmほど、高さ1mほど。淡い少しむらのある土いろをしたこの土管は接近すると〈中を覗きみられるべく〉設置されていることは自然にみてとれる。数センチの厚みのある縁に顎を被せるようにして覗くと、少し暗い底に土を敷いて地面の様相をみせそこに緑色の草の様な植物が生えている（図11）。この仕事で目に映る情景はひとまずそれでつきている、はて、という軽い戸惑いを自覚する。これが粗雑な造りならそれはそれでそこに目をつけて対応するところなのだが、

この仕事はなかなか念入りな仕事なのである。そうなると、いっそなかに何も無い空の土管なら〈手造りの大振りな土管が置かれている〉という姿に対応する姿勢がこちらに生まれるのに、などと安定しない「視」の体験をもてあます。

＊パラダイム

こういう状態に置かれるとわたしはある連想に泳ぐ。わたしはこれをパラダイムが開くと言うが、長野の時もこの言葉を遣った。この用語は言語学用語から借用している。別に〈パラダイムチェンジ〉というふうに遣われる場合は〈枠組み／規範〉という意味だが、言語学用語では語形変化と呼ばれ一つの言葉が連動する領域を言う。これを借用して何かを見た時それにまつわる事件を連想させられる事態をわたしはこう呼ぶ。

図11 杉山雅之 個展 1984年（堺町画廊、京都）

そこで浮かび上がってくるのが二つの情景であった。一つは庭の隅などに放置されている植木鉢。底に残っている土に雑草が芽生えている様子を覗き見た時の日常界での情景。同時にもう一つ美術界での事件がよみがえる。わたしはそういう日常視と異位相の視がつながる回路が獲得されないと興味が持続しない。さてこのときの美術界での出来事、それは《位相》と題された関根伸夫の大振りな仕事である。大地を感じさせる広場の地中に大きな穴をくり抜いて、その抜いた土がくり抜かれた形状を保ったまま穴の隣に大きく見上げられるように置かれている。この仕事はこれ以後広く知られ美術学生でこの仕事を知らぬものはいないと言われるほど認知された。わたしにとってもこれは〈事件〉になった。わたし自

図12 杉山雅之 個展 1984年（堺町画廊、京都）

身の「視」がこれとどのように対応していたかここでの文脈で説明すると、そのすっぽり抜け上がった、円柱形の土塊があたかも天上に舞い上った後、そこから地上に降立ったかのような姿で当の大穴の傍らにたち上がっている。これは、見降ろす（覗きみる）体験、見上げる（仰ぎみる）体験、それが地上に降り結成した姿とみる（水平視）体験という「視」の〈地上位〉を自覚させるとともに「三異相を（創造／発見）した仕事とし、「視」の〈異位相への旅程〉をドカン（土管を踏まえたしゃれ遊びをしているのではありません）と物象表象するに至った事件として出現した、と捉えた。関根伸夫の自我がかもしだした出来事などと言うも愚か、数学者や物理学者と並ぶ普遍の位置へ「視」が移送された姿を関根伸夫の「視」において顕在化した〈出来事〉だとわたしはみた。それを「位相」という定言でタイトルにしたのは関根伸夫の一寸した倫理的油断だが、せめて「位相へ」というタイトルにしておけば「視」の動勢が危機的状況に追い込まれた現代の人間的「視」の運動様相としてこの仕事「位相」は地上生物人間の創造／発見の表象となって'70年代に関根を囲んで会食した学生たちにインパクトを与えただろう。人間関根伸夫の位置での話を聞きたかった彼らの願いは、既にこの仕事に勢いづいて上昇飛行しているかのごとき関根の口調を嗅ぎ取って白けてしまった。

杉山展に話をもどすと、わたしの連想が杉山の土管が関根の仕事の形態に、その底に見た植物が植木鉢の様子に、それぞれ似ているから引き出されたというふうに取られそうだが、実はそのような認知レベルだけではない。わたしのパラダイムは「視」の動態位相に乗って開かされている、つまり〈覗く〉、〈仰ぐ〉、〈眺める〉という態度とそれらの行為をさせられる事件として連想野が立ち現れて来るという事態につれこまれている、ということが自覚されてくるのだ。ウム、と念じてこの土管から離れる。こうして間仕切りの隣へ移動する次第になった。

次に目にするのがまた異様な情景である。床いっぱいに敷き詰められた土の地面空間の少し奥まったところに一本の木が生えている（図12）。それ自体はさほど驚くようなものではないのだが、よく観ると褐色の樹木は単なる枯れ木ではない、手技によって疑似的にしつらえてある。幹の部分は自然木を借りていても枝分かれは人工で造られている、その継ぎ目を隠す入念なごまかしをしていない。土の地面がそれを踏みこんで接近しこの細工を確かめる態度を許していないのでもどかしいが、別室の土管にみるような精緻な技術を持った人物がわずかな注意力で見抜かれる距離にこのような作業を放置するはずがない、これはひっそりと見抜いてもらうべく、距離をおいた位置にたてる意図がなせる所業だと感じた。とするとこれを枯れ木にみせる態度もいささか怪しく、それとは違う「視」を呼び覚まそうとしてそこにある、と思えて来る。枯れ葉とみえた部分も妙にてかてかとしている。これはまたまた厄介なものを見せられているという気持ちを拭えない。ここでも疲労を感じて場を離れる仕儀となる、だがそのまま画廊を出てしまうということに身が動かない、もういちど先の土管の場へ足が向く、しばらくしてまた木の場に戻る、どうもうろうろさせられる自分にあきれながらどこかで似たような経験をしたことを思いだそうとしている。こうして呼び戻し

つつあった記憶にゆっくりと焦点が絞られて甦ったのが10年前の長野五郎の個展での自分の仕草だった。この復元がしっかり定位するには〈堺町画廊個展〉体験とその2カ月後に杉山が〈糺の森〉で野外提示した仕事と、10年前の長野五郎展での記憶を往復しながら3、4カ月ほどの時を経てからだった。

　ここで〈糺の森〉での杉山の仕事の記憶をたどる。この〈糺の森〉は京都市内を流れる鴨川の上流に加茂川と高野川が合流する三角帯に聖域を区切った下鴨神社の境内にある森である。ここは、わたしも加わっていた京都芸大関根教室（構想設計専攻として改革後関根勢之助教授が立ち上げた実習ゼミの愛称）の野外実習発表教室となっていた。杉山の仕事はミニアチュールの姿をした小さな鉄の箱状のものが多数、まさに都市の景観を思わす姿でそこに並んでいた（図13、14）。ある距離まで接近すると、それは〈地中から湧き出る〉ような動勢を観る人間に呼び起こさせる、また逆に〈地中へこれから沈み込む〉運動に観る者の「視」を誘い込む。ただ静かに地面に置かれてあるだけなのだが、そわそわと歩きながら「視」が動かされる。あの森でのミニアチュール体験が個展会場の体験と重なってわたしに再出現した。長野のときは動くといっても近づいたり離れたりする動作で、いずれそうしているうちに静かに立ち上がってくるメタフィジカルな「視」の世界を発見して静止することが予感された。ところが杉山の場合はそういう静止に誘ってくれない。いつまでもこの〈そわそわ〉歩行体験が尾を引いたのである。

[図13] 杉山雅之 作品
1984年（糺すの森・下鴨神社、京都）

[図14] 杉山雅之 作品（部分）
1984年（糺すの森・下鴨神社、京都）

＊ 壺中の天地
「ド壺ニハマッタ」、という表現を関西ではよくする。深みに落ちて動きがとれなくなった状態を言うのだが、わたしはこの心境でしばらくすごした。「ウーン、ド壺かぁ」一人うなっていた時ふとあの土管は壺ではないのかと思った、わたしもまた困ったときご多分にもれずアナロジーに走る。そこで思いだしたのが例の中国故事。略して〈壺中の天〉。辞書に頼ると「〈壺中の天地〉、後漢の費長房が市中に薬を売る老人が売り終わると壺の中に入るのを見て、一緒に入れてもらったところ、りっぱな建物があり、美酒、佳肴がならんでいたので共に飲んで出てきたという。（後漢書方術伝の故事から）」とあり俗世間を離れた別世界のことをいう（大辞泉）。

　一般にアナロジーは遊戯で終わるものだが、有効なヒントをもたらすこともある。わたしはこの故事で費長房がそこから帰って来てその世界を話したという、そこのところに興味をもたされた。

　そのうえで、杉山の土管を壺とすれば面白い。その中には別の天地がある。壺の外と違う宇宙（コスモス）が広がっている。とすれば、この壺はその世界を境界する姿として可視化された物象である。あの〈接近〉によって出合う〈一旦停止〉で、小さな世界への境界を体験できるモデルとして杉山はこれを出現させた。故事では中には老人が一緒でなければ入れないのである。中へ入ることが出来るということはミニアチュール界への「覗視力」が老人として出現しているということだ、ミニアチュールの仕事に成功した作品は「視」がそこへ案内する老人の役割として獲得していることであり、覗き込むという「覗視」の強化がその老人を手中にするか否かの分かれ目である、ということになる。杉山はその事態を「視」の強化を期しつつ直感した。

　長野はその「覗視」の力を鍛えてきて壺中に入る、壺から出る、ということを絶え間ない作品制作の場としてきた。その都度の制作はその境界を行き来している長野の「視」の姿そのものだ。長野が自らの「視」を投げつつ身も別天地「ミニアチュールの世界」に入る、そこから出て来る、この時土産はこちらからも持っていき（長野のモチーフを観よ）、それをミニアチュール界での「視」に預け、そこでの成果（長野の作品を観よ）を携えて帰ることである。

　長野は、人々がメタファーとしてかかえる形体をモチーフとして選び、〈ことば〉と〈もの〉との関係において立ち上がる〈できごと〉としてミニアチュールへと人々の「視」を誘うのだが、杉山の場合はモチーフに拘るよりはそのような構造を開示してみせ人々に「視」を自覚させる働きをする仕事となった。

　わたしはこうして杉山雅之の個展会場と糺の森での体験を語ることで、長野の「視」の位相を語ることができた。

＊ おわりに
思えば40年の歳月に長野五郎がこれらの小さな仕事への集中力を持続し得たのは、〈自由〉の問題を「視」の位相で一貫して抱えてきたからである。それは〈ここから〉そこへ、〈そこから〉ここへの願いのうちに〈自由を生きようとする〉人間の精神の

トポロジカルな運動の様相をみせた出来事である。その姿をみせられた時にこそ〈自由〉は初めて我々の口にのぼる言葉となる。

還暦というこれも近世用語をもって迎えた境遇に区切りをつけ、より自在に異界を跨ぐ長野五郎は「〈もの―ことば―こと〉」の関係を「都市型自由人」として引き受けた人格へと更に飛躍させるべく、その仕事をますます研ぎ澄ましていくように感じる。その人物がこれまでの制作過を踏まえて、今胸に秘めている言葉は「静寂」だという。急速回転する〈コマ／独楽〉が静止の姿を見せるように、「静寂」は消音に秘める「視」のダイナミズムを表象している。そこには「文化〈都市／京都〉」の、中世戦乱の世にありながら、東山文化がみせた「静寂」への〈回帰〉の姿があると見ていいのかもしれない。

長野五郎氏には記憶を甦らせる作業に協力して下さったことを、杉山雅之氏には資料を提供してくださったことを感謝して筆をおくことにしたい。

御蔵山にて

（はやしごう／美術家）

注
1) 巻末の執筆者紹介を参照。
2) 中村敬治（なかむらけいじ 1936-2005）山口市生まれ。同志社大学大学院修士課程終了。同志社大学専任講師を経て美術評論家。国立国際美術館主任研究官、NTTインターコミュニケーションセンター副館長・学芸部長などを歴任した。著書に『現代美術／パラダイム・ロスト』（書肆風の薔薇、後に水声社、1988）、『現代美術／パラダイム・ロストⅡ』（水声社、1997）、『現代美術巷談』（水声社、2004）がある。
3) E・H・エリクソン（Erik Homburger Erikson 1902-1994）ドイツのヘッセン州フランクフルト生まれ。発達心理学者、精神分析家。ウィーン精神分析研究所の分析家の資格を取得。1933年ドイツのナチスが政権を掌握後、エリクソンはウィーンからコペンハーゲンを経て米国に渡る。1939年米国国籍を取得。発達心理学者として知られ、エゴ・アイデンティティ（自我同一性）という概念を提唱した。エール大学、カリフォルニア大学バークレー校、ハーバード大学の教員を歴任した。1970年に著書『ガンディーの真理』がピュリッツァー賞を受賞。
4) 柏原えつとむ（かしわばらえつとむ 1941-）兵庫県神戸市生まれ。画家。多摩美術大学卒業。京都造形芸術大学大学院教授。1972-3年「方法のモンローシリーズ」、「指令による実験展Mr. Xシリーズ」を制作。1966年の個展より、1973年サンパウロ・ビエンナーレ、1975年パリ・ビエンナーレ、1999-2000年グローバル・コンセプチュアリズム（NY他）など国内外で発表。1987年作品集『直感の海へ　柏原えつとむ 1961-1987』（現代企画室刊）。
5) 八木一夫（やぎかずお 1918-1979）京都市東山区に八木一艸の長男として生まれる。1937年京都市立美術工芸学校彫刻科卒業。京都市立陶磁器試験所付属伝習所に入所。1948年山田光、鈴木治らと前衛陶芸集団「走泥社」を結成。1951年「現代日本陶芸展」（イタリア・ファエンツァ）に出品。1954年東京・フォルム画廊にて個展《ザムザム氏の散歩》を発表。1959年「オステンド国際陶芸展」、1962年プラハ国際陶芸展でグランプリ受賞。1964年「現代国際陶芸展」（東京国立近代美術館）、1965年「日本の新しい絵画と彫刻展」（ニューヨーク近代美術館）、1970年「現代の陶芸 ―ヨーロッパと日本―」展（京都国立近代美術館）、1971年「現代の陶芸 ―アメリカ・カナダ・メキシコと日本―」展（京都国立近代美術館）などに出品。1971年京都市立芸術大学美術学部陶芸科教授となり後進の指導にあたる。1973年日本陶磁協会賞金賞受賞。1976年エッセイ集『懐中の風景』（講談社）が刊行される。1977年「工芸館開館記念展 ―現代日本の秀作展」（東京国立近代美術館工芸館）に出品。
6) 辻晋堂（つじしんどう 1910-1981）鳥取県生まれ。1931年上京、独学で彫刻を始める。1933年日本美術院展に辻吉名で出品、初入選。1935年日本美術院展友に推挙。この頃から木彫に本格的に取り組む。1938年得度し晋堂と改名。1939年、1941年院展で第二賞、1942年院展で第一賞を受賞、異例の若さで日本美術院同人に推挙される。1949年京都市立美術専門学校教授、翌年市立美術専門学校が市立美術大学となり彫刻科助教授となる。この頃から作風は抽象化し陶彫に取り組む。1955年京都市立美術大学彫刻科教授となる。1957年第4回サンパウロ・ビエンナーレ、1958年第29回ヴェネチア・ビエンナーレに出品。グッゲンハイム美術館における「七人の彫刻家・彫刻とドローイング展」に出品。1961年カーネギー国際美術展（アメリカ）に出品。1974年京都市立美術大学学長に当選するも固辞。1976年同学定年退職、名誉教授。1977年京都市文化功労者。
7) 堀内正和（ほりうちまさかず 1911-2001）京都府生まれ。東京高等工芸学校（現千葉大学）彫刻科を中退。二科会の番衆技塾で学ぶ。1929年二科展に初入選、1947年二科会会員となる（66年退会）。1950年京都市立美術大学（現京都市立芸術大学）教授に就任。1963年「海の風」で高村光太郎賞、1969年「立方体の二等分」が第1回現代国際彫刻展（箱根彫刻の森美術館）大賞、1970年第2回神戸須磨離宮公園現代彫刻展で神奈川県立近代美術館賞を受賞。ユーモラスで幾何学的な立体作品を制作。日本における現代抽象彫刻のパイオニア。知的空間構成とユーモアに富んだ作品は国際的にも高い評価を受けた。
8) 鈴木治（すずきおさむ 1925-2001）京都府生まれ。京都市立第二工業学校窯業科を卒業。1948年八木一夫、山田光らとともに「走泥社」を結成。1955年頃から「泥象（でいしょう）」と称する、用途をもたない造形的な作品を発表。1960年日本陶磁協会賞を受賞。1962年「国際陶芸展」（チェコスロバキア）金賞受賞。1963年「現代日本陶芸の展望」（京都・国立近代美術館京都分館）、1964年「現代国際陶芸展」（東京国立近代美術館）、1968年「現代陶芸の新世代」（京都・国立近代美術館京都分館）に出品。1970年「ヴァロリス国際陶芸ビエンナーレ展」（フランス）金賞受賞。「現代の陶芸 ―ヨーロッパと日本―」展、1971年「現代の陶芸 ―アメリカ、カナダ、メキシコと日本―」展（共に国立近代美術館京都分館）に出品。1979年京都市立美術大学美術学部教授に就任。1982年『鈴木治陶芸作品集』（講談社）を刊行。1985年以降、毎日芸術賞、京都美術文化賞、日本芸術大賞、朝日賞など受賞。1998年走泥社を解散する。1999年「鈴木治の陶芸　詩情のオブジェ」（東京国立近代美術館）が開催される。
9) 杉山雅之（すぎやままさゆき 1960- ）京都市生まれ。1985年京都市立芸術大学大学院美術研究科刻専攻了。1986、1994年京都市内の空き地でインスタレーションを行う。2003年あさご芸術の森大賞展で大賞受賞。2004年ビエンナーレKUMAMOTO Ⅱでグランプリ受賞。2006年村松画廊（東京）、2007年ギャラリーなつか（東京）、galrie 16（京都）で個展開催。2009年「UBEビエンナーレ」展出品ほか。
10) 高橋悟（たかはしさとる 1958- ）京都市生まれ。1988年イェール大学大学院修士過程修了。カーネギーメロン大学助教授、ミシガン大学准教授を経て、2008年より京都市立芸術大学構想設計教室准教授。対立する諸概念の考察を通し、芸術、医療、生命、環境に関する研究と制作、および、社会に関わる新たな芸術教育のありかたについての研究と実践を行う。
11) アーデルベルト＝フォン・シャミッソー（Adelbert von Chamisso, フランス名Louis Charles Adélaïde de Chamisso de Boncourt, 1781-1838）シャンパーニュ地方の貴族として生まれた。フランス革命でドイツに亡命し、プロイセンで博物学を学ぶ。1803年に同志とともにDeutsche Musenalmanach を創刊し詩を発表。詩人として注目された。1810年までベルリンで過ごした後、ヴァンデ県ナポレオンヴィルで教職に。1813年に友人の子供たちのためにメルヘン風物語「影をなくした男（ペーター・シュレミールの不思議な物語）Peter Schlemihls wundersame Geschichte」を書く。1815年、植物学者としてロシアの探検船「ルーリク」に乗り組み世界一周の旅に出た。1818年ベルリン植物園園長およ

び科学アカデミー会員となる。詩人としては「女の愛と生涯 Frauenliebe und leben」(1830) が有名で、ロベルト・シューマンにより歌曲集として作曲された。詩集に「ボンクール城 Schloss Boncourt」、「サライゴメス Salas y Gomez」などがある。
──────
『影法師を売った男』阿蘇三郎訳（自然社、1948）
『影を売った男・ペーター・シュレミールの不思議な物語』手塚富雄訳（角川文庫、1952）
『影をなくした男』池内紀訳（岩波文庫、1985）
＊ポケットからペルシャ絨毯でも馬でもするすると取り出す謎の灰色の男に乞われて「幸運の金袋」と引き換えに自分の影を売った男の物語。その男シュレミールは尽きることの無い財産を手にするが、影の無い彼は社会で人間として扱いを受けない。

Fieldwork & Writings 1971-2007

長野五郎はアートワークと並行して、長年にわたりユーラシア大陸の各地・中南米の国々へ、「染」と「織」の世界を、手を中心とする生産技術と生産形態に限定し、ものと人と道具の関わりや、それらの原初のありようを探る旅（フィールドワーク）を重ね、研究を進めてきた。それら論文による成果は、アーティストとしての長野の、素材と向きあい対話する視座にもとづいている。その研究は、たとえばアーティストと研究者の「二足の草鞋を穿く」と喩えられるようなものとは一線を画している。本書では、長野の論文全23編から5編を収載。また、北澤憲昭によるエッセイ、辰巳正明と長野五郎の対談も併載した。

Along with the artistic production of his works, he has widely travelled for years in countries and regions in Europe, Asia, and Central and South America, and has conducted fieldwork on dying and weaving, and production techniques and forms mainly by hands, tying to obtain deeper understanding of the relation between things, men, and tools, and to find out what they were like when they first appeared. These achievements published in his papers can by no means be identified with the mere spin-offs of so called an artist-cum-researcher. Rather, they come from his genuine desire and attitude as an artist to face materials and converse with them. This book contains the five articles chosen from the whole of his 23 articles, accompanied by the critique by Noriaki Kitazawa and the dialogue between Nagano and Masaaki Tatsumi.

クリナメンの布 ——長野五郎による草木布研究へのブリコラージュ的オマージュ

北澤憲昭

> 歳月は杼のようだからというだけであなたが好き
> 永遠に留まることなく　永遠に振り返らない
> それだからこそ華麗な面ざしが織りだせるの
> みじんも色あせた憂い悲しみをみせずに
>
> ——席 慕蓉（池上貞子訳）「あなたへの歌」

布には平らな広がりのイメージがある。だが、布は単なる平面ではない。布は、無数に交叉する糸が生み出す手触りと厚み、そして微妙な起伏をともなう。『物の本質について』におけるルクレティウスの次の言葉は、そのような布の在り方について考えるためのきっかけを与えてくれる。

> 原子は自身の有する重量により、空間を下方に向って一直線に進むが、その進んでいる時に、全く不定な時に、又不定な位置で、進路を少し逸れ、運動に変化を来らすと云える位な逸れ方をする（中略）。ところで、若し原子がく斜に進路を逸れがちだということがないとしたならば、すべての原子は雨の水滴のように、深い空間の中を下方へ落下して行くばかりで、原子相互間に衝突は全然起ることなく、何らの打撃も生ずることがないであろう。かくては、自然は決して、何物をも生み出すことはなかったであろう。

ここで述べられている「雨の水滴のように、深い空間の中を下方へ落下して行く」原子のイメージは、「竪機」と呼ばれる原初的な織機を連想させるところがある。この織機は、水平に渡した棒から、経糸の先に石などの錘つけて雨のように連ねて垂らすのである。落下する原子の流れを、竪機の経糸になぞらえることができるわけだが、しかし、斜行する経糸というものは考えがたい。とはいえ、緯糸を打ち込んでゆく動きのなかに斜めに逸らす力が ——原初的な竪機であればなおさら—— はたらくことはあるはずだし、布の微妙な起伏やテクスチャー形成の契機のひとつは、この力の偏りにかかわっているといえるのではないだろうか。

ルクレティウスは、いま引いたような宇宙観をエピクロスから学んだのだが、ルイ＝アルチュセールは、同じ源泉から汲みつつ次のような言葉を残している。文中の「クリナーメン」あるいは「クリナメン」とは、ルクレティウスが語る原子の斜行運動を指す語である。

> クリナーメンとは、どこでも、いつでも、どうにでも生じる無限に小さい偏向です。重要なことは、クリナーメンが真空落下のなかで原子の逸脱をひき起こし、隣の原子との出会いをひき起こすことです。そして出会いが束の間のものではなく持続するその都度に、またいたるところで、出会いが出会いを重ねることから世界が生まれるのです。（『哲学について』）

> 平行的な雨のなかで空虚のうちを落下しているエピクロスの原子が、出会いを遂げるなら、それは——クリナーメンによって作られる偏奇において——必然性の世界そのものの内部における人間の自由の実在を承認するためなのです。（『哲学とマルクス主義』）

斜めに逸れる原子が他の原子と出会うことで、この世界が生まれるというアイディアは魅力的だ。偶然に惹起される偏奇が人間の自由の証であるというエピクロスに由来する発言もまた、多くの示唆に富んでいる。この「自由」の二文字

は「創造」と置き換えてみることも可能だと思われるが、平行落下という整然たるシステムにおいて斜行する原子の偶然的な動きが世界を生み出し、人間の自由をも可能にするという発想は、すべてが計算可能なもの（コンピュータブル）によって埋め尽くされつつある現代社会においては希望の音色さえ響かせているだろう。思うにこれは事実の記述としてではなく、また理論としてでもなく、むしろ、イマジナリーな当為として、あるいは自由と創造への励ましとして読まれるべき言葉なのだ。

＊

布のテクスチャーの不均一なざらつきや起伏については、このような思想的意義を読み込むことができるのだが、テクスチャーの決定要因の最大のものが繊維の質であることはいうまでもない。これはあらゆる繊維についていえることであるとして、しかし、なかでも草皮繊維や木皮繊維をもちいる草木布において、このことは際立っている。これについて長野五郎の著書『織物の原風景 ─樹皮と草皮の布と機─』には次のような記述がある。序文から引く。

　これらに用いる繊維の質は、その植物体の根幹部や先端部ではずいぶんその性質を異にする。／また植物の生えていた場所や、気候など自然環境によって大きな影響を受ける。その結果植物の部位によって、繊維素材は均質ではないのである。（スラッシュは原本段落──引用者註）

特に、アジアの草木布は、西洋のリネンなどと異なり植物が成長する方向性の痕跡を顕著に残しており、不均一性がきわだつ。長野の本は、このことについて次のように述べている。

　天然素材のこうした「不均質さ」に対応しながら、植物から繊維を取り出し、これを糸に績み、織物へと進んでいく作業工程は、いいかえれば植物の生命を再構成することにもなろう。

糸に、物質としての植物の成長の方向性が記憶されているわけだが、このことは、物質的現象にかかわる点において、また、一方向に向かう動きである点において、垂直に落下する原子の運動に──植物の生長は原子の運動とは全く逆方向であるとはいいながら──擬することができるし、また、草の皮や木の皮に由来する布の偏向、つまりは不均質なテクスチャーは、物質的現象としての生命における「クリナメン」と呼ぶことができるのにちがいない。このことは布全般について必ずしも当てはまるとは限らないものの、そもそも「ぬの」という語が──機械織や絹ではなく──麻や苧（からむし）など草木の皮による織物を指していたことを思うならば、不均質さこそ、布の原イメージなのだといっても決して過言ではないだろう。

　植生は風土に深く根ざすものであるから、草木の皮による布は、風土の痕跡を記憶しつつ、風土に適合的な在り方を身におびるはずである。こうした布と風土の関わりについて、柳田國男は『木綿以前の事』で、こんなふうに語っている。

　近い頃までも夏だけはなほ麻を用ゐ、木綿といつても多くは太物（ふともの）であり、織目も手織で締まらなかつたから、まだ外気との交通が容易であつたが、これから後はどうなつて行くであらうか。汗は元来乾いて涼しさを与へるために、出るやうなしくみになつて居るものに相違ない。湿気の多い島国の暑中は、裸で居てすらも蒸発はむつかしいのに、目の細かい綾織（あやおり）などでぴたりと体を包み、水分を含ませて置く風習などを、どうして我々が真似る気になつたのであらうか。

草木布が日本列島の風土に適合するのは夏ばかりではない。冬においても適合性をもつ。つづけて柳田から引く。

　麻布は肌着に冷たく当つて、防寒の用には適せぬやうに思はれるが、細かい雪の降る土地では、水気の浸みやすい木綿を着るのはなほ不便だから、言はゞ我々の雨外套の代りに、麻布を着て雪を払つて居るのであつた。

防水ばかりではなく、「六枚寒む」、「七枚寒む」という民俗語彙に示されるように、かつて、ひとびとは草木布の重ね着によって冬の寒さを凌いでいたのであった。
　　　　　　　　　　　　　＊
草木布が、このように日本列島の風土に適合的であるということは、草皮繊維や木皮繊維で布を織り出すことが「植物の生命を再構成すること」であるばかりか――綿布や化繊の織物とは異なり――糸となる植物を生い茂らせる特定の地理的・歴史的地平への、再構成を経た帰還でもあるということを示してもいる。
　しかも、こうした風土への帰還は、機織りのメカニズムにおいても見出される。腰機（後帯機）という原初的な機は、経糸を折り返して通した二本の棒を、腰帯と足裏で保持する仕組みになっており、腰の出し引きや足の加減で経糸に緊張と緩和をもたらすことができる。つまり、織り手の身体を機とする仕組みなのだが、こうした身体とのかかわりは織り上がってくる布のサイズに顕著に示されている。地に足を投げ出した姿勢で腰から足裏までの距離が布の長さの基準となり、腰幅が布の幅の基準となるのである。
　腰から足裏までの長さによって経糸の長さが規定されるのは、ずいぶん不便に感じられもするが、これについて先に引いた長野の本は、中国海南島の或る部族の例を挙げて「短い筒状のスカートと、織り上がった筒の状態の布とはほぼ同じ大きさなので、短い経糸しかかけられないことは何ら支障がない」と述べている。つまり、織り手の女性たちは、自身の身体を機として、そこに風土に由来する糸を張り渡し、織る作業によって世界に自分を織り込みつつ、自身のスカートに世界を織り込み、さらには、それを着用することで再び自身を世界に織り込むという重層的なギヴ・アンド・テークの関係を世界とのあいだに結ぶのだ。
　若き日のアルベール・カミュのエッセイ集『婚礼』――人間と自然の婚礼を汎神論的な悦びに充ちた詩的スタイルで記したこの書物のなかに、「大地と、人間的なものから解き放たれた人間との愛のある一致」という言葉が見出されるが、腰機で機織りをする女性たちは、まさにこのような意味で世界と結ばれるのであり、そこにおいて労働は――かつてシモーヌ・ヴェーユが願ったように――一篇の詩と化するのにちがいない。そして、彼女たちは、やがて「世界との婚礼の一日のしあわせな疲労」のなかで眠りにつくだろう。
　　　　　　　　　　　　　＊
世界との婚礼としての機織り。この想念は、折口信夫の語る「神の嫁」としての「たなばたつめ」へと思いをいざなわずにいない。簡潔な要約を「ほうとする話」から引く。

　海岸に神を迎へた時代にも、地方によつては、此まれびとの為、一人、村から離れ住んで、海波の上に造り架けた様な、さずきともたなとも謂はれた仮屋の中で、機を織つてゐる巫女があつた。板挙に設けた機屋の中に居る処女と言ふので、此を棚機つ女と言うた。

この「棚機つ女」について、「水の女」で折口は、山村のケースに触れつつ次のように記している。

　村が山野に深く入つてからは、大河の枝川や、池・湖の入り込んだ処などを択んだやうである。そこにゆかはだな（湯河板挙）を作つて、神の嫁となる処女を、村の神女（そこに生れた者は、成女戒を受けた後は、皆此資格を得た）の中から選り出された兄処女が、此たな作りの建て物に住んで、神のおとづれを待つて居る。此が物見やぐら造りのを さずき（また、さじき）、懸崖造りなのをたなと言うらしい。かうした処女の生活は、後世には伝説化して、水神の生け贄と言つた型に入る。来るべき神の為に機を構へて、布を織つて居た。神御服は即、神の身とも考へられてゐたからだ。

「神の嫁」という言葉は、当麻寺の阿弥陀浄土変相図の成立にまつわる折口の「死者の書」のヒロイン「南家の郎女」を思い起こさせる。土着信仰から仏教への変移を経てこそいるものの、仏に着せかける「藕絲の上帛」を織る郎女は「神の嫁」の面影を色濃く残しているのだ。
　おいとほしい。お寒からうに。──という思いから「俤　人」のために布を織り始めた郎女は、ひたすら「此機を織りあげて、はやうあの素肌のお身を、掩うてあげたい」と願うのだけれど、「水の女」に従うならば、彼女が彩絵で面影を描くことで完成させたこの織物こそ「神御服」すなわち神仏の「お身」そのものであった。そして、その「お身」が阿弥陀のそれであるとすれば、郎女は、世界を織りあげたのだということができるだろう。阿弥陀とは、無量寿にして無量光なる存在、すなわち全宇宙に遍満する永遠の存在にほかならないからである。

＊

「死者の書」の印象深いオノマトペを引いて述べるならば、郎女が「はた　はた　ゆら　ゆら」と織っていたのは世界そのものであった。つまり、ここにおいて織物と現実の境は消えている。現実は織物であり、織物は現実にほかならない。さて、それでは、この織物における緯糸とは、いったい何であるのだろうか。経糸が、落下する原子のメタファーとして捉えうるとして、物質の垂直運動に織り込まれる緯糸はいったい何に譬え得るのだろうか。いうまでもあるまい。腰機をめぐって書いたように、それは織り手の身体のメタファーとして捉えることができるのだ。
　ただし、ここにいう「身体」とは、単なるからだのことを指すわけではない。それは肉体と区別される存在としての身体、精神的な次元を倍音のように絶えず鳴り響かせている身体のことである。織り手たちは機織りという動作において、このような意味での身体を、みずから世界へと織り込むことで、世界を織りだしてゆくのだ。『見えるものと見えないもの』のメルロ＝ポンティの言葉を借りるならば、身体と世界は「おなじ肉」で出来ているのであり、そのことを織の作業はあきらかにしつつ、世界を人間の生きる地平として成り立たせてゆくのである。ただし、そこに見出される人間の地平とは、西欧のヒューマニズムが培ってきたスピリチュアルな人間像によっては捉えがたい。メルロ＝ポンティは、カミュが『婚礼』のなかに悦びに充たされながら書き込んだような人間と大地との関係へと ──いわゆる人間性から解放された人間と非人間的な自然との関係へと── 思いを馳せつつ「世界の肉」について語ったのであり、そこにこそ、人間の自由の可能性を見出していたのだ。あたかもアルチュセールが、斜行する原子の運動であるクリナメンに人間の自由の根拠を見出したように。
　改めていうが、緯糸として世界に織り込まれる身体は、単純な肉体のことではない。それは、言語、制度、信仰、願望、意志などによって精神の倍音を複雑に鳴り響かせている。鳴り響く倍音は身体なる存在に独特の音色を与え、また、

個々の身体の音色をも決定する。あるいはまた、特定の文化的な音色をも発生させる。こうした倍音による差異を可能とするものこそ「必然性の世界そのものの内部における人間の自由の実在を承認する」クリナメンにほかならない。先にもふれたように織物において斜行する糸は考えがたいとはいえ、斜行の極限として水平な緯糸を捉え返すことも決して不可能ではないのである。

　交叉する上糸と下糸のあいだを杼が飛び、筬が緯糸を打ち込むとき、織手は、みずからの身体を世界へと織り込むことで、世界を織り出し、自己を世界のなかに織り込んでゆく。そして、その作業におけるさまざまなクリナメンが、物質的必然にもとづくシステムのうえに世界の多様性を成り立たせ、その多様態の個的、歴史的、地理的レベルにおける動的相互連関が世界をインターテクスチュアリティへともたらしつづけてきた。このことを、アジア各地におけるフィールドワークと、それに基づく実作者としての思索によって教えてくれる長野五郎の『織物の原風景』は、それじたいが類稀な織物としてインターテクスチュアリティを実現している。最後に著者の言葉を引いて、アーティスト長野五郎へのオマージュを締めくくりたいと思う。

　　いったん自分の体を通過させてから理解する方法を選んできた。そうすることではじめて、繊維と整経、織物との関係構造が理解できたのである。

長野のフィールドワークと、それにもとづく著作は、みずからを世界に織り込むことで、世界という織物を形成するアーティスティックな実践にほかならないのだ。

（きたざわのりあき／美術史家・美術評論家、女子美術大学教授）

＊長野五郎の『織物の原風景 ―樹皮と草皮の布と機―』（紫紅社、1999）は、ひろいのぶことのコラボレーションによって書き上げられた書物であるが、ここでは本テキストが掲載される書物の性格上、コラボレーションにおけるインターテクスチャリティは脇に置いて、長野に焦点化して語ることとした。ルクレティウスからの引用は樋口勝彦訳により、一部改変して引用した（『物の本質について』岩波文庫、1978）。ルイ・アルチュセールからの引用は、『哲学について』（筑摩書房、1995）は今村仁司訳から、また『哲学とマルクス主義』（邦訳題名『不確定な唯物論のために』、大村書店 1993）は山崎カヲル訳によった。「木綿以前の事」からの引用は『定本　柳田國男集』第一四巻（1962）、「水の女」、「ほうとする話」は『折口信夫全集』第二巻（文庫版、1975）から、また、「死者の書」からの引用は『死者の書』（中公文庫、1978）によった。

長野五郎・ひろいのぶこ 共著
『織物の原風景 ―樹皮と草皮の布と機―』（紫紅社、1999）

［対談］フィールドワーク、文化の基層

辰巳正明＋長野五郎

長野　今日は、辰巳さんとお会いするということで、書架から何冊か本を持ってきたのですが。
辰巳　とても貴重な本を、たくさんお持ちになりましたね。
長野　僕は1950年生まれで、たしか辰巳さんは五つぐらい年長だったかと記憶しているのですが。
辰巳　そうです。私は1945年の、終戦の年の生まれです。
長野　僕たちは団塊の世代の前後。1960年代末から70年代、80年代にかけて同じような空気を呼吸してきたのではと思って……。大学紛争などもありましたし、この頃から僕自身も源流やルーツを求める意識というか、より原初的なものに、僕の癖と相まって、ぼんやりとかたちになって行く時期だったように思います。農業を文化としてとらえる視点から展開された中尾佐助[1)]さんの『栽培植物と農耕の起源』（岩波新書、1966）や、今西錦司[2)]さんのものごとを水平に見る棲みわけという発想の『私の進化論』（思索社、1970）なども当時は魅力を感じていたり……。さまざまな領域を横断することになんとなく惹かれていたのですね。1974年、大阪万博跡地に国立民族学博物館が開館し、文化人類学への関心が高まったことなども思い出します。また江上波夫[3)]さんの『騎馬民族国家』（中央公論社、1967）なんかも印象に残っています。振り返ると当時の知のありようのダイナミズムを感じますね。
辰巳　そうです。大学院生の頃は、学生運動がさかんでしたし、一方では三島由紀夫の事件もありました。ちょうど騎馬民族の本が出たのは、学生の頃でした。まだ、日本は固有文化論に拘っていた時代ですから、朝鮮半島に王朝のルーツを求める「騎馬民族征服王朝説」は、当時大きな反響が起こりましたね。
　　　日本人はどこから来たのか、いつも気にしている民族ですね。お陰で古代史や縄文文化に人気がある。言葉の起源でも、朝鮮語・アイヌ語・レプチャ語[4)]などとの関係が論議されていました。最近では、万葉集を朝鮮語で読むことが流行りました。大野晋[5)]さんには『日本語とタミル語』（新潮社、1981）があります。タミル地方は、南インドということになりますね。
長野　本日持参してきた週刊誌（「週刊朝日」増刊―日本人はどこから来たか―通巻3285号、1981（昭和56）年2月25日発行）に、大野晋さんと江上さんの対談のタミル語[6)]説と騎馬民族説が特集の一つになっているのです。互いに根拠を披露したり面白い掛け合いがあって……。今まで残しておいたくらいですから刺激的だったのですね。
辰巳　言語の問題は、DNA以前に民族の起源を科学的に解く方法でした。ともかく科学を駆使して起源を明らかにしようとしていました。長野さんは、早くからこういうことに興味をお持ちだったのですね。
長野　学生時代（京都市立芸術大学）に教員の木村重信[7)]さんが探検部の顧問のようなことをされており、現場というか、興味をもったその場所に自分の足で立ちたい、自分の目と手で確かめたいという思いはありました。「歩く」「見る」「聞く」というフレーズが今も記憶に残っています。
　　　僕は京都の下京の町なかで生まれ育ったのです。家の隣は黒染め屋さんで、色抜き屋、湯のし[8)]屋、紋入れ屋、しみ抜き屋、白生地屋、悉皆屋[9)]、反物につける渋札などを扱う文具屋など、"京染め"に関わる職人さんやお商売をされている店が多い。幼稚園や小学生の頃は自分が大学へ行くとか、外国に出かけるみたいなことなんてもう夢のようなことで、近所のお兄さんが大学へ進学したと聞くと「えっ、あの人、大学行かはったで」みたいな状況でしたね。
辰巳　大学進学は、都会の人にはそれほど特別なことではなかったと思いますが、私はほんとの山の中で育ちま

したから、先輩が大学に受かったと聞いて、それ以後は尊敬するようになりました。ですから、おなじような感覚はありますね。

長野　辰巳さんも僕も研究活動においてフィールドワークに重きをおいていますが、いつ頃から海外へ目を向けるようになったのかなと思いながら、メモを書き留めたのですけれども……。「兼高かおる世界の旅」[10]というテレビ番組がありましたよね。毎週日曜日欠かさず見ていました。「兼高かおる世界の旅」は1960年にスタートしていたみたいですね。

辰巳　あれ、面白かったですね。外国の情報などほとんど手に入らないような時代でしたから、ああいう番組で外国経験をして刺激を受けましたね。もちろん、テレビで見る外国は、あこがれ以上に非現実の世界でした。

長野　その他に、牛山純一[11]さんプロデュースの「すばらしい世界旅行」。1990年ぐらいに番組は終了しているのですが、今思うとこのような紀行番組で外国にフィールドワークに行くみたいなことを刷り込まれていたのでしょうか。小学生の時は外国に行けるなんて少しも思っていなかったですけど。「すばらしい世界旅行」で心惹かれたのは久米明さんのナレーション。独特の口調で「酋長は言った」と言うんですよ。耳に焼きついてしょうがなくて。つまり長老が若い人たちに何か有無を言わせない物言いをして、この絶対的な時空って面白いなと思いながら。テレビ番組を通して世界とつながり、情報を吸収するような時代だった。

辰巳　それも面白かった。日本以外に外国があるというのは学校の授業で習いましたが、頭にあるのはアメリカかフランス程度。あの「すばらしい世界旅行」は、よく知らない外国を映し出すので、ああした番組がとても人気があった。日本にも、まだ秘境があった時代でしたね。とにかくまったく知らない世界が、あの四角い箱から飛び出して来る。テレビは三種の神器の一つでしたから、見終わったら、親がさっさと布を被せてね。あとは子どもたちには勝手に触らせない。

長野　そしてあともう一つが、海洋探検のクストー[12]。思い返すと三つぐらいの世界を紹介する紀行番組があったのですよね。あのクストー隊長はスキューバダイビングの水中呼吸装置の器具を開発してるのですね。1947年に彼が発明したそうです。多分それで財を得て、あの船「カリプソ号」を手にし、あの番組ができあがった。日本でもすぐに放映されて、テレビの普及とともに番組に影響されてか、それもまた外国とつながるようなことだったのかなあと思い出していました。僕は今もテレビっ子ですけれど。

辰巳　私もそうです。あの番組も大好きでした。しかし、長野さんのように兼高かおるやクストーを通して、外国へ行きたいという思いは、まだそのころは弱かったですね。まだまだ外国は遠い世界でしたから。

長野　1ドルの為替レートが360円と固定されていた（ニクソン・ショックにより1971年12月〜1973年2月、1ドル＝308円）のが、1973年2月14日に自由化され変動になっているのです。360円から200円台に向かっていく時代。それも含めて外国に行ってみたいという感じになって。最初に海外へ行ったのは確か大学の2回生の春休みでしたか、1971年に船で沖縄に行くことになったのです。沖縄がアメリカから日本に返還[13]される前ですね。沖縄へ行くためにパスポートを取って、ドルを用意して。

　　　紅型の模様を彫る突き彫り、ベークライト製のレコード盤を廃物利用した糊置きヘラ、銃弾の薬莢を口金に使った筒糊、驚きの連続で、ほんとに楽しかったです。型紙を実際に少し彫らせてもらったことを今も鮮明に覚えています。

辰巳　そうですか。私はすでに海外に住んでいたものですから。北海道に（笑）。北海道は外地で、本州は内地

と呼んでいました。母親の世代などは、まだまだそこで生まれてそこで死んでいく、そんな時代でしたからね、北海道から一歩も出ずに。そういう時代が東京オリンピックを境に、急激に開けちゃいましたね。私は1964（昭和39）年のオリンピックの年に東京へ出て来ました。当時の私は、海外よりも演劇青年でした。

長野　東京で早稲田に入って演劇やろうみたいな感じだったのですか。

辰巳　私は劇団民芸に入って演出家をやりたいと思っていたのです。手紙を書いたのですが、「今年は採用しないよ」とか、軽くあしらわれる返事をもらいました。宇野重吉に憧れて、高校までは演劇が中心の生活でしたね。
　ところで、今日は、長野さんにお会いするということで、中国の織物や衣装などを持って来たんです。これは中国貴州省に住む南部侗族[14]の、藍染めの布や女性の晴の衣裳です。

長野　きれいな光沢ですね。ベトナムで見たものは、丸太みたいな下に布をおいてその上に板を乗せ、人が支えにつかまりながらその上に乗って左右に横へずらすような感じで光沢を出していました。

辰巳　これは平たい木の台の上において叩いた、砧によるものです。

長野　このようにいろいろな民族衣装などを見ていると、バザールに行った時のような楽しい気持ちになりますね。アジア各地に行くと、日曜日なんかにいろんな少数民族の人たちが集まる「サンデーマーケット」みたいなのがあって、情報収集の良い機会でもありますね。

辰巳　私も市に興味があり、通りに市が立っているとバスを停めてもらって、物色します。これは刺繍の靴敷きです。歌垣の時に、恋人に贈る物らしいのです。今は結婚する相手にあげたり、プレゼント用に作ったりしています。こちらは花の刺繍をした布靴です。3年前に侗族の皆さんを大学にお呼びしたのですが、そのとき立派な衣裳を持ってきて、販売したいというので協力しました。私も娘さんの晴れ着を一揃い買いました。このスカートは盛装のときに着けるものです。このスカートは作るのが大変だそうです。とくにプリーツの技法は民族の伝統的伝承のものです。母親が娘に一生懸命教える。この光沢は卵を使って出しているのです。風よけにもなり、雨も防げるようです。

長野　プリーツはたくさんの布が必要ですね。光沢を出すのに卵白を使っていますね。

辰巳　ところで、長野さんのご著書『織物の原風景 ―樹皮と草皮の布と機―』（共著、紫紅社、1999）は素晴しいお仕事ですね。これは大変な労作ですね。アジアへ現地調査に行かれているのですね。私も研究でよく中国へ行きます。初めは雲南、湖南、そのあとは貴州省に通うようになりました。上海から貴陽へ空路で行き、あとはバスで13時間くらいかけて黎平という県に入り、また2時間ほどかけてベースキャンプに到着します。

長野　僕は中国語も少数民族の人たちの言葉もできませんので、ミャンマー、ラオスの国境などへ初めて行く時には、四輪駆動のジープをチャーターし、運転手が1人とあと現地の言葉と英語ができるガイドを1人、そしてミャオ族[15]だったらミャオの人たちの言葉と中国語ができるローカルガイドを。ですから運転手、中国語と英語のできるガイド、ローカルのガイド計3人に同行をお願いします。ほかにフィールドワークに大切なのは丈夫な胃袋ですかね。辰巳さんが行かれる時は言葉はどうされていますか。

辰巳　私も現地の言葉はわかりません。ですから現地から通訳を1人。それと中国語の分かる院生を連れて行きます。村の人とは言葉が通じませんから、ボディランゲージです。おばあちゃんなんかも、ぜんぜん気にしないで、村の言葉で一生懸命話しかけてきますし、こちらも日本語で話すのです。お互いに「わからんなぁ」という感じで、声を上げて笑うのも楽しいものです。

ところで、長野さんのご著書に「糸を手繰る」ことについて触れていますね。アヤ取り。子どもの時に女の子たちに交じって遊びましたが、あれは織り糸を作ってゆく時の、糸取りの練習する名残りなのでしょうか。

長野　そうですね、糸やひも状のものがあればどこでもあやとり遊びはできますし、おっしゃるように織物のアヤ取りとあやとり遊びとがオーバーラップしているところもあるかもしれませんね。

　　一方、イースター島など文字を持たない社会では、子どもたちが歌や語りを覚えやすくするためにあやとりは用いられたらしいです。とりやすく印象に残るあやもよう。おばあさんにあやとりを習いながら、同時に歌や語りなどを聞き、ときにはなぞる16)。身体と記憶とをリンクさせ、情報を保存しアウトプットしやすくする装置であったらしいのです。

辰巳　技術は、子どもの時から遊びで覚えて行く。方法はちょっと違ったとしても、あれは世界的に共通なのですね。子どもの時から遊びで学ぶと手が器用になりますしね。しかし、ほんとうに織物っていうのは大変な仕事ですね。

長野　ひとは生活する中でどのような動作を行っているのか。例えば陶器を作る、布を織るといった作業のなかに、切るとか結ぶといった単純な動作がどのように組み合わされているかを、あらゆる人間の基本的動作を対象に、その組み合わせとシステムを研究する分野があります。そのなかでも「織る」というのは最上位に位置され、紙を「折る」という場合の単純な「折る」とではその所作の厚みが違って、布を「織る」というのは、糸を切る、糸を結ぶ、アヤを取る、もちろん糸に紡ぐとか、繊維を撚りつないだりなど、さまざまなレベルの基本的動作やプロセスが組み合わさって、その重なりで高度なシステムが完成し、仕上がる。

　　僕自身のなかで、物事を個に分けて整理して考えてみること、と同時に個をあるセットの一つとしてみることを、具体的にはっきりさせるきっかけでしたね。それは、「一の内に含みもつ多（他者）を再現する」という、反主観主義的な作家としての態度とも通底しているように思います。

辰巳　一朝一夕では仕上がるものじゃないですね。いったいどうやってその文化をつくり上げたのか、とても興味あります。以前にテレビで糸の取り方を見た時に、地べたに杭を打って糸繰りをしていました。もう随分以前の話ですけども、実は気になっていたのです。それは、このご本でいう「整経」ではないかと思ったのです。

長野　それは韓国の「安東布」（図1）［『織物の原風景 ―樹皮と草皮の布と機―』、76頁 fig. 287］といって、タイマの織物の「整経」方法です。地面に杭を打って、必要な経糸の長さと本数を決め、そして先ほどのアヤを取るという機にかける経糸を準備するのです。実は日本の島根県上講武にも同じように杭を打って整経する、フジの木の皮を使った魚網の織りがあったのです。日本海をはさんで地理的に近いですよね。四国の徳島県木頭にカジノキやコウゾの木の皮を利用した太布の織物があり、ここでもちょっと前まで地面に杭を打って整経をしていたのです。

　　基本的に「整経」は経糸の必要な糸の長さと本数を決めて準備し、同時に織る際に経糸の間に緯糸を入れるために、アヤを取って上糸と下糸に分けるのです。経糸の長さは一反分とはかぎりません。例えば二反分とか三反分とか用意をするのですね。着るものだけではなくて、漁網なんかであれば最低でも20ヒロ（1ヒロとは人が両手を広げた手先から手先までの長さ）ですから30メートルを超えます。

辰巳　奄美に行った時には、壁に仕掛けが作ってあって、それが整経の台だったのですね。座って織る方法は、アジアに多いですね。座織りと言うのですか。

長野　昔は居座機あるいは居座り織りといっていましたが、居座は差別的用語ということで、一般的な呼び方というよ

り少し専門的ですが後帯機(こうたいばた)と呼ぶようになっています。簡単な棒をセットして腰にかけた帯で機を保持し、床や地面に腰を下ろして織る。私の本では無機台腰機と呼んでいます。もう一つ、奄美大島、宮古島などの有機台腰機。専用の機を用いて、腰にかけた帯で経糸を保持して織るなどがあります。

　フィリピンミン・ダナオ島のアバカ布ではバナナの偽茎に杭を打って整経しますし（図2）[『織物の原風景 ―樹皮と草皮の布と機―』93頁 fig. 373]、「エ」の字の形をした道具でもできるんですよ（図3）[『織物の原風景 ―樹皮と草皮の布と機―』58頁 fig. 185]。木枠に棒を向かい合わせて一列に立てた専用の台を、床に置いたり壁に立てかけたりして、直接に機に経糸をかけるのではなく、いずれも杭や台で間接に機にかける経糸を準備する整経方法ですね。長さと本数と経糸を上糸と下糸に分けるアヤ取り、基本的にはどのようなかたちをとっても、この3つが備われば「整経」といえます。

　腰を下ろして織る無機台という専用の機を使わない輪状につながった織物で、木の皮を用いた織物がフィリピンのルソン島にあります（図4）[『織物の原風景 ―樹皮と草皮の布と機―』86頁 fig. 342]。これなどは実際に存在する木の皮や草の皮を用いた織物のプロトタイプと考えられますね。

辰巳　万葉集の歌の中に「娘子らが／績み麻のたたり／打ち麻懸け／うむ時なしに／恋ひわたるかも」（12・2990番）というのがあります。「たたり」という言葉ですが、これは今でも使う言葉でしょうか。糸を績むときの、糸のもつれを防ぐ道具といわれますが、この「績み麻」は、草か木か（草の皮などの繊維）を、績みだしたものですか。

長野　タイマやカラムシなど草皮というのは、糸を作る際に撚りつぐ、つまり績むのですが、まず繊維を細くテープ状に裂くんですね。その裂く時に、杭みたいなのを立てておいて、爪で裂いた口を杭にかけながら端まで裂いていくのです。そういう補助的に使用する道具を指すのでは。「たたり」は、もしかしたらこの道具（図5）[『織物の原風景 ―樹皮と草皮の布と機―』33頁 fig. 61]に引っ掛け、繊維を裂くのを詠んだのではないでしょうか。京都府上世屋では藤繊維を手や足まで使って長い繊維をテープ状に裂いていくのです（図6）[『織物の原風景 ―樹皮と草皮の布と機―』44頁 fig. 115]。京都府峰山町の古殿遺跡跡では絡垜(たたり)が発掘されています。

　もう一つ、カラムシやタイマなどの草皮の繊維を棒に括り付けて

図1 fig. 287　必要な経糸の本数分、この作業が繰り返される

図2 fig. 373　二股になった杭を、握った石でバナナの偽茎に打ち込む

図3 fig. 185　ピナシにかけて整経をする

図4 fig. 342　織り手と介助する人の2人が糸玉を手渡しながら、腰機に直接経糸をかける整経をする

154　[対談] フィールドワーク、文化の基層

　　　　打ちすえ、細くばらけさせることもやっていたようです。そして績むのですね。

辰巳　その可能性もありますね。女の子たちが麻を績むわけで、それで「たたり」に「打ち懸け」るわけですね。「績む」は、糸を続けてずっと延ばしてゆくことのようですね。

長野　今日持参したこれがタイマの繊維です。留封といいますか、ちょうどこれが元の印（図7）[『織物の原風景 ―樹皮と草皮の布と機―』59頁 fig.191]なんですね。印によっていいタイマや粗いタイマなどクラス分けの目印にしているのです。チョマはカラムシのことです。例えば夏に鉄道の沿線に雑草のように生えてるでしょ。あれ多分戦時中に繊維が不足して植えたものがそのまま現在も自生しているのだと思います。カラムシなどがそのまま野生化してる。

辰巳　"そ"という言い方が、割と多いですね。"麻衣（あさごろも）"という言い方もありますし、"夏麻引く（なつそ）"というような言い方もあります。麻は、引くという作業があったということですね。

長野　現在でもありますよ。苧引き（おびき）と呼ぶ作業があって（図8）[『織物の原風景 ―樹皮と草皮の布と機―』29頁 fig.49]、これは福島県の昭和村での写真なのですが、カラムシの繊維を含んでいる表皮を茎から剥いて、その皮のいちばん上の皮とか繊維の余分なものをしごき取ることを"引く"と言います。繊維以外の余分な部分を金属などの篦（へら）でしごき取る。

辰巳　そうしますと、"夏麻引く"というのは、繊維を抜き取るのですか、それとも刈り取るのですか。その麻は、チョマですか。

長野　この引くは、タイマやカラムシの余分なものをしごき取ることかもしれませんが、おっしゃるように根っこを引き抜くことかもしれませんね。タイマは種を蒔く一年草ですし、カラムシは地下茎で殖える多年草です。大麻は根を引き抜きますが（図9）[『織物の原風景 ―樹皮と草皮の布と機―』21頁 fig.18]、カラムシは刈り取ります。引き抜くとすると、この引くはタイマでしょうか。

辰巳　万葉集の東歌に「麻苧らを／麻笥に多に／績まずとも／明日着せさめや／いざせ小床に」（14・3484）とあり、これは"麻苧"なのですね。それを麻笥に績むことを歌っています。苧（からむし）は"チョマ"の"チョ（カラムシ）"ですね。

長野　"麻（あさ）""麻（を）""麻（そ）"はタイマの古名でもありますね。"苧（ちょ）"は"苧（を）"ですね。"苧（を）"は"苧（そ）"とも言って、

図5 fig.61　多賀町・土田きりさんのオウミ

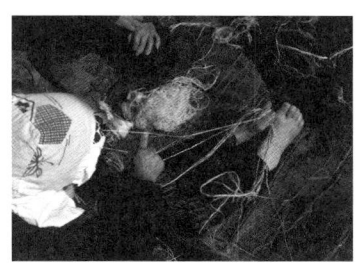

図6 fig.115　足の指を使ってアラソを裂く

図7 fig.191　皮を剥いだタイマの束を、質によって大きく3種類に分け、目印をつける。向って左から上、中、下

図8 fig.49　茎の太さを揃えて、押切で根を切り落とす

タイマやカラムシから取り出したテープ状態の繊維をさすこともあるんです。
　　タイマの"苧（を・そ）"は神事の際、神職の冠の紐に用いたり、三方にのせた供え物を括る薄黄色の幅広のテープ状繊維。奈良晒しで有名な奈良県月ヶ瀬村では、福島県昭和村から仕入れたテープ状のカラムシの繊維を"青苧（あおそ）"と呼んでいます。また、カラムシは元々日本の山野に自生するヤマソと呼ばれる野生種であったそうです。

辰巳　「麻笥にふすさに」というのは、この糸を取り出して、績んで麻笥（おけ）に入れてゆく作業ですね。その専用の桶があるということですね。ここに写っている、この籠ですかね（図10）[『織物の原風景―樹皮と草皮の布と機―』39頁 fig. 91]。

長野　はい、苧桶は各地でオオケ、オボケ、オンケなどの呼びかたをしていて、奈良県月ヶ瀬ではオゴケと言うんですが、作業時には座っている左側に必ず置きます（図11）[『織物の原風景―樹皮と草皮の布と機―』46頁 fig. 126]。籠のときは引っ掛かりがない方がいいので紙を張ったりもします（図12）[『織物の原風景―樹皮と草皮の布と機―』43頁 fig. 112]。績んでいるおばあさんの左側に段ボールがありますね、本来は曲げ物の桶だと思います。だんだん桶がなくなって、お菓子の空き箱になったり、或いは缶になったりとか。代用品に代わっても言葉だけがまだ残っている。この繊維を撚りつつ績む作業は、いずれのところでも木の皮、草の皮を問わず、繊維の「元」から「末」を必ず守っていて、例えば、繊維の元から始まり末端に次の元端を足して撚りつぐ。これを繰り返して苧桶に貯めていきます。つぎに糸を強くする為に繊維に水を濡らして撚りをかけるのですが、その苧桶の最後の糸端から遡って撚りをかけるのではなくて一度裏返す（図13）[『織物の原風景―樹皮と草皮の布と機―』61頁 fig. 204]、（図14）[『織物の原風景―樹皮と草皮の布と機―』24頁 fig. 32]。そうすると上に元の糸端が出てくる。このようにその元から入れた部分を裏返して再び元から作業する。

辰巳　長野さんの論文を読んでいてとても面白かったのは、布を通じてそこに現れる人間の文化です。布の向こう側にある自然、風土、植生など、そういうものが膨大にあって、それを僕たちはどう考えたらいいのかと思いました。照葉樹林文化もそうですけども、その文化圏論がどのくらい正しいかどうかはさておき、そういうなかでやは

図9 fig. 18　績んだ糸をオオミ籠に入れていく

図10 fig. 91　苧引きごでしごくとき、左手はチョマの皮を左後ろへ引く。この繊維をアオソという（昭和村）

図11 fig. 126　績むときには、黒い滑りの良い布を前掛けにすると白い糸が見えやすい

り人間がそこに確実に生きてきたんだという実感ですよね。

　『万葉集』も文学作品であると同時に、文化を知る大きな書物でもあると思うのです。たとえば、人間が"装う"ということは、人間にとって非常に大事な行為で、装うためにまさに大自然と向き合う。だから美しく装われている姿の向こう側には、偉大なる自然が存在している。それを一首一首の恋の歌にしながら詠んでゆく。糸を紡ぐということもおなじですね。

　糸といえば麻糸ですが、麻布は人頭税として広く栽培され織られた。東京に調布や麻布という地名があるほどです。さらに葛も藤も糸として取りました。万葉集には、自然の植物を糸にすることがよく出てくるのですよ。それと桑繭という、これは絹の方になるでしょうけども、養蚕もある。庶民は、葛を引いて糸を取り、これで真袖を作り好きな人に着せてあげたいと歌います。真袖は両袖があるものです。袖無しの片衣(かたぎぬ)ではなくて、りっぱな服が真袖の服ということになるのです。それから藤衣。万葉の歌では「荒妙の」という枕詞が付くので、とても粗末な服なのです。実際に藤から糸を取って服を作るというのは容易なのですか。

長野　藤蔓を山に刈りに行かなければならないことや、その皮を剥ぎ、木の皮の靭皮(じんぴ)部分を用いるので木灰で煮て柔らかくすること、繊維が真っ直ぐに裂けにくいことなど、草の皮からの糸作りを比較すると作業的には手間がかかりますね。

　藤布は実際に衣服として仕事着に仕立てて着ていました。しかし、草の皮を利用する大麻やカラムシと較べると藤は木の皮なので粗い織物になってしまいます。丈夫なので海に近い京都府世屋では仕事着や穀物袋や畳の縁など、島根県上講武では漁網などに利用され織られていました。

辰巳　藤衣って言いますからね。これは古代では、魚を捕る海人が着ているのです。水に強いってことからですかね。海水に濡れても支障がないので。

長野　「装う」を「自然との関わり」というところで、僕自身の立場から少し話をしてみます。この本『織物の原風景 ─樹皮と草皮の布と機─』の英語題が『Base to Tip』。木の皮や草の皮から糸を作り織るというのは、基本的に「元」から「末」ということを非常に大事にしなければならないのですね。というのは、例えば木の皮や草の皮から取り出した繊維を撫でてみると、「元」から「末」はきれいに

図12 fig. 112　囲炉裏端で話をしながら、フジウミをする

図13 fig. 204　そっと籠の上下を返して取り出した糸を、シルトック(糸の餅)と呼ぶ

図14 fig. 32　オオケの糸の上下を返す

撫でられるけれど、逆に撫でると繊維がささくれ立つのですよ。これは当たり前すぎるのですが、植物は地面から天に向かって成長します。この成長した草や樹木を利用した繊維は「元」から「末」の方向性を持っているのです。ですから、繊維を細く裂く時も必ず「元」から「末」、それを撚りつぐ、つまり績む時も必ず「元」から「末」へと扱わなければうまくいかないのです。できた糸を織物の経糸として機にかける時には、基本的に必ず経糸の一本一本が織る人の手前に向けて「元」から「末」になっていなければならない。自然素材を扱う、大自然を相手にという、いわゆる生命というか。植物の持っているその「元」から「末」は生命の軌跡ですよね。緯糸を入れる時にも必ず整理し、スムーズに「元」からでてくるように糸を巻きます。構造的に見ると経糸に対して緯糸はスパイラルに積み重ねられるイメージ。「元」から「末」にしたがって生命が再構成され、生命の軌跡が一反の布になる。木の皮や草の皮の織物は単に無機的に線が面になってというものではなくて、実はその持っているエナジーの、それも自然のエナジーをそのまま一枚の布に置き換えて再構成していると考えることもできると思います。衣服という形で"装う"時に、原初的にはそのエナジーを身に着けるということでしょうか。

辰巳　自然のエナジーが、一枚の布として再構成される。人間は、自然を装うのですね。その「元」と「末」の話ですが、いちばん先端が「末」。この考え方は、本来ならば先端ですから、末ではないのです。末というのは「末っ子」のように下にある。上、天辺が末という考え方が万葉なのですよ。木の末というのは天辺のことを指している。元があって末があるという、長野さんのお話はその通りですね。"梢"という言葉、あれは"木末"ですね。木の末は梢で、いちばん先端。糸を取る原理も、自然の法則に基づいている。まさに古代的な自然認識ですね。

長野　作業するおばあさんたちには当り前すぎるのですね、そのことが。いちいち確認はしないけれども、当り前のように言われなくても触りながら間違えずに「元」から「末」という、そういうことをきちっと守っている。自然とともに暮らしながらその無意識な対応を身につけてきたのですね。

辰巳　それは自然と向き合う者の感覚ですね。自然のサイクルの中に、それをきちんと組み込んでいくという人間のみごとな知恵。それが自然と一緒に生きているという意味にもなるのでしょうね。この織るということだけでも大変なことですが、さらに染めるという問題もありますね。

長野　染めるに関わる万葉の歌にはどのようなものがあるのでしょうか。

辰巳　「託馬野に／生ふる紫草／衣に染め／いまだ着ずして／色に出でにけり」（3・395）の歌から、紫草で衣を染めたことが知られます。また「紫草は／灰さすものそ／海石榴市の／八十の衢に／逢へる子やたれ」（12・3101）の歌では、紫の色を出すのに灰を入れるといっています。海石榴は椿のことです。椿が詠まれるのは、椿の木の灰を用いているからです。藍も灰を入れていますね。

長野　紫は紫草の根のシコニンという成分。その色素は紫草の根を砕いて70度までのお湯で揉み出したり、湯煎して抽出。染まりつき易いように、椿の葉や枝を燃やし、その白灰をお湯に混ぜて上澄み液を使います。その灰は染まりつきを易くする媒染剤といわれるものです。灰汁はアルミニウムやカリウムなどの水に溶ける金属塩を含み、pHの高いアルカリ性。先に糸や布をこの媒染液に浸けて乾かした後に、抽出した染液に浸けて染める。抽出温度が高すぎると黒味を帯びて紫色にならなかったり、抽出液は長くおいてはいけない。濃い色にしたい場合はこれを交互に繰り返すのです。染液の濃度や時間、媒染剤の種類やpHなどによって赤紫系や青紫系と色味が異なってくるようです。

辰巳　紫の色は「にほふ」ような色だといいます。紫色が取れるのは、もうひとつは紫貝ですね。日本でも紫貝は用い

られたようですね。それと灰を取る椿ですが、椿は「海石榴」と書くのです。木偏に春は日本でできた漢字です。海石榴のいわれはよく分かりませんけれども、中国の用い方のようです。

長野　貝紫の色は赤紫系ですね。アクキガイ科の貝類の分泌する粘液を用います。一つの貝からわずか少量しか取れないので大変な量の貝が必要のようです。そういえば伊勢の海女さんの着衣や手ぬぐいに、イボニシなどで厄除けの文字やマークが描かれていたと聞いたことあります。マークは安倍晴明の五芒星みたいな、すくみの文様ですよね。メキシコにも貝紫としてあるし、帝王紫として地中海沿岸にもあります。

辰巳　アジアでは基本的に王の色だと思いますね。古代日本では紫草を高貴な色として、天皇の色に使われましたので、紫草は限られた地域の御領地に栽培されて、番人が管理していました。
　　　また「綜麻形の／林のさきの／さ野榛の／衣に付くなす／目につく吾が背」（1・19）という歌があります。これは、榛の香りなのか、あるいは染めたものか……。

長野　その"綜麻形"というのは、この"綜麻"と同じかわかりませんが、これがヘソなのですね。円錐状の玉みたい見えますよね（図版15）[『織物の原風景 ―樹皮と草皮の布と機―』25 頁 fig. 37]。績んだ糸や紡いだ糸などを巻いて玉にしたもので、手の指を芯に巻くので中心が空洞になっている。補助的に棒を使う場合もありますが、手だけでできる多量の糸をスムーズに引き出せる糸のまとめ方です。床に置いたとき安定するのでこの形ですが、少量の糸の場合には中膨らみの円筒形をしたものもあります。織物に関わる中で"ヘソ"といった時はこのかたちですね。これも元から末という流れで糸を巻きます。中は空洞なのでスタートの元から糸は引き出せるんです。この中空の三角錐状の形を"綜麻形"と。

辰巳　綜麻は、績んだ糸を巻いてまとめた糸玉ですね。香りを付けるというのも多く歌われます。染めるということよりも、木の香りとか、花の香りを服に付けて楽しむ、一種の風流な遊びかも知れません。日本人の好む藍色は、元は虫除けが起源だとか。

長野　そうですね。藍染は世界の多くの場所で染められている最も身近な染めですね。日本では農作業の作業着や手甲、脚絆に防虫効果もあってか藍で染めるんですね。青系統の色といえば露紫もあります。露草の花を摘み取り、青い絞り汁を和紙にしみ込ませたものを

図15 fig. 37　ヘソカキをする間サダノさん

青花というのですが、白生地に下絵を描く時、水で溶かしながら使うのです。水に通すと簡単に流れて消えてしまう。露草は滋賀県で栽培しているみたいですよ。

辰巳　万葉の歌では、露草を月草といいました。もともとは"突き草"の意味で、あの薄紫の花を集めて突くと、淡い空色のような美しい色がとれる。ただ、色落ちが早いので、心変わりの比喩となります。月草のような人というのは、相手をなじる言葉なのです。

　　　毎年、秋になると学生を連れて明日香へ行くのですが、露草を見つけると「これは何か」と聞く。みんな露草と答えます。「万葉を勉強している者は、露草と言わず月草と言いなさい」といって、花を集めてハンカチにこすり着けて、色染めの実験をします。あれはきれいな色ですね。

長野　"染める"という言葉ですが、目的語を必要とする"染める"は他動詞ですよね。目的語をもたずに意味が完結する自動詞"染まる"を合わせもっていて。

辰巳　たしかにそうですね、"染まる"の方は、自然と一緒に生活していた人たちの感覚かも知れませんね。意図的に染めるのではなく、いつのまにか染まっている。

長野　例えば"織る"にしても、何々をという目的語が必ず用意されなければ動詞が成立しないものが……。"染まる"という言葉、非常に面白いなと思って。他にあるのでしょうかね。人間の動作の中で。

辰巳　主体が人間ではなくて、自然物が主体になりうるかどうかという問題ですね。しかも自然物といっても、これは色の問題ですから、人間以外の手の届かないものがそこにあるということでしょうね。古代では"見ゆ"という言葉が、人間の能力を超えたところに現れる、外界の姿を見たときに用いられます。非現実的な風景です。

長野　"見ゆ"ですか、いろんなイメージが膨らんでくる素敵な言葉ですね。その主体が人間ではなくて自然物が主体になりうるかどうかに関連して、私たち人間が豊かさを得たことと引き換えに浮かび上がってきたさまざまな歪み。その一つとして、自然環境の破壊がひき起こす生態学的危機。いわゆる近代がもたらした課題。その問い直しとして、中尾佐助さんの『栽培植物の農耕と起源』（岩波新書、1966）、上山春平[17]、佐々木高明[18]、中尾佐助共著『続・照葉樹林文化』（中央公論社、1976）。この照葉樹林文化に少し引き寄せて話をすれば、それを検討している人がいるのです。笠井潔[19]さんという推理小説などを装置に、近代を裏返して語りつつ哲学的切り口で現代の相対化を図り批評する1948年生まれの作家です。彼が新石器文化をもつ照葉樹林文化の是非を若い頃に語っているのです（「照葉樹林文化」『現代思想のキーワード』JICC出版局、1980）。日本の縄文時代って、新石器や土器を使っていながらも農耕という生産労働を始めていなかったと。新石器文化の例外なんですね。新石器時代といえるのは、磨製石器を使用する、それともう一つは土器が作られていること、そして農耕、牧畜のいわゆる生産労働の開始という三つの状態をもっていることなのです。照葉樹林文化も実は石器を使い土器を使う、そして雑穀と根菜を合わせた農耕、つまり人間が生産労働を始めたということ。それは新石器の農耕がこれ以降に始まる生産労働という枠組みの中で、人間の労働と余暇とを分ける、言い換えると、その延長上に人類史が抑圧と破滅に向かう入り口であったのではないかと彼は批判的に問い直しているのです。照葉樹林文化もそのスタートをきったのだと。日本の縄文人は石器と土器は使用しているけれど、余暇と労働とが未分化な状態。強いて言えば、縄文人はこの仕事（労働）とも遊び（余暇）ともつかない、ある種理想の豊かな生活（社会）を続けるために、この農耕という生産労働に危機を感じて、その生産力増大の誘惑に屈せず敢えて手を出さなかったのではないかと。もう一つ重要なところは、霊的な存在というか、アニミズム的な人間と世界との霊的交流とい

う体験が根本のところで崩壊し始める、そういうようなかたちに進んでいくのだというちょっと過激なケースも書いていて、縄文人はあえてもたらすであろうこのような危機を回避したのではないかというものでした。
　現在では、縄文人は手数のかかる水田耕作ではなく、湿地や畑に籾種を撒くだけの粗放稲作を縄文前期には行っていたことが、状況証拠をもってつきとめるプラントオパール分析法[20]などによって明らかになっているそうです。
　採集や漁労にも惹かれますが、僕にはそれに代わる現代的意味での、この労働とも余暇ともつかない未分化な生活に今でも憧れますね。

辰巳　"照葉樹林文化"という文化圏論を、どのように評価するのかというのは難しいのですけれども、この文化圏論は、稲作以前の文化モデルを示したという意味では、一つの大きな役割を果たしました。私の興味の上からいいますと、歌垣の文化が照葉樹林のベルト上にあるとされたのは、文化人類学者の内田るり子[21]さんでした。しかし、歌垣の地域的な環境を見ていくと、これは照葉樹林文化圏を越えて沙漠地帯にも及んでいるのです。

長野　そうですか……。歌垣は湿気が多いウエットな感じがしていましたが、砂漠ですか。照葉樹林のイメージが強く付き纏っていました。

辰巳　照葉樹林文化を飛び越えて、どのあたりまで及ぶのかまだ分かりませんが、敦煌のある砂漠地帯にまで及んでいることはたしかです。この地帯では大きな歌垣が盛んに行われていて、いくつもの民族が重なる地域です。特に回族[22]が中心となる地域があります。もちろん、この地域が砂漠化したのはいつか分かりませんけどね。
　人間が移り住む土地には、人間が住み易い場所のほかに、外敵から逃れてやむなく住みついた辺境の地もあります。むしろ、今日から見ると歌垣の残されている地域は、人間が住むのに最も住みにくい辺境が多いように思います。人間の住み易い場所が、照葉樹林であったということは間違いありません。従って環境がよく、心配なく食べられる場所、それが照葉樹林でした。しかし、砂漠の民にも歌垣はある。そうなると、稲作以前にも人間は恋をしていた。さらに、縄文以前から人間は恋をしていた。つまり、人間のいちばん根源となるコミュニケーションの方法、それは恋歌ですので、それ以外のことは支配をするか、支配されるかですから、文化圏論を越えて男女は平等に恋をしていたのです。恋愛には支配関係は成り立たないので、したがって歌垣文化は男女が平等の世界でした。いわば恋歌は、特定の文化圏論の枠には入らないという感じがします。

長野　柳田國男は一つの限られた枠から日本の文化を考えようとしている感じがしましたね。

辰巳　柳田はそうですね。海の道を考えたのも、風の名前を調査したのも、黒潮の文化から列島に住み始めた人たちの来歴を明らかにするためでした。それ以後の縄文人と弥生人は、どこでどうなったのかという、大きな文化の差の断絶がありますけどもね。今日では、この二つの文化が重なっていることも明らかにされつつあります。

長野　人文系の中に、現在のミトコンドリアDNA分析などによる人類進化学といいますか、研究の方法と成果が非常にはっきりと実証されるかたちで強烈に導入されて、人類のルーツ探しに終止符が打たれたといっても良いような状況。逆にそれらを肉付けをするための補助科学的な役割りを結果的に担わされることになるような。

辰巳　しかし、それ以前に幾種類もの人類が存在して、そこにも生命があった。そうした人類の複合も考えられる。
　さらに人間以前の生命も当然あった。それらの生命の総体を、我々がみんな引きずって歩いているとなれば、ひとつの哲学の中に収まらない。同じ生命だという問題に立ち戻ると、現在の固有の人間種だけを前提とするのは、やはり固有民族の問題になってしまう。広くはアニミズムの精霊や、原始宗教的な万物有霊の哲学もある。人間の命のみではなく、生命そのものが、ある意味を持っていて、その生命が連環して全体の生命をつないでいる。

織物を織る技術や心をご先祖から教わり、子孫たちに伝えて一生を終えてゆくというのも、そうした生命の連鎖に似ている。そこには遺伝子のようでありながら、遺伝子とは異なる何かがある。それは技術的な伝承とともに伝えられる、民族的な誇りのように思われます。着物にも帯にも、細やかな刺繍による絵柄が丹念に施されている。その絵柄のひとつひとつが、その民族の神話や物語で埋め尽くされている。絵柄のモチーフは神のみではなく、自然が多くあしらわれている。

　柳田は、実証を重んじた人ですが、幻想性は拒否した。一方の折口信夫は、柳田の学問から見るとずいぶん違います。むしろ、幻想を通して実感を重んじた人でした。ある意味では、揺らぎをもっている。今の近代科学から考えると、学問とはいえないかも知れない。しかし、そうした学問も尊重されることで、新しい科学が成立するように思います。

　そういうなかで長野さんのように、一つの例として織物を作るという営みとは何かという問い。織物を作るというのは、肌につけた第二の皮膚であるという考え、その人間の営みの凄さに驚嘆しますね。お店で買って来て、いらなくなったら捨ててしまうというのではなくて、ほんとにボロになるまで非常に大事に着こなす。

　先ほどの刺繍がありますね、手作りの。刺繍が出来ないと嫁に行けないらしいですよ。織物が織れないと嫁に行けない。もう一つ、歌が歌えないと嫁に行けない。これは凄いなと思いましたね。歌なんか歌えなくても嫁に行けると思うのに、嫁に行けない。出嫁の時に両親に歌でお礼を言うのです。とても面白い問題だと思うのです。歌うことは、刺繍や機織りと似ているのです。それは、民族としての伝統ということに繋がるのですが、その歌は民族の精神そのもののようです。

　折口の場合は、この伝統の中でも神道的な精神を通して日本人の生き方みたいなものを、考えたのだと思います。敗戦で挫折する中、日本人としてどういう生き方をしたらいいのか。その根底に霊や魂の問題があったわけです。学問なのか宗教なのか、ある面では精神性の問題になっていくのですけれども。その集団的な宗教経験、そういうのは確かにあるのですが説明できない。自らを越えて、そこにある文化と出会う、それに対する敬服、尊敬であったり畏敬であったりする。それらはすべて長い民族の歴史の中に記憶された、韻文の問題にあったのです。これは、江戸国学を代表する本居宣長が、日本的原型を万葉集に求めたのと同じなのです。

　折口のなかで一定の論理として出て来たのは、神の来訪を説く「まれびと」論です。南島の異人、秋田のなまはげ。そういう祭を通して見えてくるマレビトは、神なのか先祖なのか。そのまれびとの来訪による歌のような言葉に、歌の発生や文学の発生を見たのです。そこには精霊の存在を実感する、折口の態度があるように思われます。

長野　僕のアトリエが京都の北区の氷室にあるのです。ちょうど京都北西の京都を見下ろす京見峠の近くに。氷室というのは昔御所に氷を納めていたのですね。夏に貯蔵していた氷を運べるくらい都に近くて、なおかつ冬には池に氷が張るほど寒く、夏まで氷を保存出来るくらい涼しいという両義をもつ地。その連なる山の麓に紫野の今宮神社がある。里と山との境界なのですね。そこで京都三大奇祭のひとつ「やすらい祭」というのがあるのです。昔の人は花の咲く春に疫神が病を分散させると信じていて、赤熊姿の鬼が囃子と歌舞で悪霊を追いたてて風流傘に宿らせ紫野疫社に送り神威に降伏させる。このやすらい祭、山から降りて来た鬼が里住みの人たちにとってのマレビトというか、マレビトって本来なら沖縄でいうニライカナイなのでしょうが、僕はあんな感じでもあるのかなとイメージしたことがありました（やすらい祭1,2／図16・17）。

　過去のものがどうであったかということは、時にはルーツ探しみたいなことになりがちで、古いものにも興味

はあるのですが、ルーツ探しのようなかたちよりも、今この現実、現状に直面するとき、そこに散らばり残っている要素を時空を超えたかたちで俯瞰する中で、その元になるプロトタイプというか祖形を想定する、その作業が非常に面白いところなのですね。

　祖形を考える時には歴史的な考察もむろん必要ですけれども、自分自身が実際に現地のおばあさんや職人さんと共に作業することによって得られる、手を通した、五感といってもよいでしょうか、その知の世界が、つまり時空を超える方法として、僕にとって非常に重要なのです。想定するプロトタイプがどういうかたちとして元はあったのかを辿ること自体が面白いなと思うのは、このような知の獲得方法であり、そのフィールドワークを踏まえた理論ワーク。知を生きるというか。たまたま、前著では織り、木の皮や草の皮という素材を使って糸を績む作業、「元」と「末」、そこから織物の祖形とはなにかを想定することに非常に面白さを感じたのですね。現在は羊毛を使ったフェルト作業であったり、あるいは木綿にまつわることであったり、この二つを横断する綿打ち弓の道具にも惹かれていてアプローチしています。人間とものとの関わりを見たとき、その間に道具も重要な要素になるのです。

辰巳　非常に文学的ですね。文学作品はどこかに発生があるわけですけど、それを過去に遡っていくと分からないで終わるわけです。以前に『詩の起原　東アジア文化圏の恋愛詩』（笠間書院、2000）という本を書いたのですが、起源という問題を求めていくと、プロトタイプの問題なのです。過去というのは偉大なるプロトタイプのなかで存在している。この面白さに惹かれるわけです。民族は、詩歌を民族文化として大切に持ち来たった。神話は様々なタイプを持っていて、文学の起源などを考えてゆくと、結局みんなそこで説明するしかないのです。であるならば、どのような発生論が可能なのかというと、信仰や恋愛模倣などが考えられますが、その段階で非常に深い知恵や文化が記憶されているという不思議がありますね。だから自然に発生してきて少しずつこうなりましたという、いわゆる進化論ではない。数万年か数百万年か知りませんけれども、長い命の営みがあって、あるところで爆発するわけですね、きっと。歴史のある段階で爆発的に集約される時がある。どうもそんな感じがしますね。

　だから織物にしても、おそらくそういう時間を辿りながら、あるとき爆発する。そのいちばん新しい爆発が起こったのは、呪術性や

図16　やすらい祭り1

図17　やすらい祭り2

生活性を逸脱して"装う"という思想が登場したからではないかと思います。ただ、装うことも一つのタイプの問題ですから、もっと複雑だと思いますね。かつてのガングロなんかは、未開社会か縄文時代に見えますしね。だから、祖型というのは、イメージなのかも知れません。我々に辿り着いたもののルーツというのは、近代においては進化的ではなくて、過去を重ねて行くイメージする力なのだと思われます。縄文文化も弥生文化も、あるいは照葉樹林文化も大きなタイプで、それらにも様々なタイプが現れるということだと思うのです。今でも山村に行きますと、橡の実の餅やドングリを食べていますが、これは原始生活者ではなく、過去のイメージを重層化し現在化しているのだと考えられます。

長野　爆発が起こって、階層化され散らばっているイメージが。あるものはすり抜け、あるものは時空を超えて互いに結構するプロトタイプというスパイラルのイメージですね。

辰巳　動物を捕り、橡の実や貝を採集し主食にしていたような時代の文化が、歌垣なのだと思います。中国の少数民族には、「食事は身体を養い、歌は心を養う」という諺があります。歌は、すべての教養であり、社交上の大切な道具でした。この諺には、歌にたいする絶対的な信頼がありますね。

　社交の中でも、歌垣が最も大切な社交場でした。そこでは民族衣装で装った老若男女が集まり、互いに歌を掛け合い楽しみます。若い女性たちも、積極的に男性と一緒に歌を掛け合います。この日だけは、公に男性に恋の思いを伝えることができるのです。武器による争いではなく、言葉争い。そうした場で上手に歌う女性は評判となり、嫁の行き先に心配ありません。もちろん、歌垣は自由恋愛の場ですが、結婚とは直接に結びつきません。歌垣はハレという空間です。そのハレのなかに出会いが成立し、歌垣が終わると二人は他人となります。従って歌垣のなかで、好きだ、愛しているということを歌い合っても、歌垣が終わりますと、知らない人として日常の生活が始まります。相手は、他人の奥さんかもしれませんし、他人の旦那さんかもしれません。

長野　辰巳さんのご著書の『歌垣 ──恋歌の奇祭をたずねて』（新典社、2009）の中に"恋愛の秘密性と情歌の公開性の相矛盾する"というふうに書かれているのが、まさに公開をすることで成立する、その場でと言うことなのですね。

辰巳　そうなのです。中国西南の布依族[23]（フイ）の場合、旧時に女性が結婚しても夫が成長するまで、旦那さんの家には住まないという習慣があるのです。成長してから、あらためて夫の家の者が嫁を拉致しに行く。そういう結婚形態なのです。ここには、男女が恋愛をするということを排除する考えがあります。このような結婚形態は、女子が年上なのです。早く労働力が欲しい場合に、このようなことになります。男の子は幼いものですから、相手にできない。嫁迎えの日に、花婿は家の裏で友だちなんかと遊んでいる。何のお祝いなのか、全然分かっていないのです。ですから、年上のお嫁さんは男の子が成長するまで実家で暮らす習慣ができる。男の子が成長すると、実家から嫁を拉致してくるのです。

　ここには、若い男女に恋愛をさせないという、民族の黙契があるのではないかと思います。結婚のなかに恋愛というものを持ち込ませない。そういう知恵があるのだと思います。息子に自由な恋愛をさせて、連れてきた娘が子どもをたくさん生めない、農家の仕事ができないと、後から困ることになる。だから嫁というのは、親や親類が決めるのであって、本人には決めさせない。娘の場合もそれなりの家柄の所へやれるように、親や親類が努力をする。双方が家柄などのバランスが取れているかどうかを判断する。日本でも、戦後はまだほとんど見合いだった。結婚が決まると結納がある。この結納という形式は、かつての売買婚の名残りであることがわかると思うのです。

　　　　親が決めた人と結婚しなくてはいけない状況下で、小さい時から好きな人がいる場合があります。日常生活の中では、二人がそういう関係だと知れたら大変なことになります。親としては、誰それの倅と結婚させる、あそこの娘と結婚させると了解している状態だとしても、子どもたちは知らない。そこに駆け落ちが起こるのです。
　　　　ナシ族[24]という民族は、駆け落ち心中で有名なところです。旧時代の話ですが、そういう歴史も「逃婚調」と呼ばれて残されています。玉龍雪山の麓、そこで心中するのです。情死をした人たちは先祖の墓に入れませんから、したがってその魂は玉龍雪山の麓にとどまると言われているのです。そこで情死すれば、二人仲良く暮らせるという信仰まである。このような情死文化は、江戸時代の近松心中ときわめて類似しています。
　　　　これは一つの例ですが、このような悲惨な話も、歌垣という文化形態の中に現れるものです。この歌垣の道は日本列島から西アジアルート、南インドルートへと繋がっているもので、シルクロードとも重なり、ラブソングロードと呼んでも良いように思います。

長野　僕がフィールドワークで行ったイランやシルクロードや南インドまでもがラブソングロードだったのですね。

辰巳　二千年前のタミル文学は、英雄叙事詩と恋愛詩が中心で、その八割は恋愛詩なのだそうです。英雄叙事詩はあとの二割。それを当時の大学のアカデミーで古典として教える。人間の喜怒哀楽の多様な感情や、男女の関係、愛の行動形態を学ぶのです。抒情詩というのは、このようにして成立しているのでしよう。そこにも歌が文化の根源だという問題があります。歌とは何かということの答えは、このあたりにあるのかも知れません。

長野　歌を表記するとか、書きとめる時に、たまたま日本の場合は万葉仮名というかたちで書き記したのでしょうか。
　　　　恋愛の歌を公開するという時に、その公開は言葉の掛け合いであって、それを文字で残すことはどこか気恥ずかしく、もどかしさが残るような。歌われ、記憶としてずっと語り蓄積されたとしても、歌を文字で蓄積することは確かな歯がゆさが残る一方、より心を跳躍させる虚構の世界が展開されるのではないかとも考えます。

辰巳　歌を漢字で書くようになるのは、七世紀後半のことで、これは知識人の関心からです。歌垣の歌は、無文字社会に属しますので、口で歌っているだけです。それがどのように記憶されるのかという、伝承の不思議が一方にあるわけです。歌師と呼ばれる歌のプロの頭の中には、数百から千首の歌が入ってるといいます。三日間以上は歌えるわけです。相手がどんな歌を歌ってきても、それにきちんと対応できる。初めて出会った者でも、男女で歌い合う。恋人のように歌うのです。「あなたは久しぶりに来てくれました。どうして今まで来てくれなかったのですか」とか、「これは神様のお導きです」など、そんなことを歌い合う。貴州省の侗族の村には、「男班」、女には「女班」があり、それぞれに歌師がいて歌の教育をします。
　　　　そうした歌には不思議なところがたくさんあるのですよ。たとえば、どうして万葉集の恋歌は背（兄）と妹で歌うのか。ミャオ族の神話には民族の誕生から民族移動や、死後の世界へ行く道筋などが書いてあるのですが、死者が出ると葬式で着物を燃やします。その時に唱える歌は、民族の起原から死後の世界まで歌い、そこに兄と妹の恋が出て来ます。それはみんな兄弟だという考えなのです。もともと大洪水があって兄と妹の二人が残されて、それで二人は結婚した。そこにできた子どもたちは、当然のこと兄弟なのです。それは民族の根源に関わるものです。民族的な伝統というのは、民族的な精神にたどり着くように思います。その伝承の中には、民族の非常に重要なものが注ぎ込まれているからです。文字のない時代に、口伝だけで次の世代、また次の世代へと何世

代にも伝えられて行く。そこにはすさまじいエネルギーがあるように思います。

　文字は大切な道具ですが、歌が文字に化けると骸骨のようになります。どうやってそれに肉付けしたり、感情を取り出したりするか、魂をどう入れるか。その難しさは、ほんとに感じますね。だからまさに機織りと同じです。歌を少しでも解き明かすのには、長野さんがこのようにすごいお仕事をなされたように、人間の根源的な生活と精神に関する、いくつもの問いを追いかけるぐらいの問題意識を持たないと、解けないですね。"あやめもしらず"という言葉、"文目も知らず"——細かく織られていて、織り目が分からない。そのなかに、人間の伝統や文化が織り込まれている。歌は声が生命ですから、それが文字だけになると骸骨ですね。

　それで考えたのが、歌を歌垣の現場に戻してみることでした。失恋した男が、恋のために死にそうですというような歌をみんなの前で歌っていると、同情している者もいれば、叱咤激励する者も、ゲラゲラ笑ってる者もいる。恋に破れた男をみんなで楽しんでいる。そういう世界ですから、文字だけ取り出してくると、もう死にそうな悲しみにしか見えないのです。歌垣というのは、現実と非現実の二重構造になっていて、いわば舞台の上の恋と考えるべきものです。

　まさにアンビバレント、虚と実が常に入り交じっている。それを嘘だと思う者には、それは嘘ですし、実と思う者には実なのです。それが今日のお話しの"装う"ということだと思うのです。装うことの複合性ですね。

長野　複雑であるがゆえに、二つの相反するものがあるがゆえに、装う、身につけるという感じですものね。僕自身は辰巳さんの本を読む前は、歌垣には自由恋愛の性の解放に近いようなイメージが、非常におおらかな性の在り様みたいな感じをもっていたのですが。

　おっしゃるように歌を歌垣がもつ本来性の現場に戻すことで、鮮明なプロトタイプがみえてくる。叶わぬことをその場で伝えるという、その人間の背後にある矛盾するアンビバレントなものを抱えながら、それを内に秘めて叶わなかった部分を公開制の中で展開する。そのことによって自他の中でバランスを取る。

辰巳　未成年の男女は、歌の技術や歌数をそれほど持っていません。ところがそれ相当の年配の人は、歌の数が多く、相手との駆け引きが上手なのです。恋歌は言葉の技の応酬でもあるのです。美空ひばりや、都はるみが歌垣の場で、北島三郎と掛け合っていると考えるとわかります。文字だけを追いかけて、ああ、こんな恋をしているのだと解釈してしまうからおかしくなる。

　私たちの子どもの頃までは、機械化以前の生活でした。母親は、お正月用にと、何人もいる子供たちのセーターを手で編んでいました。布を織ったり、畑を耕したりと重労働でしたね。日々、朝早くから肉体労働。食事も粗末なものでした。さらに古代に遡れば、より厳しい現実がまっています。歌垣というのは幻想そのものですが、そのような超現実のなかで、そこで本当の自分を、真実の自分を発見する。好きでもない人と結婚したが、歌垣の場では素敵な人と出会える。その人からは美しい人だと褒められる。虚と実という二重性の中に、もう一人の私という存在を重ねている。むしろ、虚の中に実を見ているという感じがしますね。そうしたバーチャルの中に、名も無き人たちの生きることの尊厳が保たれていたのかも知れません。

長野　今日は知の履歴を辿りつつ、とびきりの楽しい時空が内なる地平で駆け巡るすばらしい体験ができました。本当に有難うございました。

2010年1月10日　山の上ホテル（東京・神田駿河台）にて

（たつみまさあき／国文学者、國學院大學教授　ながのごろう／美術家・染織研究者、大阪成蹊大学教授）

注

1） 中尾佐助（なかおさすけ 1916-1993）愛知県生まれ。植物学者、専門は遺伝育種学・栽培植物学。京都帝国大学（現京都大学）農学部農林生物学科卒業。大阪府立大学名誉教授、鹿児島大学教授などを歴任した。1952年日本山岳会のマナスル踏査隊に参加。ヒマラヤ山麓から中国西南部を経て西日本に至る「照葉樹林帯」の文化的共通性に着目。佐々木高明らと「照葉樹林文化論」を提唱。1987年『花と木の文化史』で毎日出版文化賞受賞、1990年秩父宮記念学術賞受賞。

2） 今西錦司（いまにしきんじ 1902-1992）京都の織屋「錦屋」の生まれ。生態学者・文化人類学者、登山家、理学博士。京都帝国大学（現京都大学）農学部農林生物学科卒業。京都大学名誉教授、岐阜大学名誉教授などを歴任した。日本の霊長類研究の創始者。戦後は、京都大学理学部と人文科学研究所でニホンザル、チンパンジーなどの研究を進め、日本の霊長類社会学の礎を築く。

3） 江上波夫（えがみなみお 1906-2002）山口県生まれ。考古学者。東京帝国大学（現東京大学）文学部東洋史学科卒業。騎馬民族征服王朝説などを発表。東京大学東洋文化研究所教授、同大学名誉教授などを歴任した。1968年毎日出版文化賞受賞。1977年古代オリエント博物館長。文化功労者・文化勲章受章。2003年江上が考古・歴史・美術・民族資料、文献資料約27500点を横浜市に寄贈、「横浜ユーラシア文化館」が開館した。

4） レプチャ語はロン語ともよばれる。インドと中国に挟まれたシッキムという国（現在はインドの州）で話されている言語。シナ・チベット語族／チベット・ビルマ語派／チベット・ヒマラヤ語群に属す言語。表記はチベット文字を元に18世紀初頭にレプチャ文字が作られた。

5） 大野晋（おおのすすむ 1919-2008）東京都生まれ。国語学者。文学博士。東京帝国大学（現東京大学）文学部国文学科卒業。学習院大学名誉教授、東洋英和女学院大学教授などを歴任した。日本語の起源を古代タミル語にあるとしたクレオールタミル語説や『岩波古語辞典』の編纂で知られる。芸術選奨文部大臣賞を受賞。1994年『係り結びの研究』で読売文学賞受賞。1999年『日本語練習帳』がベストセラーに。同年、井上靖文化賞受賞。

6） タミル語は、インド南部のタミル人の言語で、ドラヴィダ語族に属する言語。インドのタミル・ナードゥ州の公用語で、スリランカとシンガポールでは公用語の一つにもなっている。話者人口は世界で18番目に多い7400万人。

7） 木村重信（きむらしげのぶ 1925-）京都府生まれ。京都大学文学部卒業。京都市立芸大教授、大阪大学教授を経て、国立国際美術館長、兵庫県立近代美術館長、兵庫県立美術館長を歴任。現在は兵庫県立美術館名誉館長。民族藝術学会会長。世界各地で調査をおこない、原始美術から現代美術まで広範に研究。著書に『美術の始原』『始めにイメージありき』『ヴィーナス以前』『木村重信著作集（全8巻）』『世界美術史』ほか。

8） 湯のし（湯熨斗）とは、着物の染めや仕立てなどの前工程として蒸気を用い長さや幅を整えるために生地を伸ばす作業。生地のシワを伸ばし、発色、風合い、光沢を与える。湯のしの後、反物を整え仕立てに入る。

9） 「悉皆」とは「ことごとく皆」という意味で、悉皆屋とは江戸時代、大坂で染め物・洗い張りなどの注文を、京都の専門店に取り次ぐことを業とした者。今日では、全工程を管理・調整し着物の仕上げまでのプロデュースも担う。着物に関するあらゆる事を依頼できる。

10） 「兼高かおる世界の旅」／兼高かおる（かねたかおる（本名は兼高ローズ）1928-）兵庫県神戸市生まれ。ジャーナリスト、日本旅行作家協会長。香蘭女学校卒業後、ロサンゼルス市立大学に留学。海外取材は150カ国以上におよぶ。1960～1990年までTBS『兼高かおる世界の旅』でレポーター、ナレーター、プロデューサー兼ディレクターを務める。

11） 牛山純一（うしやまじゅんいち 1930-1997）東京都生まれ。ドキュメンタリー映像作家。早稲田大学文学部卒業後、日本テレビに入社。「老人と鷹」で、民放祭（現日本民間放送連盟賞）金賞。1966年から1990年まで『日立ドキュメンタリー すばらしい世界旅行』を制作。

12） ジャック＝イヴ・クストー（Jacques-Yves Cousteau, 1910-1997）フランスの海洋学者。潜水用の呼吸装置スクーバ（アクアラング）の発明者の一人。水中考古学を始めたことでも知られる。調査船カリプソ号で海や海洋生物の研究を行い、書籍、記録映画で啓蒙活動を行った。

13） 沖縄返還。1969年ニクソン大統領と佐藤首相との日米首脳会談で、ベトナム戦争終結を見据えて1970年の相互協力と日米安全保障条約延長を条件に返還が約束され決定し、アメリカ軍基地を県内に維持したまま1972年5月15日に沖縄県は復帰し、施政権が返還された。ちなみにアメリカ軍がベトナムから全面撤退したのは、翌年3月29日であった。

14） 侗族（トン族）は、中国の少数民族の一つ。侗族はタイ・カダイ語族に属する侗語の話者、表記するための独自の文字は持たない。貴州省・広西壮族自治区・湖南省の山間部から河谷平野部に居住。人口は約二百五十万人、貴州省には約百四十万人が住んでいる。

15） ミャオ族（ミャオぞく、苗族（びょうぞく））は中国などに住む少数民族。モン（ベトナム語）族ともいう。中国では貴州省に最も多く、湖南省、雲南省、四川省、広西チワン族自治区、湖北省、海南省、タイ、ミャンマー、ラオス、ベトナムなどの各地に住む。

16） A. メトロー（フランスの民族学者）は1934年にイースター島のラパヌイを訪れ、島民から「アヤ取りは歌や語りを覚えやすくするために用いられた。子供たちにとっては、信仰にかかわる知識や、木板を彫る技を身につける前に、あやとりをマスターすることが重要だった」という話を聞いている。（『世界あやとり紀行 精霊の遊5』31頁、「文字のない社会とあやとり」33頁（INAX出版、2006）。

17） 上山春平（うえやましゅんぺい 1921-）和歌山県生まれ。哲学者。京都帝国大学（現京都大学）文学部哲学科卒業。京都大学名誉教授、京都国立博物館長、京都市立芸術大学学長などを歴任。主要著作は『上山春平著作集（全10巻）』（法藏館、1994-1996）。1994年文化功労者。1998年叙勲二等授旭日重光章。日本を「照葉樹林文化」として捉え、理系と文系の総合を目指した。梅原猛、梅棹忠夫らの「新・京都学派」の一人。

18） 佐々木高明（ささきこうめい 1929-）大阪府生まれ。民族学者、文学博士。国立民族学博物館名誉教授・元館長、総合研究大学院大学名誉教授などを歴任。財団法人アイヌ文化振興・研究推進機構理事長。「照葉樹林文化論」の主要な提唱者の一人。

19） 笠井潔（かさいきよし 1948-）東京都生まれ。小説家、推理作家、SF作家、文芸評論家。1974年から2年間パリで生活する。1979年『バイバイ、エンジェル』でデビュー。角川小説賞を受賞。2003年『オイディプス症候群』で第3回本格ミステリ大賞を受賞。

20） プラントオパールとは、植物の細胞組織に充填する非結晶含水珪酸体の総称。イネ科植物や一部の種について、形状（植物骨格組織）により種を特定することが可能で、古環境を推定する手段として利用される。

21） 内田るり子（うちだるりこ、本名は内田留里子 1920-1992）東京都生まれ。昭和期の声楽家、民族音楽研究家。昭和初期に童謡歌手としてデビュー。「待ちぼうけ」「雨降りお月」などを歌う。1942年東京音楽学校（現東京藝術大学）卒業。1959～62年ウィーン国立音楽大学、ウィーン大学哲学科に留学。国立音楽大学名誉教授、沖縄県立芸術大学教授などを歴任した。著書に『田植ばやし研究』『沖縄の歌謡と音楽』など。

22） 回族（かいぞく、ホウェイ族あるいはフェイ族）は、中国の少数民族の一つ。中国最大のムスリム（イスラム教徒）民族集団。回族は言語・形質等は漢族・漢民族と同じだが、イスラム教を信仰。中国全土に住み、中国のムスリム人口の約半数を占める。

23) 布依族（プイ族、フイ族）はチベット系民族で、人口約 255 万人。貴州省の南部と南西部の 2 つの布依族苗族自治州、鎮寧、関嶺、紫雲、華節、遵義、黔東南などに住む。一部は雲南省、四川省、広西壮族自治区にも居住。3つの方言があるが文字はなく、新中国建国後、"布依""布越""布曼"から"布依"に統一された。水稲栽培に従事、ろうけつ染め、"布依錦"と呼ばれる錦織が有名。現在も古代越人の風俗習慣を残しており、口承文学や山歌などの文化に富む。

24) ナシ族（納西族）は雲南省北部を中心に、四川省南部やチベット自治区東部にも一部分布する。中国内では人口約30万人。ナシ語はチベット・ビルマ語族イ語グループに属す。ナシ族は母系社会で、一妻多夫制。自然崇拝だが、チベット仏教の影響も多く受けている。表音文字と象形文字のトンパ文字を持つ。トンパ文字は現在も世界唯一の生きた象形文字といわれていれる。

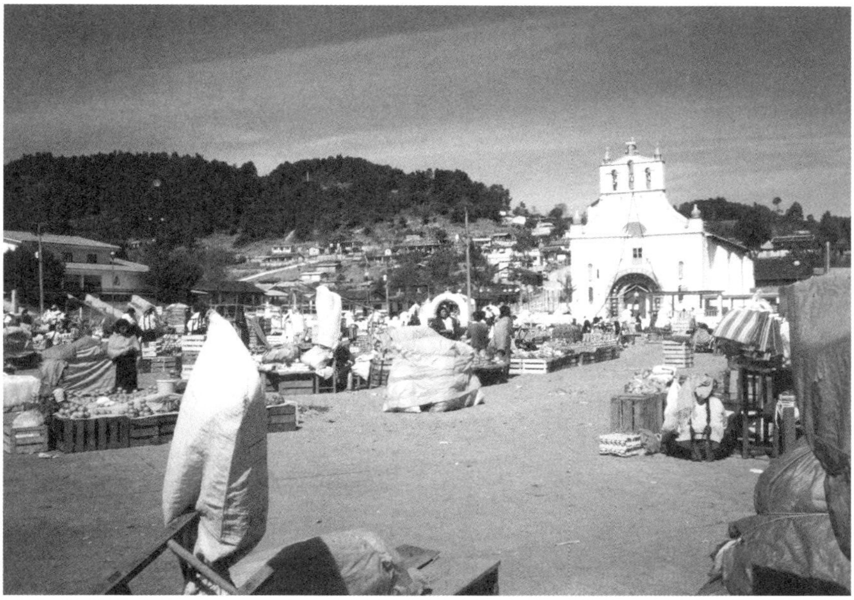

凡例
1. 本文中の作業や道具の用語は、調査各地で使用されている名称を優先的に記述するよう心がけ、補足的に一般名称も併記した。しかし、一般名称が理解しやすい場合、その限りではない。
2. 掲載写真図版は、参考図版を除いては原則として長野五郎の撮影による。
3. 初期の現地調査からは30年を超える時が経過しており、各調査地の情況も変化し、協力者の中にはすでに亡くなられた方もある。また後継者もないまま、ここに記録した技術が絶えたところもあることをお断りしておく。

Notes
1. Most of the terms that refer to production and tools in the following chapter are used by the people he researched on, supplemented by their common, more general terms, although only the common terms are given when it is more comprehensible.
2. The pictures that appear in this chapter were taken by Goro Nagano, except the pictures for reference.
3. It has been more than 30 years since the early fieldworks were conducted. Please note that conditions in which he researched are changed and some of the cooperators are now dead. And that some of the crafts recorded here are now obsolete because there was no one to succeed to the art.

論 文

靭皮繊維：それらの物質特性に対するその取り扱いや処置との関係について
－アジアとヨーロッパの比較において－

結び文様

カラハスティー Kalahasti の手描き更紗

インド・中国及び他の地域における木綿や羊毛の綿打ち作業とその道具について

メキシコ南部少数民ツォツィルの上衣・下衣にほどこす織フェルト加工

Articles

Bast Fibers: Their Physical Properties Implications for Handling and Processing

Knot Motifs

Dyes and Dyeing Methods for Making Chintz as Still Produced in Kalahasti, India

Tools for Fluffing Cotton and Wool Fibers Used in India, China, and Other Eurasian Countries

Woven Felt Production for Upper and Lower Garments Worn by the Tzotziles Peoples in Southern Mexico

靭皮繊維：それらの物質特性に対するその取り扱いや処置との関係について
　　― アジアとヨーロッパの比較において ―

はじめに
物質がもつ特性はそれが処理される方法を制限するような影響をおよぼす。
　本稿では、木や草の皮や葉脈から繊維を取り出し、糸をつくり、そして織物に仕上げるまでの工程の中に物質特性がどのような影響を与えるかをその特性を構成する繊維の構造や化学組成などから具体的に分析し、また野外調査によって得られた資料と文献資料からアジアとヨーロッパを比較、その処理方法の違いを考察し明らかにする。

　繊維の物質特性は、例えば、樹皮に含まれる網目状組織をもつ靭皮繊維を櫛やブラシで梳き、ディスタフ（distaff）に仕上げて糸に紡ぐ方法は不可能であるが、あきらかに草の皮の靭皮繊維は可能である。この可能な実例として、タイマをあげることができるが、その方法はヨーロッパと東洋で大変異なって処理される。タイマの処理方法に対して、それぞれの地域で発展させた紡織文化と技術を用いる習慣がその取り扱いに受け継がれた。西洋では、長毛種羊毛の繊維を処理する櫛梳きや「紡ぐ方法」が受け継がれ、東アジアや東南アジアでは、木の皮の靭皮繊維に対する[1]、薄いテープに裂き、撚りつないで糸にする「績む」方法が受け継がれた（「績む」参照 figs. 33-40 図 6-13）。
　まず共通する特質とそれらの物質特性を構成する繊維の細胞構造と化学成分を見てみよう。

すべての靭皮繊維に共通する一般的な特質
草木は大地から空にむかって上方に成長する。それらの細胞小室構造は「根元部から先端部」への方向性（以下根元部を元、先端部を末と呼ぶ）をもつ。したがって草や木が元から末の方向性をもつのと同じく、利用する木の皮や草の皮から採り出した繊維（以下、靭皮繊維と呼ぶ）もこの方向性を保持している。繊維を元から末に撫でた場合、滑らかな手触りで繊維は引っ掛からないが、もし逆方向に撫でるなら、繊維はささくれ状になってもつれ易くなる。この靭皮繊維はそれらを含む植物の幹や茎の形成層の成長力の盛んな細胞が分裂して、内部に木質部、外側に表皮細胞を形成した時に作られるもので、幹や茎を強靭に支える繊維である。この元から末にかけて成長する過程で靭皮繊維や植物全体に、元から末という方向性が付加されたものと考えられる[2]。
　靭皮繊維は多くの場合、元から末にかけて次第に細くなっている。元から末という指示に従えば、繊維は同じ幅で長くテープ状に裂けるが、逆に末から裂くと途中で繊維が切れてうまくテープ状に裂くことはできない。
　このように糸づくりから整経作業、そして横糸を入れて布を織るまで、靭皮繊維のもつ元から末にむけて方向を示す繊維の特質は、それらの作業工程の多くに影響を及ぼすのである。また、靭皮繊維は長くて、堅く、伸びにくい特質をもっている。木や草のそれぞれの種類がもつ繊維の固有の捩れ（天然撚り S または Z）[3] など、他の靭皮繊維と区別する重要な特徴については個々に説明する（fig.1 表 1）[4]。
　次に、元から末にむけて方向をもつ特質は、その靭皮繊維を元方向から末方向に薄く剥ぎ、長く細いテープ状に裂き、続いて元から末方向に、細くなった末端に元端をそえて継ぎ足す、または継ぎ足す末端を二つに裂き、元端を差し込んで、撚りつなぐか、あるいは末端と継ぎ足す元端を互いに揃えて捻り、この捻った端を元から末方向に倒して沿わせて撚りつなぐ方法をとる[5]（以下、このような靭皮繊維の撚りつなぐ方法を「績む」と呼ぶ）。この工程のより詳細な説明を184頁に述べている。このような績む方法はあらゆる靭皮繊維に共通して適応し、元から末にむけて方向性をもつ特質を維持している。したがって繊維の取り扱いは常に元から末にむけての方向性に注意しなくてはならない。
　しかし、すべての靭皮繊維に対して、績むことは是非ともしなければならない絶対的な作業ではない。たとえば、亜

麻やタイマのように、いくつかの草皮の靭皮繊維は、紡ぐことができる。すなわち、まとめた繊維のかたまりから少しの繊維の束を引き出し、そして次に撚りをかけて糸に紡ぐことができる。円滑に繊維を引き出すためには、それらは個々の繊維束に分かれ、なおかつ互いに絡まり引っ掛からなくてはならない（繊維の束と繊維束とは異なる）。また撚りをかけるために、繊維は絡み合っているか、あるいは互いに引っ付いていなくてはならない。靭皮繊維では、細胞や細胞の束に節がありまたは条痕がみられるとき、繊維が絡み付くために必要な表面摩擦が起こる。糸づくりにおいて繊維の表面摩擦量は重要な要素であり、あまりにも少ないと、繊維は互いに絡み付かずまとまらない。また多いと、梳かれた繊維のかたまりから繊維は絡みすぎて円滑に引き出せないであろう。適度な低い表面摩擦係数が靭皮繊維に最も良いことが分かる。

　紡ぐ方法をとる短繊維の木綿と短毛種の羊毛とを比較すると、性状は個々別々であるが、双方可紡性（spinning property）に優れている。木綿は繊維がもつ捲縮性と天然撚りによって互いに強く絡み合うことができる。片や羊毛の細かい捲縮と表面の鱗片スケールは繊維がお互いに固く絡み合うことを可能にする高い摩擦係数［中村　1980: 10］をもたらす。つまり捲縮性や抱合性に富んでいるのである。

　タイマを紡ぐ方法は、長毛種の羊毛に対して櫛梳り、繊維を揃え、梳毛糸に紡ぐ扱い方と類似した方法に習ってなされる。まとめた繊維のかたまりから鱗片が引っかからず、もつれないように元から末方向に揃えられ、整えられ、根元側を摘まんで繊維を引き出す［Teal　1976: 58-73］。

（fig.1 表１：さまざまな繊維の特性とこれに関係する糸づくりの方法の概観参照）

いくつかの種類の靭皮繊維および葉繊維とその組織構造と化学組成及び繊維特性について
一般的に木や草の表皮に含まれる靭皮繊維や葉脈繊維は単繊維（細胞）が多数縦に集合して、繊維束を形成している（fig. 2 図１）。それぞれの紡績繊維の単細胞はルーメンと呼ばれる中心に内腔をもち、そのまわりをセルロースのようなもの、ペクチン、リグニン、ヘミセルロースペクチンなどで構成され、ペントザンのような外の壁を固くする細胞膜壁に包まれている。これらは水には溶けず、アルカリ性の溶液にだけ溶ける。

　靭皮繊維の間および、繊維束のまわりを取り巻く柔軟細胞の間には、ペクチンなどのコロイド物質やリグニンが存在し、これらの繊維を相互に膠着している。糸づくりに利用する靭皮繊維を取り出すためには、これらの膠着物質の多くが精錬処理で取り除かなくてはならない。十分に繊維束のまわりの物質を取り除くが、それら繊維束の結合力を破壊しないように除去される。過度の膠着物質の除去は繊維束を形成している個別の単繊維にまでバラバラに分解するという結果をもたらし、それは繊維そのものを弱くし傷つけてしまうので、繊維束として取り出さなければならない。したがって適度に繊維束を取り巻く柔軟細胞を取り除き、膠着物質を取り除く必要がある［石川 ed, 1986: 53, 70, 71］。ペクチン質は比較的容易に溶解するが、リグニン質は溶解しにくい。繊維細胞壁やそれらを取り巻いているペクチンとリグニンの割合は利用しようとする繊維を取り出すさまざまな方法を生み出し決定する。

　草皮の靭皮繊維（ペクト繊維素）は、タイマ、チョマと亜麻のように、ペクチン質によって囲まれている。基本的に、生のまま草皮の表皮（外皮と繊維を含む内皮）をしごくことによって、これは物理的に取り去ることができる。しかし、かなりの量のリグニンが含まれるとき、その除去は発酵を通して物質を溶かし出すか、あるいはアルカリ性の溶解液で煮沸する。ほとんどの樹皮の靭皮繊維に大量に含まれるリグニンは発酵を通して、あるいはアルカリ性の溶解液で沸騰することによって取り除く必要がある。草皮の靭皮繊維に較べ、精錬処理には長い時間と多くのアルカリ物質を必要とする。

　アバカ、サイザル麻、アガベ とマゲイ のような葉繊維も草皮の靭皮繊維と同様に繊維束を形成する。草皮の靭皮繊維をもつ植物と比較して、これらの植物は、繊維束中の繊維の間に介在して細胞壁を木化させ、硬くするリグニンが多く存在し、繊維細胞のリグニン化をおこす。結果として、葉繊維は通常草皮の靭皮繊維よりいっそう弾力性があるが、柔

fig. 1 表 1　さまざまな繊維の特性とこれに関係する糸づくりの方法の概観

繊維	特性	糸づくり
木綿	天然撚り、縮れ、短繊維	開綿（繊維をフワフワにする）→紡ぐ
羊毛	伸縮性、縮れ、鱗状の表面：摩擦係数が高い	短毛種繊維／カーディング（繊維をほぐし揃える）→紡ぐ 長毛種繊維／櫛で梳く→紡ぐ
樹皮の靭皮繊維 オヒョウ フジ シナノキ コウゾ・カジノキ	網目状の長繊維  フジ 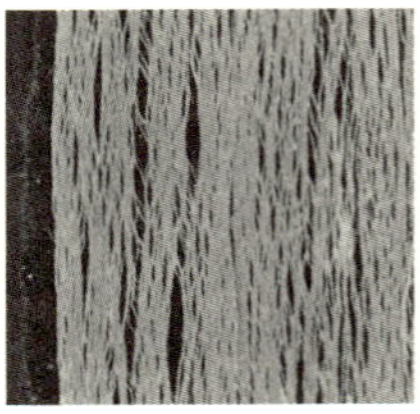　　シナノキ	繊維をテープ状に裂く→績む 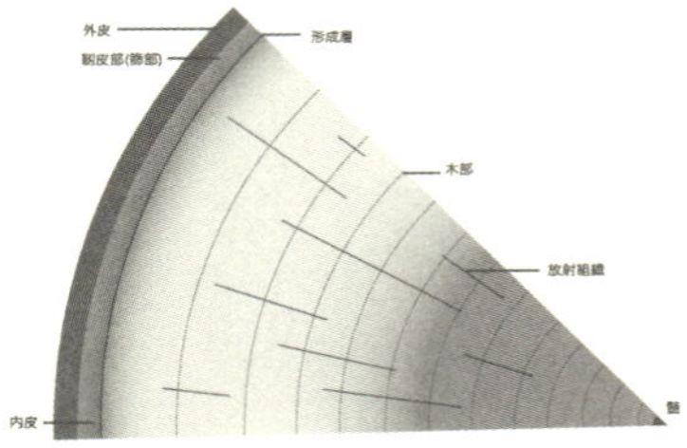
草皮の靭皮繊維 タイマ チョマ（カラムシ） イラクサ	束状の長繊維 タイマ	繊維をテープ状に裂く→績む
亜麻	微細な繊維束	櫛で梳く→紡ぐ（ヨーロッパ）
葉繊維 アバカ バショウ サイザル麻	横断面が丸い、滑らかな長繊維 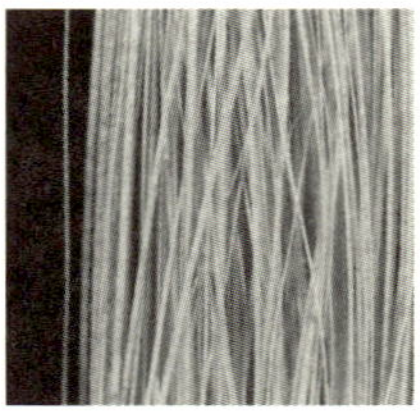 アバカ 繊維束として抽出しやすい	繊維束に細かく分ける→互いに結ぶ  擦り取る→績む

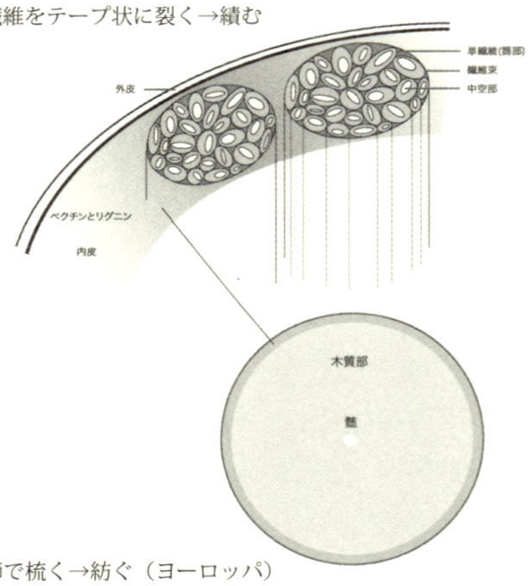

軟性に欠けて、そして堅くなる傾向がある。繊維束の周りの果肉質のパルプ状不純物を物理的にしごき去って、繊維束は抽出される。

　fig. 3　表2では、いくつかの草皮の靭皮繊維や葉繊維の植物をしめし、繊維を硬化するリグニンの量を比較する。
fig. 4　表3では、いくつかの草皮の靭皮繊維と葉繊維の植物に含まれるペクチン量を比較する。

<u>靭皮繊維の特質とさまざまな地域におけるそれらの具体的な処理の特徴</u>
樹皮の靭皮繊維（fig. 5　写真1）
糸づくりに利用する樹木には、日本のシナノキ、フジとコウゾ、カジノキと同様にゴトゴト（*gotogot*）のような熱帯の木から靭皮繊維は取り出される。それらは草の靭皮繊維や葉繊維と較べるとずっと多くのリグニン（lignin）を含んでいる。さらに樹皮は多くのタンニンや油脂や蝋分を含むが、靭皮繊維を利用する樹木は一般的な樹木よりも比較的少ない量しか含んでいない。

樹皮の靭皮繊維を取り出す方法
京都府上世屋では、靭皮繊維を含むフジの樹皮は表皮と木部が容易に分離できるフジが成長している時期に剥される。樹皮の表皮外側の外皮は鎌で削り落とし（fig. 6　写真2）表皮内側の靭皮繊維を含む内皮をアルカリ性の木灰の灰汁で煮る。次に不純物は川の中で竹製しごき具（コキバシ）を使ってしごいて洗い流される。川で、あるいはきれいにするためにヘラで不純物をかき落とすとき、繊維は必ず元から末へと取り扱われる（fig. 7　写真3）。新潟県雷では日本のシナノキの繊維が類似の仕方で処理される。

　フィリピンカンブーロ村（Cambulo）イフガオ族（Ifugaos）では、樹皮は木灰の灰汁で煮たり、蒸したり、あるいは発酵させない。それを生のまだ柔らかい間に、すぐに樹皮を処理する。最初に樹皮の表皮外側の外皮はナイフで削りとる。新たに収穫された内皮（靭皮繊維を含む）（fig. 8　写真4）である。次に、繊維が傷つかないように、表皮内側の内皮を柔らかくするために石で軽く打ち込む（fig. 9　写真5）。

樹皮の靭皮繊維から糸づくり
樹皮の靭皮繊維は網目状の構造を呈している（fig.1参照）。そのために、亜麻やタイマのような草皮の靭皮繊維と異なり、まっすぐな繊維束をもたない樹皮の靭皮繊維はそれを一本ずつの繊維束に分けるために、繰り返して櫛で梳いたり、あるいはブラシをかけて繊維をさばくことができない。したがって、紡ぐ方法での糸づくりは不可能であることが分かる。樹皮は網目状の繊維は細いテープ状に裂き（fig. 10　写真6）、績む（撚りつなぐ）方法での糸づくりしかない。繊維は末端に元端が添えられ、そして次から次へと元から末方向に継ぎ足され撚りつながれる。長くテープ状の糸につながれた後、糸車を使ってこの糸全体に撚りが加えられる場合もある。代わりに、繊維を撚りつなぐ毎に、つないだ分に撚りがかけられる、つまり撚りつなぐ過程の中で撚りがかけられる場合もある（fig.11　写真7）。全体に撚りをかけることにより、ついだ結合部分の撚りはもどらず、扁平な細長いテープ状の糸は丸く撚られてまとめられて、強く切れにくくなる。この績む作業や撚りかけの作業も例外なく、常に繊維の元から末方向に行われる。
（figs. 33～40　図6～13参照）

葉繊維（fig.12　写真8）
アバカ（マニラ麻）Abaca
料理用バナナ（芭蕉）を含む多種多様なアバカの紡績繊維の単繊維（細胞）は、時々分かれる鋭い先端をもち、長さは平均の2～16 mm、太さは16～22μm、繊維は円筒状で滑らかな表面をもつ。繊維は収束して取り出され、断面は丸い多角形あるいは不規則な楕円形で明らかに目に見えるほど大きい。ルーメン内腔は丸く大きく明らかでその中に黄色の充填

fig. 2 図1 靭皮繊維の模式図

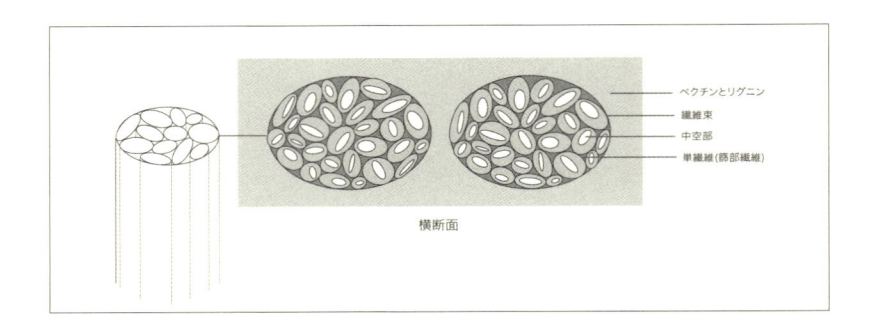

fig. 3 表2 靭皮繊維と葉繊維のリグニン量

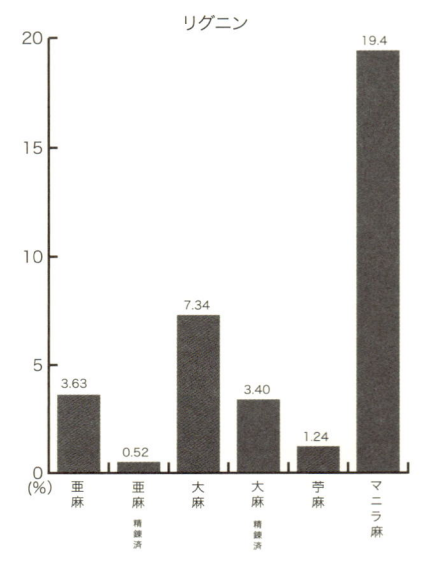

fig. 4 表3 靭皮繊維と葉繊維のペクチン量

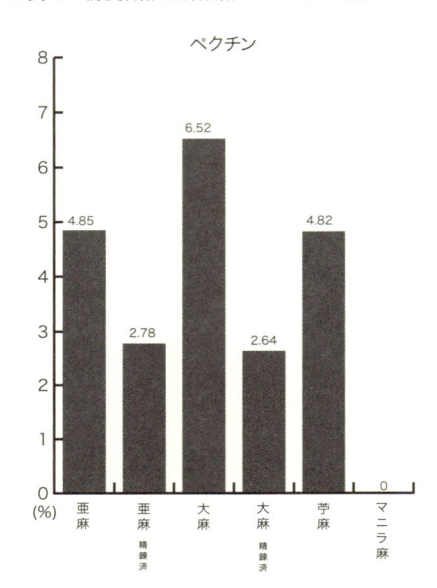

fig. 5 写真1 京都府上世屋近くの開花期の藤（1976年撮影）

fig. 6 写真2 樹皮を剥ぐ前に槌で藤蔓を打つ（梅本節子さん（下世屋村）1976年撮影）

物がある状態である。繊維はしっかりと珪化された方形または偏平の細胞の連続組織に囲まれ、この組織はステグマ（stigmata）と呼ばれ、マニラ麻の特徴とされている。葉繊維はリグノセルロースからなり、強靭で、水中において、優れた張力と耐腐力をもつ。アバカの繊維は長い糸につながれている。アバカの特徴は繊維束を偽茎から収束して個々に取り出すことができることである［石川 ed. 1986: 59］。長い繊維として個別にリグノセルロースが取り出されたアバカ繊維の拡大写真を含む fig. 1 表1を参照願う。
（fig. 25 図2：アバカの細胞構造図参照）
（fig. 29：アバカ　横断面の顕微鏡写真参照）

葉繊維を取り出す方法
まず偽茎葉茎の皮は剥がされる（fig.12 写真8）。次に繊維束を取り巻いているパルプ状不純物（果肉質の組織）は物理的にしごき去る。繊維束は集束してて、取り出された繊維は極めて少ししか毛羽はなく、繊維の元端と末端の太さはほとんど同じである。

葉繊維の糸づくりの方法
アバカ繊維は円筒状で、滑らかな表面をもち、そして元から末方向へと長い束で単繊維は接続されている。葉繊維は撚りつなぐ績む方法で糸づくりが為された場合もあるが、アバカはフィリピンのミンダナオ島[6]や日本の沖縄の竹富島では、同じく繊維を結んでつなぎ合わせて糸をつくる。結ぶ方法の場合、太さがまさに同じ繊維の「元の端と元の端」を結びつなぎ、続いて「末端と末端」を結びつなぐ（fig.13 写真9）。最も結び目が小さい「機結び（weaver's knots）」の結び方を使うことによって、糸の引っ掛かりは最小に避けられる。

草皮の靭皮繊維
チョマ（苧麻（カラムシ））（fig.14 写真10）Ramie
単繊維（細胞）の長さは60～250mmで、草皮の靭皮繊維の中で最も長い。太さは20～80μmと太く、断面は楕円形で中央部にルーメン（繊維細胞の内腔）と呼ばれる空腔がある。断面積は815μ^2で、単繊維は単独または数個集まり、束の細胞間をペクチン質で膠着して集束している。細胞壁を木化させ、硬くするリグニン質をほとんどふくまず、リグニン化がほとんど見られない。純粋なセルロース（ペクトセルロース（pecto-cellulose））で組成している。単繊維の外形は広い帯状で偏平だが、しばしば縦に条痕があり、所々屈折のある細胞からできている。細胞膜は層状で表面に欠裂がある。チョマは高さ2から4メートルに成長する［石川 ed, 1986: 57-58］。
（fig.26 図3：チョマの細胞構造図参照）
（fig.30：チョマ　繊維の横断面の顕微鏡写真参照）

チョマの繊維を取り出す方法
チョマはほとんど純粋なセルロースからなるため、しばしば生のまま処理される。福島県昭和村では乾燥しないように生の茎を水に浸ける。
　生のまま木質部を折って靭皮繊維を含む表皮を剥ぎ取り、剥いだ表皮をしごく台（苧引き台（obikidai）、苧掻き台（okakidai））の上に置く。鉄製のヘラを使って表皮をしごき、表皮の外皮やその他の不純物を物理的に取り除く（fig.15 写真11）。この繊維束をさらす。
　チョマの繊維束はほとんどリグニンを含んでいない。したがって繊維束の結合を維持するペクチンに対して、発酵による精錬はその化学作用が個々の細胞の中のペクチンを溶解し、繊維束の周囲のペクチンをも分解し、繊維束を各々の単繊維に分裂させてしまうので、この方法はとらない。

fig.7 写真3 女性たちが表皮の外皮を削り取り、木灰で煮た後に、藤を裂く（上世屋村、1976年撮影）

fig.8 写真4 新たに切り取った *gotgot* の木の端を曲げながら、樹皮をゆっくりと剥ぐ（フィリピンルソン島、1982年撮影）

fig.9 写真5 それらを薄いテープ状に裂く前に、繊維を柔らかくするために優しく *gotgot* の木を打ち込む（インドン・ドゥラ（Indodon Dulahig）さん、フィリピンルソン島カンブーロ、1982年撮影）

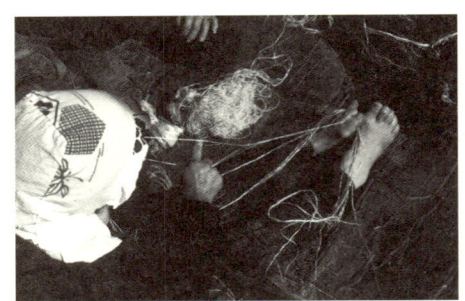

fig.10 写真6 写真の左、足の指を使い藤は細かく裂かれる（上世屋村、1976年撮影）

fig.11 写真7 カンブーロ（Cambulo）では、繊維を績み継ぐ過程の中で、糸全体に撚りがかけられる（フィリピンルソン島、1982年撮影）

fiig.12 写真8 糸芭蕉の根元を上にして、皮を剥ぎ取る（前三盛芳子さん（宮古島）1993年撮影）

チョマの糸づくりの方法

チョマの繊維束は績むために、非常に細くテープ状に裂くことができる。日本の新潟県六日町では、繊細で丈夫な糸づくりのためにしっかりと丁寧に結合させる他に類を見ない特別な二重の撚りつなぎをおこなう。韓国の韓山（Hansan）では、元端側と末端側に一列にそろえられたチョマの繊維の束が、2本の柱の間に挟み吊られ、作業する人の左側におかれ、膝から太腿を使って繊維は、撚りつながれる（fig. 16 写真12, fig. 17 写真13）。

チョマは繊維に節をもっている草皮の靱皮繊維であるので、紡ぐ方法での糸づくりが理論上可能だが、著者はこの事例を未だ知らない。仮に紡ぐ方法をとるならば、生のまま取り出した繊維を元から末方向にていねいに櫛で梳き、繊維を細かくほぐさなければならない。ペクチン発酵させると繊維束が各々単繊維に細かくばらけて分裂しやすいので、避けたほうがよいと考えられる。

タイマ（fig. 18 写真14, fig. 19 写真15）Hemp

タイマの単繊維の長さは5～55mm、太さは16～50μm で繊維細胞はおよそ20デニールの束になっているものが多い。外形は円筒形で、先端は丸みをもち、ときには分かれて所々に節があり、条線が見られる。断面は細胞が群生密着し、それぞれは丸みのある多角形をしている。細胞はリグニン化した薄い薄膜に包まれ、このリグニン質は細胞壁を硬く木化する。断面積は平均297μ²、ルーメン（繊維細胞の内腔）の割合は4.1%、膜壁は95.9%でルーメンはやや太い。草皮の靱皮繊維の中でタイマは亜麻にくらべ、リグニン化の程度がやや強い。化学組成は70～80%のセルロースとリグノセルロースからなる。強度は亜麻よりも優れているが、伸度は究めて低く、折れ易く、弾力に乏しい［石川 ed, 1986: 56-57］。

（fig. 27 図4：タイマの細胞構造図参照）

fig. 13 写真9 アバカの繊維を機結びでつなぐ（アルフォンサオトン（Alfonsa Otong）さん、フィリピンミンダナオ島タガパン（Tagapan）、1982年撮影）

fig. 14 写真10 日本福島県昭和村のチョマ畑

fig. 15 写真11 日本福島県昭和村では生のまま表皮（外皮と繊維を含む内皮）をしごいて繊維を取り出す

fig. 16 写真12 チョマを績み継ぐとき、裂いた繊維をチョンジ棒（jang - ji）の間に繊維の元側を左側に挟みセットする（羅相徳（Nayan Tokk）さん、韓国韓山、1984年撮影）

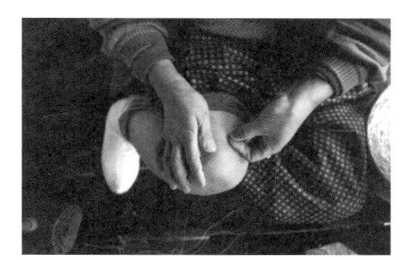

fig. 17 写真13 細かい苧麻の繊維を糸に績み継ぐ（羅相徳（Nayan Tokk）さん、韓国韓山、1984年撮影）

fig. 18 写真14 滋賀県甲津原のタイマの収穫（西川みどりさん、1984年撮影）

（fig. 31：タイマ　繊維の横断面の顕微鏡写真参照）

タイマの繊維を取り出す方法

日本の滋賀県甲津原や韓国南部に位置する石谷では、タイマは表皮を剥ぐ前に、茎を水蒸気で蒸す。一方、日本の長野県開田では、茎を水に浸けて発酵させた後、茎から表皮を剥ぐ。次に表皮をヘラで慎重にしごき、外皮や残っている不純物を程よく取り去る（fig. 20 写真16）。

　ハンガリーでは、最初にタイマの茎は表皮靭皮部の繊維束のまわりのペクチンを緩めるために水に浸けて発酵させたのち、次に徹底的に乾かす。表皮がついたままの茎を棒で打ったり、砕茎機を使って芯の木質部を細かく砕いて次第に取り除き、最後にブラシで梳いて靭皮繊維は取り出される（fig. 21 写真17）。

タイマの糸づくり方法

東アジア、東南アジアとその周囲の地域では、タイマの繊維をテープ状に裂いて分け、次に繊維の末端に新たに元の端を足して一緒に合わせて撚りつなぐ、績む方法で通常糸は作られる。

　タイマの繊維の表面の節や条痕は、互いに繊維が引っ掛かるために十分な表面摩擦をもたらし、繊維の束からわずかの繊維を引き出し、撚りをかけ、紡ぐ方法の糸づくりも可能にする。ハンガリーでは、次に紡ぐタイマの繊維の準備として、大まかにほぐれた繊維はまず繊維間に残った芯の破片を取り除くために剣山型の梳き具で繰り返し梳き（fig. 22 写真 18）、次にもつれ合った繊維をまっすぐに整えたり、短い繊維を取り除くためにブラシで櫛削り、繊維をより細かくほぐしばらけさせる。つぎにその繊維をひろげ柔らかくなるように湿らせ、まとめてテープでくくり、ディスタフ（distaff）に仕上げる（fig. 23 写真19）。そして最終的に紡がれる（fig. 24 写真20）［Kos, Szentimrei, and Nagy 1981; Lajos 1972］。

fig. 19 写真 15 ハンガリー大平原に自生しているタイマ（カコニア・アルパッド (Kákonyi Árpád)、1985年撮影）

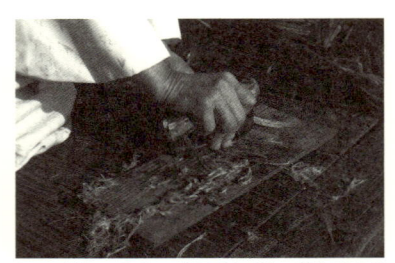

fig. 20 写真 16 タイマの茎を蒸気で蒸し、繊維を取り出すために不純物をこすり落とす（韓国石谷、1984 年撮影）

fig. 21 写真 17 ナイフ状の木棒でタイマを打ち込む（fig. 21～24：デメ・ジョセフィン (Deme Józsefiné) さん（ハンガリー）1987年撮影）

fig. 22 写真 18 金属製の針を板に刺し込んだ櫛台でタイマ繊維を梳く

fig. 23 写真19 紡錘車で紡ぐためにタイマの繊維の束から繊維を引き出し、唾で繊維を濡らして柔らかくする

fig.24 写真 20 タイマを紡ぐ

亜麻（fig. 41 写真 21）Flax
亜麻の単繊維（細胞）は両端が尖り、長さは平均 30 ㎜、太さは 15～25μm で縦方向に重なり合って集束し、そしてペクチンによって膠着している。繊維細胞の断面積は平均184μ^2、ルーメンの割合はわずかに1.3％で、残りを膜壁が98.7％を占拠するという状態である。つまり、繊維細胞の壁は厚く、ルーメン（繊維細胞の内腔）は薄く狭いのである。単繊維の横断面の形は茎の部分によって変化する。下部は扁平に近い丸みのある多角形で繊維は太く、中央部以上は直線状の多角形をしている。外面は結節や横または斜交した条痕をもっている。これらの結節の引っかかりは紡績上糸づくりに重要な役割をする。一束の繊維数はおよそ18 である。繊維束中の単繊維は少し軽度にリグニン化されたペクチンによって互いにまとめられている。したがって、繊維を取り出す場合に、純粋なペクチンは発酵によって完全に分解し、繊維束はばらばらに分離されるが、他方、リグニン化ペクチンは発酵に耐えて単繊維の分離はほとんどおこらず、取り出す繊維束の完全性を維持する。亜麻はすべての靭皮繊維の中で最も単繊維に分かれにくい特徴をもつ。亜麻の繊維の主成分であるセルロースはペクトセルロースのかたちで存在し、そしてペクチンは酸で溶解できる［石川 ed, 1986: 55-56］。
(fig. 28 図 5：亜麻の細胞構造図参照)
(fig. 32：亜麻　繊維の横断面の顕微鏡写真参照)

亜麻の繊維を取り出す方法
スイスのザジウィル（Zäziwil）、ベルギーのルージュ（Louges）やオランダなどでは、繊維束をとりまくペクチンは発酵のプロセスで適度に溶解させる。そして、乾燥後、亜麻は打麻、破砕茎され、梳茎され、細くて長くて柔軟な繊維に分けられるまで、繊維束は櫛削られる。亜麻の靭皮繊維は、外面は結節や横または斜交した条痕をもち、これらの結節は繊維を糸に紡ぐことを可能にする低い摩擦係数可紡性を適度に高めている。

fig. 25 図 2 アバカの細胞構造（描画 小原亀太郎　厚木 1949, p. 92）

fig.26 図 3 チョマの細胞構造図（石川 1986, ed, p.57 図 2. 10。描画 小原亀太郎　厚木 1949, p.84）

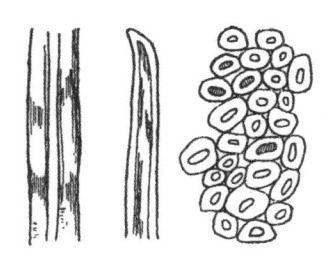

fig. 27 図 4 タイマの細胞構造図（描画 小原亀太郎　厚木 1949, p. 82）

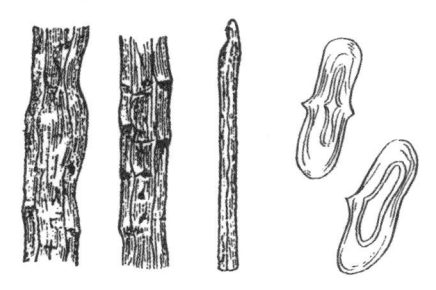

fig. 28 図 5 亜麻の細胞構造図（描画 小原亀太郎　厚木 1949, p. 77）

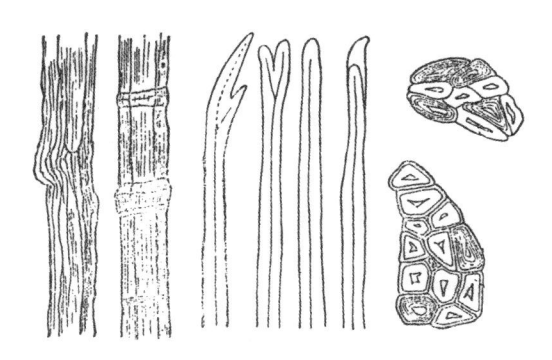

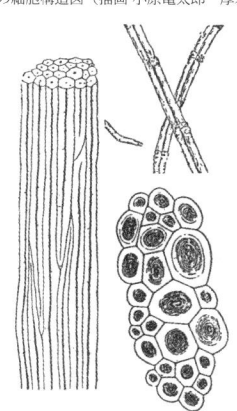

亜麻の糸づくり方法
実際に、亜麻は草皮の靭皮繊維の中で紡ぐ方法が最も適した繊維素材といえる。繊維を撚りつなぐ績む方法の糸づくりには適していない。亜麻の茎はたいへん細く、1本ずつ茎の芯の木質部から靭皮繊維を含む表皮を剥ぎ取ることは、不可能でないが、たいへん労力のいる作業である。この方法で大量の亜麻の繊維を得ることは非現実的であると分かるであろう。ヨーロッパの方法で打麻、破砕茎、梳茎した後、取り出した繊維はあまりにも細いので、テープ状に裂いて績む方法は適さないこともわかる。

アジアとヨーロッパとの工程の比較
はじめにで述べたように、東アジアと南東アジアでは「績む」ことが糸づくりの基本的な方法である。一方、ヨーロッパでは「紡ぐ」ことが主に行われる。それぞれの地域で広く利用されている特定の繊維に対するその取り扱いの相違を少し説明する。アジアの樹皮の靭皮繊維と葉繊維は紡ぐ方法による糸づくりは困難である。前者は櫛梳ることができないし、後者は繊維の表面の摩擦係数[7]をほとんどもっていない。他方、ヨーロッパの亜麻やすべて草皮の靭皮繊維は少なくとも績む方法によってなされることは不可能ではない。さまざまな地域で気候や伝統が異なると同様に、繊維を取り出す下準備をはじめ、糸づくり作業、糸の取り扱い、整経や機織りに至るまでの種々の相違を説明する。

皮剥ぎ作業の準備
アジアでは、表皮を茎から分離し、そして繊維を取り出しやすくするための方法には、(1) チョマでは、前準備を必要とせず、生で剥ぐ。(2) タイマでは、発酵させると (3) 蒸すなどの加熱する方法がある。
　ヨーロッパでは、タイマや亜麻の繊維を容易に取り出すための方法として、まず始めの作業として植物を軟化させる。

さまざまな繊維の横断面の顕微鏡写真

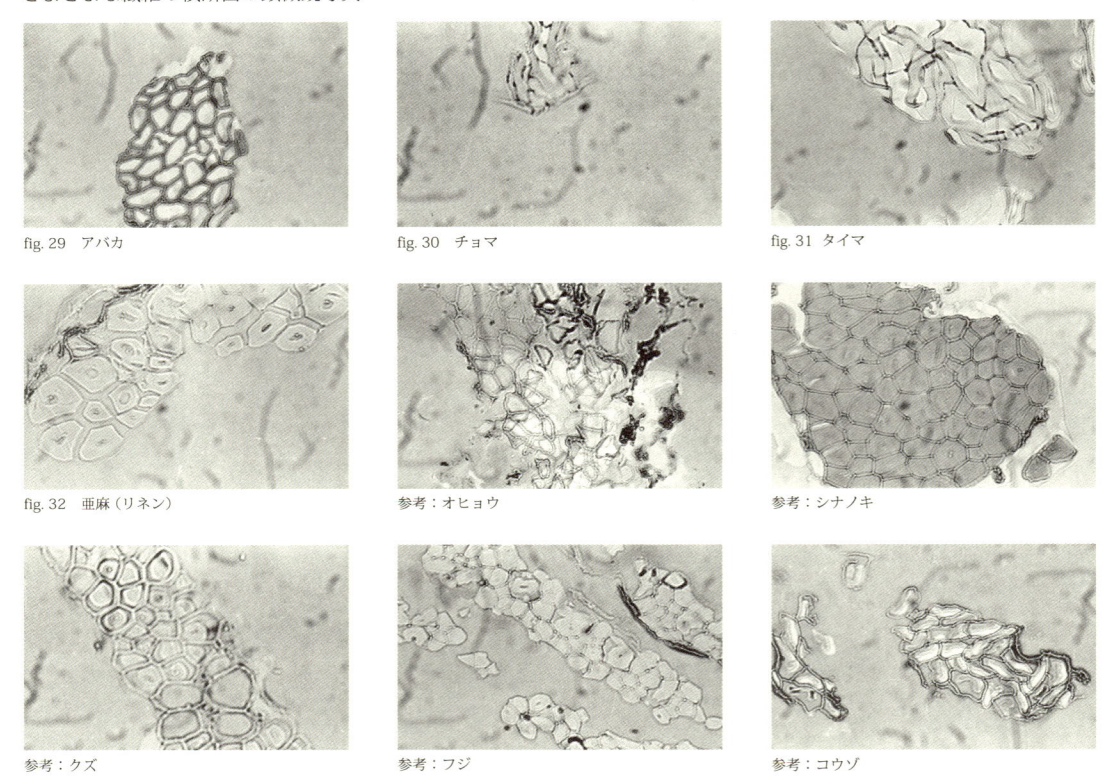

fig. 29　アバカ

fig. 30　チョマ

fig. 31　タイマ

fig. 32　亜麻（リネン）

参考：オヒョウ

参考：シナノキ

参考：クズ

参考：フジ

参考：コウゾ

それには、(1) 成熟した植物の葉、種などを取り去って、そして流水あるいは澱んだ水に草皮の靭皮繊維を含む茎を浸す。(2) 長い期間露と雨に茎をさらす。(3) 冬に、茎を雪に置いて凍結させる。などの方法がある。

　アジアとヨーロッパ双方では、タイマや亜麻など草皮の靭皮繊維を取り出すために、基本的に芯の木質部と繊維を含む表皮を分離しやすくすることと、そして発酵させる場合は各々の単繊維をまとめているペクチン成分を微生物の働きで適度に取り除くことが共通する。しかしながら、分離の方法が異なる。アジアでは茎の芯木質部から繊維を含む表皮を剥ぎとるが、ヨーロッパでは茎はよく乾燥させ、そして次に打麻、破砕茎、梳茎する。この方法で、茎の芯木質部は押しつぶされて細かく粉砕され、取り除かれる。そして、それが徹底的に乾燥していないなら、粉々になって落とし去ることができないので、乾燥の種々の方法として茎をパンオーブンの上に置く工夫もなされる。タイマや亜麻の繊維を含む表皮の付いたままの茎は棒で徹底的に打ち叩かれる。徹底的な打砕きと粉砕によって芯は離れ落ちる。そして利用する靭皮繊維は取り出される。繊維に付着している破片はさらなる打ち砕き、打ち叩き作業によって取り外され、靭皮繊維もおおまかにほぐされる。

繊維を柔らかくする方法
アジアでは、取り出された繊維はたいへん細かい細片に裂く前に、繊維を柔らかくするためにしばしば濡らされる。ヨーロッパでは、繊維を手足で揉み込んだり、曲げたり、あるいはローリングウエイト（rolled weight）で締め付けたりして、繊維をよりしなやかに、細かくする。

繊維から糸づくりのための準備：梳く作業と裂く作業の比較
上述したようにアジアでは、指の爪、足の指、あるいは道具を使って、裂き口をつくり、そして裂き口を広げながら引

いて、テープ状に繊維を裂く。ヨーロッパでは繊維は梳かれる。梳く作業ではまずは剣山型の金属櫛の密度の粗いものからはじめ、そしてその後密度の高いものへと取替えて梳く。この作業では、繊維間に残った小さい破片の屑が取り去られ、繊維束は分割されて、なおいっそう細かく分けてばらけさせる。もつれあった繊維はまっすぐに整えられる。続いて豚毛のブラシを使って短い繊維を長いものから分けて梳き取り、長い繊維を最も良いものとして選別される。何度も梳かれるこの作業の結果として、繊維は毛羽もほとんどなくなり、繊維の元と末方向の区別が無視されるほどの状態になる。

　ハンガリーでは最終の仕上げとして、繊維は糠とゆでられた黄色のカボチャを茹で汁を混ぜ合わせた暖かい液に浸け、しみ込ませる。この作業によってアクは取り去られ、繊維はいっそうしなやかで、より光沢をます。そして最初の茎を浸して灰色がかった繊維を黄色に染める働きもする。若干の地域では、同じ効果をえるのに乳漿あるいは馬糞も使った。

糸づくり：紡ぐ方法と績む方法の比較
績む
アジアでは、靭皮繊維を細く裂いたテープ状の繊維を元から末方向に撚りつなぐかあるいは結んで、次々とつないでいく。繊維の特性や糸づくり作業や織作業に必要とされる繊維の強度により、地域によって方法は異なる。しかし、撚りつなぎ作業や経糸を準備する作業など、元から末という方向性の維持は変わらない。しっかりとつなぐために、まず末の端に元の端を足し、2本に撚りをかけ、さらに逆撚りを加える（figs. 33~40、図 6~13：京都府上世屋 フジの糸績み 参照）。

糸紡ぎ作業
ヨーロッパの人々は長毛種の羊の羊毛をディスタフ（distaff）に仕上げ、紡錘車や糸車を使って糸に紡ぐ方法で、靭皮繊維に対しても同じ紡ぐ方法でもって糸づくりをしてきた。これは亜麻とタイマなどの草皮の靭皮繊維が幾度となく櫛削られ、梳かれ、繊維の毛羽もほとんど取ってしまい、繊維束一本一本に近くまでほぐすことができたためであり、草皮の靭皮繊維が、このようにほぐすことのできる特性をもっているために可能となるのである。

　整えられて、そして束状繊維のかたまりストリック（strick）(fig. 42 写真 22) に元から末へと梳かれ用意された繊維は、すみやかで円滑に、繊維が引き出せるようにするためにディスタフに仕上げられる。そして作業をする女性たちのそばに置かれる。これの準備で繊維は均等に、薄く広げられ（fig. 43 写真23）、その重ねられた層は斜め十字に交差して、絡み付いている（fig. 44 写真24、fig. 45 写真25）。繊維はディスタフの周りに十字状（fig. 46 写真26)に交差している。繊維は元端から引き出され、唾液で湿らせてたがいにまとめられ、紡錘車で撚りをかけられて、それを紡錘車に巻きつける。

　ヨーロッパではこの素材に対する扱いがアジアのそれと根本的に異なっている。

　可能な限りの細かい繊維束に分けることのできる草皮の靭皮繊維の特性とその繊維をほぐす作業の特徴は、長毛種羊毛のかたまりが元から末へと櫛削られ梳かれ、そのかたまりの元側から繊維は引き出され、撚りがかけられ、できた糸は紡錘車に巻きとられる［Teal 1976: 58-73］という羊毛の梳毛糸の糸づくりと同じ扱いと作業のやり方に習うことを可能にした。ベリンガー（Bellinger）の入念な東洋周辺の織物研究では、紀元前2000年ごろ、エジプトにおいて、亜麻を撚りつなぐ（rovings）ことから、紡ぐことへの変更がグレコローマン期間になされたと仮定した。おそらく亜麻の糸づくり方法［Bellinger 1959: 2-3］に羊毛の作業手順を適合させた結果であろう。

整経
東アジアでは、繊維を取り出し、細くテープ状に裂き、撚りつなぎ、その績んだ糸全体に撚りをかける作業はすべて元から末方向にしたがって行われる。このようにつくられた糸は元から末への方向性の特性を維持する。これが東アジアの靭皮繊維の糸づくりの際立った特徴である。

figs. 33~40　図 6~13　京都府上世屋村での藤の糸績み作業

fig. 33　図 6　二つに裂いた短い末の端に、新しく継ぐ繊維の元端を平行に添わせる

fig. 34　図 7　右手親指と人指し指で Z 撚りをかける

fig. 35　図 8　撚りつけた繊維を右手小指と薬指で挟む

fig. 36　図 9　二つに裂いた長い繊維と撚りつけた繊維を平行にもつ

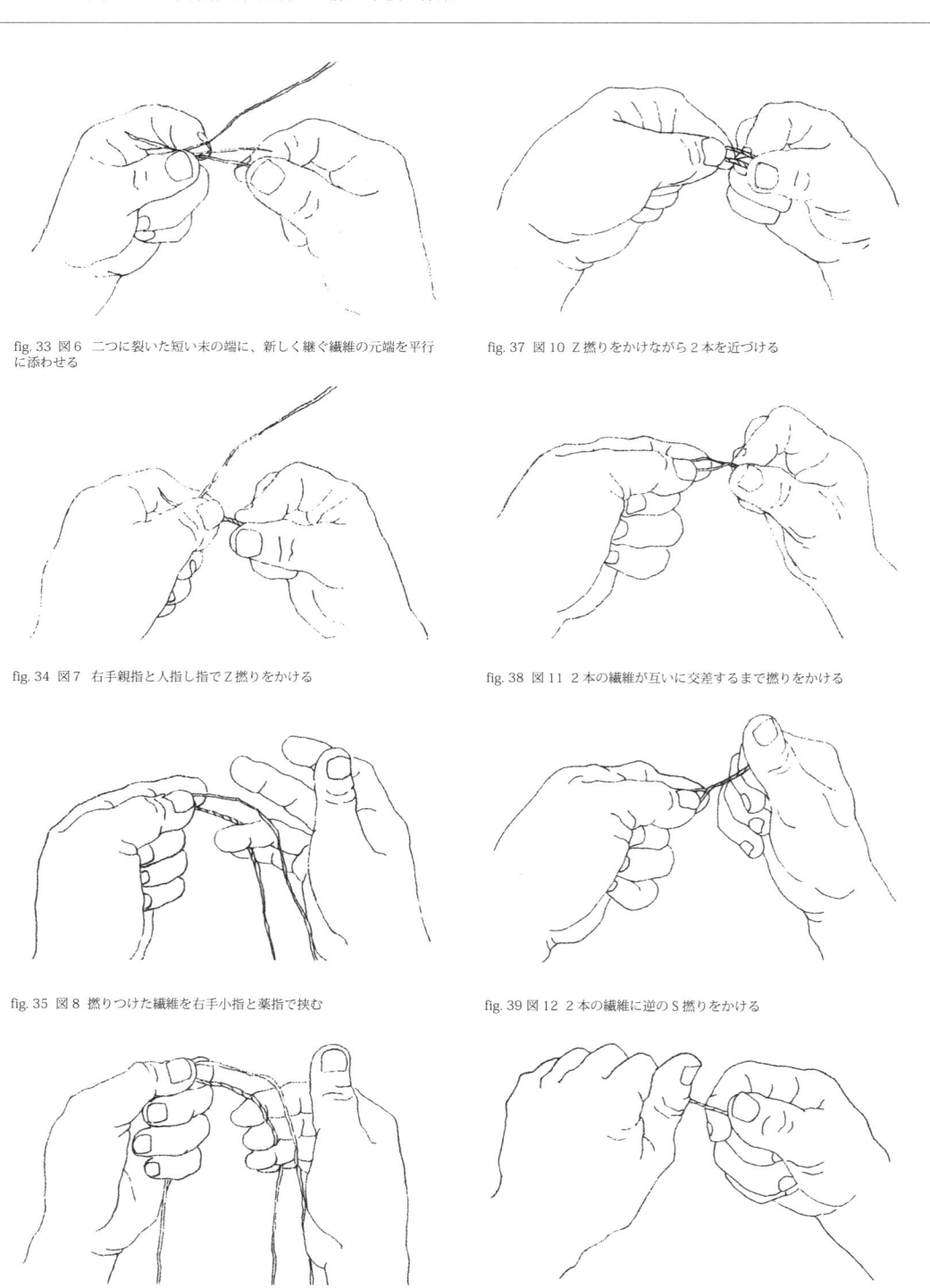

fig. 37　図 10　Z 撚りをかけながら 2 本を近づける

fig. 38　図 11　2 本の繊維が互いに交差するまで撚りをかける

fig. 39　図 12　2 本の繊維に逆の S 撚りをかける

fig. 40　図 13　左手も使って S 撚りをかける

fig. 41 写真21 成長している亜麻（スイスのザジウィル、1983年撮影）

fig. 42 写真22 亜麻繊維の束を結び付け棒を腰に差し、繊維の元方向に端は垂れ下がっています（fig. 42〜46：アメリカ亜麻紡ぎ女王クウィーン・セリア（Quinn Celia）さん、1985年撮影）

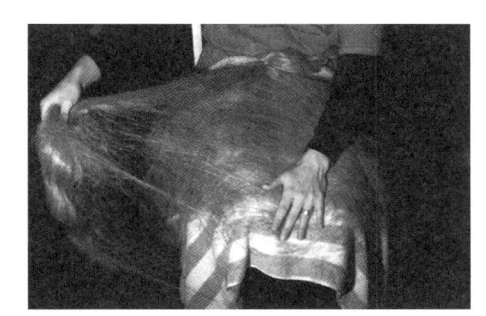

fig. 43 写真23 亜麻の繊維を外に扇状に広げる

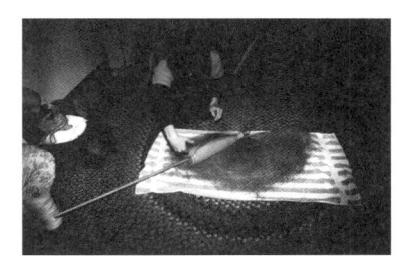

fig. 44 写真24 ディスタフ（distaff）にするために亜麻を巻く

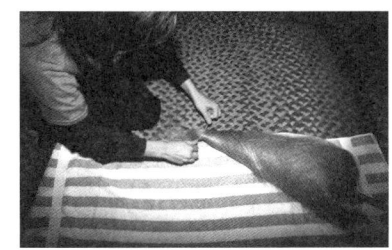

fig. 45 写真25 亜麻はディスタフに巻き上げられ仕上げられる。繊維の末側の端は棒の先端に結ばれる

fig. 46 写真27 仕上げられたディスタフは糸車の上に取り付けられます。繊維はディスタフの下側から引き抜かれる

　方向性をもっている糸で布に織り上げるためには、糸の毛羽の取り扱いが最も大切であり、うまく扱えば作業は良く進む。同じく機を織る作業においても、織り機に準備される経糸がすべて同じ方向に適応させてかけられると、最も巧く作業は進む。

　まず平織組織の布を織るとき、緯糸を通すために張られた経糸は上糸と下糸に交互に分けられる。上下させてできた隙間に緯糸を通す。次に打ち込み具をつかって、織り向うから織り手前に向かって横糸を打ち込む。このとき経糸は打ち込み具によって強くこすられ、しごかれる。この動作は織り向うから織り手前方向に経糸に多くの摩擦をおこす。したがって、元から末方向に績みつながれた靭皮繊維の糸の場合は、織り向う側から織り手前側に向かって、元方向から末方向に、すべての経糸が一列に並べられるとき、最も円滑に打ち込まれる。もし経糸が一本毎に逆方向を向いていたり、すべての経糸が織り向う側から織り手前側に向かって、末方向から元方向に並べられていたら、緯糸の打ち込みで生じる摩擦は、経糸を末から元方向へ強く逆なでることとなり、経糸の表面は毛羽立ち、毛羽は打ち込み具に引っかかり、大きく毛羽立った繊維は隣の経糸と絡みついて、緯糸の打ち込みはできなくなるであろう。それは最終的には経糸は毛羽立ち細くなって切れるという、織り作業の最大のトラブルをもたらすであろう。

　すべての経糸が一列に並べられる糸の準備は、基本的に回り整経（one-directional circuit warping）［長野 1999: 351］での、織り向う側に元方向、織り手前側に末方向の2つの方法しかない。一つの方法は、フィリピンのルソン島でおこなわれる樹皮の靭皮繊維ための整経方法で、簡単な棒を配置した原初後帯機に、直接、一方向を決めて螺旋状輪奈に糸を巻きめぐる方法である。織られた布は筒状につながり、すべての経糸が織り向う側に元方向、織り手前側に末方向に一列に並べられなければならないので、二つの注意が必要である。スタートする際、糸端が元側かあるいは末側か、もう一つは、巻きめぐる方向を決める際、織り向うに向かって織り手前に向かってかという確認である（fig. 47 写真27）[8]。

185

fig. 47 写真 27 無機台原初腰機の簡単な棒の間に直接、螺旋状輪奈の筒状に経糸をかける（インドン・ドゥラ（Indodon Dulahig）さん（フィリピンルソン島カンブーロ村）、1982年撮影

fig. 48 写真 28 地面に打ち込んだ杭を周り巡って回り整経を行ない、経糸を準備する（ミム・チパル（Mim Chiparu）さん（韓国安東）、1995年撮影）

fig. 49 写真 29 ドラム式整経台に経糸をかけている（デメ・ジョセフィン（Deme Józsefiné）さん（ハンガリー）、1987年撮影

fig. 50 写真 30 機台腰機で大麻布を織ってる（金點順（キム・チョンスン、Kim Jun-soon）さん（韓国石谷）、1983年撮影）

fig. 51 写真 31 高機でリネンを織る（デメ・ジョセフィン（Deme Józsefiné）さん（ハンガリー）、1987年撮影）

　二番目の方法は、奈良県月ヶ瀬のタイマ、島根県上講武のフジ、徳島県木頭のカジノキと韓国でのタイマとチョマの整経方法である。間隔を置いて設置した杭棒あるいは専用の台の周りを糸は一方向に螺旋状にめぐり回されて巻かれ、そして最終的に1カ所で切られる方法である。織り機の上に糸を備え付けるとき、すべての経糸が織り向う側に元方向、織り手前側に末方向に一列に並べられる（fig. 48 写真 28）[9]ために、織り向うになる経糸巻き具に元端を結び付けて巻き取る注意が払われる。

　ヨーロッパでは、縦型円柱形の枠台が経糸の準備に整経に使われる（fig. 49 写真 29）。

　織り向うから織り手前に向かって、整経する糸の本数毎に糸の方向が交互に逆方向になる折り返し整経（double-back warping）が行われる。必要とされる長さが測られるまで、一方向に枠台をまわして、枠台に螺旋状に巻き取る。次にアヤ（綾）がとられ、糸は後方で折り返されて、ふたたびアヤがとられる。枠台を逆回転させ、そして正確に逆方向に同じ道をたどって戻り、枠台の周りに糸は巻きとられる。細かくほぐされた繊維を引き出し撚りをかけ、紡ぐ方法でできた糸は、繊維の元から末という方向性は無視することができるのである。あまり羊毛とも比較されないが、細かくほぐされ紡がれた靭皮繊維の糸は、糸全体に撚りをかけない撚りつながれただけのテープ状の靭皮繊維の糸と比較して、物質特性は変わらないがより弾力性や伸縮性などの柔軟性をもつ。

機織り

本質的に草皮や樹皮の靭皮繊維の物質特性は堅くてほとんど伸びない性質をもっており、柔軟性がない。この不足は撚りつなぎ績むことで改善できないし、糸の弾力性や伸縮性も付加されない。特に撚りつなぎや撚りをかける作業において過度の撚りのねじる力や機に準備された経糸に引っ張る力が強く加わると、糸はプッツリと切れる。この理由から、日本の多くの地域、韓国南部とフィリピンでは、靭皮繊維の布は後帯機（backstrap）で織られる。経糸の一方の端が経

糸巻き具で固定される。もう一方の端が布巻き具で保定され、この布巻き具の手元棒は織り手の腰につけた帯によって保持され、経糸の張り具合は調節される（fig. 50 写真 30）。経糸を引き上げて緯糸を入れる隙間をつくるとき、織り手は腰を前にずらし、糸の張りを緩めることで、そして糸へ負担を最少に抑えることができる。そして、緯糸を打ち込み具で打つとき、織り手は腰を後ろにずらして経糸を張るが、何ら障害はなく引っかからない。したがって柔軟に経糸の張り具合を調節できる後帯機はテープ状に繊維を裂き、撚りつなぐ績む糸づくりをとる草皮や樹皮の靭皮繊維や束状に分けられ一本になった繊維を結ぶ方法をとる。葉繊維を織るために適しているのである。

ヨーロッパで行われているように、紡がれた靭皮繊維の糸は特に柔軟性（弾力性や伸縮性）をもつため高機で織ることができるのである（fig. 51 写真 31）。堅い枠でできた高機の経糸巻き具と布巻き具の間に経糸は引き伸ばされピンと張られ固定される。緯糸を通す隙間を開くために、経糸を引き上げたり引き下げるときに、もし経糸が柔軟性をもたず伸びなかったら、経糸に多大な負担をかけて切れてしまう。実際高機で織る際に、糸のもつ伸びる柔軟性が、緯糸を通す隙間をあけることによっておこる経糸に加わる力の負担を吸収し許容しているのである。

<u>結論</u>
植物繊維を取り出し、そして利用して何かを作りだそうとするとき、人々は常に植物固有の性質に敏感に対応した。それぞれ異なった繊維の細胞構造と化学組成の物質特性に向かい合いながらさまざまな方法が考案された。加えて、文化的な習慣と歴史の交流は、それまでの繊維の取り扱いや対応が新しい方法に引きつがれる。ある１つの繊維材料に使われた方法が、時々他の繊維材料に移された。また同じ繊維材料であってもそれぞれ異なって処理され、繊維はさまざまな特徴をもつ糸になり、経糸を準備し機にかけ、布を織るさまざまな方法を可能にする。

注
1) ベリンガー［Bellinger, 1959, 1－3；1962, 7］によって記述されるように、極東で発展してきた繊維を撚りつなぐ方法と古代エジプトで行われた亜麻の方法は表面的には類似性をもつが、重要な細部が大きく異なることを識別できる。この亜麻の撚りつぐ方法は二本の繊維を引き揃えてそれぞれ別々につないでいく。まずはじめの繊維の末端に、継ぐ末端を平行に重ねて一緒に S 方向の撚りを加えて撚りとめ、次に一方の残りの繊維も同様に撚りとめるだけである。そして、二本に S 方向の緩い撚りを加えるだけである。しかし、その別々の二本の接合部分は互いにずらされ、合わせて撚りがかけられているため、たんに撚りとめた糸であっても、引っ張りに対する強度をもつ。同じく［Barber, 1991:44－51］は、亜麻の繊維を撚り、そしてつなぎ合わせた糸から織った古代エジプトの布の遺物について論じている。
2) 草や木を利用してものを作ろうとするとき、使う人は必ずこの不均質と対面する。例えば、木の表面を鉋で平らに削るとき、木の根元部から先端部方向に鉋をかけるとツルッと輝く滑らかな表面に仕上がる。反対の方向から鉋をかけると、木の表面はざらざらになって、そしてささくれるであろう。私たちは逆目と呼んで、通常この方向から削るのを避ける。木表と木裏を見極め木理（もくめ）を読むことはこの木の固有の不均質にしたがって作業することである。また木の柱を据え付けるとき、木の根元部は地上に置き、先端部は上方に備え付ける。
3) 天然撚り（亜麻は S 撚り、大麻と木綿は Z 撚り）と繊維表面の節や条痕形態の効果について［Billinger, 1950 & 1959, 1］を参照。
4) 一種類の中でも、植物は生えていた土壌、気候と地形によって影響を強く受けるので、個別に大きく異なる。
5) 具体的に実践できるいくつかの詳しい績む作業工程の線画や写真については［長野とひろい, 1999］を参照。
6) 葉繊維のアバカはその生息すると場所の周辺に多種多様の野生種や栽培種あるいは二つの間で交雑したものが数多く存在するので、それら繊維の中には、結ぶ方法は無論のこと、績む方法での糸づくりを可能にする種もあるかもしれない。
7) 一つの例外は、メキシコにおいてマゲイ (maguey) とイストレ (ixtle) の繊維の糸づくりにおいて紡ぐ方法を見いだすことができる。
8) 現在、フィリピンのミンダナオ島において、アバカの偽茎に含まれる葉繊維を使って布が織られる。これらから作られる糸は、結ぶ方法で糸づくりがなされる。機台をもたない単純な 後帯機（backstrap）にこの糸は準備されて織られる。まず、経糸は中間棒（b）に括られ、手元棒（a）を回りそして先端棒（c）を回って、再び中間棒（b）に戻って回り、そして反対方向に逆戻りし、(c)、(a)、(b)、反対方向に逆戻りし (a)、(c)、(b)、反対方向に逆戻りし (c)、(a)……を繰り返して経糸を準備する。このように偽螺旋状整経によって準備された経糸は一見筒状に見える布が織られる。しかし、結果は布が織られて最後に中間棒を抜き去られた途端に、筒の状態から平らな布に開かれるのである（織り手前側から織り向こう側に向かって手元棒（a）、中間棒（b）、先端棒（c）の順に並ぶ）。
9) 一方向の整経が最も合理的であるが、それは日本において常に行われるとは限らない。［長野、ひろい, 1998：274~289］（英語説明 P. 351～352）参照。

参考文献
中村耀『繊維の実際知識』10頁（東洋経済新報社、1980）
Beatrijs Sterk and Elisabeth Olne, "Die Brennessel als Garnlieferany." *Deutsches Textilforum*, 1981, pp.14-15
E. J. W. Barber, *Prehistoric textiles*, Princeton University Press, Princeton, 1991
長野五郎、ひろいのぶこ 共著『織物の原風景 ―樹皮と草皮の布と機―』（紫紅社、1999）
厚木勝基『紡織繊維学』（裳華房、1949）
石川欣造 監修・大沼玄久三 等著『繊維 3訂版』（東京電機大学出版局、1986）

Kós Károly, Szentimrei Judit, and Nagy Jenö, *Moldvai Csángó Népumüvészet*, Edited by Szentimrei Judit, Kriterion Kőnyvkaidó, Bukarest, 1981

Louisa Bellinger, "Craft Habits, Pat II: Spinning and Fiberr in Warp Yarns," *Paper No. 20*. Washington, D.C. The Textile Museum (Louia Bellinger, 1959 b,1;1962,7), 1959

" Textiles from Gordion." *The Bulletin of Needle and Bobbin Club*, 1962, pp. 4-34

Peter Teal, *Hand Woolcombing and Spinning -A Guide to Worsteds from the Spinning-Wheel Poole,* UK, New York, Sydney, Blandford Press, 1976

Susie Henzie, "Dressing the Distaff." in *SHUTTLE* No.1 Vol. X, 1978, pp. 12-13

Szolnoky Lajos, *Alakuló Muakaeszkőzők-A Magyar Népi Kenderrost-Megmunkálás*, Akadémiai Kaidó, Budapest, 1972

Szentimrei Judit, *"Szőttesek, Varrásoku-Hímzesék."* *Moldvai Csángó Népmüvészet*, Kriterion Kőnyvkaidó, Bukarest,1981, pp.177-359

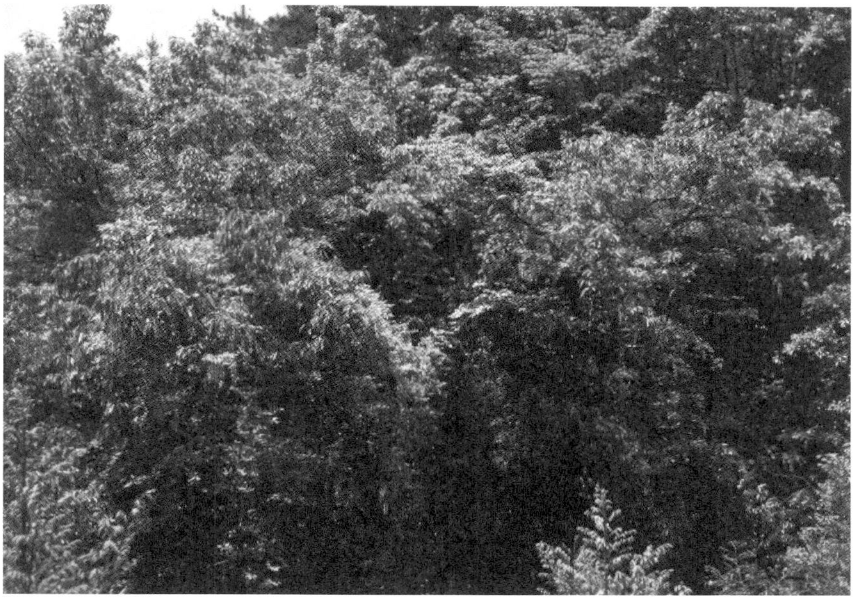

結び文様

　結ぶという言葉から呼びおこされるイメージは、実に多様である。
　作業としての結びもあれば、歴史的なとらえ方もできる。その他、人間の精神文化との関係もきわめて深い。
　生産の根本条件としての霊魂附与は、古語では「むすぶ」であり、産霊とかいて「むすぶ」と読むことから、そこにあるうむ、の語をなしにしては考えることはできない。古代、人間の体内に霊魂を容れる技術が、産霊であること、現代でも縁結びという言葉が用いられるのとは、どうやら深いところで繋がっているようだ。
　かって人間は結びつけることを知った時、そのすばらしい力に感動したにちがいない。その結ぶ機能としての発明が、衣・食・住における多方面のめざましい進展を呼びおこしたことは、まちがいない。と同時にそれはまた、自分と他人、あるいは聖域と非聖域といった区分をこえて、或るものの輪郭を明らかにしていったのではないか。そしてそれは、頭の中にあるイメージの輪郭線でもある。それまで判然としていないものを明確にもしたし、行為そのものを生産というプラスの方向へと、位置づけた。
　記憶術として、しるしづける行為として、またいたって簡単な文字であった結びは、呪術としての力も大であったろう。単体としてある二個のものが結びあわされることによって、三にも四にもいや無限の威力を発揮することができたし、逆に、多数の個が集合して、強力な一個となりもした。
　そこで、実際に使用された結びの材質について考えてみたい。それは、少なくとも結びあわされるだけの柔軟性が必要である。木の蔓や皮、動物の皮革をさいたもの、縄・糸・紐などの類であろう。織という文化的所産の生みだされる以前から用いられたと思われるこれらの材質や、その行為は、人間の持っている基本的行動としてとらえることができる。
　この織以前の基本的行動には、結ぶ・紡む・績む・編む・組むなどが考えられるが、興味深いことには、こうした動詞に umu という共通の音が含まれていることが多いことである。前出の産霊とかいて「むすぶ」と読むといったことや、産む・生むなどとの関係を思わずにはいられない。
　ここに掲げた写真は、インド各地で筆者が撮影してきたものである。
　インドの古伝では、人面蛇尾で帽蛇(コブラ)を戴いたナーガの話があるが、特に蛇の類の中でもこの帽蛇は、猛毒を持っているにもかかわらず、むやみに人に噛みつかない性質や頭に近い長い肋骨を拡げて体をおこした時の姿から広くインド人は畏敬した。そうした帽蛇崇拝の種族は、アーリア人の侵入によって、征服されたのであるが、族霊(トーテム)としての信仰は、根強いものがある。
　ストゥーパの周囲のみならず、半球の覆鉢(図1)にも同様な多頭の帽蛇が表現されているが、そこに用いられた結びは、結界し、舎利を守護しているのであろう。
　また、半人半獣の男女(図2)は、蛇尾の結び方こそ違え、アスターナ出土の棺の蔽といわれる伏羲女媧の図(図3)(ふくぎじょか)にあまり酷似している。アスターナ出土の図は、伏羲が曲尺を、女媧はコンパスを持ち、周囲には日月や星宿も見える。これは、中国の創世伝説にもとづくテーマであって、伏羲とは中国古代の帝王もしくは神であると伝えられ、彼の妻ともいわれる女媧もまた、人間を創造したという伝説がある。二人の持ち物である曲尺とコンパスの意味するのは、現実世界の創造を象徴しているように考えられる。
　後漢時代の武梁氏祠左右室第四石に見える伏羲女媧の図(図版省略)も、アスターナ出土のものと酷似している。これも持ち物は同様であるが、ニューデリーにある国立博物館の彫刻は両手が失われているのが残念である。
　こうした結びが絵画や彫刻に表現された時、我々は、結びによる呪術的色彩をより強く感じる。それは結びというものがそのものとして自立し、我々の内なる世界にはたらきかけるからではないか。

実際、結び目の「目」は悪魔の力をうばうことのできる魔除けの呪符であったし、あるいはまた、古代の人々は神へ祈念し、吉凶をも占った。彼らの気持ちは結ぶことで呪縛されもし、また積層された。
　その力ある神秘は彼らを虜にし、彼らを進ませた。だからこそ、神話や呪術と結びは切りはなせられない不即不離のものと成長したのである。それは刻まれた時、描かれた時、抽象された結びが屹立し、見る人の内を縛束する。
　そうした力ある文様は、そのモチーフの持つ呪術的な力をかたちの中に封じ込めなければならない。それは、この結びの文様だけにとどまらず、他の文様全般に言えるのではないか。
　そして例えば花なら花のその封じ込められた呪力が光彩を放って我々を魅せる。

参考文献
『INDIA』(THAMES AND HUDSON)、額田巌『結び』(法政大学出版局、1972)、南方熊楠『十二支考1』(平凡社、1972)、松原三郎『東洋美術全史』(東京美術、1973)、『折口信夫全集』(中央公論、1973)、『新疆出土文物』(文物出版局)

図1　州立博物館蔵（マドラス）

図2　インド博物館蔵（カルカッタ）

図3　新疆維吾尔自治区博物館蔵『新疆出土文物』より

インド国立博物館蔵（ニューデリー）

神の木の下に置かれた石彫群（スリランガパトナム）『INDIA』より

エローラ博物館蔵

カラハスティー KALAHASTIの手描き更紗

はじめに
2回にわたり調査したフィールド・ノートをもとに、古法を伝えるカラムカリと呼ばれるインド手描き更紗の工程説明と特徴ある染色のしくみを日本の染色文化と比較しながら紹介する。おわりに模様を描き出すことを通して、現代の工芸がもつ制約という意識とそのかたちづくる世界について、ものをつくる立場から述べる。

第一次調査日：1974年12月
氏　　　名　：Suri. A. Munikrishnaiah
　　　　　　　　（Master Craft man, kalamkari Centre）
住　　　所　：Bahadurpet, Suri Kalahasti, Andhrapradesh, India

第二次調査日：1994年3月
氏　　　名　：J. Niranjan (Manager, kalamkari Training Centre)
住　　　所　：S/ 658, M. G. street, Sri Kalahasti, Andhrapradesh, India

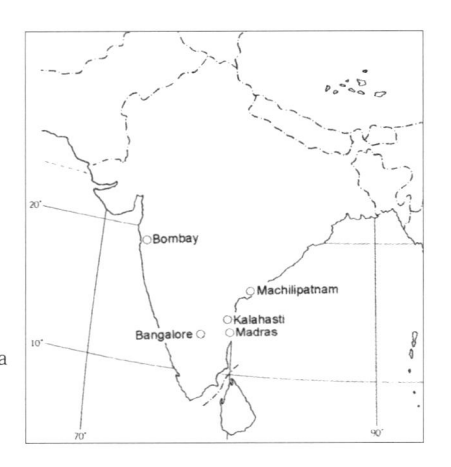

カラハスティー Kalahastiへの道のり
1974年の第一次調査のときは、前日に朝7時発ティルパティ（Tirupati）行きの切符を買い、バンガロール（Bangalore）のセントラル・バスステーションより出発した。カラハスティーへは東北東にむかってクラクションを鳴らし続けて走る約300kmのバスの行程である。最初は冷房のない少し座り心地の良い座席のluxuryバスであったが、途中90kmのSrinivaspurからはordinaryのバスにかわる。ティルパティで乗り換え、さらに27km進んでようやくカラハスティーに午後3時に到着した。

1994年の第二次調査はマドラスでチャーターした車で向うこととなった。マドラスを朝7時に出発し、国道5号線、通称カルカッタ・ロードを一路北上する。途中ベンガル湾の塩田を右手に、また青々とした稲の田んぼをかたや稲刈り、稲の脱穀を行っている田んぼ、ピーナッツ、粟や香辛料の畑を見ながら走る。ここは海岸に近い熱帯モンスーン気候であるため二期作で米作を行い、各田んぼは種まき、収穫などの作業が一斉に行われず、また米と米のあいだに他の作物をつくらなければならないので、このような風景が展開される。途中道路に稲穂のついた刈ったばかりの稲を撒き積み、走り通るバスやトラックに引かせて脱穀するのに出くわし、私たちもその上を通りすぎたのであった（図1）。1時間ほど走るとタミール・ナドゥウ州からアンドゥラ・プラデッシュ州に入り、初めての町TADAの町を左に折れる。マドラスから約80kmのところである。ここからティルパティに向かってのびるティルパティ・ロードを60km走るとカラハスティーへ着く。140kmを2時間40分で走る行程であった。ティルパティにある寺院は土着の神がヒンドゥー教の神々と出会い、もっとも性格の近い宇宙の創造と破壊を支配するシヴァ神に変容した神の化身がまつられており、その力強いパワーによって人々の願い事を叶えるとインド全土で信じられている。利益を願い得た人々の捧げものが非常に多く、世界の金持ちの寺院の一つとしても知られ、その化身の名前が町の名前の由来となっている。

カラハスティーは正式にはスリ・カラ・ハスティー（Sri Kalahasti）と呼び、Sriとは蜘蛛、Kalaとは蛇、Hastiとは象

を意味する。この三匹の動物がすくみの関係で互いに結ばれており、この物語の動物の名前が町の由来となっている。また町の中心には巡礼してめぐる聖地としても知られるドラビタ建築様式のヒンドゥー寺院がある（図2）。

カラハスティーのカラムカリ研修センターの状況

はじめてカラハスティーを訪れたのは、20年前の1974年の冬であった。カラムカリ研修センターは、多くの研修生の活気で満ちあふれていた。研修生は年若い少年も含め全員男性で、センターを中心にその手描き更紗の技術習得と研修期間を了えた後作られる更紗販売の窓口ともなっていた。

ここで少しカラムカリセンターの設立の事情を述べると、1950年代後半にはカラハスティーの手描き更紗を製作できるのは、わずかに数名を数えるという脈々と続いてきた伝統の火がまさに消えかけようとしている状況であった。そこで1957年に、インド政府のオール・インディア・ハンディクラフト・センターの援助のもとにカラムカリ研修センターが作られ、現在のオフィースマネージャーのお爺さんに当たるJ. Lakshmaiahさんが近隣の人々を集めて技術指導を行うために、初代の職人の長となったのである。

はじめて訪れてより20年経った1994年では、その様相は少し変わっていた。第一次調査のときは長距離バスから降りると直ぐにカラムカリセンターへ向かった。力車にその行き先を告げると迷わずに連れて行ってくれたのであった。しかし、今回町の人たちや力車の運転手にその名前をあげて聞いても、個人の家で行っているカラムカリの工房を次から次へと教えてくれ、30分近くも車で探すはめになったのである。インドの町ではよく起こることであるが、ビジネスチャンスとばかりに人々はこぞって私たちを導くのである。このような事態になるほどに、かってセンターで研修を了えた人たちが、家で製作するようになり、また製品の販売までも各自で自由に行うまでになっている数多くの個人の工房が増えたのである（図3）。技術伝承も各個人の家で出来るようになっているのは言うまでもない。

やっと、カラムカリセンターへ着いたとき、その建物は建て換えられており、20年前の面影はまったくなかった。またその規模も縮小されているように思えた。工房の中に入ると、黒板には手本となる模様（ヒンドゥーの神々の像）がチョークで描かれており、小学校の制服を着た学校帰りの3人の少女達がスケッチブックに鉛筆でその模様を描き写し、手習いをしていた。スケッチブックを見せてもらうと、それまでに写した模様にはきちっと直しが入っていた。奥の部屋に入ると、男性3人が木炭で下浸けを終えた布に大まかにあたりをつけ、テーブルを前にクンチーを使って、鉄媒染の溶液で線描きをしていた。

現在では、センター設立の技術保存と伝承という目的は一応達せられ、独立した人たちの相談窓口的なものになっているのが現状である。しかし、20年前にはインド藍の栽培は行われていたが、この2年前から大きな浴槽を作り、インド沈澱藍の製造（インド藍の植物を発酵させて抽出したインディゴの色料を固形に乾燥させたもの）に着手し、またそのインド藍をつかっての発酵建ての技術指導も行うなど前向きにその活動は進められている。現在、カラハスティーの町には100余りの家族が手描き更紗の仕事に携わっている。

図1 カラハスティーに向かうカルカッタ・ロードで出会った脱穀風景
（図1〜11まですべて1974年撮影）

図2 カラハスティー町風景（ドラビダ様式のヒンドゥー寺院）

カラムカリ（*Kalamkari*）の製作工程
●化/化学名、H/ヒンディー語、T/タミル語、TE/テルグ語、E/英語を指す。
●基本的に使う材料の数量などはヤール幅の綿布6mを基準とする。

鉄塩の媒染剤 *kasaimi*（茶褐色の酸化鉄の溶液）の準備
砂糖キビの糖蜜（T/*jagari*）20gとヤシの糖蜜（*palm jaggery*）と鉄錆びの出た釘や鉄粉（H/*zang lagna*）など30gを2ℓの水とともに素焼きの壺（T/*ghada*）に入れて混ぜ、暗いところで蓋をして15〜20日間くらい置く。発酵熟成して少々粘りのある茶褐色の酸化鉄の溶液ができあがる。素焼きの土器に限る。この溶液をカサイミ（*kasaimi*）と呼ぶ（T/*jagari*=E/*molasses*は米語の糖蜜であるが、英語のtreacleつまり、砂糖精製の際に粗糖より生じる黒褐色の粘液のことである）。

工程1）綿布（H/*kappla*, TE/*gara*）を水洗して、糊（でんぷん質）抜きやついた汚れをとり、乾燥させる。または、牛や羊の糞の働きで精練する。この作用については後述する。

工程2）ミロバラン（学名/*Terminalia chebula*, E/*myrobalan*, T/*marabalam*, TE/*karakkay*）の花、未熟な堅果、堅果を細かく粉にしたもの150gに倍くらいの水250ccを加えて一晩ねかし、ペースト状によく練る。

工程3）2）のペースト1/2を2ℓの水で溶かしながら混ぜ、250ccの水牛の乳を加える。

工程4）3）の溶液の中に1）の綿布を15分浸け込み、絞ってそのまま日光に当てて乾燥させる。

工程5）3）の残った溶液に1/2ℓの水と、残りの1/2のペーストを加えて溶かし、再び250ccの水牛の乳を足して混ぜる。

工程6）5）の溶液の中に、4）の綿布を浸け込み、絞って再び水洗せずに日光に当てて乾燥させる。乾いて堅くなった綿布は、石や砧などで打って柔らかくする。この時、布の表面に付いた塵は取り除かれる。これまでの工程で綿布は、植物染料であるミロバランの粉末から溶け出たタンニン分と共に、水牛の乳のたんぱく質分などが木綿の繊維の中にしみ込みカゼイン化して固定され、植物繊維からたんぱく質繊維に近い性質をおびる。つまり、次から行う媒染剤の溶液での線描きや地塗りの作業において、下浸けした乳のカゼイン化したたんぱく質分と脂肪分がその描いた模様の輪郭のにじみを防ぐ。タンニン分が媒染剤の金属塩との反応をすすめて、描いた模様をより定着させ流れにくくし、あいまって染まりつきも良くする。13）の工程で、たき染めによって植物染料（アリザリン分やタンニン分を含む）溶液の中で、描かれた媒染剤が流れ出さずに、植物染料としっかりと反応し模様の輪郭をはっきりとだす為の下準備と考えられる。下浸けされた綿布は薄黄色を呈し、臭いを発する。

工程7）カラムカリ（*kalamkari* (H/*kalamkari*)）とは、カラム（*kalam*）がペン、カリ（*kari*）が仕事を意味し、ペンを使った仕事を指すところから、更紗のことをカラムカリと呼び慣わしている。したがって線描きや地塗りをするペン（E/*pen*）のことをカラムカリペン、更紗の模様を描くペンと現在では呼び、またここではペンをクンチー（T, TE/*kunchi*）と呼んでいる。クンチーは箸のように竹を細く削って先を尖らせ、または先をささら状にした棒の先の上に、毛髪や羊毛などを巻き付け、たこ糸など掛けて玉子形に棒を中心に留めつけ、媒染剤や色料の溶液を含ませる溜まりとしたものである。この玉子形の溜まりのところに媒染剤や色料の溶液を含ませ、指で持ちながら押えると含んだ液が先まで棒を伝わり落ちる。先の尖らせた細いものは媒染剤の線描き用、ささら状の太いものは彩色用や媒染剤の地塗り用として使う。ささら状のものは線描き用のものと較べてそれほど丁寧には作っていない。

工程8）木の細い小枝を蒸し焼きにした炭で6）の布におおまかにあたりをつけて割り付けていく。タマリンドの小枝の炭が丈夫でしっかりと描け、しかも消しやすいという。描くテーマは、『マハーバーラタ（*Mahabharatha*）』や『ラーマーヤナ（*Ramayana*）』など、物語の有名な場面である。またその一場面の上にはテルグ文字でその物語が簡単に説明してある。大きいものはそれらの場面を組み合わせて畳3〜5枚分は勇にあり、昔はヒンズー寺院などに掛けられ、絵説きとして使われていたらしい。

工程9）テーブルの上にブランケットを敷き、8）の布を置き、クンチーの玉子形のところにカサイミを含ませて、指でゆっくり絞りながら、あたりにしたがって線描きしていく。描き初めなど多く液が出たところはガーゼのような薄い布で頻繁に吸い取る。カサイミの液は金気を嫌うので琺瑯質の容器に移して使う。大きいものの細部や小さいものは直接フリーハンドで物語の一場面を描いていく。線描きしたときは茶褐色であったものが、徐々に反応して黒褐色に変化する（図4）。6）で説明した水牛の乳の働きとカサイミの液の粘りによってにじまずに線描きされる。線描きが終えると充分乾燥させる。

工程10）9）の布を流水に浸けて、布にしみ込ましたミロバランのタンニン分と反応しなかった余分のカサイミを洗い流す。単に容器の中に入れた水に浸けるだけでは未反応の媒染剤はまわりに流れ出るだけで、線描きした以外の未反応のタンニン分と反応して染まり着いてしまい、汚してしまう。必ず流れる水の中で洗い流さなければならない。つまり植物染料（アリザリン分やタンニン分を含む）のたき染めによって模様染めを行なう時の前処理である。引き上げて河原で乾燥させる。

工程11）10）の布を再びテーブルに置き、赤茶色に染める部分（主に模様の地になるところや線描きの模様）だけに、ささら状の地塗り用や線描き用のクンチーを使って、アルミニウムの金属塩（化／硫酸アルミニウム、E/aluminium sulphate、H/*pitkadi*、T/*padikaram*、TE/*patika*）の媒染剤溶液を塗る。この溶液はごく普通にある精製してない硫酸アルミニウム200gを粉末にして、1.5ℓの水とともに琺瑯質の容器でよく混ぜて溶いたもので、やや薄緑色がかっている。クンチーの使い方は7）の説明と同じである。地塗りや線描きしたとき、はじめは緑がかった黄褐色であったものが、徐々に反応はするが鉄の媒染剤の時のような変化は少なく茶褐色になる（図5）。6）で説明した水牛の乳の働きによってにじまずに地塗りや線描きされる。地塗りや線描きを終えた後、充分乾燥させる。

工程12）布にしみ込ましたミロバランのタンニン分と反応しなかった余分のアルミニウムの媒染剤を洗い流すために、再び10）と同じ作業を行う。次の工程のたき染めによって、未反応の余分なアルミニウムや特に鉄の媒染剤の線描きや地塗りした以外のところに流れ出て、植物染料（アリザリン分やタンニン分を含む）と反応し染まり着いてしまい、模様を汚してしまう。したがって、それを防ぐための前処理である。

工程13）500ℓ位入る鉄の容器を竈に乗せ、7分目の水を入れる。下から薪を燃やしながら、インド茜（学名／*Rubia crubia crdigolia*, E/madder, H/*manjittee*, T/*manjithi*, TE/*manjushta*）を粉末にした赤茶色ものと蔓の樹皮（学名／*Ventilago madras patana*, H/*surali*, T/*vembadam*, TE/*poli chukai*）を粉末にした焦げ茶色ものを1：2の割合で入れ、サポニン分を含む洗剤のような働きもする草（*pobbak*）の干したものを加えて、30分沸騰させて煮だす。あるいは1994年の調査ではインド茜（学名／*Rubia crdigolia*, T/*chawali koddi*）と蔓の樹皮（学名／*Ventilago madras patana*, T/*surali patta*）を入れる。液の中に12）の布を浮かないように棒で沈めて浸け、1時間ほど植物染料溶液でたき染めする（図6）。引き上げて水洗する。媒染剤で描いたところは布の繊維の中で植物染料としっかり結び付き反応し

図3 小さなヒンドゥー寺院入口を借りてのカラムカリ作業

図4 カラムカリペンに鉄の媒染剤溶液を含ませての線描き作業

図5 カラムカリペンにアルミニュウムの媒染剤溶液を含ませての線描き作業

て、鉄媒染のところはより黒く、アルミニウム媒染のところは、赤茶色に発色しているが、媒染剤で描かなかった未反応のところは植物染料の溶液の赤褐色が浸み込んでいるだけの状態である。

工程14）赤茶色の部分をより濃くするための準備として、13）の水洗した布を再び3）のミロバランと水牛の乳の水溶液に浸けて乾燥させる。

工程15）14）の布をテーブルに置き、再び赤茶色に染める部分だけにクンチーを使って、アルミニウムの媒染剤の溶液を塗る。

工程16）未反応の余分のアルミニウムの媒染剤を洗い流すために、12）と同じ作業を行い、乾燥させる。

工程17）再び赤茶色に染め重ねるために13）と同じ作業を行う。たき染め後、水洗する。

工程18）次に、下浸けやたき染めによって、植物染料の溶液が浸み込んでいるだけの状態の、つまり媒染剤で描かなかった未反応のところを牛や羊の糞の働きで漂白する。草食動物である牛や羊は、草など植物性の繊維や物質を消化するための分解酵素を体内で分泌する。体外に排泄されたその糞の中には、老廃物であるアンモニア分と分泌された消化酵素も残存し含まれる。このアンモニア分と分解酵素の働きを利用して、アンモニアは水に溶けて弱アルカリとなり布全体に固定しているたんぱく質分や脂肪分などを溶解しやすくし、酵素の触媒作用によって本来白地になるところに浸み込んでいるだけの植物染料（媒染剤と反応せずにそのまま残っているタンニン分やアザリン分）を分解し、漂白するのである。

工程19）次の朝、川の砂地の上に浸けた布の表を裏にして広げる。この分解酵素の働きを良くするために、時々布の上から水をまいて出来るだけ湿らせた状態を保つ。太陽の熱と湿り気によって作用がすすみ、3日～7日間で白地になるところに浸み込んでいた植物染料のアリザリン分やタンニン分は分解され、脱色されて白くなる。よく水洗した後、乾燥させる。発色定着した黒色の線描き模様や赤茶地の地が漂白された白地とあいまって、はっきりと鮮明に浮かび上がる。より白く漂白する場合は18）と19）を繰り返す。

工程20）水牛の乳2ℓに19）の漂白した布を浸け、絞って日光のもとで乾かす。日本でいう豆汁引きの効果と似ている。

工程21）ミロバランの花の粉末150gを1.5ℓの水に溶かし入れて、素焼きの壺で煮て、黄色い色素を抽出する。つぎの朝、アルミニウムの媒染剤の粉末5～10gを溶かし入れる。ミロバランのタンニン分はアルミニウムの金属塩と液中で反応して黄色に発色し、レーキ化する。このレーキは微粒子の顔料の色料となり、それだけでは布には定着しないので、色止めや接着剤などと混ぜるなどの処理が必要である。

工程22）20）の布をテーブルやじかに床にひろげて置く。21）の黄色の色料の液を琺瑯製の容器に移して、ささら状の太い彩色用クンチーに含ませて、模様にあわせて漂白した白地のところに彩色していく（図7）。濃い黄色にしたい場合は乾燥させては何度も塗り重ねる。

工程23）22）の黄色の色料を塗り乾いたところに、色止めのためにマンゴー（学名/Mangoffera indica, H/aam, T/MAA, TE/mamidi）の樹皮を水で煮出した溶液を上から塗り、乾燥させる。

図6 インド茜などの植物染料溶液でのたき染め

図7 羊や水牛の糞で漂白後、ミロバランの黄色で彩色

図8 羊や水牛の糞で漂白後、インド藍の絞り汁で彩色

工程24） 23）の布を流れる水に浸け、余分な黄色の色料などを洗い流す。しぼって乾燥させる。

工程25） 24）の布をテーブルやじかに床にひろげて置く。インド藍（学名/*Indigo feratinctoria*, E/indigo, H/*neel*, T/*auuri*, TE/*neeli*）の葉の絞り汁を酸化させた青色のインク、もしくはインド沈澱藍50gを石臼などで非常に細かく粉末にしたものを1ℓの水で溶いた青色の液を、ささら状の太い彩色用クンチーに含ませて、模様にあわせて漂白した白地のところに彩色していく（図8）。濃い青色にしたい場合は乾燥させては何度も塗り重ねる。また緑色にしたいところは22）の黄色の部分に青色を塗って交色させる。

工程26） そのまま乾燥させ、仕上げとする。

　ここカラハスティーの更紗は寺院などで壁に掛けられるものとして作られてきた為に、日常に使うサリーのように何度も洗濯することを考えて、完全に定着しなくてもよかった。つまり植物染料を完全に布に染め付けることを必要としなかったので、21）以降から仕上げまでの工程は、発色させた植物染料の色料を布に塗り付ける方法をとったのではないかと思われる。

　しかし、Karnataka州の州都であるバンガロール（Bangalore）のAll India Handcraft Centreでの聞き取り調査（1974年12月）では、21）の工程の代わりに、ミロバランのタンニン分を塗り重ね、乾燥した後に上からアルミニウム金属塩を塗って反応させて黄色に発色定着をさせている。この上から23）と同じように色止めも行っている。また、25）のインド藍による青色の彩色に代わって、インド沈澱藍を用いて発酵建てを行い、その緑黄色の溶液をクンチーに含ませて、白地のところに直接染色していくのである。濃い青色にしたい場合は発色させ乾燥させては何度も塗り重ねる。また緑色にしたいところは25）と同じく黄色の部分を上から発酵液で染色し交色させる。したがって発酵液で描く前には水牛の乳に浸ける作業と最後に流水でよく洗い流す作業を付け加える。つまり、黄色も青色も染色という方法をとって、完全に布に染め付けるのである。これはクラフトセンターで植物染料の染色理論に基づいて、後から考え出した方法と考えられる。ここで染められている更紗は、植物染料による手描き更紗の技術継承とその土産物製作という目的もあってか、カラハスティーと同じ模様のものの大きさは小さく、またKarunataka州で行われているためかテルグ文字でその説話の説明はない。『マハーバーラタ』や『ラーマーヤナ』の物語以外の模様も染められている。

マスリパタムの木版更紗
　調査年月日：1974年12月
　　氏　　名：V. Venkataswamy Naidugaru
　　　　　　　(President; Balyalagudem Co-op Cottage Industries Production & Sales Society Ltd.)
　　　　　　　Sri. V. Subraha Manyam (Ltd. Rev.; Inspector & Designer)
　　住　　所：No. H. 1727 Balyalagudem Machilipatnam, Andhra Pradesh, India

マスリパタムへの道のり
　マドラスから北北東へ直線距離で350kmのベンガル湾の海に近い町である。マドラスを夜の8時55分に出発するNo.47の二等寝台にのって、明くる朝4時30分にビジャヤワダ（ジャンクション（Vijayawada JN.））に着く。木のベンチのような三段の寝台である。450kmの道のりを7時間半かけて走ったわけである。バスターミナルまで力車で行き、11時発のバスに乗り、2時間半かかって、ようやくマスリパタム（Machilipatnam）（図9）に到着する。海岸に近いために湿気が高く、蚊に悩まされ夜中に何度も起き、蚊取り線香をもうもうと焚いたり、天井に止まっている蚊をベットの上に乗って跳んで退治をしたこと、終いには南京虫にもかまれたこと、顔を洗う水が異常に塩辛かったことや石鹸もあわだたず、シャワーを浴びても体が反対にベタベタしたことが、今でも強く記憶に残っている。

木版更紗の製作工程
基本的な染色原理はカラハスティーと同じであるが、現在の大きな違いは、媒染剤の塗り付け方と、藍を使っての青色の染色方法が異なることである。媒染剤（金属塩）をクンチー（カラムカリペン）に含ませて、線描きや地塗りして布に塗り付ける代わりに、模様を線彫りした木版やその模様に合わせて彫り付けた地塗り用木版を使って、媒染剤を布に印捺する。平らなバットに布などを敷き、少量のアラビアgumやトラガントgumを混ぜて粘り気を付けた媒染剤をしみ込ませたスタンプ台のようなものをつくり、木版につけ印捺する。敷いたマットと粘り気の働きによって、木版の表面に媒染剤の液が均等に付きしかも付きもよくなって、彫り付けられた模様のかたちが、かすれず、にじまずくっきりと布におされる。印捺用テーブル（クッションをつけるため何枚もの布が重ねられ上から丈夫な麻布でくるんである）に布をおき、媒染剤を付け、模様がずれないように版のつなぎを確かめながら木版をのせる。円錐状の木槌を縦に両手で握り込み、上から木版の中心に向けて一度だけ打ち降ろす（図10）。真下に打ち降ろすためか、木版には取っ手は付けられてはいない。もちろんその按配には長年の経験が必要であることはいうまでもない。

ここではインド沈澱藍の発酵建てを行い、還元した液に蜜蝋で防染を施した布を浸けて引き上げ空気中で酸化させて染める。藍で青色に染めるところ以外はすべて蝋描き用ペン（カラハスティーのものと異なる点は、先が二股に別れていることである）に溶かした蜜蝋を玉子形のところに含ませる。ここを指で押さえながら二股の先のすき間から伝わり流して、描く。大きな更紗のわずかな部分や小さな面積のところであっても、カラハスティーのように部分的に色挿しは行わず、青色に染色するところを除いて、布一面に蝋を付けていく。気の遠くなる作業なので、でき上がった更紗は他のものと比べて高価なものとなる。また、蜂の巣から作られる蜜蝋はパラフィンなどと比べると融点が低く、気温と蝋の溶ける温度の差が少ない。したがって、気温の高い熱い夏に、この蝋による防染作業と藍染めの作業は一度に行われる。

染め出される模様についていえば、カラハスティーの更紗は寺院などにかけられる国内需要を満たすものであるが、マスリパタムの更紗はヨーロッパなどの外国へ海上の通商を利用した輸出産業として作られてきた。したがって、その国々の嗜好にあわせた様々な模様（生命の樹、ペズリー、唐草、動物、幾何学模様など）が染め出された。また、本来はカラハスティーのように手描きで様々な模様を染め出していたものが、その海外の多量な注文に応えるために、手描きと木版との併用、木版のみで染め出す方法へと移り変わってきたと考えられる（図11）。

おわりに
私たち日本人が布に植物染料を使って模様を染めつける、ということを聞いたとき、
1）餅米やうるち米の粉をお湯で練って蒸し、それを糊状にしたものを、口金をつけた筒に入れて、その先より布に刷り込むように絞り出す。
2）また米を糊状にしたものを、型紙（和紙を柿渋をひいて何枚も重ねたもの）に模様を彫りぬいて布に置き、木のヘラで糊を刷り込むように置く。

図9 海岸に近いマスリパタム風景

図10 線彫りした木版に鉄の媒染剤溶液をつけて印捺作業

図11 輸出用産業として発展したマスリパタムのカラムカリ

1)、2) ともに豆汁を引いて後、植物染料や媒染剤を刷毛で引き染めしたり、部分的に小さい刷毛で引き染めと同じように植物染料を媒染剤で発色定着させる色挿しをしたりする方法、藍の染料の場合は浸け染めを思い浮かべる。

また、

3) 布を糸で模様にあわせて縫い絞って、たき染めや浸け染めや色挿しによって部分的に色を染め分けたり、染め重ねたりする方法。

4) 木蝋やパラフィンなどの蝋を熱で溶かし、筆につけ模様を描き、引き染めや浸け染めや色挿しによって部分的に色を染め分けたり、染め重ねたりする方法。

5) 布を折り畳み、模様を彫りつけた、最低2枚以上組になっている板で挟み込みたき染めや浸け染めによって、またときには穴を開けた板をつかって部分的に色を染め分けたり、染め重ねたりする方法（蝋を穴から流し込んで防染し、板をはずして浸け染めを行う方法）もあげることができる。

まとめて考えてみると1)、2)、4) は染料や媒染剤の滲入を防いだり、はじいたりする物質を布につけて、防染する方法であり、3)、5) は染料や媒染剤の滲入を防ぐために、絞ったり、挟みつけたりして布に圧力を加える防染の方法である。つまり、私たち日本人が育て、育った伝統的な模様染めの染色文化は、はじめから防染することを組み込んで展開されてきたのである。言い換えれば、模様を染め出すということは防染することなしでは考えられないのである。また日本の気候、風土の中で、それらに使われる材料や道具と共に独自にかたちづくられた多彩な防染方法とその思考方法が、絢爛たる日本の染色文化を作り上げたとも言える（ここでは天然色料の摺り染め、版染め、墨などでの描きについてはふれない）。

加えて、今まで説明をしてきたカラハスティーやマスリパタムなどのように植物染料を使って模様染めをたき染めで行なうと聞いたとき、糊や蝋がたき染めの染料液の中に溶け出すように、私達の頭の中からは物質による防染方法は消えてなくなり、かろうじて圧力を加える防染方法のみが残る。

このように防染することを前提とする染色文化の中で育った私にとって、伝統的な古法で製作されたインド更紗は、その魅了する異国風情と美しさに酔えばますますどのようにして染められたのかという技術的興味を駆り立てられるのであった。しかしこの私の技術的経験の地平の中で考える限り探してみても、インド更紗の持つ技術的地平を探し出し、到達することはできなかった。が、解らなくなるほどそれをどうでもよくしてしまうほど、またさらに美しく感じるのも事実であった。

ものと人間とその間にある道具との関わりに興味を持ち、自らも実制作者として、はじめてその現場に自分の足で立ったとき、インドの更紗染色の古法の世界が、私達とおなじく自然の摂理と共存しながらも異なる地平をもっていることに気づいたのであった。

私達日本人は防染という方法を拠りどころにして、模様を染め出し、しかも最初から最後まで白場を汚さないように気をつける。つまり、白い色は布の白さであり、一度も途中で他の染料などと触れさせていないところなのである。その白に対する意識は一種信仰に近いものが感じられ、また日本独自に多彩な展開を示した防染的世界の思考方法および世界観までも感じ取れる。ここでは、日本の防染的世界の思考方法とその世界認識については指摘するにとどめる。

一方インドの伝統的な古法を残す染色文化には、蜜蝋を溶かしクンチーで描いたり、木に金属の模様を埋め込んだ版で印捺したり、泥をベースにした防染材料を木版につけて印捺して、染料や媒染剤の滲入を防いだり、はじいたりする物質による防染方法や、また、絞ったり、挟みつけたりして布に圧力を加える防染の方法などもある。加えるにカラハスティーやマスリパタムなどのように植物染料を使って模様染めをたき染めで行う方法も存在するのである。

天然染料の中には、植物から抽出した染液の中に繊維を入れるだけで黄色にたやすく染まるきはだやうこんや、貝紫のように貝の分泌液（生殖腺の粘液）を繊維に擦り込み、日光に当て酸化させて簡単に紫色に染まるものあるが、多く

のものは（藍や紅花を除く）、繊維に対して色を発色させ、染まりつきを良くするための仲介として水に溶ける金属塩による処理を必要とする。またこの処理を媒染と呼び、その処理を必要とする染料を媒染染料と呼んでいる。この媒染法には、先に媒染剤溶液で布を処理した後に染液に浸けて染色する方法（先媒染法）［青柳　1994：2-17］と、布を染液に浸けた後に媒染剤溶液で処理し染色する方法（後媒染法）がある。後媒染法でなされた後に最後に染液に浸ける場合も多い。タンニン分を含む植物染料は、水に溶解しやすく、植物性繊維の中でも木綿には染まりつきやすいので後媒染法でなされる。しかし、アリザリンを主成分とする茜類の植物染料は、水に溶けにくく、動物繊維には染着はよいが、植物性繊維には染まりつきにくいので先媒染法でなされる。したがって、まず木綿布に対し染めつきをよくするために、タンニン分と乳の溶液に綿布を浸け込み、植物性繊維からたんぱく質繊維に近い性質をおびさせる下浸けをおこなう。

　その方法を要約すれば、1）線描きや地塗りや木版での印捺した媒染剤の溶液がにじまないように、また染めつきをよくするためにタンニン分と乳の溶液に綿布を浸け込む（植物繊維の木綿に乳をしみ込ませて、染めつきの良いたんぱく質繊維に近い性質をおびさせる）。2）下浸けした布に媒染剤の液をペンや木版で模様づけや地塗りする（模様の輪郭や地は布にしみ込んだカゼイン化したタンパク質や脂肪分によって、媒染剤の液はにじまない。同時にしみ込んだ植物染料のタンニンにたいし媒染剤は後媒染の役割として反応する－後媒染法）。3）つぎに2）の下準備した媒染剤はタンニンと反応しているので、たき染めの茜などの植物染料溶液の中で、流れ出さずに染料としっかりと反応し模様の輪郭や地色ははっきりとでる（茜の植物染料は先に媒染剤をしみ込ませておく方が染めつきがよい－先媒染法。したがって2）のタンニンと反応した媒染剤は3）の茜の染液にたいし先媒染の役割として反応する）。4）下浸けやたき染めによって、植物染料の溶液が浸み込んでいるだけの状態の、つまり媒染剤で描かなかったり、地を塗らなかった媒染剤と未反応のところを草食動物の牛や羊の糞の働きで漂白する（この糞のアンモニアは水に溶けて弱アルカリとなり布全体に固定しているたんぱく質分や脂肪分などを溶解しやすくし、植物の繊維分や物質を消化する分解酵素は酵素の触媒作用によってしみ込んだ植物染料の色素を分解する）。などが特徴的なこととしてあげられる。たき染めの工程の前にあらかじめ下浸けしたタンニン分と媒染剤とを反応させておいて、下準備の処理しておき、染液（アリザリン分とタンニン分）の中で煮る。ということと、本来白場になる、媒染剤と未反応の植物染料の溶液が浸み込んでいるだけのところを草食動物の糞の働きで白く漂白する。ということがセットとなってインドのもう一つの模様染めの世界をかたちづくっている。

　汚濁した海の中から、拭われた神々が浮かび上がる。それもヒンドゥー神々の使いである牛の排泄物に導かれて……。余りにも私を原初的な思いに引き込み、膨らませるではないか。

　防染して模様を浮かび上がらせる方法と本来白く残すところを最後に漂白して浮かび上がらせるという方法を、また人間が模様を浮かび上がらせたいという思いを、自然の摂理に反することなくもち合わせていることに、インド染色文化の地平の奥深さと広さを感じる。もちろん現代では、一度染めた布を抜染という化学的な方法を使って、模様を染め出している。

図12　カラムカリ（更紗）の裏　　　　図13　カラムカリ（更紗）の表

現代に生きる私達は染めるという方法を使って、何かを描き出すということに特別な、そして大変手間のかかる大層なことと考えがちであるが、ここで染められ染めるという技法が経緯絣で模様を織り出すことなども含めて絵を描くことと同じ地平で自由に為されているのではないかと思われる。

　たき染めによって、染めつけられ描き出された布の裏側（図12）をみると、表（図13）から媒染され染められた色は、ほとんど布の中程か、裏まで染色されていない。これは、古いものも新しいものもすべてこのような状態である。

　このことは、何を物語っているのであろう。

　この脈々と伝承されてきた方法で、裏まではっきりと完全に染色しようとすると、媒染剤を表から裏までしみ通らせなければならず、裏はもちろんのこと表の線や模様までも滲みぼやけることになる。つまり、裏まで染色させることと、模様の輪郭線を明鋭に描き出すことは、相反し矛盾が生じる。彼等は明らかに後者の態度をとっている。

　おそらく貿易に携わった人々によって名づけ呼び習わされるようになったと考えられるカラムカリという言葉（本来は手描きによって行われていたマスリパタムなどの更紗の作業をみて、名づけたのであろう）。カラムはペン、カリは仕事の義であり、ペン仕事を意味し、更紗を指す。また彼等がその作業の中で、ペンを手に持って布に描いている手元から、染めることよりも、描くという意志を強くみて取れる。実際にペンを持って体験してみると、描く意識が強く自らに働くことも事実である。

　現代に生きる私達はこれらの作業を眺めるとき、絵を描くことを知りながらも、染めるという言葉の枠の中でみてしまいがちであり、また染める方法を使って描き出すことを絵を描くことと分けて考えるようになっている。そして、その染め出すという手続きの複雑さから、その方法的違いが作り出す世界を制約というのである。

基本的に防染方法を用いずに、明鋭に模様を染めだし、色付けるインド更紗の手順と道具が、イメージを定着する絵を描くことと、その手続きの違いを意識することなく、同じ地平に在る（ことを可能にする）。しかし、黙々と作業を続けていた彼等は、絵を描くこととの手続きの違いは分かっていても、その染めることを制約として受け取らない、当り前のこととして受け入れた世界に生きるのである。つまり、制約ということを感じることなく、描き出すということにしたがって染めているのである。

彼等は染める描くを区別することなく、彼等にとっては植物染料を使ってイメージをかたちづくることであり、イメージにしたがい線描きし色づけることなのである。このことは現在の私たちがいう染める意識に先行するものであり、染めるという行為の原初的なかたちのように私には感じられる。

　私達が現在制作され目にする工芸作品の多くは、その制約を意識的に受け入れることを前提に、その意識の上に制約を必然として展開し、もしくは制約がつくりだす偶然をも必然として懐中に納め乗り超えて、自らの詩嚢を表現したものである。

　私は制約そのものが産みだされる場と制約がつくりだす世界に魅せられ、その"制約の世界"をテーマに制作をした。しかし、今回のフィールドワークを通じて、日本で観て感じていた魅力とは何であったかを反芻するとき、勿論その異国風味と技術的未知から呼び起こされたことも事実であった。それにも増して、あののびやかさと闊達さと豊潤さは、現代の我々がもはや戻ることの出来ない、個人では近づきえない、制約ということすらも感じることなく、日々生きる中に組み入れられ、あるがままとして受け入れた工人たちのものづくりへのまなざしそのものであり、その人々の心のかたちの美しさであった。

　この感得しえた自分自身がそこにいられることとの出会いであり、この制約を意識する、意識しないの心の差異の外側としかいいようのないところへ旅立つ、自ら自身をフィールドワークした旅であった。

　最後に、気候風土は過去と変わらずとも若い少女のまなざしにその制約という意識が忍び寄っていることを。

本書掲載にあたり、「古法を伝えるインド更紗の染織原理と技法について」の一部を加筆し、訂正した。

参考文献

長野五郎 「パリマリワールの泥防染」 週刊朝日百科『世界の植物』96号、3240～3241頁（織りと染め　朝日新聞社、1977）

長野五郎・ひろいのぶこ
　　「インドの藍染」『染織と生活１０号』161～164頁（染織と生活社、1975）
　　「印度更紗の泥防染」『染織と生活１１号』122～126頁（染織と生活社、1975）
　　「インドの染織」『染織と生活１２号』120～123頁（染織と生活、1976）

西村兵部『インド・東南アジアの染織』（美術出版社、1971）

Jamila Brij Bhushan, *The Costumes and Textiles of India*, Taraporevala's Treasure House of Books, 1958

John Irwin & Margaret Hall. *Indian Painted and Printed Fabrics*, Volum 1. Historic Textiles of India at the Calico Museum of Textiles, Ahmedabad, 1971

マリー・ルィーズ＝ナブホルツ-カルタショフ（とみたのり子・熊野弘太郎訳）『スイス　バーゼル民族学博物館蔵／インドの伝統染織』（紫紅社、1986）

Mattiebelle Gittinger, *Master Dyers to the World –Technique and Trade in Early Indian Dyed Cotton Textiles–*, The Textile Museum, Washington, D.C., 1982

辛島昇・奈良康明『インドの顔』生活の世界歴史５（河出書房新社、1975）

近藤治『インドの歴史』新書東洋史６（講談社現代新書、1977）

ロミラ・タパール（辛島昇・小西正捷・山崎元一共訳）『インド史２』（みすず書房、1972）

『染織と生活３、特集更紗のすべて』（染織と生活社、1973）

シベンドラ K. ムカージ序文解説、柳島彦作訳『THE OLD TEXTILE OF INDIA』（光琳社出版、1966）

青柳太陽『工芸のための染色科学』（理工学社、1994）

大隅為三『古渡更紗』（美術出版社、1962）

鈴田照次『染織の旅』（芸艸堂、1972）

北村哲郎 編輯・解説『インド・東南アジア染織図録』（有秀堂、1960）

吉岡常雄『印度更紗』（京都書院、1975）

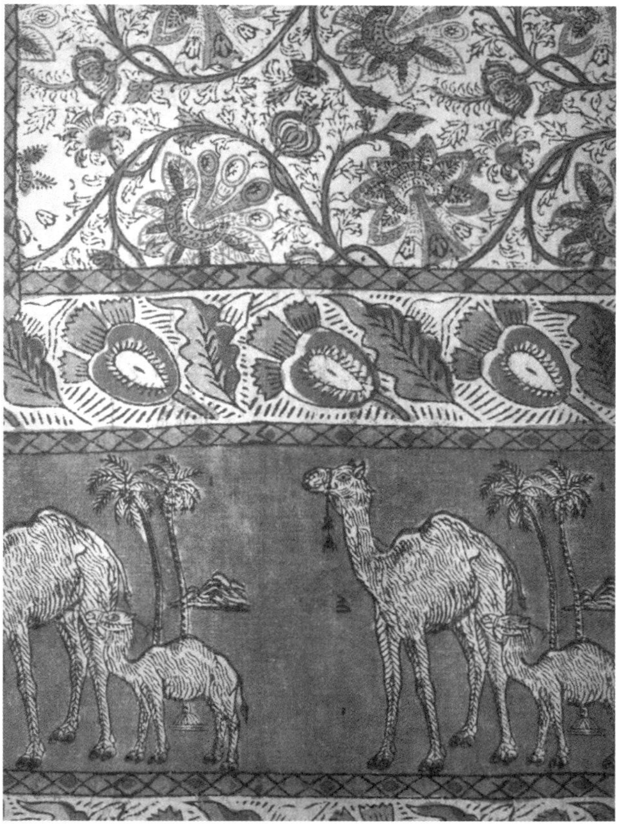

インド・中国及び他の地域における木綿や羊毛の綿打ち作業とその道具について

現地調査に基づき、インド・中国・トルコなどの綿打ち作業の実例をあげ、ユーラシア大陸に分布する綿打ち専用大型木枠弓がヨーロッパではおもに羊毛に対して、東アジアでは木綿に対して使用されていたことを明らかにし、その道具の発生が羊毛文化に由来することを考察した。

抄録
羊毛や木綿などの短繊維を利用しようとするとき、基本的にそれらの塊を解きほぐす必要がある。この開綿作業を手作業によって行う地域は現在限られている。本稿では、開綿道具のなかでも特定の地域や民族によって考案されたと考えられる大型木枠弓を、開綿される材料や弓の構造および機能分析によって、簡単な木弓・竹弓と比較してみると、この大型木枠弓は発生において羊毛文化との深い関わりをもつことがわかる。

はじめに
筆者は「もの・道具・人間」のかかわりについて、手が介在する生産形態と生産技術に限定して、フィールドワークや作品制作など、現場での手やからだをつかった作業のなかから探ることを、研究テーマとしている。
　ここでは木綿や羊毛などの素材を、織物や敷物の素材とするための第一段階として必要な綿打ちをとりあげる。
　種子（実）のついた実綿を種子と綿花に分け、かたまった綿花をふわふわした綿状にしたり、刈った羊毛（短毛筋、中毛筋）など獣毛の繊維の塊を解きほぐし綿状にする。この作業を開綿作業あるいは開絮作業、フラッフィング（fluffing）、ルーズニング（loosening）とよぶが、一般的には綿打ちとよぶことが多い。
　綿状になった繊維を、木綿では糸に紡いで織ったり、ふとん綿などに利用する。羊毛の場合は、糸に紡いで編んだり、織ったり、フェルト加工して帽子や敷物、また円形テントを覆う上掛けなどを作る。つまり、繊維材料の短繊維を利用しようとするときには、基本的に開綿作業を行わなければならない。
　手作業および簡単な道具を使って、短繊維を綿状にする開綿作業には以下のような方法が見られる。
　１）道具を使わず、両手で繊維を引っぱりながら細かくほぐす。
　２）細い竹や木や鉄などの棒を片手もしくは両手に握り、繊維のかたまりを上から打ち、場合によっては小さなかたまりをはねあげてほぐす。
　３）弓状にしなわせた棒または弓状の枠の両端に張りわたした弦を繊維のかたまりの上にあて、手または箆や撥などの引っ掛かりのある棒状の道具で弦を弾き、その振動を利用して繊維を弾き飛ばしてほぐす。
　４）とげ状の引っかかりをもつオニナベナ（ヨーロッパ原産マツムシソウ科ナベナ属、別名ラシャカキグサ（学名：*Dipsacys fullonum*））の熟した果序部や櫛状の道具で繊維をほぐしたり梳いたり、また多くの金属の爪を埋め込んだ板状の道具を一対としてこの間に繊維の塊をひっかけ、すり合わせてほぐし、加えて繊維の方向をそろえる。
　機械による開綿作業には、粗く解きほぐすために、棒が角状に突き出たドラムを回転させて、材料を弾き飛ばす機械が使われ、その後より細かく解きほぐすには、金属の爪を埋め込んだ布を張り付けたドラムの間に材料を通して行う機械が使われる。
　現在では開綿作業のそのほとんどが手作業から機械にとって代わられており、手作業での開綿風景は限られた地域でしか見られない。
　道具を用いない手のみによる作業や棒による手作業の方法は木綿、羊毛どちらにも共通してなされる。たとえば羊毛

において、中国新彊ウイグル自治区では手で粗くほぐした後、太い針金を手元で二つに折り曲げて二股棒にして用いる（図1）。『Recueil de Planches sur les sciences, les arts liberaux et les arts mechaniques, avec leur explications』毛織物の項目の図において、細かく縄を張った台の上に洗毛した羊毛を置いて両手に持った棒で打ちほぐしている（図2）［Diderot 1985: 534］。中国の華北や内モンゴルなどではテープ状の2本の皮ひもを合わせて杭に固定し、もう一方の各々の端を両手に握り、土の台にのせた羊毛のかたまりに上から皮ひもを振り下ろして、山羊や羊毛の繊維をほぐした事例も報告されている（図3）［陳 1984: 145 fig. Ⅲ2-3-2］。木綿においては、メキシコでは数本の竹や木の枝を手元でまとめて括ったものが用いられる（図4）。

　また、とげ状の道具での開綿作業については、木綿の繊維にたいしても利用することはできるが、『Recueil de Planches sur les sciences, les arts liberaux et les arts mechaniques, avec leur explications』毛織物の項目の図では、棒で粗くほぐしたものをすり合わせてほぐし、繊維の方向をそろえる金属の爪を埋め込んだ板状の道具が描かれている（図2）［Diderot 1985: 534］。元来羊毛の繊維にたいしてなされたものと思われる。

　これらの開綿作業を行うなかで、埃や泥は自然に落とされ、また落ちる工夫をした台や敷物などの上にのせて作業をする場合も多い。

　本稿ではこれらのうち3）の綿打ち弓について、種類と使用された材料、それぞれの構造機能的分析や分布状況からそれらが生み出された背景を考察する。

綿打ち弓の種類と使用地域（状況）
では3）の弦の振動を利用して弾き飛ばし、綿状に開綿する方法にはどのような道具が使用されたのであろうか。
　まず張られた弦を保持する弓の種類について、用いられた材料や加工方法をあげながら、分布地域とともに進めていく。
a）細い丸竹をしなわせて弓とする。また竹を割り、削って加工し弓とする。丸い竹をしなわせたものでは韓国の弦の長さが60〜80cm位の弓があり、中国では120cm位の加工した弓がある。
b）木の丸棒をしなわせて弓とする。また木を割り、削って加工し弓とする。弓の長さは木の棒をしなわせたアフリカのものでは弦の長さ45〜60cm。中国では170cm位の加工した弓がある。
c）効率を高めるより強い弦の反発をえるために、その力を受け止める強靭な開綿専用の道具として、木を加工してコの字状の木枠を組み立て、弦を張りわたして弓とする。

このような道具は綿打ち弓とよばれるが、ここではc）についてはとくに大型木枠弓とよぶ。木綿に用いるものでは日本158cm、中国168cm、バングラデシュ136cm、トルコ165cm、羊毛のものでは中国190cm、ハンガリー210cmである。

　竹製の綿打ち弓はインドネシアやタイなどの東南アジアや中国（海南島を含む）、韓国（図5）、日本で用いられ、木製の綿打ち弓は中国、マリやブルキナファソなどアフリカで用いられる。基本的に竹弓、木弓は木綿や羊毛や獣毛の開綿道具として用いられる。大型木枠弓はスウェーデン、ハンガリーなどのヨーロッパからトルコ、インド、ネパール、バングラデシュを経て中国にいたるユーラシア大陸の国々および日本にまたがりその分布がみとめられるが、韓国にはその歴史をもたない［渡部 1987: 5］。フィンランド、ハンガリーなどでは羊毛にたいして用いられ、インド、ネパール、バングラデシュ、日本などでは基本的に木綿にたいして用いられた。トルコや中国では羊毛、木綿の開綿作業に両方に使用される。

　歴史的資料を概観すると、中国の『農書（巻二十一農器圖譜十九？絮門木棉附）』（図6）や『農政全書（巻之35 木棉）』（図7）では、竹や木を加工した弓の図とともに大きさ、弦の材質、羊毛と同じ綿打ち方をすることなどが説明されている［王 1313: 17］［徐 1639: 23］。1637年に宋応星が撰した『天工開物（上巻三の二衣服棉布）』（図8）では、大型木枠弓や槌の保持方法と姿勢などの綿打ち作業が木綿の紡織工程の一つとして描かれ叙述されている［宋 1969: 52 fig. 2-10］。

日本では 1830 年に大関増業が著した『機織彙編（巻之二）』（図 9、10）では綿の栽培方法などの叙述とともに大型木枠弓の詳細な寸法と綿を打つ図及びその説明がされており［大関 1946: 526, 527, 552］、1719 年の平住専庵が著した『唐土訓蒙図彙（巻之九）』（図 11）や 1713 年の寺島良安が編した、中国の 1607 年の『三才図絵』を底本とする『和漢三才図会（巻第三十六 女工具）』（図 12）等の文献と同じく、大型木枠弓は木綿の紡織習俗の流れの中で登場する［平住 1719: 9］［寺島 1929: 425］。『毛氈製造手順覚書』（図 13）では毛氈を作る手順説明の中で、強靭に加工した木弓との寸法を書き加えた図があげられている［帯屋 1804: 3］。この弓は羊毛の開綿専用の道具と考えられるが形態や弦を張る仕組みの違いから、ここでは大型木枠弓のタイプの弓に入れない。

　『Recueil de Planches sur les sciences, les arts liberaux et les arts mechaniques, avec leur explications』では西インドの綿栽培と出荷作業の図ともに大型木枠弓による木綿の開綿作業（図 14）［Diderot 1985: 40］が描かれており、また獣毛および羊毛を材料とするフェルトの帽子づくりの項目でも開綿作業に大型木枠弓が使われている（図 15、16）［Diderot 1985: 822］。

　日本では明治以降、輸入された綿打ちの機械の導入を以て、この大型木枠弓は姿を消した。1988 年のハンガリーでの調査により、現在も羊毛フェルトの帽子づくりにこの大型木枠弓が用いられている（図 17）ことを確認した。また 1992 年の上海の現地調査では、現在も大型木枠弓がふとんの中綿づくりのための木綿の開綿作業（図 18）に使用され、1994 年のマドラスにおいては、大型木枠弓がマットやふとんなどの中綿づくりや糸紡ぎのための木綿の開綿作業（図 19）に、1995 年のカシュガルの現地調査では、大型木枠弓が木綿のふとんの中綿づくり（図 20、21）に、羊毛はフェルト敷物をつくるための開綿作業（図 22、23）の両方に用いられていることが明らかになった。同時に、今なお人々の生活に根ざしながら、中国やインドの大都市周辺で大型木枠弓を携えながら移動する木綿の綿打ち職人の職能集団が存在し、存続していることも確認した。トルコにおいては、フェルトの牧童用袖無しマントや敷物用羊毛の開綿および木綿のマットやふとんの開綿作業（図 24）に大型木枠弓が使用されていたことが、1997 年の調査であきらかになった。

　つぎにそれぞれの弓が生みだされる背景を考察するために、弓の構造と機能分析、開綿される繊維特性などから比較をする。

綿打ち弓の構造と機能分析

弦の材質

竹弓や木弓では、木綿の糸を 2 本以上撚り合わせて弦とすることが多く、中国では絹糸も使われた。この綿糸、絹糸や縄糸に蝋をぬり、より強く、弦に木綿の繊維がからみつきにくいような工夫もみられる。また中国では竹の表皮をテープ状にした弦も用いられた［陳 1984: 156］。

　大型木枠弓の場合、ハンガリー、インド、ネパール、バングラデシュ、中国などでは羊の腸を用い、日本では鯨の腱を加工した動物性の弦を用いたが、トルコでは羊の腸に加え、スチールの弦を現在では使っている。またスウェーデンでも羊の腸を用いた。

弦の弾き方と道具

竹弓や木弓などの弓では弦を手の指で引っかけたり、指でつまんで弾くが、弦を引っかける切れ込みのある棒などで弾くこともある。打ち下ろすのではなく弦の下からすくって引っかけるような弾き方をすることが多い。

　大型木枠弓の場合、インド、ネパール、バングラデシュ、中国の一部で鉄製亜鈴（ダンベル）のような形をした重くて堅い木製の槌（図 25）［徐 1991: 164, fig.170］で弦を弾き、トルコ、中国や日本ではワインボトル状の形をした重くて堅い木製の槌を用いた。ハンガリーでは弦を引っかけ、また手が滑らないように木の棒の両端に縁をもたせたものを使う。

　羊の腸や鯨の腱の弦は木綿の撚り縄にくらべ、強靭でありながら弾力性をそなえているので、弾かれた力を受けとめ

図1 中国新疆ウイグル自治区カシュガル。ウイグル族のフェルトづくりにおける羊毛の開綿作業。大型木枠弓での開綿作業の前作業。手でほぐし、二股の鉄の棒で綿を打つ（1995年撮影）

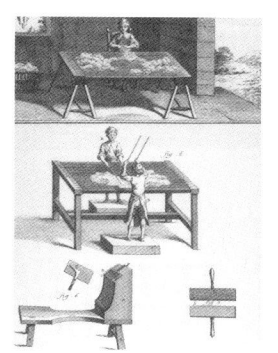

図2 ［Diderot 1985: 534］

図3 ［陳 1984: 145 fig. Ⅲ-2-3-2］［陳 1992: 179 fig. Ⅲ-2-22］

図4 メキシコのオハアカ州に住むチナンテカ族の木綿の綿打ち作業。数本の竹や木の枝を手元で括ったものが用いられる（絵はがきより、撮影 David Maawad）

図5 韓国ソウル郊外水原の韓国民俗村。木綿糸を紡ぐために蝋をぬった木綿糸の弦を張った竹弓で綿打ちを行う。弦は切れ込みを入れた棒で引っかけて弾く（1995年撮影）

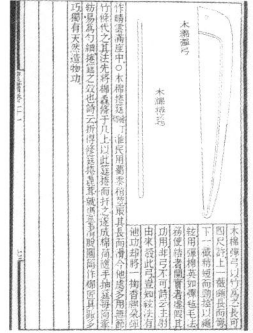

図6 ［王 1313: 17］

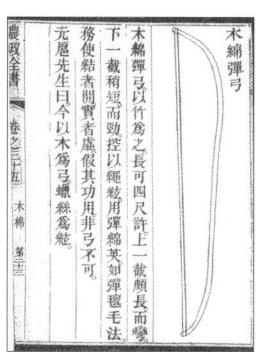

図7 ［徐 1639: 23］

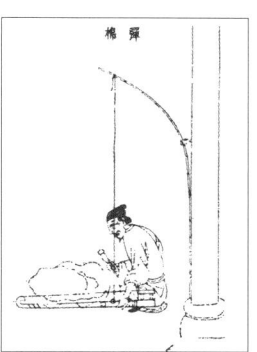

図8 ［徐 1639: 23］

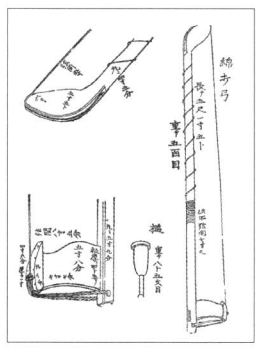

図9 ［大関 1946: 527, 526］

図10 ［大関 1946: 527, 526］

図11 ［平住 1719: 9］

図12 ［寺島 1929: 425］

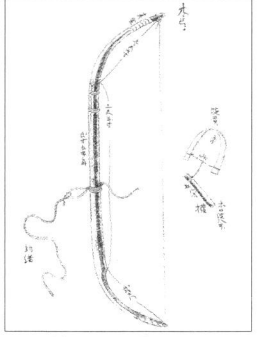

図13 ［帯屋 1804: 3］

図14 ［Diderot 1985: 40］

図 15　[Diderot 1985: 822]

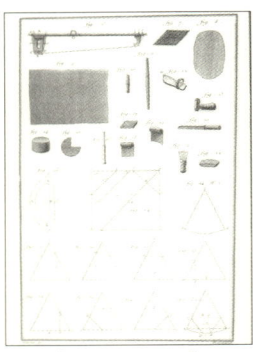

図 16　[Diderot 1985: 822]

図 17　ハンガリーのフェルト帽子づくりにおける羊毛の開綿作業。羊腸の弦を両端に引っかかりある棒で弾く。図 16 の大型木枠弓と弾く道具も似る（Istvan Vidak 提供）

図 18　中国上海周辺を小屋がけして 10 カ月間も移動しながら、ふとんの中綿の綿打ちを行う。村全体が綿打ち職能集団である浙江省出身の漢族職人。大型木枠弓をつるす竹の棒は腰紐で固定する（1992 年撮影）

図 19　インド・マドラス市内。木綿をマットやふとんの詰め物として開綿作業を行うムスリムの綿打ち職人。弓状の弦から垂らした紐に大型木枠弓をつるす（1994 年撮影）

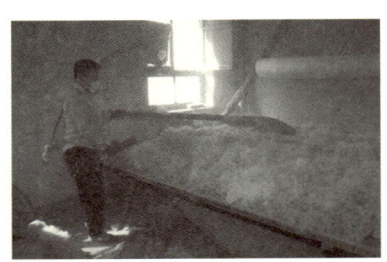

図 20　中国新疆ウイグル自治区カシュガル。中綿づくりにおける木綿の開綿作業。大型木枠弓を持参で四川省から出稼ぎに来ていた漢族の綿打ち職人。弓をつるす竹の棒は腰紐で固定する（1995 年撮影）

図 21　中国新疆ウイグル自治区カシュガル。ふとんの中綿づくりにおける木綿の開綿作業。ウイグル族の綿打ち職人見習い。大型木枠弓をつるす柳の棒は 2.4m と長く、棒の根元に通した紐の輪を足にさし込み保持する（1995 年撮影）

図 22　中国新疆ウイグル自治区クチャ郊外。ウイグル族のフェルトづくりにおける羊毛の開綿作業。家の中庭で行い、大型木枠弓をつるす棒は余裕をもって振れるように、地面の杭に紐で結びつける（1995 年撮影）

図 23　中国新疆ウイグル自治区カシュガル。ウイグル族のフェルトづくりにおける羊毛の開綿作業。家の土間でおこない、大型木枠弓をつるす棒は余裕をもって振れるように、紐で壁の金具に結びつける（1995 年撮影）

図 24　トルコ・コンヤ市内。木綿をマットやふとんの詰め物として綿打ちを行う（1997 年撮影）

図 25　中国雲南大理。氎弾弓という文字の意味からから、この大型木枠弓は羊毛の綿打ちに使用したもので、長さ 190cm ある。弦の材質は不明であるが、弾く道具は鉄アレー状をしている［徐 1991: 164, fig.170］

208 ｜ インド・中国及び他の地域における木綿や羊毛の綿打ち作業とその道具について

る弦の強度とその反発する力は大きく、また大型木枠弓自体はしなうことはないのでその両端に張りわたされた弦の材料として最適な選択であった。

　竹弓・木弓は指や引っ掛かりのある棒などで弾く力と、弾かれた力を受けとめる弦の強度とその反発力がもっとも良いバランスをもっている。そして指から棒などで弾くようになると指への負担は軽くなるが、弦は切れやすくなる。大型木枠弓よりも反発力は小さい。

　また竹弓・木弓は、大型木枠弓のように弦の強い反発力をえるために、重い木の槌で弾くことはしない。これは槌で弾かれた強い反発力にたいし、弓の材質や太さそして大きさがその力を受けとめることができず、弓を保持する手に多くの負担がかかり、弦も切れやすいためである。逆に大型木枠弓の弦を指で弾くことは弾く指にたいへんな負担がかかるので当然おこなわれない。

　このように竹弓・木弓と大型木枠弓においては、弓の材質や大きさ、弦を保持する丈夫さ、張りわたされた弦の材質と反発力の強さ、また弦を弾く道具の形と重さはそれぞれの要素が互いに関係しながら、バランスよく組み合わされており、全体としては竹弓・木弓よりも大型木枠弓が大きな反発力をもつことを述べた。

　続いて綿打ち作業に費やされる労働力と作業効率および綿打ちされる量についての比較を、それらと深く関係する綿打ち弓の保持方法とともに述べる。

保持方法
　ア）弓を片方の手で弦を棒や槌などの道具を使って弾き、もう片方の手で弓を握って保持する方法。
　イ）弓を壁など動かないものに取り付けたひもにつるし、片方の手で弦を棒や槌などの道具を使って弾き、もう片方の手で弓を握って保持する方法。
この2つの方法がみられる。
　ア）では竹弓・木弓、小型の木枠弓、イ）では大型木枠弓の場合に限られる。
　この大型木枠弓の吊るし仕方をさらに詳しくみてみると、以下のような方法がある。
　A）屋内の天井や梁から垂らした紐に弓をつり下げる。または弓状のものを上部に固定し、その弦に垂らした紐を結びつけ、上下の力が加わったとき弾力性をもたせることが多い。
　B）屋内や屋外の柱や壁につりざお状の棒（竹ややなぎの木の棒など）を固定し、さおから垂らした紐に弓をつり下げる。
　C）屋内で開綿作業をする人の体につりざお状の棒（竹ややなぎの木の棒など）を固定し、さおから垂らした紐に弓をつり下げる。

　屋内の天井などから直接紐につるす例としては、フェルトの帽子づくり（図15）のなかで、羊毛の開綿作業を行なうハンガリー（図17）などで見られ、作業台の前に立って行う。大型木枠弓に分類していないが、『毛氈製造手順覚書』の強靭に加工した大型木弓も上部から垂らした紐に直接つるし、作業台の前に立って行う（図26、27）［帯屋1804：4,11］。また上下の力が加わったとき弾力性をもたせるために、弓状のものを屋内上部に固定し、その弦に紐を結びつけ、垂らした紐に弓をつるす例は、木綿の開綿作業を行うインド（図19）でみられ、腰を床に下ろすかしゃがむ作業姿勢をとる。

　柱や壁につりざお状の棒（竹ややなぎの木の棒など）を固定し、さおから垂らした紐に弓をつり下げる方法では、木綿、羊毛の開綿作業に対して共に行われる。フェルト敷物づくりをおこなっている中国では、羊毛は中庭（図22）や土間（図23）で、腰を床や地におろすかしゃがむ作業姿勢で行う。木綿にたいしてはインド、中国、日本でみられるように、屋外で開綿作業を行うことはなく、屋内で行われる。開綿作業は屋内の床で行われ、腰を床に下ろすかしゃがむ作業姿勢をとる。

　中国の松江ではつりざお状の棒を低い椅子に固定し、座って木綿の開綿作業を行った（図28）。『Recueil de Planches sur les sciences, les arts liberaux et les arts mechaniques, avec leur explications』の補遺されたものと考えられる図では、

図26 ［帯屋 1804: 11, 4］

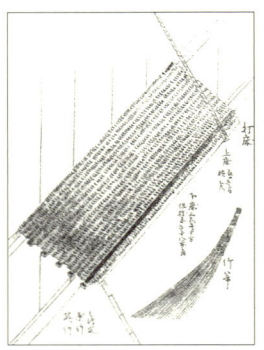

図27 ［帯屋 1804: 11, 4］

図28 中国上海郊外の松江博物館の展示。松江では大規模な綿花の栽培とともに産業的な生産形態をとる機織が行われた。つりざお状の棒を低い椅子に固定し、座って木綿の開綿作業を行う（1992年撮影）

図29 『Recueil de Planches sur les sciences, les arts liberaux et les arts mechaniques, avec leurexplications』の補遺されたものと考えられる、弓による毛梳き作業図

図30 ネパール・カトマンズ。小型木枠弓で木綿を椅子のクッションの詰め物として綿打ちを行う（1974年撮影）

図31 インド・カルカッタ。木綿の綿打ちを行なうムスリムの綿打ち職人（1974年撮影）

大型木枠弓を手で直接、間接に保持する方法をあげ、しゃがんでおこなう作業姿勢とともに、大型木枠弓をひもでつるしたつりざお状の棒を作業台の下部に固定して保持し、作業の前に立っておこなう例も紹介している（図29）。上下の力が加わったときつりざお状の棒がしなり、弾力性をもつ。

人体でつりざお状の棒を固定して大型木枠弓を保持する例は、現在中国においてしか見ない（図18、20、21）。

直接手で弓を握り、弓のバランスをとりながら弦を弾く力とその反発する力を、手や腕で直接に受けとめる方法では、竹や木などの軽量の弓が主に女性によって使用され、労働力は軽くて済むが作業効率は低く、木綿の手織り織物に使用する手紡ぎ糸づくりなどの目的で少量なされる。しかし、ネパール（図30）やインド（図31）では小型木枠弓を使用することもあるが、直接弓の重さを受けとめなければならないので、少量の開綿に限られる。弓をつるす方法は基本的に弓自体の重量が重い大型木枠弓の保持方法であり、主に男性が使用する。大型木枠弓を使用するので、労働力は重いが作業効率は高く、強い弾く力を必要とする、一度に大量に必要とする、羊毛のフェルトづくりやふとん綿づくりの目的でなされる。

中国のふとんづくりは、台の上に綿の塊をおき、まわりを回りながら開綿作業を行い（図18、20、21）、綿の形を整え、中綿の表面に糸や紗をかける作業も作業台で行う。したがって移動可能な人体に大型木枠弓をつるすつりざお状の棒を固定し、立ちながら作業を行う必要がある。中国独自の木綿による胎綿（ふとんの中綿）づくりと深く結びついた保持方法と考えられる。

現在では紡績用の木綿はアジア綿などの短い繊維（2.1cm未満）のものから、改良したアップランド綿（2.5cm前後）に次第に切り替えられ、繊維の長いエジプト綿やシーアイランド綿（3.5cm以上）も栽培されている。繊維の短いアジア在来綿はもっぱらふとんの中綿として利用されるが、細々と手紡糸用の材料しても使われている。

羊は肉や毛皮を得、乳をしぼり羊毛を採取するために飼育する。羊毛の紡績用として短毛種と中毛種（9cm前後）のクリンプ（ちぢれ）の多いものはおもに紡毛糸に、クリンプの少ない長毛種のものは梳毛糸に利用される。フェルト用には基本的には粗毛が多い種のものや紡績用には利用できない粗い部位の毛を使うことが多い。

繊維のかたまりをふわふわした一本ずつの繊維にほぐし綿状にする開綿作業において、木綿と羊毛をくらべると、繊維が長く重い羊毛はより強い力が必要となる。綿打ち弓を使って開綿する方法のなかで考えてみると、強い弦の反発力を生みださなければならない。したがって弦は長く、弦をささえる弓は大型化する。また弦を強く弾くこととなり、より太くまた強靭な弦の材料が使用され、同時に強く弾く大型の道具が考えだされることとなる。

以上、小型の竹弓・木弓と比較しながら、大型木枠弓を中心に、弓および弦の材質や弾く道具と保持方法、木綿と羊毛の繊維材料のかかわりについて述べてきた。これらをつぎのように整理することができる。

表1：木弓・竹弓と大型木枠弓の比較

	木弓・竹弓	大型木枠弓
開綿する材料	木綿	木綿・獣毛および羊毛
弦	木綿	羊の腸・鯨の筋
弾く道具	指・棒	ワインボトル型槌・鉄亜鈴型槌
反発力	小さい	大きい
労働力	軽い	重い
労働者	女性	男性（木綿：職能集団）
効率	低い	高い
量	少量（紡糸・織物用）	多量（フェルト・ふとん用）
保持方法	手	ひもでつるす

上記の表と先述した歴史的資料と現地調査などから、大型木枠弓の生みだされる背景を考察する。

大型木枠弓の生みだされる背景

日本を含むユーラシア大陸に分布する大型木枠弓の分布を俯瞰してみると、西は獣毛とくに羊毛文化のなかで使用され、東は木綿文化のなかで使用されてきたことがわかる。羊毛の場合は、織物やとくにより細かく開綿された綿を必要とするフェルトの帽子づくりや、一度に大量の開綿された綿が必要とする敷物づくりを行う地域で大型木枠弓が使用されてきたことがわかる。

木綿の場合、竹弓・木弓は機織りのささやかな家内仕事のなかで使用されており、一度に大量の開綿された綿が必要となる、ふとんづくりや比較的大規模に産業的な生産形態をとる機織りが行われる地域でのみ大型木枠弓は使用される。この機織りの生産形態は手工業の最終的な機械が導入される前の形態であるので大型木枠弓の発生した背景としては考えにくい。一度に大量の開綿された綿が必要とする木綿のふとん用の開綿作業に大型木枠弓は利用され、あるいは木綿の紡織工程に導入することで以前にも増して産業的な生産形態へと発展したのではないかと推測される。したがって敷物やふとんづくりなど、織文化ではないところから大型木枠弓は発生した可能性が考えられる。

また木綿に較べて、より大きな弓の反発力を必要とする、繊維が長く縮れをもつ羊毛の繊維特性と、日本を除くほとんどの地域で、羊の腸を大型木枠弓の弦として利用することから羊や獣毛と関わる文化から大型木枠弓が生み出されたものと考えられる。

加えて羊毛の場合、各家庭内工房内レベルで大型木枠弓が使用されているのに対し、大型木枠弓を使用する木綿のふとん綿打ち職人の多くが移動する専門職である状況からも、木綿文化から発生した可能性は小さい。

小型竹弓・木弓はいくつかの地域で発生し、木綿や羊毛の繊維の利用とともに広がっていったと推測される。これに対して大型木枠弓は、獣毛や羊毛と関わる文化をもつ特定の地域から発生し、ユーラシア大陸の各地域へ伝播した可能

性が高いと考えられる。しかしインドのインダス流域がアジア綿の起源地であり、歴史的に古くから綿産業がなされていたことから、大型木枠弓が木綿文化から発生した可能性も完全には否定できない。

参考文献
陳 維稷 主編『中国紡織科学技術史（古代部分）』（科学出版社、1984）
徐 光啓『農政全書ノウセイゼンショ（巻之三十五 木棉 第二十三）』1639
History of Textile Technology of Ancient China, Science Press New York, Ltd,. And Kexue chubanshi (An English translation of the 1984 Chinese text), Diderot, D and Jean Le Rond d'Alembert, ed. 1762-72, 77. *Recueil de Planches sur les sciences, les arts liberaux et les arts mechaniques, avec leur explications*, 1992
Il mestiere e il sapere duecento anni fa（『200年前の技芸と学問』）（モンダドーリ社、イタリア、1983）
帯屋次郎八・徳岡元三郎『毛氈製造手順覚書モウセンセゾウテジュンオボエショ』（国立国会図書館所蔵）1804
渡部誠「民具にみる綿作"意外史"」『朝日新聞（大阪版 4/18 夕刊）』5 頁（朝日新聞社、1987）
大関増業『機織彙編（巻之二）』1830
　「機織彙編（巻之二）（1830）」三枝博音 編纂『日本科学古典全書 13 巻』に収録）（朝日新聞社、1946）
Recueil de Planches sur les sciences, les arts liberaux et les arts mechaniques, avec leur explications を定本とする『フランス百科全書絵引』1985（ジャック・プルースト（Jacques Proust）監修・解説『200年前の技芸と学問』日本語版）（平凡社、1983）
寺島良安 編　『倭漢三才圖会（巻第三十六 女工具）』
　『倭漢三才圖会（巻第三十六 女工具）（1713）（日本随筆大成第 2 期別巻上巻）』（日本随筆大成刊行会、1929）
平住専庵 著、楢村有税子（橘守国）画『唐土訓蒙図彙』（京都府立植物園、大森文庫所蔵）1719
宋 応星 撰『天工開物（上巻三の二衣服棉布）』1637
　『天工開物（上巻三の二衣服棉布）（1637）』藪内清 訳注（東洋文庫 130 に収録）（平凡社、1969）
徐 藝乙 主編『中国民間美術全集（器用篇工具巻）』（華一書局、1991）
角山幸洋「木綿の歴史（4）」『染織と生活 29 号』（染織と生活社、1980）
角山幸洋 編『中国・和蘭羊毛技術導入関係資料』関西大学東西学術研究所資料集（関西大学出版部、1987）
王禎 撰『農書（巻二十一農器圖譜十九？絮門木棉附）』（京都大学附属図書館所蔵）1313

中国と日本における綿打ち弓に関する資料

※『中国古代度量衡図集』中国国家計量総局編　1985年―唐以降の宋、元、明、清の度量衡は基本的にはすべて唐制をそのまま用い統一されている。
　1尺＝唐30cm、北宋31cm、明清32cm建築用として計算。
※資料は民族藝術学会第65回研究例会（1997年6月21日、京都市・清流亭）における口頭発表「カシュガルの綿打ち弓をめぐる比較研究」時に作成。

●弾毛に関する資料	弓の種類	サイズ	弦の材質	弦を弾くもの	弓の保持方法
『農書』元代初め 1213年刊 王禎撰	竹弓・木弓？	？	？	？	？
『三才図会』1607年（万暦35）王圻	竹弓・木弓？	？	？	？	？
『農政全書』明代末 1639年　徐光啓 木弓	竹弓・木弓？	？	？	？	？
『毛氈製造手順覚書』1804年（文化元年）刊 帯屋次郎八、徳岡元三郎	木弓	7尺2寸（218cm）	綿弦或いは麻索	竹バチ	縄で吊す
●弾綿に関する資料					
『泊宅編』南宋 1086～1094年（元祐）1111～1118年（政和）方勺	竹弓	？	？	？	？
『？』宋代 960～1271年 胡三省	竹弓	1尺4～5寸（43.5～46.5cm）	？	手の指	手
『農書』1313年 王禎撰	竹弓	4尺（124cm）	縄弦	？	手
『三才図会』1607年（万暦35）王圻	竹弓	4尺（124cm）	縄弦	竹篦？	手？
『天工開物』1637年　宋応星	木弓	？	？余った弦は棹に巻つける	槌	柱・竹竿・吊す
『農政全書』明代末 1639年　徐光啓	竹弓	4尺（124cm）	縄弦	？	手？
	木弓	5尺（155cm）	蝋引きの撚った絹糸	槌？	吊す？
『沪城（上海地方）備考』元代末から明代初めの記載諸華	木弓	？	？	鉄アレイ状の槌	腰掛け・竹竿・吊す
『Things Seen and Heard in the Streets of Shanghai』by Zhan Chunhua 清代の道光年間（1821～1850年）の記載	木弓	？	羊腸の弦 余った弦は棹に巻つける	槌	腰掛け・竹竿・吊す
『機織彙編』1830年 大関増業編纂	木弓	5尺1寸5分（155cm）	鯨のヒゲの腱	ワインボトル型木槌	竹棹から垂らした縄で保持
『中国手工業誌』1937年 R.P.ホムメル（調査期間1921～1926年、1928～30年の8年間）	木弓（江蘇省の上海に近い村落）	5 ft.（152.4cm）	羊腸の弦 余った弦は棹に巻つける	木の槌 7.5 in.（19.05cm）	腰掛け・竹竿・吊す
	木弓（上海の職業的綿弓業者使用）	5 ft. 7 in.（170.18cm）	羊腸の弦 余った弦は棹に巻つける	木の槌 10 in.（25.4cm）	腰の背・竹竿・吊す
元代元貞年間（1195～1196年）黄道婆、海南島から再び松江に戻る。	木弓？			槌？	
『中国錦紡織史稿』巌中平	14世紀初め頃から大弓椎撃法へ転換				

※『和漢三才図会』1713年（正徳3）寺島良安（『三才図会』を底本とする）―「明暦年中（1655～58年）中華の人が木弓を長崎の人に伝う」とある。
　現在、長崎市立図書館に2mを超える大型弓が収蔵されている。日本には17世紀中頃に木弓（唐弓）が導入されたと思われる。

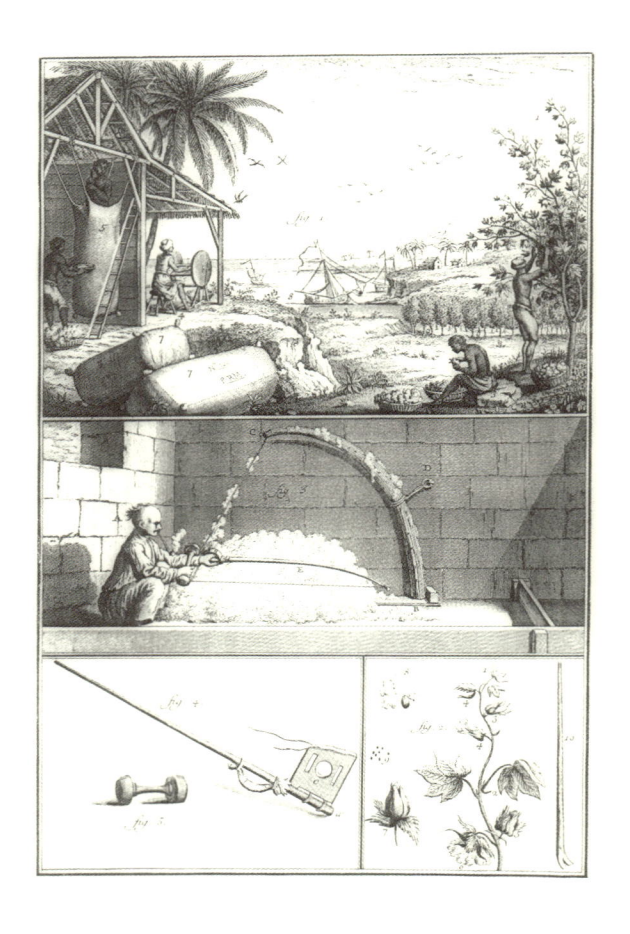

214 | インド・中国及び他の地域における木綿や羊毛の綿打ち作業とその道具について

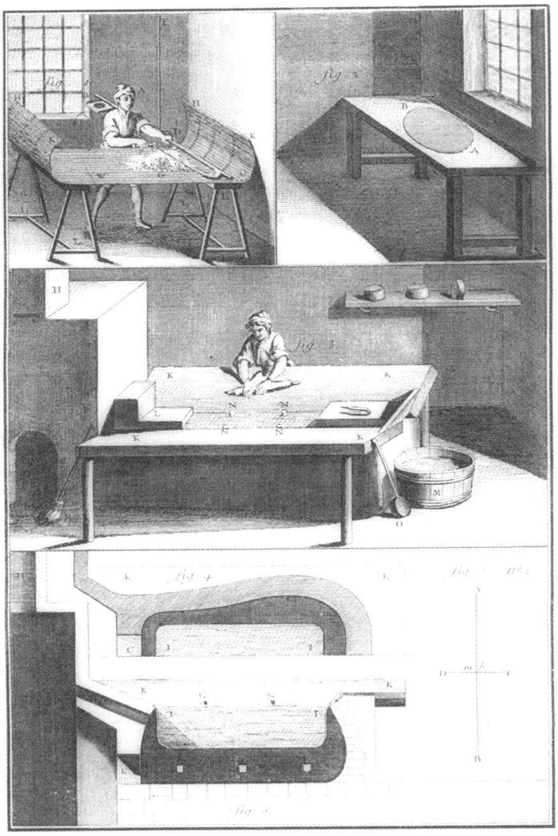

メキシコ南部少数民ツォツィルの上衣・下衣にほどこす織フェルト加工

はじめに

ツォツィルは同じツェルタル系ツェルタルや大カンホバル系トホラバルなどの人々と共に、メキシコ南部チアパス高地のマヤ=グループを構成している（図1）。ツォツィルはその8割が1500〜2000mの高地に点在する約20の村落に住むマヤ語系の先住民で、人口は約9万5000人である。ツォツィルのグループにはチャムラ、チェナロ、シナカンタンなどの人々がいる。

マヤ文化は紀元前800〜紀元前400年にオルメカからの影響を受け、ユカタン半島のマヤ地域南部で始まったとされる。紀元後300年頃になると、メキシコ中央高原につながるマヤ低地の中・南部に天文・暦・神聖文字・建築・石彫美術などの一大文明を発展させた。しかし800年を過ぎると、諸祭祀センターは破棄され、文化の中心はマヤ低地北部と南のマヤ高地に移り、小国家が生まれ互いに競うようになった。16世紀前半にスペインによる征服を受け、マヤは植民地体制に組み込まれた。1823年グアテマラはメキシコから分かれ、1824年には、山岳地方のチアパス、1842年には海岸地方のソコヌスコがメキシコ合衆国にはいり、現在の国境線ができた［八杉 1995: 13］。現代においてマヤ的要素を強くみせるのはメキシコからグアテマラにかけての高地マヤ（図2）、メキシコではチョル系や本稿であつかうツェルタル系に属するツォツィル［落合 1987: 491-492］のチャムラ（図3）など山間地帯に共同体を形成する人々たちである［小泉 1987: 728］。

ツォツィルの人々はおもに焼畑によるトウモロコシ、豆、カボチャなどの伝統的な農耕に加え、羊、牛、馬、鶏、七面鳥などの飼育も重要な生業である。各村落は植民地時代に発達したカルゴという階級制度をもち、政治的、宗教的役職の組織が重要な役割をもつ。

かれらはスペイン人がもたらしたキリスト教と先スペイン期のマヤ宗教とが習合して生まれた独特の民俗宗教を信仰し、カトリックの聖人信仰を中心とした儀式を行う。かれらは閉鎖的で他民族との接触も少ないといわれているが、守護聖人や重要な聖人の祝日には祭りが行われ、ミサ、聖行列や音楽とともに踊り祝い、同じグループでは各村の守護聖人像をはこんで訪問し合ったりもする（図4）。祭りは一週間も続くこともあり、他の村々からも人々は集まり、市も開かれる。

かれらの平均寿命は約50歳で、結婚は早く、出産年齢は13〜14歳で子供の死亡率も高い。現在かれらの居住する住居は、伝統的なわら葺き屋根に板木や泥れんがの壁の家屋から、トタン屋根や赤瓦屋根に泥れんがや石積み壁の家に徐々にとって換えられようとしている（図5）。

現在チャムラの男性は白い木綿のシャツの上に、フェルト加工をほどこし毛羽立てた羊毛の白無地織物や木綿の緑と赤の経縞模様の羊毛織物を一枚仕立てしたコトン（*cotón*）とよぶ上衣を着け、ズボンをはく（図6）。足には革製のサンダルを履く（図7）。

女性は最近では市場で買った青色のブラウスを着ることが多くなっているが（図8）、縫い取り織りしたウィピル（*huipil*）とよぶ上衣の上に、コトンと同じく経糸に木綿糸、緯糸に毛糸で織った3枚仕立ての毛羽立てたウィピルも着る。黒い羊毛織物を筒状に仕立てフェルト加工をほどこし、毛羽立てて仕上げたナウア（*naua*）、長めのものはエナウア（*unaua*）とよぶスカートをはき、赤い木綿の帯で締めておさえる（図8、9）。

最近では、赤色を基調とした木綿糸や毛糸で刺繍をほどこした白地の木綿のウィピルに市場で買ったカーディガンをはおることも多くなってきている。

また乳児を肩掛けショール レボソ（*reboso*）にすっぽりとくるみ、肩にかけている少女の姿を露店市など外でよく見か

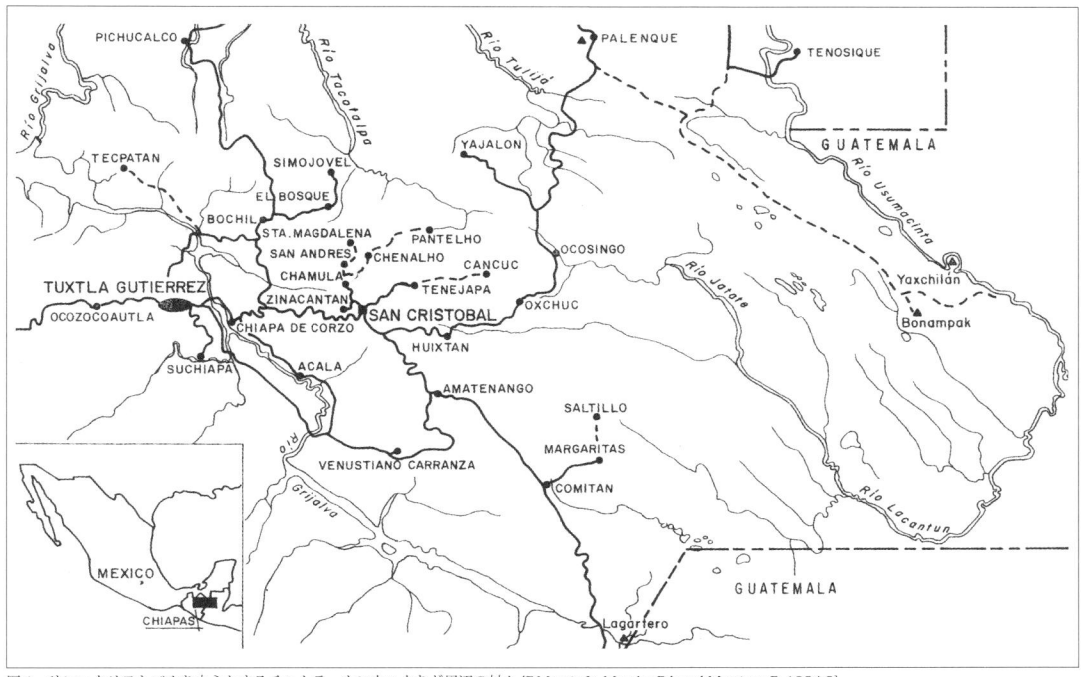

図1 サン・クリストバルを中心とするチャムラ、カンクックなど周辺の村々 [F.Morris,Jr. Map by Eduard Martinez E. 1984:3]

図2 トニーニャ遺跡（図2〜7：1997年撮影）

図3 チャムラ村の中心の市場

図4 チャパ・デ・コルソのパラ・チコ（Para chico）の祭

図5 チャムラ村の住居

図6 男性の衣装 [八杉 1995: 25]

図7 男性の革製草履 [稲村 1983: 47]

ける（図10）。

　これら織物を材料とする男女の上衣や下衣の表面は毛羽立てられ、長い毛羽で覆われている。この加工は単に保温性を高めるなどの機能強化という目的だけではなさそうに思える。

　本稿ではこの毛羽立たせるフェルト加工技術に注目し、その背景を羊毛のもつ物質特性や作業工程から考察し、加えてツォツィルの人々の精神的な側面からも若干試みる。

羊毛の毛質と紡績性や縮絨性との関係

一般的に羊から採取した毛を羊毛（ようもう）、英語ではウール（wool）とよぶが、日本においては家庭用品品質表示法では羊以外のカシミアヤギやアルパカ、ラクダなどの繊獣毛も天然繊維の毛全般（毛─wool）として包括して、組成表示において羊毛との区別に規定がなされていない［川島　1989: 138］。しかし、繊維学用語としてはウールという言葉は、羊や繊獣毛に生える体毛を産毛─ウール（wool）、刺毛─ヘアー（hair）、死毛─ケンプ（kemp）と区別する用語として使用される。

　以下、羊から採取した毛を羊毛、産毛をウールとよぶ。

　ウールの繊維は巻縮（クリンプ（crimp））をもち［厚木　1955: 145］、このクリンプが高度な縮絨性と紡績性をもたらす。紡績性は、絡まりやすい波状のクリンプから誘導され、多いものほどは高くなり、糸に紡ぎやすくなる。ウールの繊維の表面にはタケノコの表皮のような形状の鱗片状組織スケール（scale）があり、毛根から毛先の方向に並んで繊維を包んでいる［厚木　1955: 143］。スケールは、毛先の方向になでればなめらかで、逆になでるとひっかかる。このように繊維の毛根方向と毛先方向で摩擦性が異るため、圧縮などによる振動によって一方向に運動する。したがってウールのスケールはたいへんにからみやすく、きわめてフェルト化しやすい性質をもつ。

　ヘアーの繊維は、巻縮を生じにくく、表面は平滑なスケールにおおわれているので、縮絨性も巻縮性もほとんどない［川島　1989: 139］ので、繊維は縮まず、紡いで糸にしにくく、フェルト化しない。

　ケンプの繊維はウールやヘアーの性質を失った繊維であり、縮絨性や紡績性をまったくもたない。

　つまり毛質の物理的、化学的、工学的性質の違いから、羊に生える羊毛繊維であってもヘアーやケンプは縮絨性をもたず、縮絨性をもつのはウールだけと考えてよいといえる。

ウールの性質を利用したフェルト加工方法の種類

フェルト[1]とは羊毛など獣毛の縮絨性を利用して、布状に作られた繊維製品をいうが、帽子や靴下など立体的なものもある。

　手作業による縮絨加工には、羊毛繊維や縮絨性の高い獣毛の繊維を積層させ、水分と摩擦と熱を、時にはアルカリや酸などの助剤を加えて圧揉し、繊維の縮絨性だけで繊維をからみ合わせて布状にする圧縮フェルトがある。

　次に紡いだ毛糸を編んで衣料にした後、表面の編目がわからくなるまで縮絨させる編フェルトがある。

　そして本稿のテーマとなるフェルト加工は、羊毛など縮絨性の高い獣毛の繊維をあらかじめ縮絨化しやすく工夫した糸に紡ぎ、織りあげた織物を毛羽立てて、その布目がみえなくなるまで縮絨した織フェルトをいう。

羊毛織物の製作工程について

　先に述べた織フェルト加工（ここでは女性用筒状スカート（経糸─羊毛、緯糸─羊毛）を紹介）するために特に緯糸の糸紡ぎ方法に工夫がなされるので、糸紡ぎ作業を中心に説明する。経糸[2]、緯糸[3]の二つ方法があり異なる。
＊道具や作業などについての名称は調査地（チャムラ村）での聞き取りの名称（ツォツィル（tzotil）語）に従った。

繊維の方向をそろえる

　1）羊[4]は黒い[5]もの（図11）と白い[6]もの（図12）の2種類がおり、ほとんどの家で自家用の織物を織るために

図8 女性の衣装と男児の衣装 [F. Morris, Jr. (Photo by J. J. F0xx) 1991: 60]

図9 女性の衣装。スカートには一枚の布の両端に紐をつけて腰巻きにし、端から巻き込んで帯で締める。筒状に仕立てて、帯でしめる着用方法などがある [八杉 1995: 25]

図10 サン・クリストバルの市場（図10〜16、19：1997年撮影）

図11 チャムラ村で飼育されている黒い羊

図12 チャムラ村で飼育されている白い羊

図13 繊維のかたまりから繊維を引き出す

飼育しているが、10頭以上飼っている家もある。この種の羊毛[7]のヘアーは11〜12cmと比較的長く、ウールは5〜6cm位で若干ケンプが混ざる。毛刈りをした羊毛は穀物用の紙袋などに入れて保存をする。

2) 農作業の合間をみて、基本的にそのままおおまかにほぐし、汚れのひどいものは水洗をしたのち、繊維の方向をそろえる。繊維の方向をそろえる一対の道具[8]の片方の針に原毛を均等に引っかけ、もう片方とともにすり合わせるように引きこする。10数回続けると縦方向に繊維の方向はそろう。

3) 繊維の方向がそろった羊毛は針からはずして縦方向に2つ折りにして合わせて一塊とし、穀物用の紙袋や竹カゴなどに順次入れてためておく。

緯糸用の糸紡ぎ作業[9]

1) 地面に正座し、丸いヒョウタンを二つ割りにしたもの[10]おく。これは紡錘車[11]を安定して回転させるための受け皿の働きをする。

繊維の方向をそろえた羊毛を入れた竹カゴをおく。

2) あらかじめ手で毛羽の端をよじって繊維を引き出し30cm位の導糸をつくり、紡錘車の軸に結び付ける。左手に繊維の方向をそろえた羊毛を持ち、その毛羽の出た端から毛を多めに引き出しながら（図13）、紡錘車を右手で回転させ保持し（図14）、撚りかけをし、でき上がった毛糸を紡錘車に巻き取って、糸紡ぎを行う[12]。

経糸は上述の緯糸の糸紡ぎ作業と同様であるが、一般的に緯糸よりも毛を少なく引き出し、経糸にくらべて撚りを多くかけ細く紡ぐ。

3) 次に太めにでき上がった毛糸を左手の親指と小指に8の字にかけて紡錘車からすべて巻き取る。

3—1) 左手に巻き取った毛糸の端を紡錘車に結び付けて左手をのばしきる位の長さ分だけほどき、その毛糸に紡錘車を少し逆の撚りを加えてあま撚りの毛糸にし、紡錘車に巻き取る。

3—2）また逆撚りを加えても巻き取っている毛糸が解けないように、逆撚りを加える毛糸で輪をつくって紡錘車の軸の先に引きしめて固定してから、逆撚りを毛糸にかける女性もいる。その場合、逆撚りを加えたあと、その引きしめた輪を右手親指で押し上げて外してから巻き取る。

このような方法（3—1、3—2）で、左手から繰り出した毛糸をあま撚りの毛糸にしては紡錘車に巻き取っていく。巻き取りを終えるとふたたび左手よりほどき逆撚りを加えて巻き取る。

3—3）人によっては 8 の字に巻き取らず、2）まで作業を行い、つぎに左手をのばしきるぐらいの長さにまで毛糸が紡げたら、そのできた毛糸に逆の撚りをかけて、その分ずつ紡錘車に巻き取ってあま撚りの毛糸にしていく女性もいる。

いずれにしても、一度毛糸にかかった撚りを戻し、あま撚りの毛糸にするのである。

4）紡錘車に毛糸が巻き取れなくなると、カセ[13]に掛けて巻き取る。そのあと、毛糸玉に巻き取る。

5）簡単な棒で構成した腰機[14]に経糸を間接に整経し、間接に整経した経糸を簡単な棒で構成した腰機[14]に掛け、続いてトウモロコシの糊[15]で糊づけして乾燥させる。これは経糸を丈夫にし、織る際にあま撚りの緯糸の毛羽と絡まないためである（図15）。

織る作業は腰機の一方を紐で木に固定し、もう一方を腰帯で保持する。経糸を上糸と下糸に分け、中筒[16]開口と糸綜絖[17]開口を交互に繰り返し、緯糸を細い棒[18]に巻付けて差し入れ、刀杼注[19]によって打ち込む（図16）。経糸は緯糸にくらべ、しっかりと撚りをかけることが一般的である。

以上、織フェルト加工するために経糸と緯糸を明らかに異なる方法で意識的に糸作りを行っているかを紹介した。

織フェルトの縮絨加工

男性の上衣コトンや女性の経糸に木綿糸、緯糸は毛糸で織った3枚仕立ての上衣ウィピル、黒い羊毛で筒状に仕上げたスカートをみると、その表面は毛羽で覆われている。

縮絨加工する前準備として、織り上がった布の経糸の隙間から、緯糸のヘアーなどの毛羽を櫛などを使って引き出す。このために緯糸を太く、あま撚りに仕上げるのである。緯糸は痩せて布目が動きやすく布として弱くなっているが、布の表面は毛羽で覆われる。

つぎにこのような経糸と緯糸で織られた布を縮絨加工すると、布の表面に引きだされた羊毛のうち縮絨しやすい性質をもつウールの繊維はたがいに絡まり縮絨化し、不安定な布目は詰まって、布質は安定し強度も高まり、保温性も高まる。加えて、美的効果として、布の表面に引きだした羊毛のうち長く縮絨しない性質をもつヘアーは布の表面を覆い、獣の体毛のようなテクスチャーとなる（図17）。

男性のコトンや女性のウィピルなどの衣装の表面はヘアーで覆われているが、経糸の縞模様は透けてみえている（図18）。

縮絨加工をした羊毛織物は、衣装などに仕立てあげるとき、基本的にその切りっぱなしの布端の処理をしなくても、布目はほつれることは少なく縫いあげることができる。しかしここでの衣装の仕立ては、布を切ってそれら部分の端を立体的に縫い合わせるのではなく、織りあげた布の耳を縫い合せる衣装形態であるので、端処理をしなくてもよいという仕立て易さのための縮絨加工ではない。また実際には衣装に仕立てた後に、縮絨加工がなされることが多いのである。そして結果としてその機能的効果が付加されることはいうまでもない。また単に縮絨加工の機能的効果のみを付加する目的であれば、縮絨しないヘアーを混ぜなくてもよく、布として弱るにもかかわらず布の表面にヘアーの繊維の毛羽を緯糸から引き出す必要もない。その加工は意識的にヘアーの繊維を毛羽立たせた効果を利用してかれらのイメージする獣のテクスチャーに近づけているのではないだろうか。

一方女性用スカートを注意して見ると、確かに2枚仕立てで横に互いの布のみ端を突き合わせて縫っているが、その2枚の布の糸端を縦に筒状につなぎ合せたところが分からなくなっている。それは決して最初から経糸を螺旋状の輪に準備

図14 紡錘車を回転させて撚りをかけ、繊維が引き出されるのを誘導する

図15 機に糸を直接かけて準備した経糸に糊づけをする

図16 織り作業風景

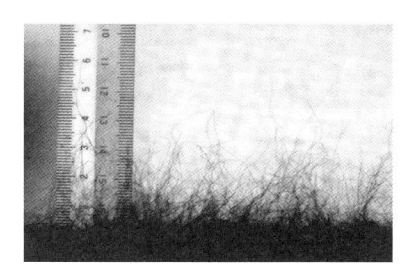

図17 布の表面を覆うヘアーの繊維

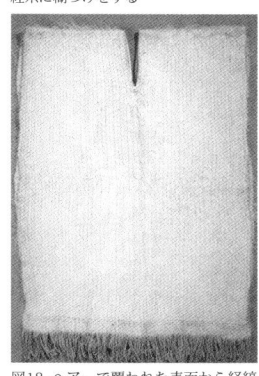

図18 ヘアーで覆われた表面から経緯が透けてみえる［稲村 1983：47］

図19 オチュック村の小高い丘の頂にある教会

して、筒状に織ったものではなく、また一枚の布の両側の糸端を突き合わせて、その縫い目が分からなくするように縫い合わされたものでもない。それは、布の両側の経糸の端を互いの布端に互いに差し込んで筒状に仕上げている。その後、前述したように筒状に仕上げた布の表面を毛羽立たせ、縮絨させる。したがってその差し込んだつなぎ目は注意深く見ても分からない位である。この女性用スカートの場合は、経糸の端の処理後の補強という縮絨加工の機能的効果があげられる。しかしそれにも増して、毛羽立たせた効果がツォツィルの人々の美的な意識と関わることを私たちに推測させる。

精神的側面からの考察

前述した作業工程を経て、布質の安定、強度、保温性を高めるなどの機能的効果が衣服に加えられるが、なぜ獣のような毛羽立てたテクスチャーにこだわるのであろうか。作業的側面からの考察からも、美的な装飾的効果を付加しようと意識して作業がおこなわれていることは否定できないであろう。この意識と深く関係すると思われる彼らの世界観および土着的信仰から若干考察して終わる。

　かれらの信仰するカトリック教は同じグループのツェンタルの人々（図19）と同様に土着的要素が強く（図20、21）、カソリック教に改宗していても基本的には自然とともに暮らすインディヘナの人々は、自然物や自然現象を信仰の対象ともするので、多くは混淆というかたちをとることははじめにでも述べた。たとえばキリストが太陽と結び付けられ、太陽の母とされる月は聖母マリアと結び付けて信仰されている（図22）。また祈祷医の活動や口承伝承は、土着の宇宙観を色濃く反映しているといわれる。つまりキリスト教が布教される以前のかれらがもち続けてきた祖霊にたいする信仰やアニミズムをも併せもって信仰しているといえる（図23）。

　アニミズムは、自然の現象や物に心があり動機があるとする考え方にもとづいている。これらは、春の花が笑い、ほほえむように思われ、秋の月が淋し気に見えるなど、感情移入（共感）の働きによって自分の気持ちや要求を自然の現象や物に投影して、それを感じているのである。この心の働きは、自己と他者との関係が未分化な状態の知覚であり、

図20 ツェルタルの人々の祈り [F. Morris, Jr. (Photo by J. J. Foxx) 1991: 179]

図21 ツェルタルの人々の祈り [F. Morris, Jr. (Photo by J. J. Foxx) 1991: 187]

図22 チャパ・デ・コルソのパラ・チコ（*Para chico*）の祭。マリアや天使の模様が男性のズボンにつけられる（図22、23：1997年撮影）

図23 カンクック村

いわゆる自然と共に暮らす土着の人々に多くみられる自然認識の方法であり、呪術的世界を発生させる基盤をもつといわれている［野村 1989: 68-69］。このような自然認識は、自然神崇拝、祖霊崇拝する対象となる霊力を象徴化し意味づけた植物や動物の一部を身につけることで、それらの霊力を身につけて同一化したり、身を守ったりするという呪術的思考である。そのような心の手続きは、文身をいれる、身体に彩色する、仮面をつける、象徴的な模様を施した衣服をつけるなどそれらに共通した呪術的意味をもってかたちとしてあらわれる。

　オチュック村に住むツェルタルの人々からの聞き取り調査からチャムラ村ツォツィルの日常生活に例あげてみると、チャムラ村の人々はもともと非社交的ではずかしがりやだという。そして猿を陽気な社交的獣として見なし、猿は陽気な人格を象徴する。月に数度しか雨が降らないので人々は種を蒔く前に、猿の体毛に似る上着やスカートを身につけて陽気な性格を手にいれようとする。自らを元気づけ、変身させ、雨の神を喜ばせて雨を降らせる雨ごいをするというのである。

　また出産間近い家では、家のまわりに灰をまき、その灰についた動物の足跡で、どのような性格の子供が生まれてくるかを占う。例えば鶏（ガジョ（*gallo*））の足跡がついた場合、ホアン・ガジョ（*juan gallo*）であったと呼び、以後、精神的なよりどころとなるという。笑い話で自転車（ビシクレータ（*bisicleta*））のタイヤの跡であれば、ホアン・ビシクレータなのかなどと笑う。

　紙面上数例しか紹介できなかったが、このような動物と深い精神的なつながりをもつかれらの習慣は現在でも各村で数多くうかがえる。したがって獣の表情をした衣服を着用するのは自らを獣に見立てる意識からであり、またかれらは何かに化けることによってその自らの気持ちを伝えるという方法をとることが多いという。

　以上のことから、獣のようなテクスチャーに対するこだわりは、かれらがイメージする動物の力を身につけて同一化するという呪術的意味をもち、かたちとなってあらわれたといえるのではないだろうか。

　また羊毛を紡ぎ、織るというもっとも高度な自然素材の加工技術を通して、あま撚りの緯糸で織りあげ、毛羽立ててフェルト化する。それは紋織物などの高度な加工物としての布ではなく、ふたたび獣の毛のような生の自然のテクスチャーに近づけているのである。それは生の素材を加工して、高度な織りという技術を使ってふたたび生の状態を作り出す。その加工技術を支える意識が今なお呪術的世界の中に生きている一事例として紹介して終わる。

注

1) 工業生産される織フェルトは、玉突き台に張る布や、硬球テニスのボールや製紙用吸水布等に使い、特徴としては引っ張りや摩擦に対して強い。圧縮フェルトは、不織布として紡編織工程を経ずに、繊維を積層させたもの（ウエブ）を接着剤で結合させたり、ウエブの中に熱可塑性繊維を混合して、加熱加圧により溶融し、結合させ布状にするので、従来の圧縮フェルトや織フェルトに使用される羊毛のように繊維の縮絨性を必ずしも必要とせず、合成繊維を混入させたものもある。研磨、緩衝および振動防止、保温、保冷、断熱、防音、濾過など使用目的にあわせて機械生産される。また従来の帽子や敷物なども作られる。現在、オーストリアではヴァルク・ヤンカー walk janker など、あらかじめ大きなサイズに毛糸で機械編みした後、機械で撹拌して縮絨させる編フェルトのジャケットも作られている。
2) ツォツィル語でウルディンブレ urdimbre とよぶ。
3) ツォツィル語でトウラマ trama とよぶ。
4) ツォツィル語でチフ chij とよぶ。
5) ツォツィル語でネグロ negro とよぶ。
6) ツォツィル語でサカ saca とよぶ。
7) ツォツィル語でソツウ zotz とよぶ。
8) ツォツィル語でカラシ calashi とよび、握り手をもつ木の基板に針を植え付けた基布（大きさは縦15cm 横25cm 位）が釘で打ち止めてある。
9) 一般的に織フェルト加工の場合、緯糸は紡毛糸を用いて織られることが多い。しかしここでは羊の毛質が比較的長いヘアーを含む（ヘアーはのちの作業によって布の表面を獣の体毛に似るように利用される）ため、梳毛糸の糸作り方法でなされる。したがって縦方向にそろった繊維は繊維が引き出される方向と同一方向に合わせて糸紡ぎをするので、糸の長さの方向にたいして、繊維の方向は同一方向にならび撚りがかかり糸となる―梳毛糸。
10) ツォツィル語でボチュ boche とよび、直径 10cm 前後のポソ poso というカカオ、トウモロコシの粉と砂糖に水を加えた飲み物の容器として一般的に使われる。
11) ツォツィル語でペテテ petete とよび、紡錘軸棒長さ 45cm 位に、回転の弾みとなる粘土製の紡錘輪重さ 60g が付いている。粘土は焼成されてはなく、軸棒に直接巻き付け形を整えたのち乾燥されている。
12) ツォツィル語で糸を紡ぐことをナウティケ nauhtike といい、できた糸をツゥシナウフ tshinauh とよぶ。
13) ツォツィル語でコメン comén とよぶ。
14) ツォツィル語でピシスタグイ pisistagui 、ピシグィシェ pishiguishe とよぶ。
15) 糊はトルティージャ tortilla を作るためにトウモロコシを消石灰カル・アパガーダ cal apagada と水で煮て一晩おきトウモロコシを除いた残りの液を利用する。
16) ツォツィル語でハラミテ jalamite とよぶ。
17) ツォツィル語でオリナー oliná とよぶ。
18) ツォツィル語でチャロムブク chalombuku とよぶ。
19) ツォツィル語でハラミッテ jalamitte とよぶ。

参考文献

A. Alfard, translated J. Page, In Praise Opulence, Distance and Lamb, *Artes de Mexico -Los Textiles de Chiapas-*, Art de Mexico, 1993, pp. 84-87
鍵谷明子「身体彩色」『文化人類学字典』383～384 頁（弘文堂、1987）
D. B. Cordry and D. M. Cordry, *Mexican Indian Costumes*, University of Texas Press: Austin & London, 1968
　　Trajes Y Tejidos de Los Indios Zooues de Chiapas, Gobierno del Estado de Chiapas: Mexico, 1988
F. Morris, Jr. [Photograph of J. J. Foxx] *A Millennium of Weaving in Chiapas*, Gobierno del Estado de Chiapas: Mexico, 1984
　　Presencia Maya, Gobierno del Estado Chiapas: Mexico
長野五郎「圧縮フェルトと織フェルトの民族技術」『民族藝術』第 14 号、37～45 頁（民族藝術学会、1998）
吉岡郁夫『いれずみ（文身）の人類学』（雄山閣、1996）
ジャン＝ルイ・ベドゥアン著、斎藤正二訳『仮面の民俗学』（白水社、1963）
小泉潤二「マヤ Maya」『文化人類学事典』728 頁（弘文社、1987）
厚木勝基『紡織繊維学』（裳華房、1949）
落合一泰「ツォツィル Tzotzil」『文化人類学事典』491～492 頁（弘文社、1987）
M. Hernandez, *K'uk'umal Chilil-el Huipil Empumado de Zinacantan*, Casa de las Artesanias de Chiapas: Mexico, 1990
Mitontic-Instituto de la Artesania Chiapaneca, L. F. H. Z. Celorio, *Mitontic*, Talleres Graficos del Estado: Mexico
川島成信「羊毛と繊獣毛」『The Wool Book』138～144 頁（平凡社、1989）
吉本忍『インドネシア染織大系・上巻』256～269 頁（紫紅社、1978）
和田正平『裸体人類学―裸族からみた西欧文化―』中央新書 1211、82 頁（中央公論社、1994）
吉田禎吾「呪術」『文化人類学事典』354～355 頁（弘文社、1987）
稲村哲也『メキシコの民族と衣装』（紫紅社、1983）
阿部年晴「占い」『文化人類学事典』95 頁（弘文社、1987）
八杉佳穂「概説 現代を織りなすさまざまな糸」『現代マヤ―色と織に魅せられた人々―（図録）』8～13 頁（国立民族学博物館、1995）
野村幸正『知の体得―認知科学への提言―』（福村出版、1989）

Bast Fibers: Their Physical Properties Implications for Handling and Processing

The physical properties of a material dictate the way it can be handled.

Here I will look at the cell structure and chemical components of tree-, grass-, and leaf- bast fibers to show how these influence the ways in which the fibers are extracted from the plant, formed into thread and handled during the weaving process. In addition, I compare Europe with Asia from the data obtained by field research, and reference data, consider the difference in the processing method, and clarify it.

While the physical attributes of some fibers preclude certain treatments, for example the net-like structure of tree bast makes it unsuited to combing and spinning from a distaff, those of other fibers, notably certain grass-bast fibers, allow for alternative handling methods.

Hemp, for instance, is treated very differently in Europe and the East. Customs of the respective cultures and techniques they developed for processing other fibers have been transferred to the handling of hemp: in the West it is combed and spun like wool, in the Far East and South East Asia ply-joined (That is split into thin tapes and joined base to tip; see fig. 33-40) like tree-bast [1].

General attributes of all bast fibers

Grasses and trees grow from the earth upwards to the sky; their cell structure incorporates a direction: from root to upper tip. Just as the grasses and trees themselves have a root to tip directional attribute, so also, the fibers taken from tree bark and grass skin retain this base to tip directionality. If one strokes a fiber from its base towards its tip, it feels smooth; but if one strokes it the other way, the filaments ruff up and tangle easily. Bast fibers reinforce the trunk or stem and are formed when the cells promoting growth of a layered structure in the truck or stem split to form an inner woody part and outer bark [2].

Often bast fibers narrow gradually from their roots upwards. Splitting the fibers in a root to tip direction, produces long tape-like strips of even width, but tearing downwards from the tip results in broken lengths, making it difficult to get a tape-like strip.

The base-to-tip directional attributes of bast fibers informs many of their production processes from making thread to measuring warp and weaving in weft. Other characteristics of bast fibers are their length, their strength, their lack of elasticity, and inherent twist (S or Z) [3]. Individually, each species has salient characteristics that distinguish it from other basts, as is outlined in fig. 1 chart 1 [4].

The capacity to split bast fibers into long tape-like strips, sometimes of extreme fineness, inspired the method of joining these strips base-to-tip into continuous threads and securing the joints by splitting the tip end, inserting the new base end, and twisting then plying them against each other [5]. A more detailed discussion of this process appears below on page 236. Such ply-joining works for any bast fiber and maintains the original directional character in tact. Handling must therefore always reflect the base-to-tip properties.

Ply-joining is not, however, an imperative for all bast fibers. Some, like flax and hemp, can be spun, that is small amounts of fiber can be drawn out in increments and then twisted together to form thread. To draw out the fibers smoothly they must separate into individual strands easily, yet also catch on each other. For the twist to hold, the fibers must intertwine, or lock together. In bast fibers, the surface friction necessary for the fibers to catch occurs when the cells or bundles of cells have nodes or lesions. The amount surface friction is a critical factor: too little and the fibers do not hold together, too much and they will not draw out smoothly from the bundles of finely combed fibers. A low surface friction coefficient proves best for bast fibers.

In comparison, the spinning properties of the short fibers cotton and wool are more various. The high crimp and natural twist of cotton enables its fibers to interlock strongly. The fine crimp and surface scales of sheep's wool produce a high friction coefficient that allows fibers to catch onto each other firmly [Nakamura 1980: 10]. Handling long-haired wool follows a similar process to that of spinning hemp when it is combed and spun into worsted yarn. The hanks of fibers are arranged root to tip and handled in this direction so their scales do not catch and the fibers do not tangle [Teal 1976: 58-73].

(fig.1 chart 1) Overview of Properties of Fibers and How They Are Formed into Thread

The Structure and Composition of Several Types of Bast Fibers
Generally speaking, the fibers within the inner bark of trees or within the skin of grasses or leaves consists of a number of single filaments (cells) clustered together to form bundles (fig. 2, drawing 1). Each filament has an empty center, known as a lumen and an outer wall composed of such things as cellulose, pectin, lignin and hemicelluloses, like pentosan, which hardens the outer wall and dose not dissolve in water, only in an alkaline solution.

Between these bast fibers bundles, surrounding the soft cells and binding them together, lie pectins and other coloid substances and lignin. To extract the fibers for forming thread, much of these waxy substances must be removed in a cleansing process. Just enough of these surrounding substances are eliminated so as to free the fiber bundles, but not destroy their cohesiveness. Excessive removal results in the bundles disintegrating into weak individual filaments, which are easily damaged. As a rule, the soft cells surrounding the fiber bundles and some, but not all, of the gummy matter is removed [Ishikawa ed. 1986: 53, 70, 71]. While pectins can be dissolved comparatively easily, lignins prove less soluble. Thus the proportion of pectins and lignins in the fiber cell walls and surrounding matter determines the effectiveness of various methods of extraction.

Grass-bast fibers, like hemp, ramie, and flax, are surrounded mostly by pectin-based matter (pecto-cellulose). Basically this can be removed by scraping the untreated inner skin of the grass. When, however, significant amounts of lignin is mixed with the pectin, removal may involve dissolving the matter through retting (fermentation) or boiling in an alkaline solution. The greater amount of lignin contained in most tree-bast fibers necessitates extraction through fermentation or by boiling in an alkali solution. The process requires more time and greater alkalinity than for grass bast.

Leaf fibers, like abaca, sisal, agave and maguey also form bundles in the same way as grass bast fibers do. Compared with grass-bast fiber plants, though, these plants contain much more lignin between the fibers inside the bundles, making the cell walls woody and hardening them. As a result, leaf fibers are usually more resilient than grass-bast fibers, but lack flexibility and tend to harden. Extraction of the fiber bundles is done by physically scraping off the pulpy impurities built up around the bundles.
(fig. 3 chart 2) compare the amounts of the hardening lignin in several grass-and leaf-bast plants, showing the extra amounts in abaca
(fig. 4 chart 3) compare the amounts of pectin in several grass-and leaf-bast plants

fig.1 chart 1: Overview of Properties of Fibers and How They Are Formed into Thread

Fiber	Properties	Thread Formation
cotton	natural twist, crimp short fibers	fluff → spin
wool	elasticity, crimp, scale: high friction coeffcient short fibers long fibers	card → spin comb → spin
TREE BAST *manchurian elm* *wisteria* *japanese linden* *paper mulberry* *(kajinoki and* *kozo)*	long fibers forming net *wisteria* *linden*	split into tape → ply-join
GRASS BAST *annual-(a)* *flax-(p)* *hemp-(a)* *ramie-(p)* *nettle-(p)* *hemp*	long fiber bundles	split into tape → ply-join comb → spin (Europe)
flax-(a)	minute bundles	comb → spin
LEAF BAST *abaca* *plntain* *sisal* *abaca* bundles easy to extract	long fiber with round cross section, smooth	split → knot together scrape → ply-join

fig. 2 drawing 1: Components and Surroundings of Bast-Fiber Bundles

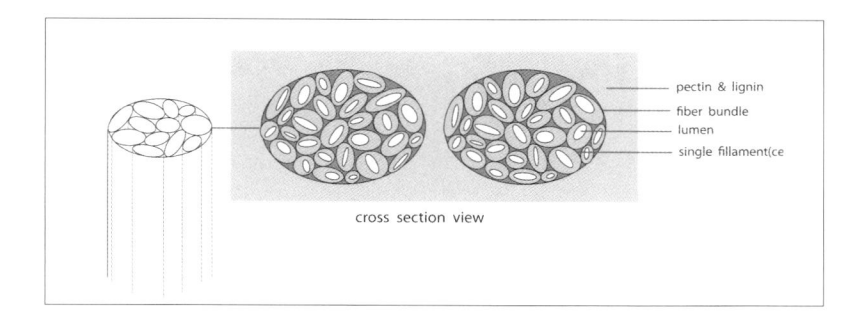

fig. 3 chart 2: Comparative Amounts of Lignin in Grass- and Leaf-Bast Plants

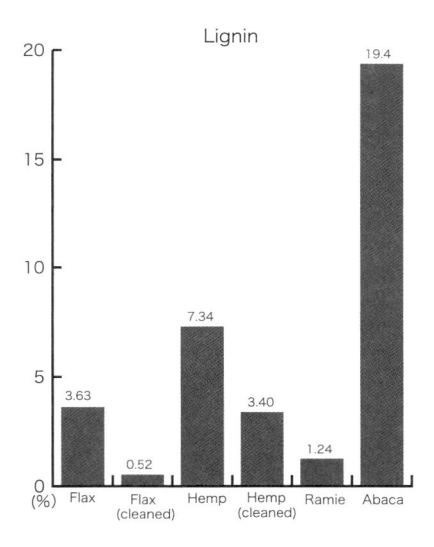

fig. 4 chart 3: Comparative Amounts of Pectin in Grass- and Leaf-Bast Plants

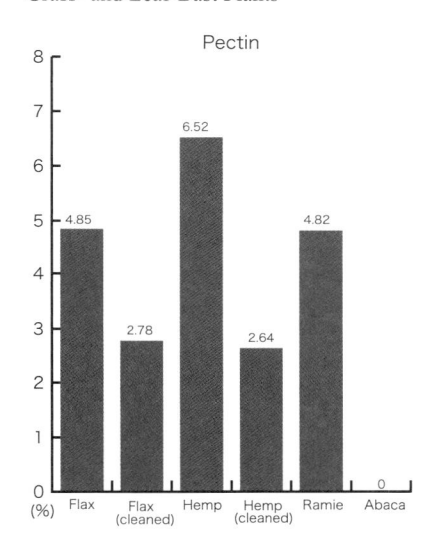

Characteristics of Specific Bast Fibers and Their Processing in Various Areas

Tree Bast Fibers (fig. 5 photo 1)
Trees from which bast fibers that are commonly extracted for making thread include paper mulberry (*kajinoki* and *kozo*), wisteria and Japanese linden, as well as tropical trees like *gotgot*. They contain much more lignin than grass-bast fibers and leaf fibers. Tree bark also has a lot of oil, tannin and resin, though bast-fiber trees contain comparatively smaller amounts than many other trees.

Methods of Fiber Extraction for Tree Bast
In Kamiseya, Kyoto, the bark of the wisteria containing the bast fibers is peeled off the growing plant at a time of year when the bark and core separate easily (fig. 6 photo 2). The outer surface of the bark is stripped off with a sickle, the inner bark is boiled in alkaline ash lye, and then the impurities are scraped off with a bamboo scraper and washed away in the river. When scraping in the river or with a spatula to clean away impurities, the fibers are always handled from base to tip (fig. 7 photo 3). In Ikazuchi, Niigata Prefecture, Japanese linden fibers are treated in a similar fashion.

In Cambulo Village, Ifugaos, the Philippines, they do not boil the bark in ash lye, steam it or ret it, but rather process the bark immediately while it is still soft. First the outer bark is stripped off freshly harvested tree bark (fig. 8 photo 4), Then the inner bark is pounded lightly with a stone to soften the fibers without damaging them (fig. 9 photo 5).

Forming Thead out of Leaf-Bast Fibers
Tree-bast fibers form a net-like structure (see fig.1). Therefore, unlike the grass-bast fibers flax and hemp, tree-bast fibers cannot be combed or brushed repeatedly to split it into single fiber bundles: there are no such straight bundles. Thus spinning proves impossible. The bark must be split into strips of netted fibers that can then be ply-joined (fig. 10 photo 6). Fibers are added on from base to tip, and twisted together in a base to tip direction. After a long thread is formed, overall twist may be added using a hand spinning wheel. Alternatively, overall twist may be added while ply-joining (fig. 11 photo 7). Twisting ensures that the joins will not reverse, and that the flat, tape-like strip is curled together and strengthened so it will not break. Adding twist is also always carried out in a base to tip direction along the ply-joined fibers.
(see drawing figs. 33-40 drawings 6-13)

Leaf Bast Fibers (fig. 12 photo 8)
The filaments (cells) of abaca varieties, including plantain (basho), have a pointed tip that sometimes splits, are on average 2~16 mm long, 16~22 µm thick. The fibers are tubular with a smooth surface. Extracted in bundles, the fibers have a rounded polygon or irregular oval shape cross section with a clearly visible large, round lumen containing a yellow filling. The fibers are surrounded by a continuous tissue of firmly siliconized square or flat cells, a distinctive feature of plantain known as stigmata. The lingo-cellulose of leaf fibers gives them resilience, excellent tensile force and water resistance. Plantain leaf-bast fibers are linked in long strands. A particular feature is that the fiber bundles can be extracted individually from the stems, making it possible to handle the fiber bundles one at a time [Ishikawa, ed. 1986: 59]. See fig.1 chart 1 includes a magnified image of abaca fiber showing the individual long fibers that are released when the lingo-cellulose is extracted.
(fig. 25 drawing 2) Cell Structure of Abaca
(fig. 29 Abaca) Magnified Cross Section

Methods of Fiber Extraction for Leaf Bast
The skin of leaf stem is stripped off (fig.12 photo 8). Next, impure pulpy tissue surrounding the fiber bundles is scraped away. The fiber bundles are then split into single units. The extracted fibers have very little nap; their base and tip are virtually the same thickness.

Forming Thead out of Leaf-Bast Fibers
Leaf-bast fibers may be ply-joined, as in Taketomi Island, Okinawa, Japan, or knotted together, as with abaca in Mindanaos, the Philippines[6]. When knotting, bulges in the thread are avoided by using the tiniest weaver's knots, prevented by joining the fibers end-to-end and then tip-to-tip where their thicknesses are exactly the same (fig. 13 photo 9).

fig. 5 photo 1 Wisteria in bloom near Kamiseya Village, Kyoto.1976

fig. 6 photo 2 Setsuko Umemoto hits the wisteria branch with a mallet before stripping off the bark. Shimoseya. 1976

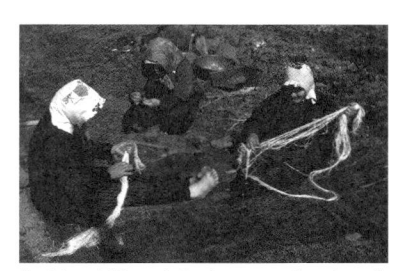

fig. 7 photo 3 Women in Kamiseya scrape clean, then split the wisteria after boiling it in ash lye. 1976

fig. 8 photo 4 Bending the end of the newly cut gotgot tree, the bark is slowly stripped away. 1982

fig. 9 photo 5 Indodon Dulahig gently pounds the stripped gotgot tree to soften the fibers before splitting them into thin tapes. 1982

fig. 10 photo 6 On the left wisteria strips are split fine using the toes. On the right they are ply-joined base to tip to form a long continuous thread. Kamiseya, 1976

fig. 11 photo 7 In Cambulo they add overall twist in the process of ply-joining. 1982

fig.12 photo 8 Yoshiko Maemitsumori holds the plantain root-up and pulls off the skin. 1993

Grass bast fibers

Ramie (fig. 14 photo 10)
Single filaments (cells), range from 60~250 mm, and are the longest of all the grass-bast fibers. They are 20~80 µm wide, oval in cross-section with a hollow center called lumen. The area of the cross-section is 815 µ^2, of which the lumen occurs 4.1 % and the membrane wall, 95.9 %. The filaments either alone, or in bundles bound with pectin-based matter between the cells; they are composed of pure cellulose (pecto-cellulose) containing virtually no lignin to harden the cell walls. The exterior of each filament forms a wide flat ribbon with occasional vertical streaks, and some bent cells in places. The cell membrane is layered and has rents on the surface. Ramie plants grow to 2 to 4 meters tall [Ishikawa ed.1986: 57-58]. Figures 17 and 18 show the cell structure of ramie.

fig. 13 photo 9 Alfonsa Otong joins abaca fibers by using the tiniest weaver's knots in Tagapan, The Philippines. 1982

fig. 14 photo 10 Field of ramie growing in Showa Village, Fukushima, Japan

fig.15 photo 11 Scraping off the outer bark of ramie in Showa Village, Fukushima, Japan

fig. 16 photo 12 Nayan Tokk of Hansan Village, South Korea sets the split ramie fibers, base at the left, between poles (jang-ji) when ply-joining. 1984

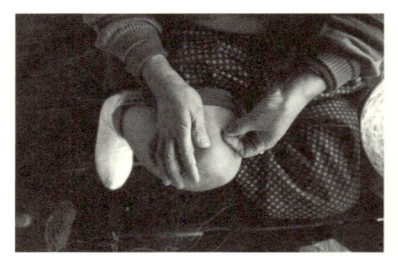

fig. 17 photo 13 Nayan Tokk ply-joins fine ramie fibers into thread. 1984

fig. 18 photo 14 Hemp being harvested in Kozuhara Village, Shiga, Japan. 1988

(fig. 26 drawing 3) The Cell Structure of Ramie
(fig. 30 Ramie) Magnified Cross Section

Methods of Fiber Extraction for Ramie
Ramie, being almost entirely of pure cellulose (pecto-cellulose), is often processed fresh. In Showa Village, Fukushima Prefecture, they place the fresh stalks, without drying them, into water so as to keep them supple. Then they break the fresh stalks, peel off the skin containing the bast fibers, and place it on a scraping platform. Using a tool similar to a metal spatula, they scrape the pieces to remove the outer skin and other impurities (fig. 15 photo 11). This exposes the fiber bundles.

Since the fiber bundles of ramie contain almost no lignin for maintaining their cohesion, so dissolving the surrounding pectin by fermentation is avoided to assure the chemical action does not penetrate the fiber bundles and break them up into individual cells.

Forming Thread out of Ramie
The fiber bundles can be split into very fine strips for ply-joining. In Muikamachi, Niigata, Japan, specially firm double splicing secures the joins of these fine threads. In the village of Hansan, Korea, the ramie fibers are aligned between posts, bases at the left, and ply-joined by rolling along the knee (figs. 16 and 17 photos 12 & 13).

Because ramie is a grass-bast fiber with nodes, it should in theory be possible to spin it into thread, but the author has not come across any examples of this. If anyone were to spin ramie into thread they would have to carefully comb

fig.19 photo 15 Hungarian hemp growing on the Great Hungarian Plain (Photo by Kákonyi Árpád, 1985)

fig. 20 photo 16 Scraping away impurities from steamed hemp stalks in Sukkok Korea. 1984

fig. 21 photo 17 Hungarian Deme Józsefiné pounding hemp with a wood knife. 1987

fig. 22 photo 18 Józsefiné running hemp through a pin comb affixed to a board. 1987

fig. 23 photo 19 With the hemp bound to the distaff in the back. Józsefiné spits on the hemp to soften it while spinning with a hand spindle

fig. 24 photo 20 Józsefiné spinning hemp. 1987

through the fresh extracted fibers from base to tip, and painstakingly disentangle them.

Hemp (figs. 18 and 19 photos 14 & 15)

The filaments (cells) are 5~55 mm long and 16~50 μm thick, with fibroid cells often forming bundles of about 20 denier. The exterior forms a tube shape with curved tip; they have periodic nodes and visible streaks. The cross-section reveals cells growing in clusters, each cluster shaped like a rounded polygon. The cells are wrapped in a thin membrane, containing lignin, which hardens the cell walls. The area of the cross-section is 297 μ^2, of which the rather thick lumen occupies 4.1 %, and the membrane wall, 95.9 %. Compared with flax, hemp cells have slightly more lignification The chemical composition of hemp is 70~80 % cellulose and ligno-cellulose [Ishikawa ed. 1986: 56-57]. It is even stronger than flax, but has very little elasticity, breaks easily, and is not very resilient. Figure 1 includes a photograph of hemp filaments. Figures 27 and 31 illustrate the cell structure of hemp.

(fig. 27 drawing 4) The Cell Structure of Hemp

(fig. 31 Hemp) Magnified Cross Section

Methods of Fiber Extraction for Hemp

In Kozuhara, Shiga, Japan and in Sukkok, South Korea, the hemp stalks are steamed before peeling off the bark, while in Kaida, Nagano, Japan, the fibers are soaked in water and fermented first. Once the bark has been stripped, it is carefully scraped with a spatula to remove remaining impurities (fig. 20 photo 16).

In Hungary, the hemp stalks are first fermented to loosen the pectin and then thoroughly dried. With the bark still

fig. 25 drawing 2 Cell Structure of Abaca. Drawing Ohara Kametaro in Atsuki, p.92, 1949

fig. 26 drawing 3 Cell Structure of Ramie. Ishikawa 1986, ed., p.57 fig. 2. 10 and Ohara Kametaro in Atsuki, p.84, 1949

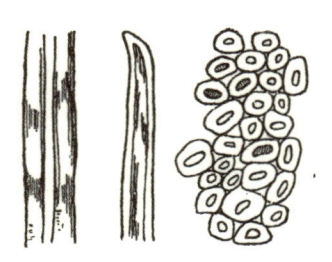

fig. 27 drawing 4 Cell Structure of Hemp. Drawing Ohara Kametaro in Atsuki, p.82, 1949

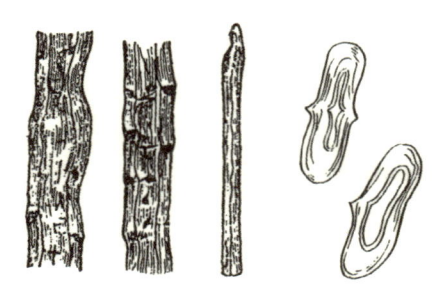

fig. 28 drawing 5 Cell Structure of Flax. Drawing Ohara Kametaro in Atsuki, p.77, 1949

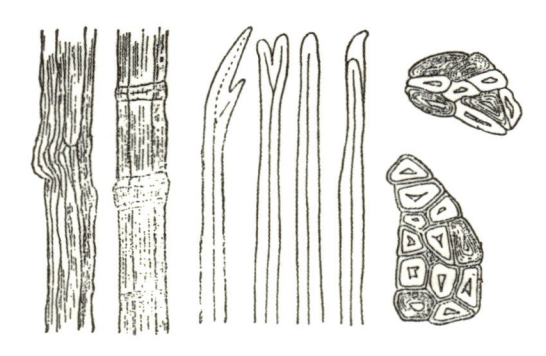

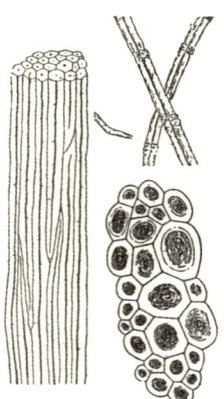

attached to core, the stalks are first pounded with a rod to break them (fig. 21 photo 17), and then hackled to cause the core to separate and fall away.

Forming Thread out of Hemp
In East Asia, South-East Asia and the surrounding regions, thread is usually made from the hemp fibers by splitting them into strips and then ply-joining these together.

The nodes on the hemp fibers provide enough surface friction for the fibers to catch on each other and make spinning them into thread possible. In Hungary, to prepare hemp for spinning, the fibers are first combed repeatedly till they have separated into thin threads (fig. 22 photo 18), then bound to a distaff (fig. 23 photo 19), base end down, next moistened so they will soften, and finally spun (fig. 24 photo 20) [Kós, Szentimrei, and Nagy 1981; Lajos 1972].

Flax (fig. 41 photo 21)
Flax filaments (cells) are pointed at both ends, an average of 25~30 mm long, 15~25 μm thick, and form vertical bundles cemented together by pectin. The average cross-section of the fiber cells is 184 μ^2, with a small lumen occupying only 1.3 % of this area, and thick membrane walls occupying approximately 98.7 %. The shape of the cross section varies according to the part of the stem: the lower section has thick fibers forming a very flat, rounded polygon, whilst the middle stem upwards is shaped like a straight-sided polygon. The outer surface has nodes and horizontal or diagonal streaks; these nodes play an important role in thread making. Each bundle contains about 18 fibers [Ishikawa ed. 1986: 55-56].

Various Fibers of Magnified Cross Section

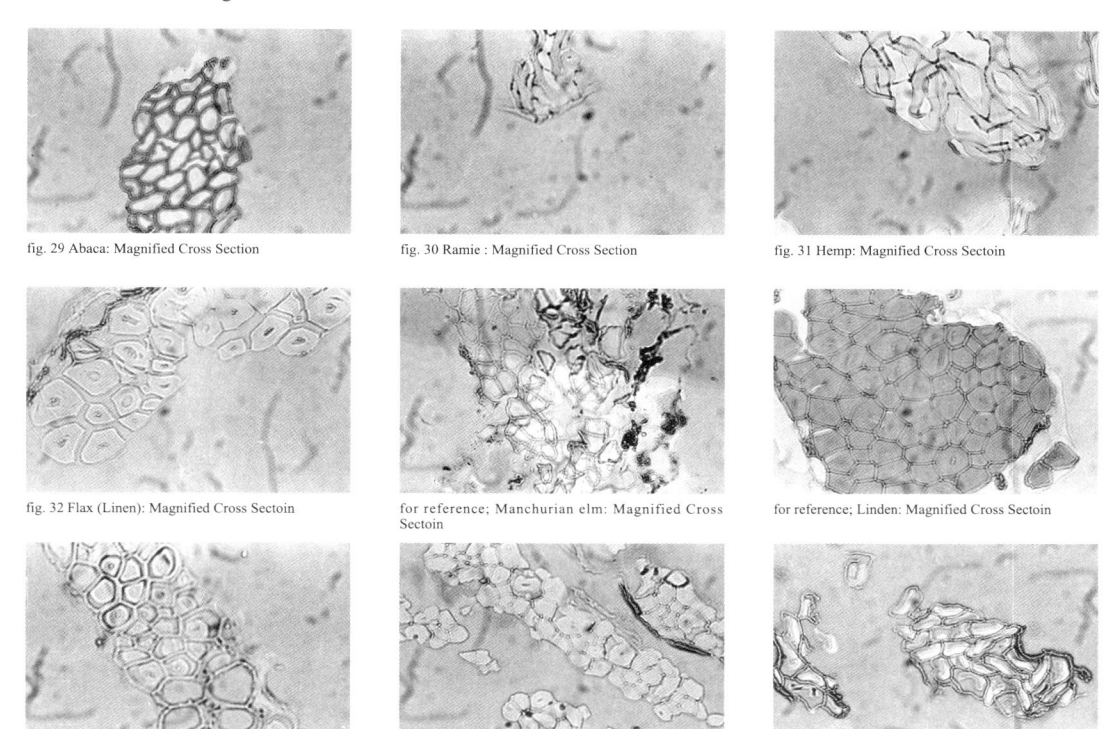

fig. 29 Abaca: Magnified Cross Section

fig. 30 Ramie : Magnified Cross Section

fig. 31 Hemp: Magnified Cross Sectoin

fig. 32 Flax (Linen): Magnified Cross Sectoin

for reference; Manchurian elm: Magnified Cross Sectoin

for reference; Linden: Magnified Cross Sectoin

for reference; Kudzu: Magnified Cross Sectoin

for reference; Wisteria: Magnified Cross Sectoin

for reference; Paper mulberry: Magnified Cross Sectoin

The fibers inside the bundle are held together by slightly lignified pectin, which withstands fermentation. Thus, in extracting the fibers, the surrounding material of nearly pure pectin dissolves, while the lignified pectin maintains the integrity of the fiber bundles. Of all the bast fibers, flax is the most difficult to separate into single filaments. The cellulose in flax exists in the form of pecto-cellulose, and the pectin can be dissolved with acid.
(fig. 28 drawing 5) Cell Structure of Flax (Linen)
(fig. 32 Flax) Magnified ross Section

Methods of Fiber Extraction for Flax
In Zäziwil (Switzerland), Louges (Belgium), and Holland, pectin around the fiber bundles is dissolved in a process of fermentation, and after drying, the flax is hackled, scutched and combed until the fiber bundles are separated into long, fine, soft strands. The flax fibers have horizontal and diagonal streaks, and nodes on the outside, adding the low friction coefficient that makes it possible to spin the fibers into thread.

Forming Thread out of Flax
Indeed, flax is the best suited of the grass-bast fibers to spinning and the least suited to ply-joining. The stalks are slender and stripping the skin containing the bast fibers away from the core of each stalk, one by one, though not impossible, would be a laborious task. Obtaining large quantities of flax fiber with this method would prove impractical. After being hackled and combed in the European method, the exposed flax fibers are too fine to tear them easily into strips for ply-joining.

Comparison of Asian and European Processes

As mentioned in the introduction, ply-joining is the basic method of thread formation in East Asia and South East Asia, while spinning predominates in Europe. The particular fibers prevalent in each area account in part for the difference in approach. Asian tree and leaf basts are difficult to spin: the former cannot be combed, the latter has almost no surface friction coefficient 7. On the other hand, European flax, of all the grass bast fibers, is least amenable to ply-joining. Differences in thread formation, as well as climate and tradition, account for various differences in fiber preparation and in handling of the thread during warping and weaving.

Preparation for Stripping

Asia: methods used to facilitate separating the skin from the stalk and extracting the fibers include (1) no prior treatment, as for ramie (2) fermentation, as for hemp, and (3) steaming, as used for hemp.

In Europe, initial steps taken to soften the plant and facilitate extraction of the hemp or flax fibers include: (1) taking the stems of mature grass-bast fibrous plants, removing the leaves, seeds and so on, and soaking the stems in still or running water (2) exposing the stems to dew and rain for long periods. (3) placing the stems in the winter snow and allowing them to freeze.

In both Asia and Europe the basic principle is to separate the core and bark in order to extract hemp and flax grass bast, and to use micro-organisms (fermentation, retting) to remove an appropriate amount of the pectin holding the fibers together. Methods of separation, however, differ. While in Asia the skin is stripped from the core, in Europe the stalks are dried and then beat and hackled. In this method, the core cannot be crushed and eliminated unless it is thoroughly dry; various ways of drying include placing the stalks in a bread oven. With the skin still attached to the core, stalks of hemp or flax are then beaten with a rod; thorough pounding causes the core to fall away, and the useful bast is extracted. The individual fibers are then freed in the process of further pounding of the bast to remove remaining fragments of the core.

Softening the Fibers

While in Asia, extracted fibers are often wetted to soften them before splitting into fine strips, in Europe the fibers are given suppleness by rubbing them with the hands and feet, flexing them, or pressing them with a rolled weight.

Preparation of the fibers for forming thread: splitting versus combing

While in Asia, fibers are split by making an incision, such as with a fingernail, toe, or instrument, and pulling laterally, in Europe the fibers are combed. Combing begins with a coarse steel comb, followed by a more densely set comb. In the process, small fragments of waste are removed, the strands are split and separated ever more finely, and the tangled fibers straight edge. Then a pig's-hair brush is used to separate the short fibers from the longer ones; the longest fibers are set aside as the best. As a result of processing, the fibers have lost much of their nap.

In Hungary a final stage is added to the preparation of the fibers: they are soaked in a warm solution made from yellow pumpkin that has been boiled with bran. This process removes impurities, makes the fibers more supple and shiny, and dyes them yellow instead of the gray color they acquired during the initial soaking of the stalks. Some regions also use whey or horse dung.

Thread formation: ply-joining versus spinning

Ply-joining

In Asia, continuous threads are created out of strips of bast fiber by either ply-joining or knotting the strips base end to tip end. Although methods vary from place to place, dictated in part by the character of the fibers, in part by amount of strength needed due to stress imposed during the weaving process, the basic idea of splitting the ends of both old and new elements and plying the split ends of the new element to those of the old is universal. Bending back and double plying in opposite twists function to reinforce the join figures 34 through 41 drawings 6-13 illustrate the method used in Kamiseya Village, Kyoto, Japan to ply-jion wisteria.

Spinning thread

Europeans create continuous thread out of grass-bast fibers by spinning them in the same way they spin long-haired sheep's wool using a distaff and spindle or spinning wheel. This is possible because the characteristics of the grass-bast fibers they use, flax and hemp, permit combing countless times to remove most of their nap and loosen them into individual fiber bundles.

After the fibers have been lined up and combed from base to tip in a strick (fig. 42 photo 22), they are placed on the distaff to keep them in order and enable them to be drawn out smoothly and swiftly [Henzie 1978: 12-13]. In preparation for this they are spread into thin, crisscrossed layers (fig. 43 photo 23) and wound around the distaff (figs. 44 and 45 photos 24 & 25), being spread out evenly. They are held in place by cords crisscrossed around them (fig. 46 photo 26). The fiber is pulled out in a base to tip direction, dampened with saliva, and brought together adding twist as it is wound on the spindle.

The European treatment of the material is fundamentally different to that of Asia. Presumably, the characteristics of grass-bast fibers and the work of splitting up the fibers as finely as possible made it possible to adopt the spinning techniques for making thread learned from worsted wool, where bundles of long-haired sheep's wool are combed from base to tip [Teal 1976: 58-73], fibers are drawn out, twist is added, and the finished fibers are wound onto a spindle. In fact, in her careful study of Near Eastern textiles, Bellinger posits that in Egypt the change from splicing "rovinbs" practiced around 2000 BC to spinning flax from a distaff in the Graeco-Roman period was probably due to adapting wool processing to flax thread formation [Bellinger 1959: 2-3].

Warping

In East Asia, all the tasks of extracting the fibers, tearing them into strips, ply-joining and adding twist are carried out working from base to tip. It follows that the thread produced this way retains a base-to-tip directional attribute. This is the distinctive characteristic of East Asian bast fiber threads.

In order to weave thread with a directional attribute into cloth, handling proceeds best when working with the nap of the thread. Weaving also proceeds best when the loom is dressed with all the threads oriented in the same direction.

For weaving plain-weave fabric, the stretched warp threads are divided into alternate upper and lower threads of a shed through which the weft is passed. Then a tool is used to beat in the weft towards the weaver. This action creates a lot of friction brushing against the warp threads as the weaver pulls the tool in towards him/ herself. So the bast threads, which have been ply-joined from base to tip, are beat in most smoothly when aligned in the same direction: base away from the weaver and tips towards the weaver. If every other warp thread or all the warp threads faced the opposite direction (bases closest to the weaver), then the friction caused by beating in the weft would raise the nap and cause loose ends that tangle with neighboring threads and interfere with the beating. It would result ultimately in

figs. 33-40 drawings 6-13 Wisteria ply-joining in Kamiseya Village, Kyoto, Japan

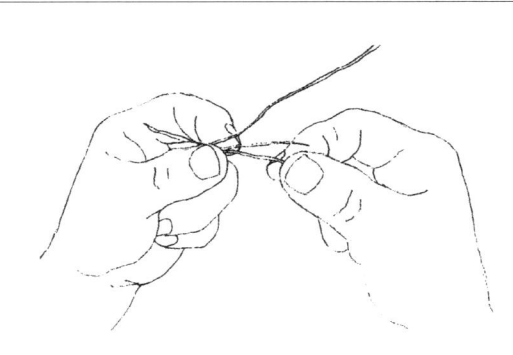

fig. 33 drawing 6 Ply-joining wisteria. The end of the tip is split and the new base inserted parallel to the shorter stand

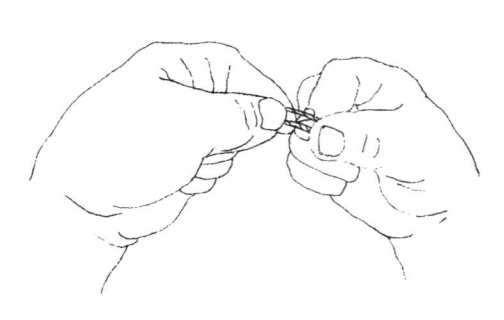

fig. 37 drawing 10 A Z twist is applied to both

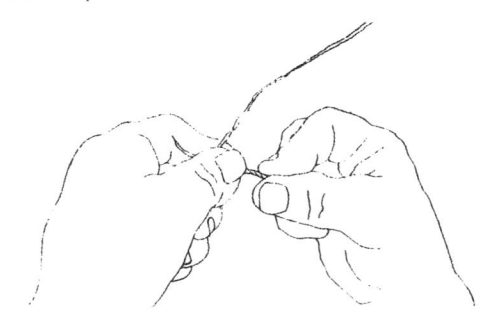

fig. 34 drawing 7 The elements are rolled down between right thumb and finger, giving them a Z twist

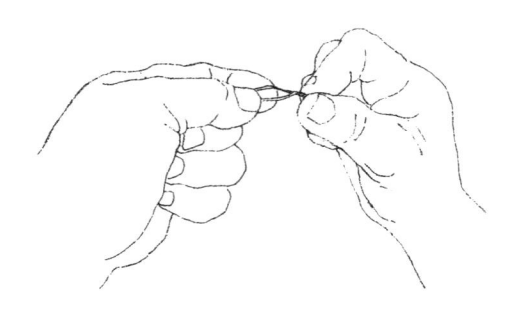

fig. 38 drawing 11 The twist is tightened until both elements come close to each other

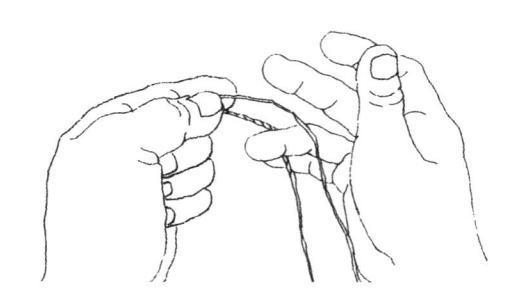

fig. 35 drawing 8 The twisted strand is caught between the ring and little fingers of right hand, then the other half of tip end grabbed

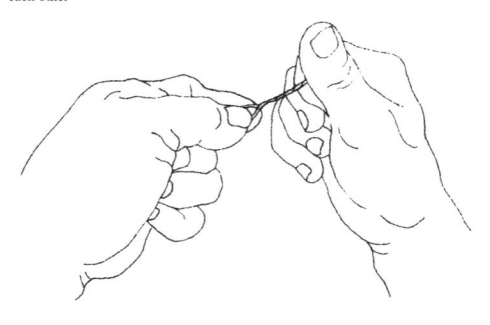

fig. 39 drawing 12 The direction of the roll is reversed, then the two elements plied together with an S twist

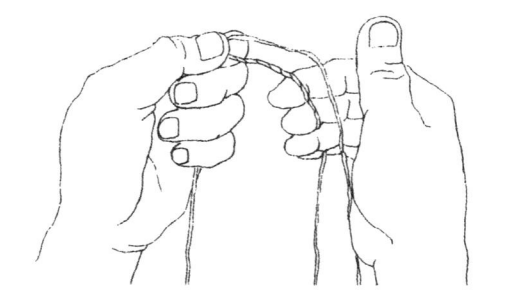

fig. 36 drawing 9 The two elements are grasped so they lie parallel

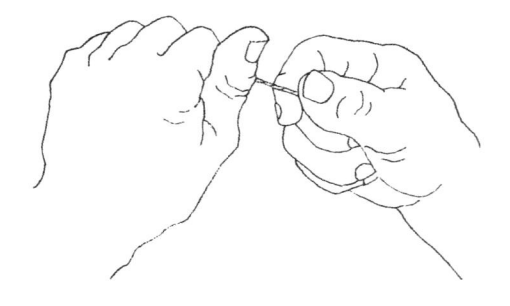

fig. 40 drawing 13 The S twist is tightened

fig. 41 photo 21 Flax growing in Zäziwil, Swizerland. 1983

fig. 42 photo 22 The American Quinn Celia Queen ties the stick of aligned flax fibers to her waist, base end hanging down (fig. 22-26, photo 1985)

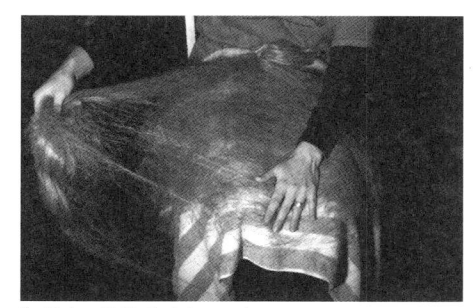

fig. 43 photo 23 The flax being spread out

fig. 44 photo 24 Rolling the flax onto the distaff

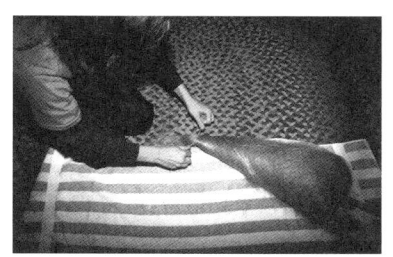

fig. 45 photo 25 After the flax is wound onto the distaff, the top end is tied

fig. 46 photo 26 The dressed distaff mounted on the spinning wheel. Fibers are pulled out from the bottom

thinning and snapping, creating havoc with the weaving process.

Two basic methods of warping so all the threads run from the far end of the loom towards the weaver are prevalent; one-directional circuit warping. The first, used for tree bark on Luzon Island in the Philippines, involves dressing a stick backstrap loom by winding a thread directly onto the loom in continuous loops. The woven cloth forms a tube. Care is needed to assure that the direction runs base to tip at the weaver's end, and not the other way about figure 47 photo 27.

The second one-direction warping method is used to weave hemp in Tsukigase, Nara Prefecture, Wisteria in Kamikobu, Shimane Prefecture, paper mulberry in Kito, Tokushima Prefecture, and hemp and ramie in South Korea. The thread is wound in a single direction or spiral around spaced posts or a special frame, and is finally cut in one place. When setting the threads up on the loom, care is taken to ensure that the base ends run from the warp beam (fig. 48 photo 28) [9].

In Europe, a warping frame in the shape of a vertical cylinder is used (fig. 49 photo 29). The direction of the threads either runs from the far side of the loom towards the weaver, or double-back warping is used, where alternate threads run in opposite directions. For the latter, the thread is wound around the warping frame in one direction until the required length has been measured out. Then a cross is taken, the thread is doubled back, and wound round the frame in the opposite direction along exactly the same path. When thread has been produced from finely separated, spun fibers with a twist, the directionality can then be ignored in subsequent processes. Compared to ply-joined strips, particularly those without added twist, spun thread has more elasticity, though not much compared with wool.

Looms

Tree and grass bast fibers are have little intrinsic elasticity, and ply-joining them does nothing to ameliorate this lack.

fig. 47 photo 27 Direct warping on a stick back strap loom in a continuous looping to form a tubular fabric. Indodon Dulahig setting up warp in Cambulo, The Phillipines. Indodon Dulahig, Cambulo, Phillipines. 1982

fig. 48 photo 28 Mim Chiparu measures a circular warp around posts pounded into the earth in Andong. South Korea, 1995

fig. 49 photo 29 Józsefiné warping on a warping frame. Hungary, 1987

fig. 50 photo 30 Kim Jun-soon weaving on a frame backstrap loom in Sukkok, South Korea, 1983

fig. 51 photo 31 Józsefiné weaving linen on a treadle loom in Hungary. 1985

Excess stress leads to snapping, particularly at the joins. For this reason, in many areas of Japan, South Korea, and the Philippines, bast-fiber cloth is woven on a backstrap loom where one end of the warp threads is firmly fixed around the warp beam, but the cloth beam holding the other end of the warp threads is supported by a strap around the weaver's hips, allowing for minute adjustments of tension (fig. 50 photo 30). When raising the warp, the weavers shifts forward, lessening the tension and minimizing the stress. When beating in, the weaver leans back, tightening the warps so they do not snag. Flexible tension makes the backstrap loom particularly well suited to weaving strips of ply-joined bast fibers of knotted leaf fibers.

Spun threads have just that extra elasticity that enables one to weave them on a treadle loom, as is done in Europe (fig. 51 photo 31). On a treadle loom, with its rigid structure, the warp threads are stretched taut between the warp beam and the cloth beam. They then have to be raised and lowered to open a shed for the weft to pass through, putting stress on the fibers, and inducing breakage if they are insufficiently elastic. To weave effectively, the elasticity of the threads must exceed, and therefor tolerate, the level of stress imposed by the working of the shed.

Conclusion

In developing methods of extracting and using plant fiber, people have always worked with a sensitivity to the inherent character of the plant. Different methods were devised in response to different cell structures and chemical compositions. In addition, cultural habits and historical cross currents inspired new ways of treating and handing fibers. Methods used for one material were sometimes transferred to others. Different fiber processing leads to different quality thread, and enables different handling in the dressing of the loom and weaving of the cloth.

End notes

1. The ply-joining developed in the Far East bears superficial similarity to the Ancient Egyptian practice of splicing flax, as described by Bellinger [1959, 1-3; 1962, 7], but differs, as far as I can discern, in important details. While ply-joining involves applying first one direction of twist to split end that lie parallel and then the opposite direction of twist to ply the elements together, splicing seems to involve only a single-direction twist to create a roving, which is then joined with other rovings to form a strong thread with staggered splices. Barber [1991: 44-51] also discusses remains cloth in ancient Egypt which have woven from thread made by twisting and joining flax.
2. This heterogeneity confronts anyone who uses grasses or trees to make things. For example, when planning wood working on the inner surface, the planer used from the root to top will produce a shiny smooth surface. Used the opposite way, the wood surface will rough up and splinter. To follow the wood grain is to work in accordance with the inherent asymmetry of the tree.
   Again, when installing wood pillars, the base of the tree is set on the ground, the tip points upwards.
3. For a discussion of natural twist, S in Flax, Z in hemp and cotton, and its effect on tread formation, see Billinger 1950 & 1959, 1.
4. Even within one species, individual plants differ greatly, since the plants are strongly influenced by soil, climate, and terrain.
5. For a detailed discussion of several ways of accomplishing this, see Nagano and Hiroi 1999.
6. The leaf-bast fiber abaca may be either ply-joined or knotted, depending on the place and the variety: wild, cultivated, or a cross between the two.
7. One exception can be found in the spinning of maguey and ixtle fibers in Mexico.
8. Nowadays on Mindanao Island in the Philippines, cloth is woven using leaf fibers contained in the pseudo stem of the abaca plant. Thread made from these can be knotted, resulting in a thread with no distinct directional attribute. These threads are woven on a simple backstrap loom with no standing frame. They are looped around a center stick, then circle from breast beam to back beam and returned to the center stick, where they are looped around so they double back in the opposite direction, from back beam to breast beam and returned. The cloth is woven with a tubular warp that opens up into a flat cloth once the center stick is removed when weaving is finished.
9. Although one-direction warping is the most rational, it is not always followed in Japan. See Nagano and Hiroi 1999: 351-352 (274-291 in Japanese).

Bibliography

Akira Nakamura, *Sen'i no jissai chishiki* (Practical Knowledge of Fibers), Toyokeizai-shinposha, 1980

Beatrijs Sterk and Elisabeth Olne, "Die Brennessel als Garnlieferany." *Deutsches Textilforum*, 1981, pp.14-15

E. J. W. Barber, *Prehistoric textiles*, Princeton University Press, Princeton, 1991

Goro Nagano and Hiroi Nobuko, *Base to Tip: Bast-Fiber Weaving in Japan and Its Neighboring Countries*, Shikosha, 1999

Katsumoto Atsuki, *Boshoku Sen'igaku* (The Science of Fiber and Spinning), Shokabo, 1949

Kinzo Ishikawa, ed., *Sen'i* (Fiber), Tokyo Electrical Engineering College, 3ed Edition, 1986

Kós Károly, Szentimrei Judit, and Nagy Jenö, *Moldvai Csángó Népuművészet*, Edited by Szentimrei Judit, Kriterion Kőnyvkaidó, Bukarest, 1981

Louisa Bellinger, "Craft Habits, Pat II: Spinning and Fiberr in Warp Yarns," *Paper No. 20*. Washington, D.C. The Textile Museum (Louia Bellinger, 1959 b,1; 1962,7), 1959

" Textiles from Gordion." *The Bulletin of Needle and Bobbin Club*, 1962, pp. 4-34

Peter Teal, *Hand Woolcombing and Spinning -A Guide to Worsteds from the Spinning-Wheel Poole,* UK, New York, Sydney, Blandford Press, 1976

Susie Henzie, "Dressing the Distaff." in SHUTTLE No.1 Vol. X, 1978, pp.12-13

Szolnoky Lajos, *Alakuló Muakaeszközők-A Magyar Népi Kenderrost-Megmunkálás*, Akadémiai Kaidó, Budapest, 1972

Szentimrei Judit, *"Szőttesek, Varrásoku-Hímzesék."* Moldvai Csángó Népmüvészet, Kriterion Kőnyvkaidó, Bukarest, 1981, pp.177-359

Knot Motifs

Knots are a universal motif reaching far back in time. The relationship between knotting and a spiritual life force is reflected in the archaic Japanese term for "to knot," or "to tie," which was written with a combination of the character for "creative production" 産 and the character for "soul" or "spirit" 霊. The first character 産 can also be read *umu* (to give birth) and is homonymous with the word 生む, "birth" or "life."

Knotting, as an essential method of connecting or joining things together, enabled primitive man to construct clothing, houses, and other life necessities. The ability to knot two individual things together, then a third and a fourth, and so on, suggested an infinite power. Conversely, the collection of objects when joined together formed a single mighty construction.

On another level, knots were seen to transcend the distinction of self and other, of sacred and profane, clarifying the outline of a thing. When this outline was recognized as a mental image, it made distinct what was previously vague and this inspired activities of making. Knots thus came to serve as signifiers. Functioning like primitive letters, they were associated with magical powers.

The material used for knotting needs to have a certain elasticity and flexibility, such as can be found the ropes, threads and cords made out of bast fibers from tree bark or grasses and leather from animal-skins. Presumably knotting was practiced before loom weaving was invented, and interestingly, the archaic word for knotting (creating) "*umu / ubu*" mentioned above lies imbedded in most Japanese words for thread formation and manipulation techniques: knot—*musubu* 結ぶ, spin—*tsumugu* 紡ぐ, ply-join—*umu* 績む, knit—*amu* 編む, braid—*kumu* 組む.

I will introduce a few ways in which knots have been depicted through some photographs I took in India.

The first photograph depicts an ancient Indian story about a *naga*, a sacred cobra that often spreads its hood-like neck to form a crown behind figures with human heads and snake tails. The cobra is greatly revered all over India, for despite the threatening stance this venomous snake shows when it rears up, it does not bite humans recklessly. Although the ancient people who worshiped this poisonous snake were conquered by the Aryans thousands of years ago, faith in the tribal totem of the sacred cobra remains deeply rooted.

The second photograph shows a stupa that has many-headed cobras with knotted tails encircling the bottom. Entwined around the dome of the stupa, knotted cobras protect the sacred relic (*shari*) within.

Like the man and woman with snake tails intertwined in a series of knots shown in photo 2, the Chinese figures of Fuxi and Nuwa excavated at Astana and shown in photo 3 also have their snake tails entwined, though in a different fashion. Fuxi, a king-figure and deity of ancient China, holds up a square measure, while his wife, said to have made mankind, holds a compass. The sun, moon, and constellations fill the space around this couple in the act of creation. Similar depictions of Fuxi and Nuwa holding square measure and compass can be found dating from the later Han Dynasty, though unfortunately the example at the National Museum of India, New Delhi is missing both its arms.

Such depictions of knots bring out the magical aspects of knots and seem to speak to our inner world. Indeed, the eye of the knot was considered as a talisman that could beak the power of evil (the devil). When ancient people prayed to the gods, divining their good or bad fortune, they would tie a knot to cast a spell and secure their fate. This mysterious power of the knot captivated and inspired ancient man. Accordingly, myth and magic were inextricably bound together, developing in close relation one to the other. The knot, when sculpted, when painted, and thus abstracted rose up and people beheld it with awe.

Such powerful motifs must be given a form that contains their magical power. This applies not just to the motif of the knot, but also to motifs in general. A floral motif must glow with the magic light of the flower itself.

Bibliography
INDIA, Thames and Hudson, India
Iwao Nukata, *Musubi* (Knots), Hosei daigaku shuppan kyoku, 1972
Kumagusu Minamikata, *Junishikou 1* (Zodiac 1), Toyo bunko 215, Heibon sha, 1972
Saburo Matsubara, *Toyo bijutsu zenshi* (History of Oriental art), Tokyo bijutsu, 1973
Shinobu Origuchi, *Origuchi Shinobu zenshu* (Complele Works of Shinobu Origuchi), Chuo koron, 1973
Xinjiang chūtū wénwù (An artifact from an excavation in Xinjiang), Wénwù publishing Co., China

photo 1 Collection of Gaverment Museum, Madras

photo 2 Collection of Indian Museum, Calcutta

photo 3 Collection of Xinjiang Uyghur zizhiqū Museum from *Xinjiang chūtū wénwù*

Collection of National Museum of India, New Delhi

Srirangapatnam (photo: *INDIA,* Thames and Hudson)

Collection of Ellora Museum

Dyes and Dyeing Methods for Making Chintz as Still Produced in Kalahasti, India

The English combines two essays: 1995, "A Study of Hand-Painted Chintz from Kalahasti, India." (*Bulletin of Seian College of Art and Design*, Vol. 33, Comprehensive Art Research Institute of Seian College of Art and Design, Kyoto, pp. 67-78.) and 1998, "The Principles of Old Dyeing Methods for Making Chintz Transmitted in India." (*Journal of the Japan Research Association for Textile End-Uses, Vol. 39 No. 400. The Japan Research Association for Textile End-Uses*, Osaka, pp.159-167.), both by Goro Nagano.

I. Natural Dyes: their Extraction and Use in Indian Chintz

1. Dye Sources

Today, the vegetable dyes used to produce Indian chintz are primarily *myrobalan* containing tannin, madder containing alizarin, and *Indigofera tinctoria* containing indican. Mordants are water-soluble iron and aluminum salts.

Dyes from plants that include tannin dissolve easily in water and take comparatively easily on the vegetable fibers of cotton, so they can be fixed with a mordant after application of the dye. In contrast the alizarin from madder does not dissolve easily in water, and though it dyes easily on animal fibers, it requires pre-mordanting to fix on cotton. It is also useful to give the cotton fibers greater protein and fat content by soaking the cloth in a solution of tannin and milk.

The next step involves applying the mordant liquids by drawing the design with a *kalam* pen or by stamping the mordants on the cloth with woodblocks. The preparatory soaking in milk solution is devised to avoid the bleeding of these design outlines. It ensures that the tannin is fixed through the work of the mordant and does not spread, that the mordant painted on in preparation for heated dyes like the alizarin from madder does not run, and generally that the outlines remain clean.

Placing the cloth in the hot madder dye bath results in the areas painted with iron salts turning black, while those painted with aluminum salts turn reddish brown, and those where the two mordants are mixed turn purple. It also fixes the colors. For vegetable dyes that are mordanted after dyeing, the mordanting deepens the color, and if the cloth is then immersed in a different dye bath, the mordant binds with the over dye creating a dark color.

For example, after dyeing a cloth with tannin, which takes well even on plant fibers, the interaction with a mordant applied to the design areas will differentiate the design from the ground. Next, the cloth is boiled in a dye bath of madder, whose alizarin takes to the cloth only where it is already mordanted. This results in the areas painted with iron salts turning blacker and those painted with aluminum salts changing from brown to dark reddish brown. In other words, the after mordants applied to fix the tannin function as pre-mordants for the alizarin dyes, effectively making use of the characteristics of each dye source and the mordanting methods required.

In this way, the Indian methods utilize the very difficulties of dyeing madder red to good effect so as to produce a wide range of colors from light peach to dark orange, red, reddish brown, purple, grey, and black.

Another important technique they have is using cow, goat or sheep dung to bleach out areas where the dyes have not been fixed with a mordant but have merely settled into the cloth. The digestive systems of herbivore animals contain enzymes that aid in the decomposition of the grasses they feed on. These enzymes are evacuated in their excrement along with ammonia wastes. The ammonia, when diluted in water, has a slight alkalinity that helps dissolve the milk protein and fat on the cotton cloth, while the enzymes work to decompose the unmordanted plant dyes and thus return the unmordanted areas of the cloth to their original white.

To summarize the process: First, the cloth is immersed in a bath of tannin and milk. This gives it a yellowish color and a chemical composition closer to animal fibers in that it includes protein and fat. Second, the design is applied with a mordant in the form of drawing or block printing. Third, the cloth is boiled in another dye, ensuring that the areas painted with mordant do not run and the outlines and colors come out clearly. Fourth, the unmordanted areas where dye has seeped into the cloth are bleached using cow or sheep dung. This dye process is unique to India.

2. Indian dye processes

The following discussion elaborates on the processes just described.

Traditionally, the Indians have used a variety of resist dye techniques. Molten wax in a pen is used to draw on the cloth, or printing blocks with metal inserted in wood might be dipped in the wax and applied to the cloth. Alternatively, mud can be used as a resist agent and the stamps or printing blocks can be dipped in it [Nagano 1977: 3240-3241]. Other resist techniques involve applying pressure, such as binding with thread or clamping between boards.

In Kalahasti they apply the mordant for the lines and ground with a pen, while today in Machilipatnam they use a woodblock carved with the lines of the design or with the areas for the ground color and print the mordant onto the cloth (photo 7). Boiling the cloth in alizarin dye continues today. In Machilipatnam after bleaching with dung they add lines of molten wax with a pen and then immerse the cloth in a fermented indigo dye vat.

It is thought that along the Coramandel Coast of East India from where the export cloths to Thailand, Indonesia and Japan were sent, they applied wax to the edge of the design lines before using the mordants to make sure they did not bleed.

More concretely, after steeping the cloth in tannin and milk solution, not only did they draw the design with a pen soaked in mordant, but they also, for instance, drew the stamens of the flower with wax so to resist the dye in that area and have it appear white after bleaching. Alternatively, they delineated the borders of an area by drawing wax around the outline of a petal and then painted the area within the outline with aluminum mordant.

Next, they prepare a dye bath that includes a plant containing saponin and simmer the bath with the cloth immersed in it. The mordant that was applied in the beginning does not bleed; the outlines of the design and colors appear clearly. It is thought that the saponin functions to guard against wax that melts in the boiling bath getting onto other areas of the cloth.

So far I have introduced the general methods of dyeing chintz that are used in India today. Now I would like to detail the findings of my on-site research in Kalahasti, conducted in 1974 and 1994.

3. Kalamkari chintz production [Nagano 1995: 67-78]

Generally the cloth used is 91centimeters wide and six meters long.

fig. 1: Kalahasti town with a view of a Dravidian-style Hindu temple in the background. Photo 1994.

fig. 2: The Kalamkari craftsman works in the shade in the entrance to a small Hindu temple. Photo 1994.

fig. 3: Preparing iron mordant. Photo 1974.

20 g. of syrup from sugar cane or coconut are mixed with rusty nails or 30 g of iron powder in an unglazed bisque-fired jar filled with 2 liters of water and the whole stirred, placed in a dark corner and allowed to sit, covered, for 15 to 20 days. The mature fermented liquid is a ferrous oxide with some body and of dark brown color. The ripening process depends on using a bisque-fired jar.

1) The cotton cloth is scoured with dung extract and then dried.
2) The unripe nuts and flowers of *myrobalan* are broken down into a fine powder and about 150 grams mixed with 250 cc of water. After allowing it to sit overnight, the mixture is worked into a paste.
3) Half of the paste is then diluted in 2 liters of water and stirred before adding 250 cc of water buffalo milk.
4) The prepared cotton cloth is immersed in the prepared liquid (1 into 2+3) and allowed to steep for 15 minutes before drying it in the sun.
5) The remaining half of the (3) liquid is diluted in water, the rest of the paste is added to it, and another 250 cc of water buffalo milk is added before mixing.
6) Again the cloth is immersed in liquid (5) and then dried in the sun. The dried cloth is then beaten with a stone or mallet to soften it (fig. 4). This removed any debris. The cotton cloth is now yellow and has a smell.

   fig. 4. Pounding the cloth with a stone or mallet to soften it. Photo 1974.
7) The general outlines of the design are delineated with charcoal taken from burning small branches (fig. 5). They claim that ash taken from small branches of tamarind is strong and easy to draw with, and also erases easily. The designs depict famous scenes from the old legends, like the Ramayana, using Telugu letters written above to explain the scenes. Large pieces can measure up to the size of 3~5 tatami mats (5 x 10 m). In the past these were hung in temples and used to illustrate religious lectures on Hinduism.

   fig. 5. The main outlines of the design are delineated using charcoal. Photo 1974.
8) The pen used to draw the lines and fill in the areas is called a *kunchi* in this area. The *kunchi* (*kunchi*-Tamil, Telugu language, *kalamkari*-Hindi language) is made of bamboo with a finely sharpened point. Others are rods with whisk-like ends that have a well for the mordant or dye liquid in the form of a ball made from coconut or jute fibers, or human or animal hair, bound to the middle of the rod with a cord. While drawing the picture, the dyer can squeeze this ball lightly, allowing the liquid to descend the rod into the whisk-brush. The sharpened *kunchi* are used to draw lines with the mordant, while the more crudely made whisk-brush is used to apply dye and fill in areas either with mordant or dye.

   The prepared cloth is laid on a table covered with a blanket. Iron mordant is filled into the ball-like reservoir of the kunchi, and slowly squeezing this with the fingers, the dyer draws the lines of the desig (fig. 6). When excess liquid comes out at the beginning, it is removed by sucking it up into a gauze-like cloth. An enamel rather than metal bowl is used to avoid the mordant liquid from interacting with the bowl. This procedure is used to draw the details of the stories on large pieces and the free-hand parts of smaller pieces. While they are being drawn, the lines appear light brown, but as the mordant slowly interacts with the dye, the lines turn dark, until they are close to black. When all the lines are drawn, the cloth is dried.

   fig. 6. Drawing the lines with a *kunchi* (*kalamkari* pen) filled with iron mordant. Photo 1974.

   fig. 7. Stamping the lines of the design onto the cloth with a carved woodblock dipped in iron mordant. Photo 1974.
9) The dried and line-painted cloth is placed in running water and the excess tannin from the *myrobalan* as well as the excess iron mordant are rinsed out. This must be done in a river or other running water, so as to prevent the iron mordant from spreading to other areas of the cloth, as it would in a bowl or vat. The rinsed cloth is dried on the river bank.
10) The rinsed and dried cloth is again laid on the table and now the areas to be dyed red are delineated using the whisk *kunchi* and at times the pointed *kunchi* filled with alum mordant (fig. 8). The liquid is made by adding 200 grams of powder of unrefined aluminum sulfate to 1.5 liters of water in an enamel bucket and dissolved by mixing well. The lines are a light green. The *kunchi* is used the same way as described in process (8). When first

applied, the lines are a greenish tan, but with time, as with the iron mordant, the color depends to a burnt umber. When the lines and infills are finished, the cloth is thoroughly dried.

fig. 8. Filling in the open areas using a *kunchi* (*kalamkari* pen) filled with mordant. Photo 1974.

11) Excess mordant is washed away in running water, as in (9).
12) The red dye bath is prepared by placing a 500 liters iron pot on a fire and filling it to about 70 % with water. While burning a fire under it, reddish brown powder from Indian madder and dark brown powder from the bark of a vine are added in the proportion of 1:2. Then dried *pobbaku* grass, which contains *saponin* and has properties of a soap, is added, and the whole boiled for 30 minutes. Next the cloth is immersed and held down with rods so that it does not float on the surface. After about one hour, the cloth is taken out and rinsed in water.
13) To heighten the red color, process (3) is repeated, and the cloth is again immersed in a bath of *myrobalan* with water buffalo milk and then dried.
14) The cloth is laid out on the table and all the red areas again drawn with alum mordant.
15) The cloth is washed in running water and dried once more.
16) The cloth is re-immersed in the boiled red dye (photo 9) and then washed and dried.

fig. 9. Boiling the cloth in a red dye bath extracted from Indian madder and other sources. Photo 1974.

17) Cow or sheep dung is dissolved in a water vessel and allowed to sit over night (12 hours). As in process (1), the bleaching qualities of the dung will be put to use.
18) The next morning the cloth is laid out upside down on the sandbank near the river. In order for this enzymatic decomposition to work well, it is necessary to keep the cloth wet at all times, so it is periodically sprinkled with water. The work proceeds in accordance with the heat of the sun and the humidity. Within 3 to 7 days, the alizarin and tannin-containing natural dyes have decomposed and the areas that were not treated with mordant have been bleached white. The cloth is rinsed thoroughly and dried. After this bleaching, the black outlines and reddish brown lines and infill areas stand out in clear contrast against a white ground. If further whitening is desired, steps 17 and 18 are repeated.
19) The bleached cloth is then immersed in 2 liters of water buffalo milk, wrung out and dried in the sun. This has a similar effect to preparing cloth with soybean juice in Japan.
20) A pigment is made from *myrobalan* flower powder: 150 grams are dissolved in 1.5 liters of water and then boiled in an unglazed pot until it turns yellow. The next morning 5~10 grams of aluminum mordant is dissolved and added to the dye bath. In the pot, the dye and the mordant interact and a bright yellow results, and this is allowed to sediment, so it becomes a fine powder that can be used as pigment. Since it will not bond directly with the cloth, the pigment needs to be mixed with a fixative and an adhesive before use.
21) The cloth (19) is laid out on a table or directly on the floor and the yellow pigment liquid is placed in a bowl. With the yellow in the ball reservoir of the whisk-*kunchi*, the dyer fills in those bleached areas intended to be yellow (fig. 10). When a darker yellow is desired, the process is repeated.

fig. 10. Filling in the yellow areas after the cloth has been bleached with dung extract. Photo 1974.

22) In order to fix the yellow color, it is painted over with a liquid obtained from mango bark steeped in water.
23) The cloth is rinsed in running water, wrung out and dried.
24) Next it is laid out on the worktable or floor and indigo applied to areas where blue is required. To make the indigo, either they use ink extracted from oxidixed juice of indigofera leaves, or by taking the condensed dregs of an indigo vat ground fine with pestle and mortar and dissolving it in one liter of water. This blue liquid is sucked into the whisk *kunchi*, and the white areas destined to be blue are painted in (fig. 11). Darker colors are made by drying the cloth and repeating the process. Green is produced by overdyeing with indigo areas that were painted

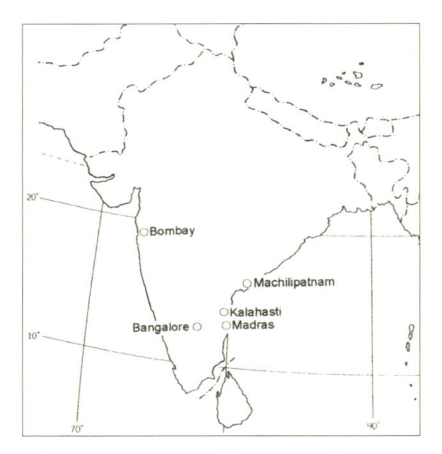

fig. 1 Kalahasti town with a view of a Dravidian-style Hindu temple in the background. photo 1994

fig. 2 The Kalamkari craftsman works in the shade in the entrance to a small Hindu temple. photo 1994

fig. 3 Preparing iron mordant (fig. 3~10, photo 1974)

fig. 4 Pounding the cloth with a stone or mallet to soften it

fig. 5 The main outlines of the design are delineated using charcoal

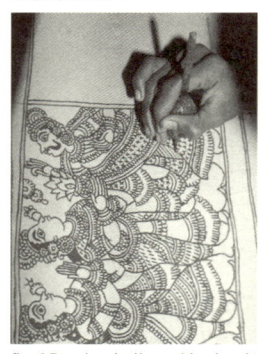

fig. 6 Drawing the lines with a *kunchi* (*kalamkari* pen) filled with iron mordant

fig. 7 Stamping the lines of the design onto the cloth with a carved woodblock dipped in iron mordant

fig. 8 Filling in the open areas using a *kunchi* (*kalamkari* pen) filled with mordant

fig. 9 Boiling the cloth in a red dye bath extracted from Indian madder and other sources

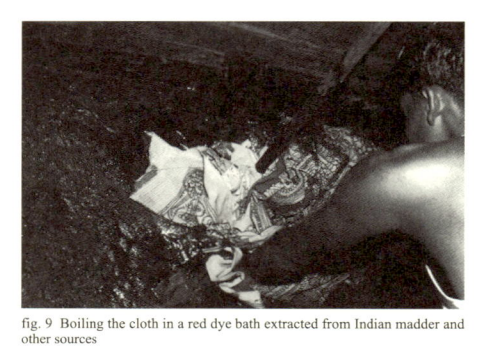

fig. 10 Filling in the yellow areas after the cloth has been bleached with dung extract

fig. 11 Painting in bleached out areas with indigo. photo 1994

246 | Dyes and Dyeing Methods for Making Chintz as Still Produced in Kalahasti, India

yellow in stage (21).

fig. 11. Painting in bleached out areas with indigo. Photo 1994.

25) It is dried without rinsing and finished.

For temple hangings, there is no need to set the dyes the way one would for a sari worn every day and washed frequently. In other words, probably because there is no need to fully finish the dyeing, the processes after (20) involve simply painting the dye colors extracted from plants onto the cloth. When I visited Bangalore in 1974, however, at the all India Hanicraft Centre they painted the yellow areas with *mirobaran* tannin several times and then applied aluminum mordant to these areas instead of process (21). A bright and color-fast yellow resulted. They proceeded then as in (22) above. Instead of (24), though, to apply the indigo they fermented the indigofera dregs and used the resulting greenish yellow liquid in the *kunchi*, painting it directly onto the cloth. Deeper colors were made by repeating the process of fermenting and drying. Before this they steeped the cloth in water buffalo milk and rinsed it carefully in running water. In other words, they treated both the yellow and the blue as dyes, fixing them permanently to the cloth fibers.

In conclusion

When Japanese hear the words, "dye a design," one of the following comes to mind.

1) Making a rice paste (rice flour mixed with boiling water, kneaded and then steamed), inserting it in a funnel with metal spout and squeezing the paste out through the spout onto the cloth to outline a pattern.
2) Or cutting out a design from stencil paper strengthened with persimmon juice and applying rice paste with a spatula through the stencil holes onto the cloth.
For both (1) and (2), after treating the cloth with soymilk, natural dyes and mordants are brushed on and in places small brushes are used for added color application, the dyes and mordants interacting to fix the colors. For indigo, the cloth tends to be immersed in a vat.
3) Stitch and bind methods of resisting areas of the cloth involve immersing the whole in a dye bath, or applying colors to portions of the cloth, and adding colors by over-dyeing.
4) Melting wax or paraffin and drawing the design with a wax-filled brush blocks out areas of the surface, and then the cloth is brushed with dyes, immersed in a cool dye bath, or painted in areas with different colors.
5) Folding the cloth and clamping it between boards carved with the pattern uses pressure to guard areas from absorbing dye. The cloth is then immersed in the dye bath, or the dye poured through tunnels in the boards to dye different areas different colors or to over dye colors. This can be modified to pouring molten wax through the holes in a clamp board and then immersing the unclamped cloth in the dye bath.

To summarize, (1), (2) and (4) are methods of preventing the dye or mordant from touching the pattern area by placing a substance on the cloth that resists the dye. (3) and (5) are methods of applying pressure to the cloth to prevent the dye from penetrating. In other words, Japanese presume from the beginning a method of resist dyeing when they think of dyeing multicolored designs and are traditionally conditioned so they cannot think of colored designs produced without resist methods. These multi-color resist techniques have developed in accord with the Japanese climate and culture to produce a gorgeous Japanese culture of dyes. (Rubbing plants into cloth, woodcut stamps, and drawing with ink are beyond the scope of this discussion)

On the other hand, the Indian methods described in this essay all involve boiling the cloth in the dye bath, which for the Japanese methods would only result in the paste or wax dissolving in the water. With Japanese techniques, immersing in heated baths is only possible for stitch-resist and clamp-resist patterns. For someone like me limited by my Japanese cultural background, the ancient Indian methods are intensely attractive. As someone interested in the relation between the person and his tools, and as a maker of things, when I first visited the Indian workshops I felt on the one hand that, like us, the Indian chintz dyeing methods have grown out of an intimate connection with nature, but at the same time that they were based on quite different fundamentals.

When applying colors, Japanese take great care not to dirty the areas to be left white. The white in the design is the white of the pristine cloth and must never be sullied. This attitude towards white borders on a religious belief and underlies the concepts that inform the development of the special Japanese-style multicolor resist dyeing. With this in mind, I want to return to considerations of Indian chintz.

Indian dye methods that retain the old traditional techniques include many resist techniques involving using materials that reject the dyes and mordants, such as drawing with a *kunchi* filled with melted wax, printing wax using metal designs implanted in a block of wood, or stamping the cloth with woodblocks that have mud paste on them as a resist material. It also has pressure resist methods, such as binding or clamping the cloth. In addition there are methods like those of Kalahasti where they boil the cloth in the dye bath to make multi-color designs with natural dyes and then bleach out the unmordanted dyes before adding final colors.

According to Indian mythology, the gleaming Hindu gods arise out of the sullied ocean arise. Just so, from the excrement of their servant the cow comes the beautiful white of their chintz. Perhaps this is over interpreting the primitive ideas.

The breadth and depth of the Indian horizon can be sensed in their human desire to create and bring out patterns with methods that work with rather than against nature. Exploiting the natural properties of their materials as they bring out their designs through resist techniques, they then intensifying the patterns by bleaching what in the Japanese mind should have been left in its original white.

If one looks at the back of the dyed Indian fabrics one finds that the dye has only penetrated to midway and reverse side remains essentially undyed. This is true of both older and recent chintz. What does it tell us? In this technique that has been passed down unbroken, in order to have the color appear on the reverse side, the mordant has to penetrate from the front to the back, and this results in blurred edges to the design on the back, and also on the front. In other words, to have the dye penetrate to the back and to draw sharp outlines are antithetical and give rise to a contradiction. The Indian craftsmen clearly chose the sharp outlines.

The name *kalamkari*, probably the term the traders gave to chintz, combines *kalam*, meaning pen and *kari*, meaning work. This pen-work name for chintz suggests that they thought of the craft not so much as a dyer's craft, but as drawing. Today, although we recognize that making chintz involves drawing pictures, we think of the word within the framework of dyeing. Even when drawing, we think differently about painting a picture and dyeing one. The conditions behind the methods of creating the two are intrinsically different, starting with the complicated procedures for producing and using dyes. The Indian chintz craftsmen, however, even if they may be aware of the difference between drawing a picture and dyeing one, take for granted the dye procedures and do not find them confining, because they have grown up within the dyer's world. Since the dyeing does not appear to them as constrained, they focus on the drawing. They bring out the image with natural dyes without making a distinction between dyeing and drawing. The image guides their drawing of the lines and their application of color. This is the precursor to what we today have in mind when we think of dyeing and seems to me to be the original form of pattern dyeing.

Most of the craft works made today consciously assume the constraints of the craft, or develop new constraints based on calculated needs, or overcome the chance by-products of the constraints of the craft by making them necessities in a poetical, individual expression. Personally I was bewitched by the place born from the constraint themselves, by the world created by them, and used this as a theme for my own works.

Thinking back on my field work and what it was that I found so attractive, I found that of course its true I was allured by the foreign style and unknown techniques, but beyond that it was the beauty of the hearts of the crafts people who accepted without question and incorporated into their daily life the demanding conditions of their craft with an ease and open-hearted generosity that we modern people cannot return to, or as individuals emulate.

With these perceptions, I faced myself in this context and found that I had traveled to a place that I can only describe as outside the distinction between being conscious of the constraints or unconscious of the constraints: the fieldwork turned out to be a trip within myself.

Bibliography

Goro Nagano, "Mud Resist Dyeing of Pali-Marwar," *Shukan Asahi hyakka; Sekai no Shokubutsu* No. 96 (A weely magazine; Plants of the World; Weaving and Dyeing), Asahi Shimbun Publishing, 1977, pp. 3240-3241

Goro Nagano, Nobuko Hiroi, "Indigo Dyes and Techniques of India," *Senshoku to Seikatsu* (A quarterly magazine; Textile in Living), Vol.10. Senshoku to Seikatsusha, 1975, pp.161-164

"Resist-dyeing with Mud Used in Traditional Indian Woodblock Printed Textiles (Chintz)", *Senshoku to Seikatsu* (A quarterly magazine; Textile in Living), Vol.11, Senshoku to Seikatsusha, 1975, pp.122-126

"Textiles of India," *Senshoku to Seikatsu* (A quarterly magazine; Textile in Living), Vol.12, Senshoku to Seikatsusha, 1976, pp.120-123

Hyobu Nishimura, *Indo Tonan-Ajia no Senshoku* (Textiles in a south-east Asia and India), Bijutsu shuppansha, 1971

Jamila Brij Bhushan, *The Costumes and Textiles of India*, Taraporevala's Treasure House of Books, 1958

John Irwin & Margaret Hall. *Indian Painted and Printed Fabrics*, Volum 1. Historic Textiles of India at the Calico Museum of Textiles, Ahmedabad, 1971

Marie-Louise Nabhols-Kartaschoff, *Golden Sprays and Scarlet Flowers-Traditional Indian Textiles-from the Museum of Ethnography Basel, Switzerland*, Shikosha Publishing Co., Ltd, 1986

Mattiebelle Gittinger, *Master Dyers to the World –Technique and Trade in Early Indian Dyed Cotton Textiles–*, The Textile Museum, Washington, D.C., 1982

Noboru Karashima, Yasuaki Nara, *Indo no Kao*; Seikatsu no sekai rekishi 5 (Face of India; History of the world in living 5), Kawade shobo shinsha, 1975

Osamu Kondo, *Indo no Rekishi*; Sinsho Toyoshi 6 (History of India; a paperback pocket edition; Oriental History 6), Kodansha, 1977

Romila Thapar (Noboru Karashima, Masatoshi Konishi, Genichi Yamazaki joint translation), *A History of India 2*. Misuzu shobo, 1972

Sensyoku to Seikatsu, Sensyoku to Seikatsu 3-Tokushu Sarasa no subete (A quarterly magazine Textile in Living 3 special issue; All of Chintz), Senshoku to Seikatsusha, 1973

S. K. Mookerjee explicated Hikosaku Yanagijima translated, *The Old Textile of India*, Korinsha shuppan. 1986
 The Old Textile of India, Korinsha shuppan, 1966

Taiyo Aoyagi, *Kogei no tame no senshoku kagaku* (Science of dyeing for arts and crafts), Rikogakusha, 1994

Tamezo Osumi, *Kowatari Sarasa* (Old Chintz Brought Over to Japan), Bijutsu shuppansha, 1962

Teruji Suzuta, *Senshoku no Tabi* (A Journey of Dyeing and Weaving), Unso-do, 1972

Tetsuro Kitamura, edited & explained. *Indo Tonan-Ajia Senshoku-zuroku* (A pictorial record of Dyeing and Weaving in a south east Asia and India), Yushudo, 1960

Tsuneo Yoshioka, *Indo Sarasa* (An Indian Chintz), Kyoto shoin, 1975

Tools for Fluffing Cotton and Wool Fibers Used in India, China, and Other Eurasian Countries

Field research conducted in India, China, and Turkey concerning the use of a special large wood frame-bow for beating in cotton-fiber preparation suggested that while the tool can be found distributed over the entire Eurasian continent, in East Asia it is mainly used for beating cotton and in Europe it is mostly used for beating wool. It is suggested that the origin of the tool lies in Western wool culture.

1. Introduction

My research approach is to investigate the interrelationship between the material, tools, and the human body in the process of making things. My general theme highlights the use of the hands and body as a part of the making process. Here I focus on the first step in the creation of cotton and wool textiles and rugs: the preparatory beating of the fibers.

The cotton pod contains seed wrapped in cotton fibers which burst the boll open as it ripens and form a cotton boll. The seeds must be separated from their fibers and the fibers loosened, which can be done by beating and is known also as fluffing the fibers. Similarly, wool fibers must be teased, carded or combed to clean, loosen and align them. Thus processed, the cotton fibers are spun into thread for weaving into cloth or made into batting for stuffing bedding, while the wool fibers can be spun for weaving or knitting, felted, or made into batting. Whatever the ultimate use, the first step is beating the fibers to loosen and fluff them, a process which also cleans them of debris.

The following processes are used to prepare the short cotton or wool fibers for spinning or batting.
1) Carefully pulling the fibers apart using only the hands, without tools.
2) Beating the clump of cotton or wool from above using thin bamboo, wood, or iron rods held in one or both hands. Bits of fiber fly upward and open out.
3) Stringing a pole or frame with a taught cord so it forms a bow and using fingers, plectrum, or stick to twang or hit the string so that the resulting vibrations cause the fibers to jostle and loosen.
4) Using a pair of natural carders (*Dipsacys fullonum*) or man-made carders or a comb to tease and pull out the fibers. Often this is a two part process, first separating the fibers with coarse carders and then fluffing them using finer carders equipped with hooked pins. In either case, a hank of cotton or wool is placed onto one carder and then the other carder passed over fibers until they shift onto the second carder, where upon the process is repeated until the fibers are completely loosened.

It is also possible to use a revolving drum fitted with small nails or metal hooks in place of the carders. Today, the vast majority of places use machinery to gin, tease, and card cotton and to card wool and only a limited number of places still do these preparatory processes by hand.

The first two of these four methods—hand loosening and beating with rods—are used for both wool and cotton. For example, in the Xìnji a ng Free Uigar area of China, they loosen the wool by hand and then use a thick wire folded into two to make a forked rod (fig. 1). According to the page illustrating wool preparation in Diderot's *Recueil de Planches sur les sciences, les arts liberaux et les arts mechaniques, avec leur explications,* a cleaned fleece is placed on a cord-strung frame and beat with rods held in both hands (fig. 2) [Diderot 1985: 534]. Reports exist of areas in North China and Inner Mongolia where they place a goat or sheep fleece on top of an earth table and beat the clumps of wool with leather strips joined at their base ends with a nail while the two loose ends are held in the hands (fig. 3) [Chen 1984: 145, fig. III 2-3-2]. Incidentally, in Mexico cotton fibers are fluffed with bundles of bamboo or wood sticks (fig. 4).

Although carders or similar bristly objects for loosening fibers is thought to have been used originally for wool fibers, carders can also be used for cotton as well. In the illustration in the *Recueil de Planches sur les sciences, les arts liberaux et les arts mechaniques, avec leur explications* for wool textiles, after the fleece is beat with sticks, it is loosened with carders that have been drawn as boards with metal pins inserted (fig.2) [Diderot 1985: 534]. During the process of loosening the fibers, debris and mud drop out naturally, and in many cases the work is done on tables or large sheets to aid in the process.

This paper concentrates on the third method, that of using a special fluffing bow. Here, I analyze the bows, their constructions, materials, and types and discuss the background that gave birth to each of the types.

2. The types of fluffing bows and the regions where they are used

First I will introduce the types of tools used for loosening and fluffing cotton or fleece by vibrating a string imbedded in the fibers, which induces the clumps of fiber to jump about and separate. While discussing the materials and types of bows, I will introduce the methods of fiber processing and discuss the regional distribution of the various bows.

a) The bow is made from thin, round bamboo or split and shaved bamboo. Examples include ones with 60~80 centimeter long strings (Korea) and 120 centimeter strings (China). Bamboo fluffing bows can be found in South East Asia, such as Indonesia and Thailand as well as in China (including Hainan Island), in Korea (fig. 5), and in Japan.

b) The bow is made from a flexible round wood rod, or split and whittled wood rod. Examples include ones with strings 45 to 60 centimeters long (Africa) and 170 centimeters (China). Such wood fluffing bows are found in China, and African countries like Mali and Burkina Faso in West Africa. Fundamentally both wood and bamboo fluffing bows are used for both cotton and animal fleeces like wool.

c) Frame-bows made of wood and constructed like three sides of a picture frame with the string forming the fourth side. These bows are made specifically for beating cotton or fleece and are built in order to increase efficiency by giving the string a stronger rebound power, i.e. vibration, and the body the resilience and flexibility to absorb that power. Examples used for cotton processing can be found in Japan that are 158 centimeters long, in China of 168 centimeters, in Bangladesh of 136 centimeters, in Turkey of 165 centimeters, and frame-bows for wool processing exist in China that are 190 centimeters long, and in Hungary 210 centimeters.

All of the above are used as loosening and fluffing bows, but here I will focus on the large wood frame-bows. The large wood frame-bows can be found distributed around the Eurasian continent from Sweden and Hungary in Europe to Turkey, India, Nepal, Bangladesh and China, as well as Japan, but not in Korea [Watanabe 1987: 5]. These large wood frame-bows are fundamentaly used for processing wool in Finland and Hungary, but for beating cotton in India, Nepal, Bangladesh, and Japan, while in Turkey and China they are used for both wool and cotton.

Historical documents, like the Chinese 14th century *Writings on Agriculture* by Wáng Zhēn (Vol. 21, *Illustrated Agricultural Tools:* "Cotton Tools," (fig. 6) and the 17th century Compendium of Agriculture (Vol. 35, "Cotton") by Xú Guangqi, illustrate bamboo and wood bows giving their dimensions, string material and, for the cotton one illustrated in fig. 7, also an explanation of similarities in the proccessing to wool fluffing [Wáng 1313: 17; Xú 1639: 23]. In the late Ming Manual of Industrial Techniques (J. *Tenko kaibutsu*, Vol. 1, 3-2: "cotton garments"), dated to

1637 and ordered by Song Yingxing, there is a depiction (fig. 8) included in the procedures for spinning and weaving cotton that shows the posture and method of holding a large wood frame-bow and mallet [Song 1969: 52, fig.2-10].

The Japanese *Textile Encyclopedia* (*Kishoku ihen*, Vol. 2) by Maunari Ozeki dated to 1830 includes descriptions of cotton cultivation and detailed information on the measurements of the large wood frame-bow (figs. 9, 10) along with an explanation of its use [Ozeki 1946: 527, 526, 552]. Again, other illustrations appear in *the Illustrated Encyclopedia of China* (*Morokoshi Kinmôzui*, Vol. 9) edited by Hirazumi Senan and published in 1719 (fig. 11) and in the *Illustrated Encyclopedia of Things Chinese and Japanese* (*Wakan saisai zue*) edited by Ryoan Terajima in 1713. The illustration here (fig. 12, from Vol. 36: "Women's tools") is based on the 1607 Chinese book *Sansai zue*, and shows the large wood frame-bow within the context of cotton spinning and weaving, [Hirazumi 1719: 9, Terajima 1929: 425]. Figure 13 from *Steps for Making a Wool Rug* (*Mosen seizo tejun kakuso*) includes in the description of how to make a wool rug notation of measurements next to illustrations of a plectrum and a wood bow constructed to have strong resilience [Obiya 1804: 3]. Although this bow should be thought of as being specifically for fluffing wool, differences in its shape and method of stringing the bowstring exclude it from the category of the large wood frame-bows.

The *Recueil de Planches sur les sciences, les arts liberaux et les arts mechaniques, avec leur explications* contains a depiction of cotton cultivation and shipping in West Indies (Antilles), and along with this, an illustration of fluffing cotton with a large wood frame-bow (fig. 14) [Diderot 1985: 40]. A large wood frame-bow is also shown being used in the section on making felt hats from animal hair and sheep's wool (figs.15, 16) [Diderot 1985: 822].

In Japan, the large wood frame-bows disappeared after the Meiji period when machinery was imported for fluffing cotton. During my research in Hungary in 1988, I was able to ascertain that they still use the large wood frame-bow when making felt hats (fig. 17). Again, doing research in Shanghai in 1992, I found they still use the large wood frame-bow for preparing cotton batting to be placed inside bedding (fig.18) and in Madras in 1994 a frame-bow was used to prepare cotton for batting as well as for spinning (fig. 19). Doing research in the Uigar Kashgar area of China in 1995, I found they were using the large wood frame-bow for preparing cotton batting (figs. 20, 21) as well as for preparing wool to make felt rugs (figs. 22, 23). At the same time, I was able to confirm that certain cotton fluffing guilds in the large cities of China and India continue to use the large wood frame-bow as a deep-rooted part of their life. It also became clear during research in Turkey in 1997 that there they use the large wood frame-bow to fluff wool for making the herder's sleeveless felt jackets and felt rugs as well as for fluffing cotton for stuffing mats and bedding (fig. 24).

I will now turn to the background behind these various bows, analyzing their construction and functions in light of the materials used for their bowstrings.

3. The construction and function of the fluffing bow
The material for the bowstrings

For many of the bamboo and wood bows, the bowstrings are made from two or more cotton threads plied together, while in China they use silk threads. Wax is rubbed onto this cotton, silk or rope cording to make it stronger and more difficult for the fluffed fibers to cling to it. There are also examples in China of using the outer bark of bamboo that has been split into a thin tape for the bowstring [Chen 1984: 156].

For the large wood frame-bow, on the other hand, bowstring are commonly made from treated animal guts: in Hungary, India, Nepal, Bangladesh, China and Sweden they use sheep guts, in Japan they used whale sinew, and in Turkey in addition to sheep guts, today they also use steel strings.

fig. 1 Luffing work of the wool in the Uighur's production of felt. Pre-preparation of Fluffing work with a large wood frame-bow. It loosens by hand and the rod of forked iron strikes cotton in Kashgar, Xinjiang Uygur, China (Photo 1995)

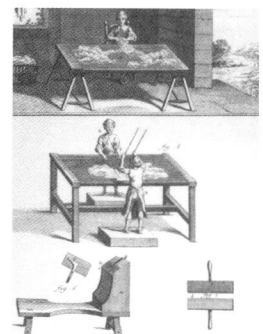

fig. 2 [Diderot 1985: 534]

fig. 3 [Chén 1984: 145 fig. III-2-3-2] [Chén 1992: 179 fig. III-2-22]

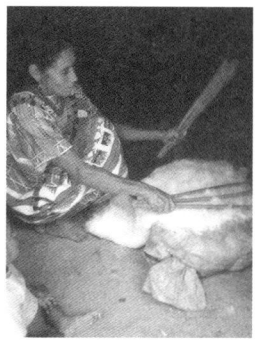

fig. 4 Cotton beating work of the cotton of the Chinantecos who lives in Oaxaca state, Mexico. What bundled the twig of several bamboos or trees collectively is used (Photo: David Maawad, a picture postcard)

fig. 5 Cotton is beaten by simple bamboo bow which stretched the bowstring of the cotton thread which applied the wax as pre-preparation for spinning cotton thread. Korean Fork Village in Suwon, Korea

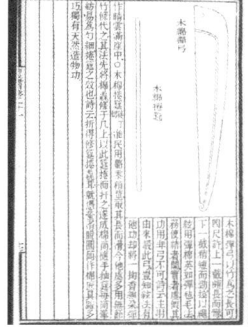

fig. 6 [Wáng 1313: 17]

fig. 7 [Xú 1639: 23]

fig. 8 [Xú 1639: 23]

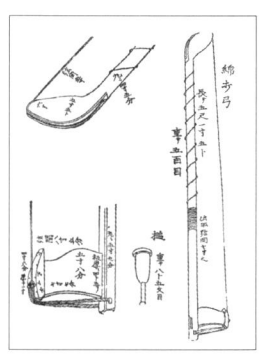

fig. 9 [Ozeki 1946: 527, 526]

fig. 10 [Ozeki 1946: 527, 526]

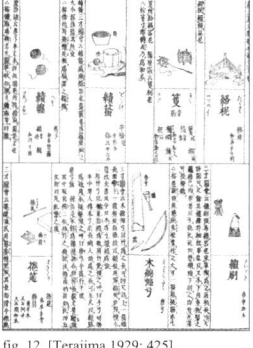

fig. 11 [Hirazumi 1719: 9]

fig. 12 [Terajima 1929: 425]

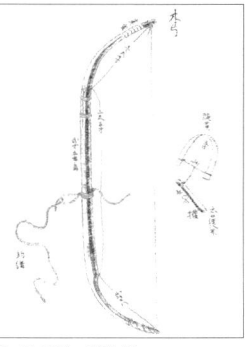

fig. 13 [Obiya 1804: 3]

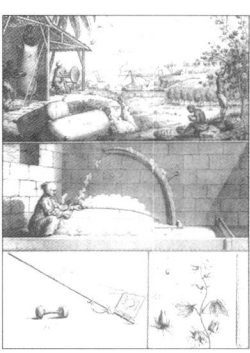

fig. 14 [Diderot 1985: 40]

fig. 15 [Diderot 1985: 822]

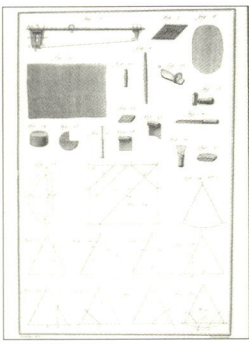

fig. 16 [Diderot 1985: 822]

fig. 17 Work of fluffing of the wool in the production of a felt hat in Hungary. He beats the bowstring of the intestines of the sheep with the rod which has connection in both ends. The large wood frame-bow of fig. 16 and the tool to beat are also alike (Istvan Vidak Photograph offer)

fig. 18 While a temporary hut is built in the outskirts of Shanghai, China and ten months moves, they beat the cotton of the cotton pad of bedding. The Han artisan of Zhējiāng comes from whose whole village of theirs is a cotton beating guilds (function group). The rod of the bamboo of the shape of a fishing rod which hangs a large wood frame-bow is fixed with the string of the waist (Photo 1992)

fig. 19 The cotton beating artisan of the Muslim to whom fluffing works cotton for the stuffing of a mat or bedding. A large wood frame-bow is hung to the string which hung down from the bow-like bowstring in Madras, India (Photo 1994)

fig. 20 Work of fluffing of the cotton in the production of a cotton pad. The cotton beating artisan of the Han who was coming the large wood frame-bow by bringing for work away from home from Sichuān. The rod of the bamboo of the shape of a fishing rod which hangs a bow is fixed with the string of the waist in Kashgar, Xinjiang Uygur, China (Photo 1995)

fig. 21 he Uighur's cotton beating apprentice artisans are fluffing of the cotton in the production of a cotton pad of bedding. The rod of the willow of the shape of a fishing rod which hangs a large wood frame-bow is as long as 2.4m, puts a string's ring which it let pass at the root of a rod in a leg, and holds it in Kashgar, Xinjiang Uygur, China (Photo 1995)

fig. 22 Work of fluffing of the wool in the Uighur's production of felt. It carries out to the courtyard of a house, and the rod which hangs a large wood frame-bow is connected to the stake of the ground with a string so that it may sway with a margin in Kuche suburbs, Xinjiang

fig. 23 Work of fluffing of the wool in the Uighur's production of felt. It carries out an earth floor of a house, and the rod which hangs a large wood frame-bow is connected to the metallic ornaments of a wall with a string so that it may sway with a margin in Kashgar, Xinjiang Uygur, China (Photo 1995)

fig. 24 Cotton is beaten for the stuffing of a mat or bedding in Konya, Turkey (Photo 1997)

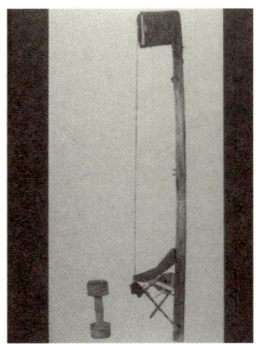

fig. 25 In 大理 (Dali), Yunnan, China. From the meaning of the character of 氈彈弓 (zhān tán gōng), this large wood frame-bow is what was used for woolen a staples (cotton & wool) beating, and there is a length of 190 cm. Although the material of a bowstring is unknown, the tool to flip is carrying out by a like the iron-alley (pin of bowling) form [Xú 1991:164, fig. 170]

254 | Tools for Fluffing Cotton and Wool Fibers Used in India, China, and Other Eurasian Countries

Methods and tools for vibrating the string

For bamboo and wood bows, the strings can be strummed or plucked by hand, or a rod with notch can be used to strike or pick the string. Generally, the strings are pulled upward from below rather than struck with a down stroke.

When plucking or hitting the bowstring of a bamboo or wood bow, one must achieve an optimum balance between the force with which it is hit and the force the bowstring can receive and still rebound without snapping. Striking the bowstring with a rod, rather than plucking it with the fingers, lessens the load on the fingers, but increases the strain on the bowstring, making it more easily broken. In any event, compared with the large wood frame-bow, the vibration of the bowstring on the bamboo and wood rod bows is less.

For striking the large wood frame-bow, in India, Nepal, Bangladesh and parts of China, a thick, heavy wood mallet in the shape of a dumbbell (fig. 25) [Xu 1991: 164, fig.170] is used to strike the string, while in Turkey, China and Japan a thick, heavy club shaped like a wine bottle is used. In Hungary they pluck the string or hit it with a wood rod that has ridges at both ends to prevent the rod from slipping out of the hand.

For bowstrings on the large wood frame-bow, gut and sinew are particularly appropriate, because since the frame-bow itself does not bend like a bamboo bow does, all the resilience has to lie in the bowstring. Sheep's gut and whale sinew have far greater tensile (strength and elasticity) and resilience than plied cotton cords, and this means the strings are able to receive greater force and rebound from it more easily, making possible more powerful striking.

In order to obtain the rebound power of the frame-bow using a bamboo or wood bow, they are not hit with heavy wood mallets. When a bowstring is hit with a mallet, it vibrates with such force that the bow, depending on its material, thickness and length, cannot absorb the force, which puts a great burden on the hand that holds the bow, as well as causing the string to snap easily. Conversely, if the large wood frame-bow is plucked with the fingers, it puts great stress on the fingers, so naturally this is not done.

In this way, the materials and size of the bamboo bow, wood bow and large wood frame-bow, as well as the strength of the bowstring, its material and elasticity, as well as the tool for hitting the bowstring, its shape and weight, are all interrelated factors that must be balanced against each other. In general, the large wood frame-bow causes greater strength of vibration than the bamboo and wood bows.

Next I will turn to the labor expended in the fluffing process and efficiency of work, comparing quantities of fluffed fibers and discussing their close relationship with the bows used and the methods of holding them.

Methods of holding the bows

1) Holding the bow in one hand and hitting the strings with a mallet or rod held in the other hand.
2) Hanging the bow with a cord attached to the ceiling or to a fixed rod ; one hand holds the bow while the other beats the bowstring with a fluted or otherwise-shaped beating stick. A ridge at the rim of either end of the stick catches on the string inducing greater vibration.

Of these two methods, the first is limited to bamboo, wood, and small frame-bows, while the second is used only for large wood frame-bows. This large wood frame-bows This second can be categorized more minutely as follows:

A) The bow is hung with a cord suspended from the roof, ceiling or rafter beam. There are also many examples where a bow-like tool is anchored above and a hanging cord tied to the bowstring. When vertical power is applied, it bounces with elasticity.
B) A long flexible pole (bamboo or willow are often used) is anchored to a pillar or wall indoors or outdoors and the bow hung from a cord attached to the pole.
C) A long flexible pole (bamboo or willow are often used) is anchored the body of the person doing the fluffing indoors and the bow hung from a cord attached to the pole.

fig. 26 [Obiya 1804: 11, 4]

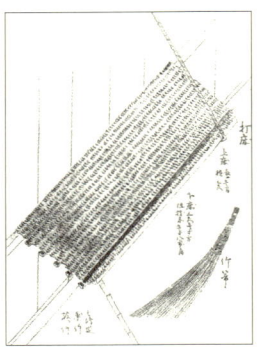

fig. 27 [Obiya 1804: 11, 4]

fig. 28 Display of the 松江 Sōng jiāng museum in Sōng jiāng, suberb of Shanghai. The weaving which takes an industrial production form with cultivation of large-scale cotton was performed. Fixing a fishing rod-like rod to a low chair, a seat does the fluffing work of cotton (Photo 1992)

fig. 29 The work figure of beating a staples (cotton & wool) with a bow; considered that the supplement of *Recueil de Planches sur les sciences, les arts liberaux et les arts mechaniques, and avec leurexplications*"

fig. 30 Cotton is beaten with a small wood frame-bow for the stuffing of the cushion of a chair in Kathmandu, Nepal (Photo 1974)

fig. 31 The artisan of the Muslim who beats the cotton with a large-scale wooden bow is beating staples (cotton & wool) in Calcutta, India (Photo 1974)

Examples where the bow is hung directly from the ceiling of a room can be seen in Hungary for fluffing wool (fig. 17) during the process of making felt hats (fig. 15). For this, they stand in front of a work table. Although not included among the large wood frame-bows, the large wood bow in the *Steps for Making a Wool Rug* has been made to give the bow elasticity by tying it to a cord hung from above and doing the fluffing standing in front of a work table (fig. 26, 27) [Obiya 1804: 4, 11]. In order to create vertical vibrations, the bow-shaped tool is fixed to the upper area of the room and a cord tied to that bowstring. Examples of cords hung from above holding bows can be seen among the cotton fluffing processes in India (fig. 19) where the worker squats with his rear on the ground to do the work.

The method of attaching the bow to a cord hung from a bamboo or willow pole that is fixed to a pillar or wall is used for fluffing both cotton and wool. In China, where they make felt rugs, the wool is laid out in the inner courtyard (fig. 22) or on an earth (fig. 23) floor with the worker squatting on the floor or ground. For cotton fluffing, as seen in India, China, and Japan, the fluffing is done indoors with the worker seated or squatting on the floor of the room.

In Songjiang, China, they attach the flexible pole to a chair and do the fluffing seated on the chair (fig. 28). The illustration to what is indicated to be the supplement to the *Recueil de Planches sur les sciences, les arts liberaux et les arts mechaniques, avec leur explications*, depicts several methods where the worker holds the large wood frame-bow directly in his hand, and manipulates it indirectly. In addition, there are illustrations of a man working squatting with the bow hung from above, and of a men standing in front of work tables, one with a flexible rod attached to it (fig. 29). The flexible rod takes up the vibration and rebound when up and down movement is applied.

Today one sees examples of the large wood frame-bow with a flexible rod attached to the human body only in China (figs. 18, 20, 21). Generally, the method whereby the bow is grasped directly in the hand and balanced while drawing the bowstring and receiving the rebound power directly in the hand or arm is used mainly by women with lighter bows of bamboo or wood. Here the amount of labor is light, the efficiency low, and the method used is primarily for the purpose of fluffing small amounts, such as for hand spinning in order to make hand-woven textiles. In Nepal (fig. 30), however, there are also examples of using a small wood frame-bow. Since one has to support the weight of the bow directly, it is used only for fluffing small amounts. Hanging the bow is fundamentally a manipulation method for the heavy large wood frame-bow, and used mainly by men. Although the large wood frame-bow requires great amounts of labor, it also produces greater efficiency and is used for the purpose of preparing cotton batting for bedding and wool for felting, both of which require large amounts of material and strong power to pull the bow.

In China, to make batting for bedding, lumpy cotton is placed on the work table, and the fluffing takes place while circling around the table (figs, 18, 20, 21). It follows that the flexible rod for hanging the bow has to be attached to the circling human body and that the work be done standing. Once the shape of the cotton batting has been formed, securing thread or gauze is spread over it while it is still on the table. This method of cotton fluffing is integrally connected with the indigenous Chinese cotton batting production.

Today, the cultivation of the traditional Asian short fiber cotton (less than 2.1 cm) is rapidly being replaced with upland cotton of about 2.5 centimeters, or with the long fiber Egyptian and Sea-Island cotton (over 3.5 cm). More and more, the short-fiber Asian cotton is being used exclusively for making cotton batting for bedding, though some is still hand-processed in small amounts for spinning.

Sheep are bred for their meat, their hides, their milk, and their fleece. While the short wool fibers and medium length ones (about 9 cm) with strong crimp are mostly carded for spinning woolen yarns, the long fibers with little crimp are mostly combed for making worsted yarns. Felt is usually made from rough wool, or leftovers that cannot be processed for spinning.

Comparing the fluffing processes, whereby the fibers that were clumped together are separated into single strands, of cotton and wool, the long fiber, heavier wool necessitates greater power. Therefore, considering the fluffing methods where a fluffing bow is used, wool requires a strong vibration power of the bowstring. This in turn (suggests) a longer bowstring and a larger bow to hold the bowstring. Again, when the bowstring is pulled with great force, thicker, more resilient bowstring materials are used, and instruments to hit the bowstring with such force had to be devised.

The chart below summarizes the characteristics and interrelationships between the small bamboo or wood bow and the large wood frame-bow that emerged in the discussion of the latter in light of the former.

chart 1: A comparison of small and large fiber-fluffing bows

	Wood and bamboo bows	Large wood frame-bow
material	cotton	wool, animal hair, cotton
bowstring	cotton cord	sheep's gut, whale sinew
plucking instrument	fingers, rod	wine-bottle-shaped wooden mallet, bowling-pin-shaped iron mallet
vibration	small	small
labor	light	light
worker	women	women
efficiency	low	low
amount	small (for spinning & weaving)	small (for spinning & weaving)
method of holding the bow	held directly in the hand	held directly in the hand

4. Considerations of the origins of the large wood frame-bow

In conclusion I will propose various points of consideration related to the background that gave rise to the invention of the large wood frame-bow. I base this on the summary chart above, historical documents, and my fieldwork.

The distribution of the large wood frame-bow over the Eurasian continent, including Japan, reveals that while in the West it is used primarily for processing animal hair and sheep's wool, in the East it is part of a cotton culture. For wool, the large wood frame-bow is used in areas where they produce cloth and felt hats that require very finely separated fibers, or where they make rugs, for which large quantities of fluffed fibers are needed at one time.

For cotton, the bamboo and wood bows are used to produce limited amounts for spinning and weaving in the home, while the large wood frame-bow is used only in situations where it is necessary to fluff large quantities at a time, such as for making bedding batting or where comparatively large-scale, industrial-style textile production is done. In China, for instance, while the bamboo and wood bows have a long history, the large wood frame-bow used for cotton fluffing was introduced only recently, just prior to the industrialization of cotton production. It is difficult, therefore, to include this final pre-industrial form into the consideration of the origins of the frame-bow. Rather one might posit that, given the necessity to produce large amounts of cotton batting, they borrowed the more efficient tools used in wool production for making felt rugs and batting.

One can further posit that the large wood frame-bow developed in cultures connected with sheep and animal hair, both because, in almost all areas outside Japan the bowstring is made from sheep gut, and because, compared to cotton, the longer, crimped sheep fibers require much greater vibration to fluff them. In addition, the likelihood that the large wood frame-bow emerged out of a cotton culture is lower because most of the craftsmen who are involved in fluffing cotton for bedding are guildsmen who travel from place to place. This differs for wool processing with the large wood frame-bow, which often takes place in a cottage workshop or in individual houses.

Therefore, one can surmise that while the small bamboo and wood bows emerged in a number of places, expanding to being used for both cotton and wool, conversely, there is a high possibility that the large wood frame-bow developed in one or more specific areas with sheep's wool or animal hair cultures and then spread across the Eurasian continent. Despite evidence suggesting the large wood frame bow's deep connection to sheep culture, however, one cannot conclusively rule out the possibility that the large wood frame-bow developed within the cotton culture of India, as India is the birth place of Asian cotton cultivation and they have processed cotton since early times.

Bibliography

Chén Wéijì (陳 維稷), ed.『中国紡織科学技術史（古代部分）』(Gudai bufen), (History of Textile Technology of Ancient China.), Kēxué Publishing Co., 1984

Guāngqǐ Xú (徐 光啓),『農政全書（卷之三十五 木棉 第二十三）』(Compendium of Agriculture), Vol. 35 No. 23「木棉」("Cotton"), 1639

History of Textile Technology of Ancient China, Science Press New York, Ltd,. And Kexue chubanshi (An English translation of the 1984 Chinese text), Diderot, D and Jean Le Rond d'Alembert, ed. 1762-72, 77. *Recueil de Planches sur les sciences, les arts liberaux et les arts mechaniques, avec leur explications*, 1992

Il mestiere e il sapere duecento anni fa, Mondadori, Italy, 1983

Jirohachi Obiya and Tokuoka Motojiro, *Mosen seizo tejun oboesho* (Steps for Making a Wool Rug.) (The National Diet Library.), 1804

Makoto Watanabe, (Mingu ni miru watasaku; igaishi, "Historical Exception: Folk Tools and Cotton Production" in *The Asahi shimbun* (Osaka). Asahi Shimbun Company, April 18, 1987, evening paper, p.5

Masunari Ozeki, *Kishoku ihen*, Vol. 2. 1830. Reprint of the above: *Nippon kagaku koten zensyo* Vol.13 (Saegusa Hiroto; ed.), Asahi Shimbun Publishing, 1946

Recueil de Planches sur les sciences, les arts liberaux et les arts mechaniques, Avec leur explications, A Japanese reprint edited by Jacques Proust of Il mestiere e il sapere duecento anni fa, 1983. Heibonsha, 1985

Ryoan Terajima; ed. 1713 *wa-kan sansai zue*, Vol. 36 "Women's tools" (Illustrated Encyclopedia of Things Chinese and Japanese., Vol.1) 36,", 1929 Reprint of the above: Nippon zuihitsu taisei (A supplementary volum to First Vol.), Nippon zuihitu taisei kankokai

Sen'an Hirazumi, (Naramura yuzeishi (Tachibana Morikuni); illustration), *Morokosi kinmozui*, (The Omori bunko in the Kyoto Botanical Garden.), 1719

Yīngxīng Sòng (宋応星); selected, 1637『天工開物』(Manual of Industrial Techniques), Vol.1, 3-2 (Cotton Garments). Japanese reprint of the above: *Toyo bunko 130* (Yabuuchi Kiyoshi Tr. with notes), Heibonsha. 1967

Yiyǐ Xú (徐藝乙),『中国民間美術全集（器用篇工具巻）』*A Collection of China's Fork Art*, Vol.7 (utensil tools), Hua yi Publishing Co., Taipei, 1991

Yukihiro Tsunoyama, "*History of Cotton (4)*," *Senshoku to Seikatsu*, Vol. 29. Senshoku to Seikatsusha, 1980

Yukihiro Tsunoyama; ed. *Chugoku-waran yomo gijutsu donyu shiryo* –Kansai daigaku tozai gakujutsu kenkyusho shiryoshu–, Kansai daigaku shuppanbu, 1987

Wáng Zhēn (王禎); chosen, 1313『農書(巻二十一)』*Writings on Agriculture*, Vol. 21:『農器圖譜十九纊絮門木棉附』(Illustrated Agricultural Tools: "Cotton Tools." fig.19 Cotton (Kyoto University Library)

Woven Felt Production for Upper and Lower Garments Worn by the Tzotziles Peoples in Southern Mexico

The Tzotzil, a people of Mayan descent, live on the high plateau in the Chiapas area of South Mexico (fig. 1) along with other Tzeltalan peoples, such as the Tzeltal, the Greater Kanjobal, and the Tojolabal. Some eighty percent of the 95,000 Tzotzil people live at an altitude of 1,500-2,000 meters in some 20 villages and speak a Mayan language. The Tzotzil group includes the Chamula, Chenalho, and Zinacantan.

The Mayan culture developed in the southern area of the Yucatan inheriting much between 800 and 400 BC from their predecessors, the Olmecs. By 300 AD they had spread to the central and southern lowlands that continue down from the central Mexican plateau. There they developed astronomy, calendrical systems, hieroglyphics, architecture and stone art. After 800 AD, however, their many religious centers went to ruin and the Mayan cultural center moved to the lowlands in the North, and to the high plateau in the South, with small kingdoms warring amongst each other. In the first half of the 16th century, the Spanish conquered the Mayans and the area became a Spanish colony. In 1823, Guatemala sought independence from Mexico and in 1824 the Chiapas in the mountains, and in 1842, the coastal Soconusco joined United Mexico State, thereby establishing the present-day Mexican border [Yasugi 1995: 13]. Today one still sees a strong Mayan influence in villages nestled in the mountain range extending from Mexico into Guatemala (fig. 2) and also within Mexico, among the Chol and the Tzeltalan peoples, like the Chamula (fig. 3) of the Tzotzil discussed in this paper [Ochiai 1987: 491-492] living between the mountain ranges [Koizumi 1987: 72].

A slash-and-burn farming society, the Tzotzil cultivate corn, beans, squash and other traditional crops, and also raise sheep, cattle, horses, chickens, and turkeys. Since the colonial period, each village has a hierarchical social system called a *cargo* in which political and religious leaders play a strong role.

Their religion, featuring rituals worshiping the Catholic saints, is a composite of the indigenous Mayan faith and Christianity brought by the Spanish. Although it is claimed they are an isolated group that does not welcome contact with outsiders, on the day of their patron saint and on other important saints' days, they hold a festival in the village, where they sing the Messiah, form processions, and perform prayer dances. Sometimes they will carry a statue of their patron saint and visit a neighboring village (fig. 4). For these festivals, which often last a week, they open a market and people from surrounding villages gather together.

The average life span of the Tzotzil people is about 50 years. They marry early, with children often born to girls of 13 or 14; the infant mortality is high. Their houses range from traditional thatched roofs with wood plank or adobe walls to an increasing number of shingle or red tile roofs and adobe or stone walls (fig. 5).

Today, the Chamula men wear white cotton shirts over which they slip a felt tunic known as a *coton*, that is either a plain white sheep's wool felt that has been brushed so the nap stands up, or a felt with red vertical stripes and cotton edging and pants (fig. 6). Leather sandals cover the feet (fig. 7).

Recently many women have begun wearing blue blouses bought in the market (fig. 8). They also wear *huipils*, over garments consisting of three sections, that are like the *cotón*, but can be woven with a variety of materials and include float designs. The finished piece is brushed. The black wool skirts are made into continuous tubular forms by felting together their ends. Over this the women drape a brushed-wool shawl, *nuawa* (if long, they are called *unaua*), and hold down the costume with a red cotton belt (fig. 8 and 9).

In recent years it is also common to see women in white cotton shirts embroidered with valued red cotton or wool thread that they have purchased at the market. They wear a cardigan over it. One also frequently comes across girls

fig. 1 Villages of the circumferences, such as Chamula or Cancuc centering on San Cristobal [F. Morris, Jr 1991]

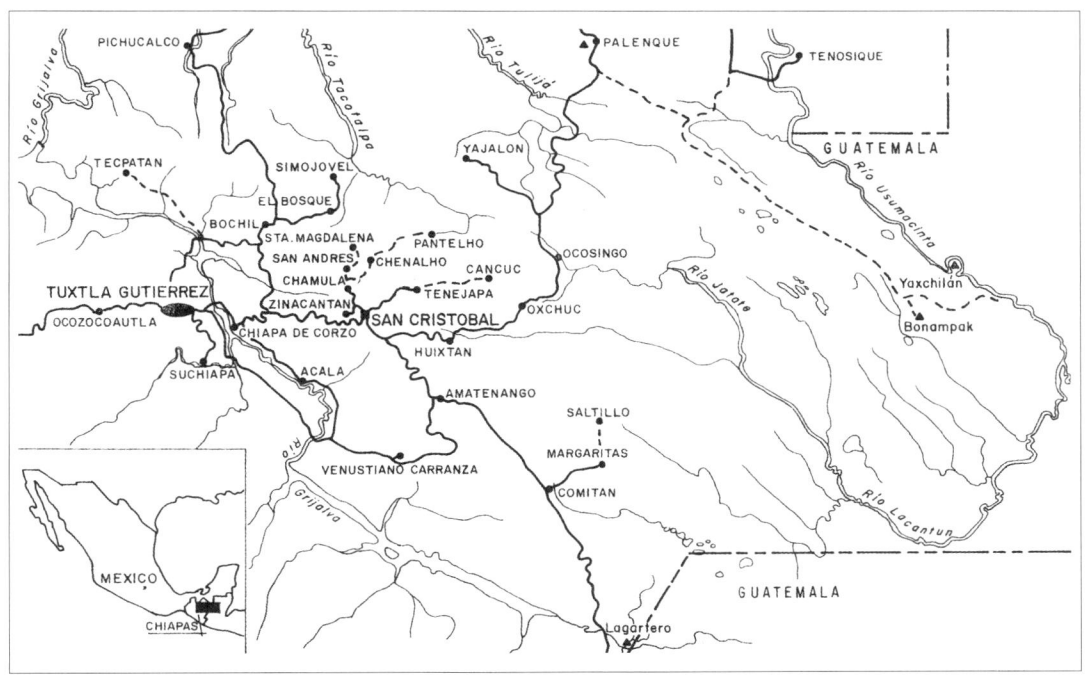

fig. 2 Ruins of Tonina

fig. 3 Market of center of Chamula village

fig. 4 Festival of Para-chico of Chiapa de Corzo

fig. 5 House of Chamula village

fig. 6 Men's clothes [Yasugi 1995: 25]

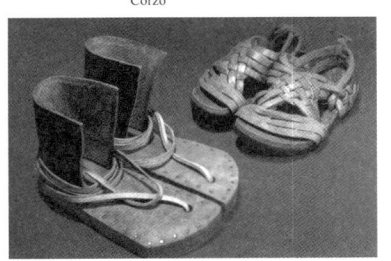

fig. 7 Men's sandals made from leather [Inamura 1983: 47]

sitting by the roadside with their infants wrapped snugly in *reboso* shoulder-carrying shawls (fig. 10).

The tunics worn by both women and men have their surface wool teased so it stands up. This does not seem to be only for greater warmth or to hold the textile together more effectively. Here I will focus on the process of making this teased woven wool felt. Particularly, I will look at the demands arising from physical properties of wool and the production process. Later I will turn briefly to the spiritual underpinnings.

Types of wool fibers and how well they spin or felt

Here the term "wool" includes all types of spinnable animal follicles, or fibers including those of sheep, goats, alpaca, and camels [Kawashima 1989: 138]. Fiber analysts, however, further distinguish the various types of follicles: wool being the main follicles, animal hair being the follicles close to the body, and kemp being the short follicles that grow on the adult animal.

Wool has a natural curl, or crimp [Atsugi 1955: 145], that makes it easy to spin and also elastic, amenable to shrinking and felting. Because the wave-like crimp of the fibers facilitates their intermeshing, the more the crimp, the easier the fibers are to spin. The outer surface of the wool fiber has scales lying in the direction of base to tip [Atsugi 1955: 143]. When the scales are stroked towards the tip, they lie flat and smooth. When they are stroked in the opposite direction, they catch and stand up. Because the effect of friction differs depending on the direction of handling the fibers, one handles them consistently in one direction, their scales working to mat the fibers together in an ever tighter mesh. The crimp also makes the wool fibers intermesh easily, resulting in felting.

Hair fibers, on the other hand, have little crimp, and their flat scales, if they have any, do not intermesh or catch easily. The fibers are not amenable to spinning and shrinking [Kawashima 1989: 139]. Kemp has totally lost the characteristics of both wool and hair, and has no capacity to be shrunk or spun. In other words, the physical, chemical, and technological properties of wool differ from those of hair and kemp, wool being the only one that shrinks easily and therefore produces felt.

Various felt-making processes utilizing the properties of wool

Felt uses the shrinkage properties of sheep's and other animal wools in order to make a cloth or a three-dimensional shape, like a hat or socks.

The following shrinking procedure produces hand-made pressed felt. Wool fibers, or animal hairs that have considerable elasticity, are laid out in layers and then treated with moisture, friction and heat, and occasionally also with small amounts of alkaline or acid solutions. Pressure is applied, and merely as a function of their elasticity property, the fibers intermesh ever more densely to create a cloth of pressed felt.

Spun wool that has been knitted into a garment can be felted so densely that the knit loops become indistinguishable. This is knitted felt.

Finally, the compressed woven felt discussed here is made by taking wool fibers, spinning them into very elastic threads, weaving them into cloth, backcombing the surface of the woven cloth, and felting the cloth until the woven structure becomes indistinguishable.

Spinning and weaving sheep's wool

Here I will introduce the women's tubular skirt, which has wool for both warp and weft. Because the Tzotzil use special spinning techniques, particularly for the weft threads, I will focus my discussion on the spinning of the yarn. The methods of spinning warp (*urdimbre*) threads differs from that for making weft (*trama*) threads.

fig.8 Women's clothes and boy's clothes [F. Morris, Jr. (Photograph of J. J. Foxx) 1991: 60]

fig. 9 Women's clothes. In the method of wear of a skirt, A string is attached to the both ends of one cloth, and binding it around the waist and It involves in from an edge and a band fastens, It makes for a ring and there is that a band fastens etc

fig. 10 Market of San Cristobal

fig. 11 Black sheep bred in Chamula village

fig. 12 White sheep bred in Chamula village

fig. 13 Pull out a fiber from the lump of a fiber

Carding the fibers so they are aligned in the same direction

1) The sheep (*chij*) wool is either black (*negro*, fig. 11), or white (*saca*, fig. 12). Most of the houses own sheep for weaving their personal clothing. Some families have as many as 10 sheep. Their fleece (zotz) has comparatively long (11 to 12 centimeters) hair and wool of 5 to 6 centimeters, with some kemp mixed in. The fleece is stored in large paper bags otherwise used for grain storage.

2) The sheep are sheared in free time between other agricultural duties. Basically the fleece is loosely spread apart, very dirty pieces being washed in water, and then the fibers are arranged all in the same direction (base to tip). The fibers are then carded with a pair of carders, equipped with pins or nails on which the fibers are caught and then pulled through using the second carder. 10 repetitions results in evenly spread parallel fibers.

3) The carded wool is taken from the carder, folded once vertically, and then placed in a paper bag or bamboo basket with other carded wool.

Spinning the weft threads

1) With a basket of carded wool, the spinner sits on the ground, and places the bottom half of a round gourd (*boche*) in front of her to serve as an anchor to stabilize the rotating spindle (*petete*).

2) By pulling out the end of a hank and twisting the fibers by hand, she forms a lead thread of about 30 centimeters and ties it to the spindle. Holding the carded wool in her left hand, she pulls an ample hank of wool from the handful (fig. 13), rotates the spindle with her right hand, stops it (fig. 14), allows the twist to travel up the pulled fibers, and then winds the formed thread onto the spindle. The spinning process is called *nauhtike*, while the finished yarn is called *tshinauh*.

Generally, the warp thread is spun similarly, but the spinner pulls fewer fibers at a time and adds more twist to

fig. 14 Rotate a spindle, apply a twist and guide that a fiber is pulled out

fig.15 Paste thread on the warp which warped thread directly at loom

fig.16 Scene of weave work

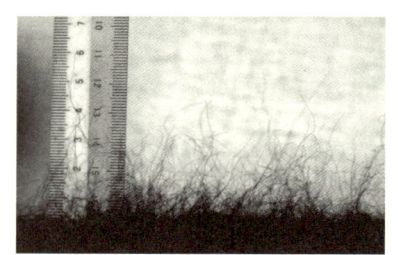

fig. 17 Fiber of hair which covers the surface of cloth

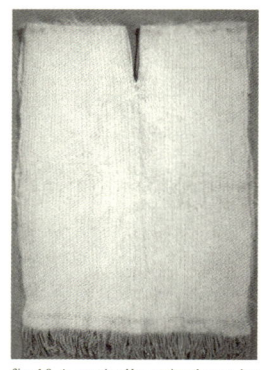

fig.18 A vertically-striped may be transparent from the surface covered with hair [Inamura 1983: 47]

fig. 19 Church at the top of a small hill of Oxchuc village

make a thinner, tighter thread.

3) The spun weft yarn is taken from the spindle and wound in a figure 8 around the thumb and index finger.

    3-1) The end of the yearn wound around the left hand fingers is re-tied to the spindle, and approximately one extended hand length of thread untwisted. Next the yarn is given a twist in the opposite direction, producing a very loosely twisted yarn, which is again wound on the spindle.

    3-2) Some women, in order to assure that the yarn does not unravel after it has been given a reverse twist, loop the skein over the spindle handle and yank it. In such cases, they work the yarn with their right thumb, and only then wind the yarn back onto the spindle. The process is often repeated.

    3-3) Another method is to reduce the twist during the spinning process. Rather than winding the finished yarn off onto the left hand and then re-spinning with the opposite twist, every time a spread-hand's worth or so of thread is spun, it is given a reverse twist to loosen it before it is wound onto the spindle.

Whichever technique is used, the result is untwisting a tight yarn to form a loosely twist yarn.

4) When the spindle is totally full, the yarn is wound into skeins using a niddy noddy (*comén*) and then into balls.

5) The warp threads are measured and then transferred directly onto the simple poles that form the back and front beams of the backstrap loom (*pisistagui*). The warp threads are then given a coat of paste made from corn flower mixed with *cal apagada* and water and left to dry. The paste strengthens the warp threads and holds down loose fibers, averting tangling due to the loosely twisted wefts getting caught in the fluff of the warp (fig. 15).

    To weave, the back beam of the loom is tied to a tree, while the front beam is attached to the weaver's waist. The warp is separated into alternate threads forming two different sheds, one kept open with a shed stick (*jalamite*), the other manipulated by string heddles (*oliná*). The weft threads are wound around a thin shuttle (*chalambuku*) and passed through the shed, then beat with a beating sword (*jalamitte*, fig. 16).

As mentioned earlier, in order to produce the felted woven skirt, they consciously spin their warp and weft threads differently.

Shrinking the woven cloth into felt

Inspection of the men's upper garment, *cotón*, of the womens *huipil*, a three-section garment woven with cotton warps and wool wefts, and of the black wool tubular skirt with wool warps and wool wefts, reveals a raised nap on their surfaces.

In preparation for felting, the loose fibers of the weft are combed up through the gaps in the warp of the woven cloth to produce a nap. It is for this reason that the weft was spun thick and loose. The napping process weakens the threads and makes the cloth soft with unstable weave structure, but brings fiber ends to the surface.

Then, in the felting process, those among the surface fibers that are wool (with crimp) intermesh, stabilizing and strengthening the cloth, and increasing its capacity to insulate warmth, while those fibers that are hair remain standing up. An additional esthetic effect is that the long hairs give the cloth a texture similar to animal fur (fig. 17).

Although the surface of the men's *cotón* and the women's *huipil* are covered with hair, the vertical lines of the warp threads still remain visible (fig. 18). Felting can be used to stabilize the fabric and avert fraying when it is cut, but these garments are sewn up at the side selvages and the cloth never cut, so this is not their reason for felting. In fact, many times the cloth is felted only after it is in garment form. Also, if the felting were only for the purpose of shrinking the garment, there would be no need to include hair in the weft and raise the nap before the felting process. It would seem that the hairy surface is created more for the image and texture than for a practical reason.

The woman's skirt is worth note. This tubular piece is made of two widths of fabric joined horizontally by sewing the selvages together, but the place where the beginning and end of the cloth join to form the tube cannot be made out. The skirt is not woven in a tube with the warp threads being rotated around until the weaving joins itself, rather the beginning and end warps of a flat-woven piece are worked into each other and then the nap raised and the skirt felted, meshing the two ends together. This invisible seam is a remarkable result of the felting process, but does not require a hairy nap. Producing the hair nap seems to me to reflect a conscious esthetic of the Tzotzil people.

Spiritual considerations

I would like to end by considering cultural and religious reasons why the animal fur-like texture is an important element in the garments of the Tzotzil people. As mentioned earlier, these people, like the Tzeltal people, believe in a fusion of Catholic and indigenous religious practices (fig. 19). The native religion derives from living in close harmony with nature and takes the form of nature worship (figs. 20 and 21). Often Christian and indigenous symbols are combined. For instance, the sun is seen as Christ, and the moon, thought to be the mother of the sun, is worshiped as the Holy Mother Mary (fig. 22). Nature healers and oral tradition have deep roots in the indigenous view of the universe. Ancestor worship and animism continue to inform their beliefs (fig. 23).

Animism is the belief that all natural phenomenon and things are possessed of a spirit and ultimate purpose. The spring flowers bring a smile, the autumn moon evoke loneliness: feeling in sympathy with nature, ones emotions and desires are projected onto things and phenomenon. This state reflects a consciousness that does not differentiate between the self and other, an awareness of nature common to many indigenous peoples who live together with nature that forms the foundation for the emergence of a spirit world and shamanism [Nomura 1989: 68-69]. According to this view of nature, the spirits of the nature worship and ancestor worship become symbolized, and when a meaningful part of a plant or animal is placed on the body, the power of that spirit becomes one with the self, and protects the body of the wearer. This type of spiritual expression appears in such forms as tattoos, masks, and

fig. 20 Prayer of people of Tzeltal [F. Morris, Jr. (Photograph of J. J. Foxx) 1991: 179]

fig. 21 Prayer of people of Tzeltal [F. Morris, Jr. (Photograph of J. J. Foxx) 1991: 179]

fig. 22 Festival of Para chico of Chiapa de Corzo. The design of Virgin Mary or an angel is given to men's trousers

fig. 23 Cancuc village

symbolic patterns on clothing, all of which carry magical implications.

Discussion with members of the Tzeltal people living in the village of Oxchuc revealed aspects of the everyday life of the Tzotzil living in Chamula Village. In the beginning the Chamula people were known to be unsocial and shy. Then they came to see the monkey as a sociable, cheerful animal and thought of the monkey as a symbol of a cheerful disposition. So in this area, where it rains only a few times in a month, before planting seeds, these people put on garments that imitate monkey fur in order to imbibe the monkey's cheerful personality. As a result, they are transformed, becoming energetic, and thereby amusing the rain god and invoking rain.

In households expecting a birth, they strew ashes around the house, in order to foretell the character of the child to be born from the animal footprints of left in the ash. For instance, if a chicken's (*gallo*) footprints are found, they call it *juan gallo*, and thereafter believe the child is psychologically imbued with its character. As a joke, they laughingly suggested that if the tracks were of bicycle tires, the child will be *juan bisicleta*.

I have only given a few examples, but in every village there remain numerous examples of customs with a close spiritual connection to animals. Wearing clothing that is reminiscent of an animal is a conscious likening of themselves to animals. Again, often they transform themselves into something, as a means of transmitting their feelings. So, one might say that their preference for clothing with an animal-like texture manifests the magical meaning of becoming one with the image of an animal and gaining the spiritual power of that animal.

Also, through the processing of high quality natural material, wool, Tzotzil people recreate the natural texture of the animal. The whole process of spinning loosely twisted yarn, pulling up the nap of the wefts after weaving, and felting is aimed at breathing new animal life into the garment and constitutes just one example of a technical process that even today consciously evokes the magic of the spirit world.

Bibliography

A. Alfard, translated J. Page. In Praise Opulence, Distance and Lamb, *Artes de Mexico –Los Textiles de Chiapas–*, Art de Mexico,1993, pp. 84-87

Akiko Kagitani, "Body-painting," *Cultural Anthropology Encyclopedia*, Kobundo, 1987, pp. 383-384

D. B. Cordry and D. M. Cordry, *Mexican Indian Costumes*, University of Texas Press: Austin & London, 1968
 Trajes Y Tejidos de Los Indios Zooues de Chiapas. Gobierno del Estado de Chiapas, Mexico, 1988

F. Morris, Jr. (Photograph of J. J. Foxx), *A Millennium of Weaving in Chiapas*, Gobierno del Estado de Chiapas, Mexico, 1984

Presencia Maya. Gobierno del Estado Chiapas, Mexico, 1991

Goro Nagano, "Fork Technique to Produce Pressed Felt and Woven Felt," *Ethno-Arts*, vol.14. edited and published by the ethno-arts Society, 1998, pp. 37-45

IkuoYoshioka, *Irezumi no Jinruigaku* (Anthropology of Tattoo), Yuzankaku, 1996

Jean-Louis Bedouin, (translated Saito Shoji), *Les masques*, Hakusuisha, 1963

Junji Koizumi, "Maya," *Cultural Anthropology Encycloped*ia, Kobundo, 1987, pp. 728

Katsumoto Atsuki, *Boshoku Sen'igaku* (The Science of Fibers and their Spinning and Weaving), Shokabo, 1949

Kazuyasu Ochiai, "Tzotzil," *Cultural Anthropology Encyclopedia*, Kobundo, 1987, pp. 491-492

M. Hernandez, *K'uk'umal Chilil-el Huipil Empumado de Zinacantan*, Casa de las Artesanias de Chiapas, Mexico, 1990

Mitontic-Instituto de la Artesania Chiapaneca, L. F. H. Z. Celorio *Mitontic*, Talleres Graficos del Estado, Mexico

Narinobu Kawashima, "Yomo to Senjyumo," (Wool and Spinnable Animal Fibers), *The Wool* Book, Heibonsha, 1989, pp. 138-144

Shinobu Yoshimoto, Indoneshia senshoku taikei jo-kan (*A Compendium of The Indonesian Textiles*, First Vol.), Shikosha, 1978, pp. 256-269

Syohei Wada, *Ratai jinruigaku—razoku kara mita seiyo bunka* (Naked Anthropology: European Culture as Seen by Naked Tribes) (Chuo Shinsho 1211), Chuo koronsha, 1994, pp. 88

Tadamichi Yoshida, "Magic," *Cultural Anthropology Encyclopedia*, Kobundo, 1987, pp. 354-355

Tetsuya Inamura, *La Poblacion Indigena de Mexocoy Sus Vestimentas*, Shikosha, Kyoto, 1983

Toshiharu Abe, "Divination," *Cultural Anthropology Encyclopedia*, Kobundo, 1987, p. 95

Yoshio Yasugi, "Gaisetu Gendai o orinasu samazama na ito," *the outline Various thread which weaves present age*, *Tejiendo la vida: los mayas de hoye* (exhibition catalog), National Museum of Ethnology, 1995, pp. 8-13

Yukimasa Nomura, *Chi no taitoku –Ninchi Kagaku eno teigen–*, Fukumura shuppan, 1989

長野五郎記録 1971-2011

研究調査記録
Fieldwork, Overseas and Domestic

著書・論文・口頭発表・講演一覧
Writings, Lectures, and Presentations

展覧会歴
Biography

長野五郎　研究調査記録

【海外研究調査】　Overseas Fieldwork

01 ── インド（ラジャスタン、グジャラート、アンドラプラディシュ、タミルナドゥ州）、ネパール：インド藍、更紗、織りなど染織工芸について調査、1974年11月～1975年1月
Nov. 1974~Jan. 1975 ― In India (the state of Rajasthan, Gujarat, Andhra Pradesh, Tamil Nadu), Nepal. Subject: indigo (Indigofera suffruticosa) and wood block printed and hand-drawn textiles (chintz) and weaving textiles.

02 ── インド（ハリヤナ、パンジャブ、ラジャスタン、グジャラート州）、西パキスタン：プルカリ刺繍、経緯絣について調査、1977年8月
Aug. 1977 ― In India (the state of Haryana, Punjab, Rajasthan and Gujarat), West Pakistan. Subject: *Phul Kari* and *Bagh* (Indian ceremonial embroidery cover and women's covering), *Patora* (Indian ceremonial cloth with warp and weft *ikat*).

03 ── インド（西ベンガル、オリッサ、マディアプラディシュ州）：野蚕の糸作りについて調査、1981年3月
Mar. 1981 ― In India (the state of West Bengal, Madhya Pradesh). Subject: formation of threads of wild-cocoon.

04 ── フィリピン（ルソン、パナイ、ミンダナオ島）：樹皮および葉繊維織物、絣について調査、1982年3月
Mar. 1982 ― Philippines (Island of Luzon, Panay, Mindanao). Subject: abaca cloth with aplashed pattern of weft, bast-fiber Textiles.

05 ── スイス（エメンタール地方）、ベルギー（フランダース地方）：亜麻および亜麻布について調査、1983年6月
Jun. 1983 ― Switzland (Emmental) and Belgium (Flanders). Subject: flax and linen cloth.

06 ── 韓国（石谷、韓山）：大麻布および苧麻布について調査、1984年3月
Mar. 1984 ― Korea (Sukkoku, Hansan). Subject: hemp cloth, ramie cloth (folkways of spinning and weaving and textiles of hemp and ramie).

07 ── アメリカ（サンフランシスコ州）：アメリカ先住民の樹皮、草皮の使用状況について調査、1985年3月
Mar. 1985 ― America (the state of San Francisco). Subject: folk-methods of spinning and weaving and textiles of tree and glass bast-fiber by native American.

08 ── ハンガリー（バグ）、ルーマニア（スチャバ）：麻および羊毛の糸作りと織りについて調査、1985年8～9月
Aug.~Sept. 1985 ― Hungary (Bag) and Romania (Suceava). Subject: weaving and formation of threads of wool, hemp and flax (linen).

09 ── ハンガリー（ケチケメート、バグ）、イギリス（ヨークシャー地方）、デンマーク、スウェーデン、フィンランド：大麻、亜麻および羊毛の糸作りと織りについて調査、1987年8～9月
Aug.~Sept. 1987 ― Hungary (Kecskemét and Bag), England (Yorkshire), Denmark, Sweden and Finland. Subject: weaving and formation of threads of wool, hemp and linen.

10 ── インドネシア（スラウェシ島、バリ島、ジャワ島）：ワヤンクリッの製作工程および後帯機を用いる織物について調査、1991年8～9月
Aug.~Sept. 1991 ― Indonesia (Sulawesi, Bali and Jawa). Subject: shadow puppets, textiles of stick back-strap loom.

11 ── 中国上海市周辺：弾棉花（綿打ち作業）について調査、1992年10月
Oct. 1992-China (around of Shanghai City). Subject: *tán mián fuā* (folkmethods of cotton beating with large-size frame-bows).

12 ── メキシコ（イダルゴ）：葉繊維を用いる糸紡ぎと織りについて調査、1993年8月
Aug. 1993 ― Mexico (the state of Hidalgo in Ixmiquilpan). Subject: weaving and formation of threads of leaf-fiber.

13 ── インド（マドラス、カラハスティー）：マドラス周辺の綿打ち作業、カラハスティーの手描き更紗について調査、1994年3月

Mar. 1994—India (around of Madras and Kalahasti). Subject: cotton beating with large-size frame-bows around of Madras, hand-drawn chintz in Kalahasti.

14 —— 韓国（安東）：安東布（大麻布）について調査、1995年2～3月
Feb.~Mar. 1995—Korea (Andong). Subject: *Andong pho* (hemp cloth).

15 —— 中国新疆ウイグル自治区カシュガル、クチャ：カシュガルおよびクチャにおけるフェルトの敷物づくり、カシュガルの綿打ち作業について調査、1995年8～9月
Aug.~Sept. 1995—China (Xinjiàng in Kashgar (Kashi) and Kuqa). Subject: process of felting mat, cotton beating with large-size frame-bows.

16 —— メキシコ（チャパス州、チャムラー村）：ウィピル及びスカートにおける織フェルトについて調査、1997年1月
Jan. 1997—Mexico (the State of Chiapas at Chamula). Subject: woven felt in *falda* (lower garments) and *Huipil* (upper garments).

17 —— トルコ（中央アナトリア、コンヤ）：遊牧民の袖無しマント及び敷物づくりにおけるフェルトについて調査、1997年8～9月
Aug.~Sept. 1997—Turkey (Anatolia Plateau at Konya). Subject: felt in processes for making nomad's mantles and mats.

18 —— 北ベトナム（サパ周辺）：木綿の綿打ち作業、沈殿藍の藍染め作業、大麻を用いる糸紡ぎと織りについて調査、1999年8～9月
Aug.~Sept. 1999—the north part of Vietnam (around of Sa Pa). Subject: cotton beating with bows, dyeing process with deposited Indigo, formation of threads and weaving of hemp.

19 —— 韓国（水原）：木綿の綿打ち作業に使用する弓について調査、2000年3月
Mar. 2000—Korea (Suwon). Subject: cotton beating bows.

20 —— 中国シーサンパンナ周辺：木綿の種類および糸紡ぎ作業と綿打ち作業に使用する弓について調査、2001年9月
Sept. 2001—China (Yunnan (around of Xishuangbanna)). Subject: species of cotton, formation of threads of cotton, cotton beating bows.

21 —— メキシコ（ベラクルス、オアハカ州）：多年生ワタ及び糸紡ぎ作業について調査、2003年8月～9月
Aug.~Sept. 2003—Mexico (the state of Veracruz and Oaxaca). Subject: a perennial cotton, formation of threads of cotton.

22 —— メキシコ（ベラクルス州）：多年生ワタについて調査、2004年9月
Sept. 2004—Mexico (the state of Veracruz). Subject: a perennial cotton.

23 —— イラン（イスファハン周辺）：羊毛の綿打ち作業及びフェルトの帽子、マントについて調査、2006年3月～4月
Mar.~Apr. 2006—Iran (around of Esfahan). Subject: cotton beating with large wood frame-bows, felting processes of nomad's mantle and hat.

24 —— トルコ（コンヤ周辺）：羊毛の綿打ち作業について調査、2006年9月
Sept. 2006—Turkey (Anatolia Plateau at Konya). Subject: cotton beating for wool with large wood frame-bows.

25 —— イラン（ケルマンシャ周辺）：羊毛の綿打ち作業について調査、2007年9月
Sep. 2007—Iran (around of Kermanshah). Subject: nomad's cotton beating for wool with large wood frame-bows.

【国内研究調査】Fieldwork in Japan

01 —— 沖縄本島、竹富島：芭蕉布、紅型染について調査、1971年3月
Mar. 1971—Okinawa and Taketomi-jima, Okinawa Prefecture. Subject: *Bashofu* (plantain cloth), *Bingata* (Okinawa dyeing technique characterized).

02 —— 京都府上世屋、下世屋：藤布について調査、1976年4月
Apr. 1976—Kamiseya and Shimoseya, Kyoto Prefecture. Subject: *Fujinuno* (wisteria cloth).

03 ── 新潟県雷：シナ布について調査、1979年8月
　　　Aug. 1979 ─ Niigat Prefecture (Ikazuchi). Subject: Shinafu (linden cloth)

04 ── 徳島県木頭村：太布について調査、1979年12月
　　　Dec. 1979 ─ Kito, Tokushima Prefecture. Subject: *Tafu* (paper mulberry cloth).

05 ── 大分県玖珠郡：紬について調査、1979年12月
　　　Dec. 1979 ─ Kusu, Oita Prefecture. Subject: *Zurudashi* (pongee).

06 ── 佐賀県佐志：葛布について調査、1979年12月
　　　Dec. 1979 ─ Sashi, Saga Prefecture. Subject: *Kudzufu* (kudzu cloth).

07 ── 京都府上世屋、下世屋：藤布について調査、1980年4月
　　　Apr. 1980 ─ Kamiseya and shimoseya, Kyoto Prefecture. Subject: *Fujinuno* (wisteria cloth).

08 ── 東京都八丈島：カッペタ織について調査、1980年7月
　　　Jul. 1980 ─ Hachijo-jima, Tokyo Prefecture. Subject: *Kappeta-ori* (weaving by back-strap loom).

09 ── 新潟県六日町：上布について調査、1980年8月
　　　Aug. 1980 ─ Muikamachi, Niigata Prefecture. Subject: *Echigojyofu* (ramie cloth).

10 ── 新潟県佐渡島：ヤマソ布について調査、1980年8月
　　　Aug. 1980 ─ Sadoga-shima, Niigata Prefecture. Subject: *Yamaso-ori* (nettle cloth).

11 ── 富山県福光：麻布について調査、1980年8月
　　　Aug. 1980 ─ Fukumitsu, Toyama Prefecture. Subject: ramie cloth.

12 ── 長野県開田：大麻布について調査、1981年8月
　　　Aug. 1981 ─ Kaida, Nagano Prefecture. Subject: *Taimafu* (hemp cloth).

13 ── 奈良県月ケ瀬：麻布について調査、1981年8月
　　　Aug. 1981 ─ Tsukigase, Nara Prefecture. Subject: *Narazarashi* (bleached hemp and ramie cloth).

14 ── 滋賀県豊満：麻布について調査、1981年8月
　　　Aug. 1981 ─ Toyomitsu, Shiga Prefecture. Subject: *Omijofu* (ramie cloth).

15 ── 滋賀県甲津原：大麻布について調査、1982年7月
　　　Jul. 1982 ─ Kozuhara, Shiga Prefecture. Subject: *Taimafu* (hemp cloth).

16 ── 奈良県月ケ瀬：麻布について調査、1983年4月
　　　Apr. 1983 ─ Tsukigase, Nara Prefecture. Subject: *Narazarashi* (bleached hemp and ramie cloth).

17 ── 島根県上講武：藤布について調査、1983年9月
　　　Sept. 1983 ─ Kamikobu, Shimane Prefecture. Subject: *Fujinuno* (wisteria cloth).

18 ── 滋賀県甲津原：大麻布について調査、1988年5月
　　　May. 1988 ─ Kozuhara, Shiga Prefecture. Subject: *Taimafu* (hemp cloth).

19 ── 滋賀県甲津原：大麻布について調査、1989年6月
　　　Jun. 1989 ─ Kozuhara, Shiga Prefecture. Subject: *Taimafu* (hemp cloth).

20 ── 滋賀県甲津原：大麻布について調査、1990年8月
　　　Aug. 1990 ─ Kozuhara, Shiga Prefecture. Subject: *Taimafu* (hemp cloth).

21 ── 奈良県月ケ瀬：麻布について調査、1990年10月
　　　Oct. 1990 ─ Tsukigase, Nara Prefecture. Subject: *Narazarashi* (bleached hemp and ramie cloth).

22 ── 奈良県月ケ瀬：麻布について調査、1991年8月
　　　Aug. 1991 ─ Tsukigase, Nara Prefecture. Subject: *Narazarashi* (bleached hemp and ramie cloth).

23 ── 沖縄県宮古島、竹富島：芭蕉布について調査、1993年3月
　　　Mar. 1993 ─ Taketomi-jima, Okinawa Prefecture. Subject: *Bashofu* (plantain cloth).

長野五郎　著書・論文・口頭発表・講演一覧

【著書】　Book

01 ——『織物の原風景 —樹皮と草皮の布と機—』長野五郎、ひろいのぶこ（紫紅社、1999）

　　植物の樹皮や草皮から繊維を取り出して糸とし、織り上げて衣服とする。このような作業工程を「根元」と「先端」という部位によるその性質の違い、繊維の方向性に視点を据えて、樹皮・草皮織物の成り立ちを見なおした。自然とともに生きてきた人々の「もの作り」の姿勢を追う、20年にわたる日本およびその周辺の国々を現地調査して集大成した。カラー図版 383 枚、図 299 枚を多用してできる限り具体的に工程説明を試みた。
　　A4、総頁数 378　　［日本図書館協会選定図書］

　　Goro Nagano, Nobuko Hiroi
　　Base to Tip: Bast-fiber Weaving in Japan and Its Neighboring Countries. Shikosha, Kyoto, 1999.

　　Bast fibers taken from the inner bark and skin of plants are formed into threads and then woven into cloth, which is then made into clothing. Taking the fiber directionality as the basis for discussion, the formation of bast-fiber thread is reevaluated with consideration of how the base and tip of the fibers are joined so as to keep a single directionality throughout the process from fiber formation to weaving. We sought out people who still "lived in nature" while making things, our fieldwork extended over a twenty-year span canvassing many areas of Japan and surrounding countries. Wherever possible details of technique and processes are explained and illustrated.
　　A4 format with 378 pages, 383 color plates and 299 drawings.
　　*The Japan Library Association selection books.

【論文】　Articles

01 ——「インドの藍染」　長野五郎、ひろいのぶこ

　　『染織と生活』第 10 号（染織と生活社、1975 年、161 ～ 164 頁）
　　主にラジャスタン州、アンドラプラディシュ州の現行の藍染技法と印度藍の栽培状況について記述した。特に写真による印度藍の紹介はおそらく日本初であろう。伝統的な手描き更紗について現地調査し、植物染料の古法とインド染織の現状について把握言及した。

　　Goro Nagano, Nobuko Hiroi
　　"Indigo Dyes and Techniques of India." *Senshoku to Seikatsu,* Vol. 10. Senshoku to Seikatsusha, Kyoto, 1975, pp. 161-164.

　　Indigo dyeing techniques and the cultivation of Indian Indigoferas are described as practiced mainly in the State of Rajasthan, and the State of Andhra Pradesh. Probably the first photographically chronicled Japanese discussion of Indigofera dyeing, this paper clarifies the topic with reference to research done on traditional hand-drawn chintz in the areas, to ancient methods of vegetable dyeing, and to the present condition of textiles in India.

02 ——「印度更紗の泥防染」　長野五郎、ひろいのぶこ

　　『染織と生活』第 11 号（染織と生活社、1975 年、122 ～ 126 頁）
　　ラジャスタン州パリマリワールで行われている木版更紗技法についての記述。防染材料として、一般的であるワックス、でんぷん糊以外に泥を使用する古法とその現状を現地調査によって日本で初めて紹介した。バンヌ遺跡の発掘品からの推測を現実のものとして写真と共に証明した。染織史において意義を持つ発見である。

　　Goro Nagano, Nobuko Hiroi
　　"Resist-dyeing with Mud Used in Traditional Indian Woodblock Printed Textiles (Chintz)." *Senshoku to Seikatsu*, Vol.11. Senshoku to Seikatsusha, Kyoto, 1975, pp. 122-126.

Techniques for making woodblock printed textiles as done in Pali-Marwar of the State of Rajasthan are introduced to a Japanese audience for the first time. Based on our on-site research, we found that In addition to wax resist and paste resist, they use an ancient technique employing mud as a resist element. Our photo data corroborates conjectures as to resist methods that were made from investigating chintz excavated at Bannu. The study provides meaningful data for reappraisal of textile history.

03 ──「インドの染織」 長野五郎、ひろいのぶこ

『染織と生活』第12号（染織と生活社、1976年、120〜123頁）
アンドラプラディシュ州マスリパタムで古法を守る更紗の技法について記述した。多種の媒染剤と植物染料で染色後、未反応の染料を牛糞に含まれる分解酵素で漂白するという染色法について記述。また、カラハスティーでの印度藍の抽出液を直接布に塗る伝統的な手描き更紗の製法についても写真とあわせて紹介した。

Goro Nagano, Nobuko Hiroi
"Textiles of India." *Senshoku to Seikatsu*, Vol. 12. Senshoku to Seikatsusha, Kyoto 1976, pp. 120-123.

This article describes the techniques of making chintz with hand-printed parts as done in Machilipatnamu, Andhra Pradesh. After dyeing with vegetable dyes using several mordants, the excess dye is bleached out using the decomposition enzyme contained in cow dung. In addition we introduce with photo illustrations the traditional hand-drawn chintz technique of Kalahasti, where a liquid indigo extract is painted directly onto the cloth.

04 ──「パリマリワールの泥防染」長野五郎

『世界の植物 —織りと染め—』第96号（朝日新聞社、1977年、3240〜3241頁）
ラジャスタン州パリマリワールで現在行なわれている泥防染による木版更紗技法の記述。防染方法は絞り染や挟み染など圧力を利用するものとワックスやでんぷん糊などの防染材料を利用するものとがある。なかでも、泥による防染法がインドにおいても現存することを写真と共に明らかにした。

Goro Nagano
"Mud Resist Dyeing of Pali-Marwar." *Plants of the World: Weaving and Dyeing,* No.96. Asahi Shimbun Publishing, Tokyo 1977, pp. 3240-3241.

Based on research done on woodblock printed textiles made in Pali-Marwar, Rajasthan, I describe various resist techniques, such as one based on pressure like *ikat* and block-resist and ones based on covering an area with wax or paste, and I focus on the local Indian method of using mud to cover the resisted areas. Photographs illustrate the process.

05 ──「結び文様」長野五郎

『染織春秋』第83号（八宝堂、1978年、55〜57頁）
インドの野外調査で採集したナーガ信仰の石彫群の写真資料数々と、中国後漢時代の布帛画アスターナ出土の伏羲女媧の図をあげて、結ぶという現象について、その行為と呪術的意味を指摘。造形的に、言語学的に結びのイメージの立ちあらわれるその精神文化について論述した。

Goro Nagano
"Knot Motifs." *Senshoku shunju (Dyeing & Weaving Design),* Vol. 16, No. 83. Happodo Art Publisher, Kyoto 1978, pp. 55-57.

Combining a collection of photos taken of stone sculptures of the Naga cult in India with drawings of Fuxi and Nuwa (J: Fukugi and Joka) appearing as paintings on Later Han Dynasty cloth excavated at Astana, China, I point out the activities and magical meanings related to the phenomenon of "knotting." I discuss the structural and linguistic images derived from knots and their spiritual culture.

06 ──「Textile Design」長野五郎

『英文日本大百科事典　第2巻』監修：板坂元（講談社、1983年、90〜91頁）
日本のテキスタイルにみられる文様の各々について考察。染める、織る、刺繍するなど技術史的見地をふまえ、各時代にあらわれた世界観、精神風土についても論述した。

Goro Nagano
"Textile Design." *Encyclopedia of Japan* (Editor in Chief: Gen Itasaka), Vol. 2. Kodansha, Tokyo 1983, pp. 90-91.

This discussion of various design motifs seen in Japanese textiles puts them in an historical context, considering their techniques –weaving, dyeing, embroidery– as well as the world view and spiritual customs they express.

07 ——「韓国・石谷の麻布」長野五郎、ひろいのぶこ

『染織α』第51号（染織と生活社、1985年、1〜6頁）
韓国全羅南道で伝承されている大麻の栽培から織り上げるまでの工程を写真、図解と併せて解説し紹介。古来日本でも、一般的に織りつがれてきた大麻布の工程と機および、機道具を比較検討するための基礎資料として記述した。

Goro Nagano, Nobuko Hiroi
"Hemp Cloth of Sukkoku in South Korea." *Senshoku α,* No. 51. Senshoku to Seikatsusha, Kyoto, 1985, pp. 1-6.

This investigation of hemp cultivation that has been transmitted in the Cholla-namdo area of South Korea is presented as an explicated photographic chronicle. Parallels, including looms and weaving tools, with the processes for making Japanese hemp that go back to ancient times bring out the fundamental importance of this subject matter.

08 ——「麻と樹皮」長野五郎、ひろいのぶこ、メリー・デュゼンベリー

『日本の古布』展カタログ
（サンフランシスコ・クラフツ・アンド・フォークアート・ミュージアム、1985年、3〜8頁）
英文のカタログとして日本の麻と樹皮の織物について解説。木綿が一般化し、定着するまで日本各地で行われていた栽培、採集、糸績み、織り、その布の利用にいたる自給自足の衣生活を明らかにした。また、現代日本人にも忘れさられた精神風土についても言及。

Goro Nagano, Nobuko Hiroi, Mary Dusenbury
"Asa and Juhi." *Textiles of Old Japan: Bast-Fiber Textiles and Old Kasuri*. San Francisco Crafts and Fork Art Museum, California, 1985, pp. 3-8.

In this English-language catalogue, we explain the cultivation and weaving of bast fibers in Japan. Before cotton became a basic fabric in Japan, the production of bast fiber cloths, from the cultivation and harvesting to thread formation and weaving, were done in self-sufficient communities. Today many modern Japanese have forgotten the spiritual climate that defined this life style.

09 ——「日本の古布展 —靭皮繊維と古絣—」長野五郎、ひろいのぶこ

『染織α』第52号（染織と生活社、1985年、38〜41頁）
サンフランシスコで開かれた「テキスタイル オブ オールドジャパン展 —靭皮繊維と古絣—」の企画、展示からその反響に至る展覧会報告。木綿の普及以前に一般的に使用された麻その他の靭皮の織物の製作工程とそれらが生活の場でどの様な機能を果たしていたのかを実物資料や映像資料による展示と講演を通して紹介。いままで海外に紹介されていないこの衣文化に対して、素直な反応と大きな関心がよせられた。

Goro Nagano, Nobuko Hiroi
"The Exhibition of Textiles of Old Japan: Bast-fiber Textiles and Old *Kasuri*." *Senshoku α,* No. 52 Senshoku to Seikatsusha, Kyoto, 1985, pp. 38-41.

This article reports on an exhibition of bast fiber textiles held in San Francisco in 1985. The exhibition introduced the world of hemp, ramie, and other bast-fiber textiles through artifacts, objects and documentaries showing the process and uses of fabrics within daily life. As it was the first time this aspect of Japanese clothing and textile culture was introduced in the West, the show engendered great interest.

10 ——「大人も子供も集うミュージアムのある町」長野五郎

『ヴィアーツ』（アートハウス出版、1986年、14頁）
ハンガリーの美術館事情の報告。当時、東ヨーロッパで最も自由化の進んだこの国の画廊などの状況と、特にケチケメートで子供達に民族的な伝統芸術を伝えようとする、トーイ・ミュージアムについて、その柔軟で多面的な活動を紹介し、ミュージアムの持つ可能性について考察した。

Goro Nagano
"A Town with a Museum at which Adults and Children Gather." *Viarts,* No. 5. Art House Publishing, Osaka, 1986, p. 14.

11 ── 「テキスタイル・オブ・オールド・ジャパン展」長野五郎、ひろいのぶこ

『民族藝術』第2号、民族藝術学会編著（講談社発行、1986年、186～188頁）
手を通して（実制作者の立場から）ものを思考することの有効性について論述し、これによって過去の生活者との間にも、またはるか遠隔地の人々とも共通体験を通して理解しあえることに言及している。また、このことは、染織という、有機的な素材の持つ限界（腐食しやすい）をこえる重要な視座を、考古学の分野においても獲得することができる。

Goro Nagano, Nobuko Hiroi
"Report on the Textiles of Old Japan Exhibition." *Ethono-Arts,* Vol. 2 written and edited by the Ethno-Arts Society, Kodansha, Tokyo, 1986, pp. 186-188.

Here we propose the validity of thinking through one's hands (from a production vantage), postulating that this provides a common ground of experience to understand people and life styles from the distant past and far away places. This approach provides an important vantage for archaeologists studying textiles, which are subject to deterioration over time.

12 ── 「靭皮繊維の精練に関する研究・1」竹内民男、長野五郎、ひろいのぶこ

『アパレル科学研究センター研究報告』（京都工芸繊維大学、1990年、62～68頁）
いわゆる木綿が普及する以前に使用されていた靭皮繊維のうち、シナノキの精練について科学的に分析し、考察したもの。従来行われてきた、灰汁による精練の濃度と時間による条件の許容範囲を明確にし、シナ繊維の作成と現行の評価法による精練の最適条件を検討した。

Tamio Takeuchi, Goro Nagano, Nobuko Hiroi
"Scouring of Bast (1)." *Bulletin of The Apparel Science Research Center,* Vol.9. The Apparel Science Research Center Kyoto Institute Technology, Kyoto, 1990, pp. 62-68.

Using scientific analysis, we discuss the scouring process for *shinanoki (Tilia japonica Simk)*, whose fibrous bark is used to make one type of bast thread. Using ash lye with a scouring method derived from a traditional technique, we experimented with density and time to find the best results: Five grams of bast was refluxed with 42 grams of ash in 300 ml of water for 3 hours. The boiling suspension of the ash was discarded and the scoured bast fiber sample was washed with running water until only small particles remained in the rinse water and the pH became neutral. The sample was then rinsed in distilled water and air-dried.

13 ── 「靭皮繊維の精練に関する研究・2」竹内民男、長野五郎、ひろいのぶこ

『アパレル科学研究センター研究報告』（京都工芸繊維大学、1990年、78～81頁）
研究1にひき続いて、従来行われてきた掌の感触によるシナ精練糸の主観的な評価法の基準を考察した。走査型電子顕微鏡で繊維の変化を比較検討し、各条件による繊維の変化を観察評価した。

Tamio Takeuchi, Goro Nagano, Nobuko Hiroi
"Scouring of Bast (2)." *Bulletin of The Apparel Science Research Center,* Vol. 9. The Apparel Science Research Center Kyoto Institute of Technology, Kyoto, 1991, pp. 78-81.

Following up on our first investigation, we experimented here in search of a standard for evaluating the quality of scoured *Tilia japonica Simk* based on touching it with the palm of the hand. We also observed the changes in the fibers under each condition using a electron scan microscope and compared the results. We found that volar touch could provide a good basis for estimating the quality of the fibers, particularly when backed by years of experience in using the fibers for spinning and weaving.

14 ── 「カラハスティー Kalahasti の手描き更紗」長野五郎

『成安造形短期大学紀要』vol. 33（成安造形短期大学、1995年、67～78頁）
2回にわたり調査したフィールド・ノートを基に、古法を伝えるカラムカリと呼ばれるインド手描き更紗の詳細な工程説明と特徴ある染色のしくみを日本の染色文化と比較しながら紹介する。最後に模様を描き出すことを通して、現代の工芸がもつ制約という意識とそのかたちづくる世界について、ものを作る（実制作者の）立場から述べる。

Goro Nagano
"A Study of Hand Painted Chintz from Kalahasti, India." *Bulletin of Seian College of Art and Design.* Vol. 33. Comprehensive Art Research Institute of Seian College of Art and Design, Kyoto 1995, pp. 67-78.

Based on field notes taken on two research trips, this essay details the traditional process of making hand painted Indian chintz called *kalam kari* and compares their special characteristics with Japanese dyeing methods. Ending with the painting of the pattern, I discuss the limitations of craft in relation to the creative process from the point of view of a maker of things.

15 ――「カシュガルにおける敷物づくり報告」長野五郎

『成安造形短期大学紀要』vol. 34（成安造形短期大学、1996年、65〜76頁）
ものを作る立場にたち、フィールドワークを通して、「もの、道具、人間」とくに繊維と人間とのかかわりについて研究を続ける筆者は「東漸する生活と造形の起源を求めて」の学術調査に参加し、カシュガルおよびその周辺でのフェルト敷物づくりの作業工程を詳細に調査した。この作業工程を技法書としても活用できるように留意して、フィールドワークの一つの成果として報告した。

Goro Nagano
"Report on the Process of Making a Felt Mat in Kashgar, China." *Bulletin of Seian College of Art and Design*, Vol. 34, Comprehensive Art Research Institute of Seian College of Art and Design, Kyoto 1996, pp. 65-76.

This report on fieldwork done on felt making in Kashgar, China, is written from the stance of a maker of things. Being interested in "things, tools and people," particularly the connections between fibers and people, I participated in an academic research trip that sought to find the origins of structures and life styles that moved eastward over time. I report here on the details of the making of felt rugs in the area around Kashgar and have presented the results of the fieldwork in such as way as they can be used as a textbook for making felt.

16 ――「インド・中国における綿打ち作業およびその道具」長野五郎

『消費科学』通巻399号（日本繊維製品消費科学学会、1998年、83〜91頁）
現地調査に基づき、インド・中国・トルコなどの綿打ち作業の実例をあげ、ユーラシア大陸に分布する綿打ち専用大型木枠弓がヨーロッパではおもに羊毛に対して、東アジアでは木綿に対して使用されていたことを明らかにし、その道具の発生が羊毛文化に由来することを考察した。

Goro Nagano
"Tools for Fluffing Cotton and Wool Fibers Used in India, China, and Other Eurasian Countries." in *Journal of the Japan Research Association for Textile End-Uses.* Vol. 39 No. 399. The Japan Research Association for Textile End-Uses, Osaka 1998, pp. 83-91.

Field research conducted in India, China, and Turkey concerning the use of a special large wood frame-bows for beating in cotton-fiber preparation suggested that while the tool can be found distributed over the entire Eurasian continent, in East Asia it is mainly used for beating cotton and in Europe it is mostly used for beating wool. It is suggested that the origin of the tool lies in Western wool culture.

17 ――「古法を伝えるインド更紗の染色原理と技法について」長野五郎

『消費科学』巻400号（日本繊維製品消費科学学会、1998年、159〜167頁）
インド各地に残る更紗技法の現地調査から、茜類染料によるたき染や草食動物の糞に含まれる分解酵素による漂白など伝統的に行われてきた染色原理を明らかにした。

Goro Nagano
"The Principles of Old Dyeing Methods for Making Chintz Transmitted in India." *Journal of the Japan Research Association for Textile End-Uses,* Vol. 39 No. 400.The Japan Research Association for Textile End-Uses, Osaka 1998, pp. 159-167.

Based on fieldwork conducted in various areas of India researching chintz dyeing, this report clarifies the method of dyeing madder, by boiling the plant, and the method of bleaching using the decomposition enzyme contained in herbivore dung.

18 ――「圧縮フェルトと織フェルトの民族技術」長野五郎

『民族藝術』第14号（民族藝術学会、1998年、37〜45頁）
抄録―― 一般的にフェルト技術は織布技術に先行し、また、その生まれるまでの間をつなぐものとして考えられてきた。しかし、タリム盆地の古いロブ・ノール遺跡やローラン遺跡から、織フェルトと圧縮フェルトが混在して出土している。この理由を羊毛が他の繊維にない縮絨という物質特性から考察した。

Goro Nagano
"Fork Techniques for Pressed Felt and Woven Felt, *Ethono-Arts,*" Vol. 14. written, edited and published by the Ethno-Arts

Society, Osaka 1998, pp. 37-45.

Although the general consensus is that felting preceded weaving as a method of fabric production, at Lop Nur and Lau-lan in the Tarim Pendi of Northwest China both pressed felt and woven felt were unearthed along side each other. The simultaneous coexistence of these two methods of fabric production might be attributed to extensive shrinkage inherent in wool fibers.

19 ──「インドの染織」 長野五郎

『成安造形短期大学紀要』vol. 37.(成安造形短期大学、1999年、83〜96頁)
野外調査に基づき、インド各地(ラジャスタン、グジャラート、アンドラ=プラデシ州)に残る更紗染めについて技法や工程的側面を中心に紹介し、インド更紗の基本的な染色原理を明らかにした。また、グジャラート、オリッサ州の経緯絣織物の技法についても紹介した。

Goro Nagano
"Indian Textiles." *The bulletin of Seian College of Art and Design,* Vol. 34. Comprehensive Art Research Institute of Seian College of Art and Design, Kyoto 1999, pp. 83-95.

Based on field research, it introduced focusing on technique or the process-side about the traditional print dyeing (chintz) which remains in), and the fundamental dyeing principle of the India was clarified. This fieldwork reports on techniques used in traditional woodblock print dyeing in various parts of India: Rajasthan, Gujarat, the State of Andhra Pradesh. It also describes the warp and weft ikat made in Gujurat and Orissa.

20 ──「織物の原風景をアジアに見る／上 ─樹皮・草皮の繊維から布を織る人々─」 長野五郎

『染織α』第223号(染織と生活社、1999年、18〜22頁)
日本では、木綿が普及する以前から樹皮・草皮の繊維材料は利用されてきた。この織物の基本となる糸づくり「績む」の作業工程を中心に、日本を含む東アジアや東南アジアの調査各地の例をあげて説明し、比較検討し考察した。

Goro Nagano
"Textile Origins in Asia, 1─People Weaving Cloth Using Bast Fibers Taken from Inner Bark and Grass Skin." *Senshoku α,* No. 223. Senshoku to Seikatsusha, Kyoto 1999, pp. 18-22.

In Japan, before cotton spread, the fibers taken from the inner bark of certain trees and from the skin of tall grasses were used for weaving. The first step is the formation of the threads. Here, techniques of bast-fiber thread formation used in East Asia (including Japan) and Southeast Asia are compared.

21 ──「メキシコ南部少数民ツォツィルの上衣・下衣にほどこす織フェルト加工」 長野五郎

『日本服飾学会誌』第20号(日本服飾学会、2001年、27〜36頁)
メキシコ南部チアパス高原に住むマヤ語系のツォツィルの人々は、羊毛を材料にして糸に紡ぎ布に織り、男女の上衣や下衣に仕立てた後、縮絨加工を施す。そしてその衣服の表面はあたかも獣の体毛に似る。これは布質を安定させ、強度、保湿性を高めるフェルト加工の機能的側面やかれらの美的な装飾的側面とともに精神的側面からこの織フェルト加工する意識を作業工程とともに考察した。

Goro Nagano
"Woven Felt Production for Upper and Lower Garments Worn by the Tzotziles Peoples in Southern Mexico." *Journal of the Japan Institute of Costume*, Vol. 20. The Japan Institute of Costume, Osaka 2001, pp. 27-36.

The Mayan people of Tzotziles living in the southern Mexico make their men's and women's poncho and pants or skirt out of local wool. After spinning the wool into thread and weaving the cloth, they shrink it and treat it so that it comes to resemble animal fur. This felting process stabilizes the cloth, and increases its strength and moisture resistance. At the same time it reflects their decorative aesthetic based on spiritual beliefs.

22 ──「メキシコで実施した展覧会、スライドレクチャー、ワークショップの報告」 長野五郎

『大阪成蹊大学芸術学部紀要』vol. 1(大阪成蹊大学、2001年、36〜39頁)
メキシコベラクルス州立大学芸術学部の芸術研究所から招聘をうけ、テーマ「偶然と必然のかたちの組み合わせ」、サブタイトル「日本の美意識の一事例」、キーワードを「うつろい」・「四季の変化」・「出会い」として実施した展覧会、スライドレクチャーとワークショップの内容とその成果について報告した。

Goro Nagano
"Report on my Exhibition, Slide Lecture, and Workshop in Mexico." *The Bulletin of Osaka Seikei University Faculty of Art and Design*, Vol.1. Osaka Seikei University Faculty of Art and Design, Kyoto 2001, pp. 36-39.

This report details the contents and results of a visit to Mexico. I received an invitation from the Art Research Institute of Veracruz State University, Faculty of Art and Design to have an exhibition, workshop and slide lecture. The theme was "Combining Accidental and Natural Forms." with a subtitle of "One example of Japanese Aesthetics." The exhibition centered on the key words "utsuro (cross fade)," "seasonal change," and "encounter.".

23 ──「靱皮繊維：それらの取り扱いや処置に対する物質特性との関係について」長野五郎

日本を含む東アジアや東南アジアの各地において、樹皮・草皮の靱皮繊維を用いた布が織られていることを『織物の原風景：Base to Tip』に述べた。これらの地域では、これらの繊維のもつ元と末という方向性にしたがい糸づくりがなされ、基本的に整経や織りの工程まで作業は進められる。本稿では、この原則（繊維の元と末方向）に従わない例外に注目し、その理由をそれらの繊維がもつ特性を繊維の構造や化学的組成などの視点から明らかにし、また、野外調査にもとづいたヨーロッパとの作業や道具との比較を加えて考察する。

Goro Nagano
"Bast Fibers : Their Physical Properties Implications for Handling and Processing." 1999.
In my book Base to Tip: Bast-Fiber Weaving in Japan and Its Neighboring Countries I discussed East-Asian handling procedures for tree and grass bast fibers from the perspective of the importance of fiber direction. Since the plant fibers have a nap lying in the direction of growth, consistent handling in the direction of the nap greatly facilitates the processes of thread formation, warping and weaving. Here I would like to discuss exceptions to this fundamental rule, and suggest reasons for taking different approaches based on the properties of the specific fibers from viewpoints, such as structure of a fiber, and chemical composition. Moreover, I add and consider comparison with work and a tool with Europe based on field research.

【口頭発表】 Oral Presentations

01 ──「中国の弾綿花の現在」
民族藝術学会第 9 回大会（福岡市美術館、福岡市）、1993 年 4 月 25 日

"The Present State of the Tradition of Chinese Cotton Beating."
The 9th Convention of the Ethno-Arts Society at the Fukuoka Art Museum, Fukuoka 1993.

02 ──「カシュガルの綿打ち弓をめぐる比較研究」
民族藝術学会第 65 回研究例会（清流亭、京都市）、1997 年 6 月 21 日

"A Comparative Study of Large-Size Cotton Beating Bows with a Wooden Frame in Kashgar, China."
The regular research meeting of the 65th Ethno-Arts Society at the Seiryutei, Kyoto 1997.

03 ──「樹皮・草皮繊維による糸づくりの特徴」
第 20 回日本服飾学会大会（奈良女子大学、奈良市）、1999 年 5 月 8 日

"Special Features in the Formation of Bast-Fiber Thread Taken from the Inner Bark or Skin of Plants."
The 20th convention of the Japan Institute of Costume at Nara Women's University, Nara 1999.

04 ──「メキシコ南部少数民族ツォツィルの上衣・下衣にほどこす縮絨加工について」
日本服飾学会第 21 回大会（名古屋女子文化短期大学、名古屋市）、2000 年 5 月 14 日

"Felt Processing for Upper and Lower Garments Worn by the Tzotziles people in South Mexico."
The 21th Convention of the Japan Institute of Costume at Nagoya Culture Woman's College, Nagoya 2000.

05 ──「トルコ中央部アナトリア高原の遊牧民が着用するマントにほどこすフェルト加工技術について」
日本服飾学会第 22 回大会（神戸山手女子短期大学、神戸市）、2001 年 6 月 9 日

"Felting Processes Used by the Nomads of the Central Anatolian Plateau in Turkey to Make Mantles."
The 22th Convention of the Japan Institute of Costume at Yamate Woman's College, Kobe 2001.

【講演】 Lectures

01 ──「日本の樹皮・草皮織物について」
『日本の古布 ─靭皮繊維と古絣─』展、サンフランシスコ・クラフツ・アンド・フォークアート・ミュージアム（サンフランシスコ、アメリカ）、1985年3月8日

"Textiles Made with Thread Taken from the Inner Bark and Skin of Plants."
Lecture at the exhibition *Textiles of Old Japan: Bast-fiber Textiles and Old Kasuri,* San Francisco Crafts and Fork Art Museum, California, U.S.A. 1985.

02 ──「日本の美を支える意識について」
チャパス州立大学国際彫刻シンポジウム（チャパス州立大学文化芸術研究所付属図書館ギャラリー、ツックストラ・グティエレス、メキシコ）、1997年1月17日

"Japanese Aesthetic Sensibility."
Chiapas State University International Sculpture Symposium, Chiapas State University Culture Art Research Institute's attached library gallery, Tuxtla Gutierrez, Mexico 1997.

03 ──「古法を残すインド更紗の染色原理とその技法」
黒川古文化研究所（西宮市）、1998年5月5日

"Ancient Dyeing Traditions for Chinz Transmitted in India."
The Kurokawa Institute of Ancient Culture, Nishinomiya, 1998.

04 ──「インドの染織」
成安造形短期大学綜合芸術研究所、成安造形短期大学綜合芸術研究所主催（京都）、1998年10月24日

" Textiles of India."
The Comprehensive Art Research Institute of Seian College of Art and Design, Kyoto, 1998.

05 ──「日本およびその周辺の樹皮・草皮織物について」
風俗史学会（関西文化サロン、大阪）、1998年12月

"Bast-fiber Weaving in Japan and Its Neighboring Countries."
 The regular research meeting of the Japan Institute of Costume in the Kansai culture salon, Osaka, 1999.

06 ──「織物の原風景 ─樹皮と草皮の布と機─」
川島テキスタイルスクール（京都市）、1999年11月13日

"Base to Tip: Bast-fiber Weaving in Japan and Its Neighboring Countries."
Kawashima Textile School, Kyoto, 1999.

07 ──「草や木の皮から作られる織物について」
奈良県立民俗博物館(奈良市)、2001年6月3日

"Textiles Woven with Thread Made from the Inner Bark and Skin of Plants."
Nara Prefectural Museum of Folklore, 2001.

08 ──「偶然と必然のかたちの出会い ─日本の美意識の一事例─」
ベラクルス州立大学芸術研究所企画講演会（ベラクルス州立芸術研究所ギャラリー、ハラッパ、メキシコ）、2004年8月30・31日

"Combining Accidental and Natural Forms: One example of Japanese Aesthetics."
The Art Research Institute of the Veracruz State University Faculty of Art and Design in Mexico, 2004.

【ギャラリートーク】 Gallery Talk

01 ──「長野五郎（美術家・染織研究家）＋梶なな子 ─歩いて、作る─」2008年12月6日

『梶なな子展－そこにある－』(ギャラリー開、神戸市)、2008年12月6〜20日

Goro Nagano, Nanako Kaji
"Goro Nagano＋Nanako Kaji –Working with Walking–"
In The Nanako Kaji Exhibition –Being there–, GALLERY K・A・I, Kobe, 2008.

長野五郎　展覧会歴

個展
1973　"社会契約"（立体ギャラリー 射手座、京都）
1977　"寫"（ギャラリー 16＋one、京都）
1978　"うつろい"（ギャラリー 16＋one、京都）
1987　"扉シリーズ"（ABC ギャラリー、大阪）
　　　個展（ギャラリー 16、京都）
2001　"扉・窓シリーズ"（M. X. スペース 1010、バルセロナ、スペイン）
2004　個展（ベラクルス州立大学芸術学部芸術研究所、ハラッパ、メキシコ）
2008　個展（M. X. スペース 1010、バルセロナ、スペイン）

グループ展
1971　「1948 年〜1950 年生まれの作品展」（京都市立芸術大学芸術学部陳列館、京都）
1972　「1948 年〜1950 年生まれの作品展」（京都市立芸術大学芸術学部陳列館、京都）
1973　京都アンデパンダン展（京都市美術館、京都）
1974　木村秀樹との二人展（ギャラリー 16、京都）
　　　「1948 年〜1950 年生まれの作品展」（京都府立文化芸術会館、京都）
1975　クラフト展（京都クラフトセンター、京都）
　　　京都アンデパンダン展（京都市美術館、京都）
1981　第 4 回国際テキスタイルトリエンナーレ（ウッジ市美術館、ポーランド）
1982　第 1 回国際ミチョアカン・ミニアチュールテキスタイル展 日本／メキシコ（ミチョアカン文化会館、メキシコ）
　　　第 4 回国際ミニアチュールテキスタイルビエンナーレ（サバリア美術館、ハンガリー）
　　　アーティストによる写真展（京都書院ホール、京都）
　　　現代の染織の動向展（ギャラリー 成安、京都）
　　　ファイバーワークミニアチュール展 '82（ギャラリー マロニエ、京都・他 2 カ所）
1983　国際ミニアチュール展（サンフランシスコ近代美術館、アメリカ）
　　　国際ミニアチュール展（マヤ・ベン ギャラリー、チューリッヒ）
　　　"繊維がかたちづくる空間" 第 11 回国際タピストリービエンナーレ（ローザンヌ州立美術館、スイス）
　　　ファイバーワーク展 "織から造形へ"（西武高輪美術館、軽井沢）
　　　小さな小さな大展覧会（青画廊、東京／ギャラリー 安里、名古屋）
　　　ファイバーワークミニアチュール展 '83（ギャラリー マロニエ、京都・他 2 カ所）
　　　7 人展（ギャラリー 成安、京都）
　　　国際ペーパーワーク展（マヤ・ベン ギャラリー、チューリッヒ）
　　　ミニアチュール展 [14×14]（ARK、仁科ビル、京都）
1984　第 5 回国際ミニアチュールテキスタイルビエンナーレ（サバリア美術館、ハンガリー）
　　　光りの表情展（ギャラリー BOX ITTEN、京都）
　　　ファイバーワークミニアチュール展 '84（ギャラリー マロニエ、京都・他 2 カ所）
1985　アーティストによる写真展（京都書院ホール、京都）
　　　光りの表情展（ギャラリー BOX ITTEN、京都）
　　　7 人展（ギャラリー 成安、京都）
　　　クリスマス展（ギャラリー CoCo、京都）
1986　繊維による造形展（ギャラリー クォーレ、大阪、他 1 カ所）
　　　国際ミニアチュールテキスタイル展（カプチンシアター、ルクセンブルグ）
　　　第 6 回国際ミニアチュールテキスタイルビエンナーレ（サバリア美術館、ハンガリー）
　　　ミニアチュール展（ギャラリー CoCo、京都）
1987　ミニアチュール展（ギャラリー CoCo、京都）
1988　第 7 回国際ミニアチュールテキスタイルビエンナーレ（サバリア美術館、ハンガリー）
　　　クリスマス展（ギャラリー CoCo、京都）
1989　第 1 回国際パターントリエンナーレ（国立アーンスト美術館、ハンガリー）

　　　　国際ミニアチュール展（オーストリア文化博物館、オーストリア）
　　　　ミニアチュール展（ギャラリー CoCo、京都）
1990　国際ミニアチュールテキスタイル展（パレス・デラ・リパブリック、ストラスブルグ、フランス）
1991　"扉"（ルルド美術館、フランス／装飾美術館、ベルリン・他4カ所）
　　　　第2回国際パターントリエンナーレ（国立アーンスト美術館、ハンガリー）
1992　第9回国際ミニアチュールテキスタイルビエンナーレ（サバリア美術館、ハンガリー）
1994　第1回国際ミニアチュールテキスタイル展（ベラクルス州立大学芸術学部芸術研究所、メキシコ）
　　　　第10回国際ミニアチュールテキスタイルビエンナーレ（サバリア美術館、ハンガリー）
　　　　世界メールアート展（T. L. カロ／G. ガリレイサルノ、イタリア）
1995　潜在する8月"歴史・記憶・芸術"（フォート・メイスン・センター、アメリカ）
　　　　第1回国際フェルトトーイ展（ケチケメート民俗博物館、ハンガリー）
1996　第2回国際フェルトトーイ展（ケチケメート民俗博物館、ハンガリー）
　　　　第1回北ノルマンディー国際亜麻ビエンナーレ（ノートルダム・ドゥ・ベク・ヘロウィン・アビィ、フランス）
　　　　第11回国際ミニアチュールテキスタイルビエンナーレ（サバリア美術館、ハンガリー）
1997　チアパス州立大学国際彫刻シンポジュウム（サント・ドミニコ教会修道院跡、チャパ・デ・コルソ、チアパス、メキシコ）
1998　第2回北ノルマンディー国際亜麻ビエンナーレ（ノートルダム・ドゥ・ベキ・エルワン修道院、フランス）
　　　　第1回フラッグビエンナーレ（ソンバトヘ・アート・ギャラリー、ハンガリー）
　　　　第12回国際ミニアチュールテキスタイルビエンナーレ（ソンバトヘ・アート・ギャラリー、ハンガリー）
1999　第1回国際現代美術ミニアチュール展（M. X. スペース、バロセロナ、スペイン）
　　　　11人の日本人アーチスト展（M. X. スペース、バロセロナ、スペイン）
　　　　第6回国際ミニテキスタイルトリエンナーレ（アンジェ美術館、フランス）
2000　第2回現代美術ミニアチュール展（M. X. スペース、バロセロナ、スペイン）
　　　　第13回国際ミニアチュールテキスタイルビエンナーレ（ソンバトヘ・アート・ギャラリー、ハンガリー）
　　　　第2回フラッグビエンナーレ（ソンバトヘ・アート・ギャラリー、ハンガリー）
　　　　第2回国際美術展（SEMA、フランス）
　　　　第1回国際ミニアチュールテキスタイル展（アルターミッション・ギャラリー、ドイツ）
2001　シャツ展（アートライフ みつはし、京都／ワコール銀座 アートスペース、東京）
2002　本展（ギャラリー16、京都）
　　　　国際テキスタイルフェスティバル（ニコライ教会ギャラリー、ドイツ）
　　　　国際刺繍展2002（ルーマニア美術家協会展示館、ルーマニア）
　　　　第7回国際ミニテキスタイルトリエンナーレ（アンジェ美術館、フランス）
　　　　アーティストによるステーショナリー（アート・ライフ みつはし、京都）
2003　第1回国際ミニテキスタイルトリエンナーレ（ソンバトヘ・アート・ギャラリー、ハンガリー）
　　　　第1回フラッグトリエンナーレ（ソンバトヘ・アート・ギャラリー、ハンガリー）
　　　　第4回国際現代美術ミニアチュール展（M. X. スペース1010、バロセロナ、スペイン）
2004　第5回国際現代美術ミニアチュール展（M. X. スペース1010、バロセロナ、スペイン）
2005　第8回ミニテキスタイルトリエンナーレ（アンジェ美術館、フランス）
2006　第2回国際ミニテキスタイルトリエンナーレ（ソンバトヘ・アート・ギャラリー、ハンガリー）
　　　　"ユートピア"第7回国際現代スモールフォーマットアート展（M. X. スペース1010、バロセロナ、スペイン）
2007　"The Aleph"第8回国際現代スモールフォーマットアート展（M. X. スペース1010、バロセロナ、スペイン）
2009　"ノン・プレイス"第9回国際現代スモールフォーマットアート展（M. X. スペース1010、バロセロナ、スペイン）
　　　　"存在"第3回国際ミニテキスタイルトリエンナーレ（ソンバトヘ、アートギャラリー、ハンガリー）
2011　第6回国際現代テキスタイルアートビエンナーレ（ディエゴ・リベラ美術館、アナウアカリ、メキシコ）

受賞
1984　第5回国際ミニアチュールテキスタイルビエンナーレ グランプリ（サバリア美術館、ハンガリー）
1994　第10回国際ミニアチュールテキスタイルビエンナーレ 文部省特別賞（サバリア美術館、ハンガリー）
2002　国際刺繍展2002 第二席賞（ルーマニア美術家協会展示館、ルーマニア）
2006　第2回国際ミニテキスタイルトリエンナーレ テキスタイル文化財団賞（ソンバトヘ・アート・ギャラリー、ハンガリー）

パブリックコレクション
ユニバーサルテキスタイルズ（オーストラリア）
S. C. ジョンソン国際カンファレンスセンターカウンシルハウス（アメリカ）
サバリア美術館（ハンガリー）
アンジェ美術館（フランス）

Goro Nagano Biography

Solo Exhibitions

1973 "SOCIAL CONTRACT" Gallery Iteza, Kyoto

1977 "寫 *utsusu*" Gallery 16+one, Kyoto

1978 "*Uturoi*" Gallery 16+one, Kyoto

1987 "Door Series" ABC Gallery, Osaka
Gallery16, Kyoto

2001 "Door・Window Series" M. X. ESPAI 1010, Barcelona, Spain

2004 Vera Cruz state university science of art institute, Jalapa, Mexico

2008 M. X. ESPAI 1010, Barcelona, Spain

Group Exhibitions

1971 "The work of the students born from 1948 to 1950"
Kyoto Municipal University of Fine Arts Department of Arts and Design gallery, Kyoto

1972 "The work of the students born from 1948 to 1950"
Kyoto Municipal University of Fine Arts Department of Arts and Design gallery, Kyoto

1973 "Kyoto Salon des Artistes Indépendants Exhibition" Kyoto Municipal Museum of Art, Kyoto

1974 "The work of the students born from 1948 to 1950" Kyoto Prefectural center for Arts & Culture, Kyoto
"The two-persons exhibition with Mr. Hideki Kimura" Gallery 16, Kyoto

1975 "Craft Exhibition" Kyoto Craft Center, Kyoto
"Kyoto Salon des Artistes Indépendants Exhibition" Kyoto Municipal Museum of Art, Kyoto

1981 "4th Textiles Triennial Fiber Artists and Designers Łodz '81" Central Museum of Textiles, Poland

1982 "The1st Michoacan International Exhibition of Miniature Textiles Japan/ Mexico" Museum of Contemporary Art, Mexico
"The 4th International Biennial of Miniature Textiles" Savaria Museum, Hungary
"The photo exhibition by the artist" The hall of Kyoto Shoin, Kyoto
"The Trends of Contemporary Textiles" Gallery Seian, Kyoto
"Fiber Work Miniature Exhibition '82" Gallery Maronie, Kyoto, two others

1983 "The International Miniature Exhibition" San Francisco Modern Art Museum, San Francisco, USA
"The International Miniature Exhibition" Maya Behn Gallery, Zurich, Switzerland
"FIBRE ESPACE—The 11th International Biennial of Tapestry" Lausanne City Museum, Switzerland
"Fiber Work Exhibition" The Museum of Modern Art, Seibu Takanawa in Karuizawa, Nagano
"The Small Small Big Exhibition" Ao Gallery, Tokyo/ Gallery Anri, Nagoya
"Fiber Work Miniature Exhibition '83" Gallery Maronie, Kyoto, two others
"The seven-persons exhibition" Gallery Seian, Kyoto
"The International Paper Work Exhibition" Maya Behn Gallery, Zurich, Switzerland
"The Exhibition of Miniatures" Ark Nishina Bldg., Kyoto

1984 "The 5th International Biennial of Miniature Textiles" Savaria Museun, Hungary
"The expression of light" Gallery BOX ITTEN, Kyoto
"Fiber Work Miniature Exhibition '84" Gallery Maronie, Kyoto, two others

1985 "The photo exhibition by the artist" The hall of Kyoto Shoin, Kyoto
"The expression of light exhibition" Gallery BOX ITTEN, Kyoto
"The seven-person exhibition" Gallery Seian, Kyoto
"Xmas exhibition" Gallery CoCo, Kyoto

1986 "The modeling exhibition by the fiber" Gallery CUORE, Osaka, other 1 place
"The 6th International Biennial of Miniature Textiles" Szmbathely Gallery, Hungary
"International Exhibition of Miniature Textiles" Theatre des Capucins, Luxembourg
"Miniature Exhibition" Gallery CoCo, Kyoto

1987 "Miniature Exhibition" Gallery CoCo, Kyoto

1988 "The 7th International Biennial of Miniature Textiles" Savaria Museum, Hungary

"Miniature Exhibition" Gallery CoCo, Kyoto
1989 "The 1st International Triennial of Patterns" Palace of Exhibitions Ernst Museum, Hungary
"Van Mini Bis Maxi" Museum Osterreichischer Kultur, Austria
"The International Exhibition of Miniature" Austria Cultural Museum, Austria
1990 "International Exhibition of Miniature Textiles" Place de la Republique, Strasbourg, France
1991 "La Porte" Lourdes Museum, France/ Decorative Arts Museum, Berlin, four others
"The 2nd International Triennial of Patterns" Palace of Exhibitions Ernst Museum, Hungary
1992 "The 9th International Biennial of Miniature Textiles" Szmbathely Gallery, Hungary
1994 "The 1st International Encounter of Miniature Textile Art" Vera Cruz state university science of art institute, Jalapa, Mexico
"The 10th International Biennial of Miniature Textiles" Szmbathely Gallery, Hungary
"The mail art World Exhibition" T. L. Caro/ G. Galilei, Italy
1995 "LATENT AUGUST—History, Memory and Art" National Japanese American Historical Society, Fort Mason Center, San Francisco, USA
1996 "The 2nd International Felt Toy Exhibition" Kecskemet Jatek Museum, Hungary
"The 1st International Linen Biennial in Haute Normandy" The Notre Dame du Bec Hellouin Abbey, France
"The 11th International Biennial of Miniature Textiles" Szmbathely Gallery, Hungary
1997 "Simposio International de Escultura MEXICO-JAPON" Saint Domingo, Chapa de Corso, Chiapas, Mexico
1998 "The 2nd International Linen Biennial in Haute Normandy" The Notre Dame du Bec Hellouin Abbey, France
"The 1st International Flag Biennial" Szmbathely Art Gallery, Hungary
"The 12th International Biennial of Miniature Textiles" Szmbathely Art Gallery, Hungary
1999 "The 1st MINI International Contemporary Art Exhibition" M. X. ESPAI, Barcelona, Spain
"The 11 Japanese Artists" M. X. ESPAI, Barcelona, Spain
"The 6th International Triennial of Mini-Textiles" Angers Museum, Angers, France
2000 "The 2nd MINI International Contemporary Art Exhibition" M. X. ESPAI, Barcelona, Spain
"The 13th International Biennial of Miniature Textiles" Szmbathely Art Gallery, Hungary
"The 2nd International Flag Biennial" Szmbathely Art Gallery, Hungary
"2nd International Art Exhibition" SEMA, France
"The 1st International Exhibition of Miniature Textiles" Artemis-galeie, Gorlitz, Germany
2001 "Exhibition of The Shirts" Art Life Mitsuhasi, Kyoto/ Wacoal Ginza Art Space, Tokyo
2002 "The Book Exhibition" Gallery 16, Kyoto
"The International Textile Festival" St. Nicolai Gallery, Gorlitz, Germany
"The International Exhibition—Embroidery 2002" Exhibition complex of Romanian Fine Arts Union, Cluj-Napoca, Rumania
"The 7th International Triennial of Mini-Textiles" Angers Museum, Angers, France
"Exhibition of The Stationery by Artists" Art Life Mitsuhasi, Kyoto
"The 1st International Mini-Textiles Triennial" Szmbathely Art Gallery, Hungary
2003 "The 1st International Flag Triennial" Szmbathely Art Gallery, Hungary
"URBAN WEFTS—The 4th MINI International Contemporary Art Exhibition" M. X. ESPAI 1010, Barcelona, Spain
2004 "The 5th MINI International Contemporary Art Exhibition" M. X. ESPAI 1010, Barcelona, Spain
2005 "The 8th International Triennial of Mini-Textiles" Angers Museum, Angers, France
2006 "The 2nd International Mini-Textiles Triennial" Szmbathely Art Gallery, Hungary
"Utopia—The 7th Small Format International Contemporary Art Exhibition" M. X. ESPAI 1010, Barcelona, Spain
2007 "The Aleph—The 8th Small Format International Contemporary Art Exhibition" M. X. ESPAI 1010, Barcelona, Spain
2009 "Non Place—The 9th Small Format International Contemporary Art Exhibition" M. X. ESPAI 1010, Barcelona, Spain
"Presence Being present 2009—The 3rd International Mini-Textiles Triennial" Szmbathely Art Gallery, Hungary
2011 "Aire—VI International Biennial of Contemporary Textile Art" Museum Diego Rivera Anahuacalli, Mexico

Awards
1984 The Grand Prize, "The 5th International Biennial of Miniature Textiles" Savaria Museun, Hungary
1994 The Special Prize of Ministry of Education, "The 10th International Biennial of Miniature Textiles" Szmbathely Gallery, Hungary
2002 The second place, encouragement prize Premium Prizes, "The International Exhibition—Embroidery 2002" Exhibition complex of Romanian Fine Arts Union, Cluj-Napoca, Rumania)
2006 Cultural Foundation of Art of Textile prize "The 2nd International Mini-Textiles Triennial" Szmbathely Art Gallery, Hungary

Public Collections
Universal Textiles Ltd. Australia/ The Council House (S. C. Johnson International Conference Center in Racine, Wisconsin), USA/ Savaria Museum, Hungary/ Angers Museum, France

執筆者紹介 (掲載順)

長野五郎（ながのごろう）
1950年京都市に生まれる。1974年京都市立芸術大学芸術学部美術専攻科染織専攻修了。成安造形短期大学を経て、大阪成蹊大学芸術学部教授となる。2011年3月大阪成蹊大学を退職。美術家、染織研究者。テキスタイルアート分野の国際展において数々の賞を受賞するほか、国際展、グループ展に多数出品。また、ギャラリー16（京都）、ベラクルス州立大学芸術研究所（メキシコ）、M. X. スペース1010（スペイン）ほか国内外で個展を開催。研究者としては、染織の世界を対象に、手が介在する生産形態と生産技術に限定し、「もの・道具・人間の関わり」をテーマに、国内外の各地でフィールドワーク、および研究をおこなう。その成果である論文を学会誌、専門誌に発表。著書に、ひろいのぶことの共著『織物の原風景 ―樹皮と草皮の布と機―』（紫紅社、1999）がある。民族藝術学会会員。

木村秀樹（きむらひでき）
1948年京都府に生まれる。1974年京都市立芸術大学芸術学部美術専攻科西洋画専攻修了。京都市立芸術大学教授。1974年第9回東京国際版画ビエンナーレで「Pencil 2-3」が京都国立近代美術館賞を受賞、鮮烈なデビューを飾る。1976・1986年クラコウ国際版画ビエンナーレメダル賞、1977年京都洋画版画綜合展大賞、1980年クラコウ国際版画ビエンナーレ展ポーランド写真協会賞、1982年ビルバオ国際グラフィックアート展第2席、1983年第16回毎日現代日本美術展兵庫県立近代美術館賞、1985年京都京展賞、1987年和歌山版画ビエンナーレ展大賞など数々の国際展、美術展で受賞を重ね、作品は国内外の美術館に多数収蔵される。1989年文化庁在外研修員として渡米。1992年公益信託タカシマヤ文化基金新鋭作家奨励賞受賞。1999年京都市美術館で個展「半透明」を開催。2008年財団法人中信美術奨励基金「京都美術文化賞」、2009年「京都府文化賞」功労賞を受賞。

林 剛（はやしごう）
1936年北朝鮮に生まれる。戦後引き揚げる。1960年京都市立美術大学西洋画科卒業。美術家。京都市立芸術大学、京都工芸繊維大学の講師を務めた。1989年インターナショナル美術専門学校学校長に就任。現代における美術教育の問題に取り組む。美術家としては1959年以来京都アンデパンダンを舞台に、この展覧会が終焉するまで30年余発表を続け、1981～1992年には中塚裕子とのコラボレーションで巨大なインスタレーションを展開した。1988年 TAMA VIVANT 88「世界の模型」（シブヤ西部シードホール）、1992年「中塚裕子、林剛」展（アートスペース砺波企画・富山）、1999年大堰川野外彫刻展（京都府八木町）等に出品。またギャラリー16（京都）で個展を続けた。著書に『―日曜画家のための― 絵画入門』（文京出版、1977）ほか。

北澤憲昭（きたざわのりあき）
1951年東京都に生まれる。美術評論家。女子美術大学芸術学部美術学科芸術表象専攻教授、武蔵野美術大学客員教授。1978年より美術批評の執筆を開始。主な著書に『眼の神殿 ――「美術史」受容史ノート』（美術出版社、1989）、『岸田劉生と大正アヴァンギャルド』（岩波書店、1993）、『境界の美術史 ――「美術」形成史ノート』（ブリュッケ、2000）、『「日本画」の転位』（ブリュッケ、2003）、『アヴァンギャルド以後の工芸 ――「工芸的なるもの」をもとめて』（美学出版、2003）など。共著に『美術史の余白に ――工芸・アルス・現代美術』（美学出版、2008）ほか多数。展覧会企画に「アルス・ノーヴァ ――現代美術と工芸のはざまに」展（2004年東京都現代美術館）など。『眼の神殿』はサントリー学芸賞受賞（1990年）、2010年に定本刊行。

辰巳正明（たつみまさあき）
1945年富良野市に生まれる。1968年二松學舍大学文学部卒業。1973年成城大学大学院博士課程修了。現在、國學院大学文学部日本文学科教授。主な著書に『悲劇の宰相長屋王――古代の文学サロンと政治（講談社選書メチエ19）』（講談社、1994）、『詩の起原 ――東アジア文化圏の恋愛詩』（笠間書院、2000）、『万葉集に会いたい。』（笠間書院、2001）、『詩霊論 ――人はなぜ詩に感動するのか』（笠間書院、2004）、『短歌学入門 ――万葉集から始まる"短歌革新"の歴史』（笠間書院、2005）、『折口信夫 ――東アジア文化と日本学の成立』（笠間書院、2007）、『万葉集と中国文学（笠間叢書203）』（笠間書院、2008）、『懐風藻 ――日本的自然観はどのように成立したか』（笠間書院、2008）、『郷歌―注解と研究―（新典社選書）』（新典社、2008）、『歌垣 ―恋歌の奇祭をたずねて―（新典社新書27）』（新典社、2009）など多数。

INTERTEXTUALITY
Goro Nagano 1971-2011

インターテクスチュアリティ
視ることの織物
長野五郎　1971-2011

2011年6月10日　初版第1刷発行

著者：長野五郎
編集：美学出版編集部
エディトリアルデザイン：右澤康之
翻訳：モニカ・ベーテ
　　　井上啓介
　　　長野草太
画像および資料作成協力：二瓶　晃

発行：美学出版
〒185-0012 東京都国分寺市本町 4-13-12 第5 荒田ビル 407
Tel. 042-326-8755　Fax. 050-3552-2081
E-mail. info@bigaku-shuppan.jp

印刷・製本：創栄図書印刷株式会社

© Bigaku Shuppan, Goro Nagano 2011
Printed in Japan
ISBN978-4-902078-25-1